DEUTSCHES INSTITUT FÜR WIRTSCHAFTSFORSCHUNG

BEITRÄGE ZUR STRUKTURFORSCHUNG HEFT 108 · 1988

Bernd Görzig, Jürgen Blazejczak, Gustav Adolf Horn,
Wolfgang Kirner, Erika Schulz und Frank Stille

Investitionen, Beschäftigung und Produktivität

Zu den Arbeitsplatzeffekten einer verstärkten Investitionstätigkeit vor dem Hintergrund sektoraler Entwicklungen

DUNCKER & HUMBLOT · BERLIN

Verzeichnis der Mitarbeiter

Bearbeiter

Bernd Görzig
Jürgen Blazejczak
Gustav Adolf Horn
Wolfgang Kirner
Erika Schulz
Frank Stille

EDV/Statistik

Bernd Bibra
Gabriela Held
Barbara Müller-Unger
Gerda Noack
Susanne Reising
Manfred Schmidt

Textverarbeitung

Sylvia Brauner
Maria Enneking-Meyer
Andrea Jonat

Herausgeber: Deutsches Institut für Wirtschaftsforschung, Königin-Luise-Str. 5, D-1000 Berlin 33
Telefon (0 30) 82 99 10 — Telefax (0 30) 82 99 12 00
BTX-Systemnummer * 2 99 11 #
Schriftleitung: Dr. Frieder Meyer-Krahmer
Verlag Duncker & Humblot GmbH, Dietrich-Schäfer-Weg 9, D-1000 Berlin 41. Alle Rechte vorbehalten.
Druck: 1988 bei ZIPPEL-Druck, Oranienburger Str. 170, D-1000 Berlin 26.
Printed in Germany.
ISBN 3-428-06567-0

INHALTSVERZEICHNIS

TABELLENVERZEICHNIS

VERZEICHNIS DER SCHAUBILDER

1 Vorbemerkungen

Seit nunmehr fünf Jahren werden in der Bundesrepublik mehr als 2 Millionen Arbeitslose registriert. Offensichtlich hat die Entwicklung der wirtschaftlichen Aktivitäten nicht ausgereicht, auch diese Personen in den Wirtschaftsprozeß einzugliedern und ihnen einen Arbeitsplatz zu verschaffen. Unter den Ursachen für diesen Sachverhalt wird immer wieder die schwache Entwicklung der Investitionstätigkeit herausgestellt. So konstatiert das Institut der deutschen Wirtschaft, daß die Investitionen in neue Produktionsanlagen über Jahre hinweg hinter dem gesamtwirtschaftlich notwendigem Maß zurückgeblieben sind (IW 1987) und der Sachverständigenrat meint in seinem neuesten Jahresgutachten: "Gemessen an der Aufgabe, den grundlegend veränderten Absatz- und Produktionsbedingungen durch offensive Strategien zu begegnen, wäre es notwendig gewesen, die Investitionen in Sachkapital sowie in Wissen und Fertigkeiten deutlich zu verstärken" (JG 87 Ziffer 252, ebenso JG 86 Ziffern 201 ff.)

Die Beziehungen zwischen Produktionswachstum, Investitionswachstum und Arbeitsplatzentwicklung sind verwickelter als es zunächst den Anschein hat. Wenn von Arbeitsplatzeffekten zusätzlicher Investitionen die Rede ist, wird zumeist auf die Kapazitätseffekte dieser Investitionen bei den investierenden Wirtschaftszweigen abgestellt. Diese Auswirkungen der Investitionstätigkeit auf das Produktionspotential und damit die Arbeitsplätze in den Wirtschaftszweigen stehen auch im Mittelpunkt dieser Untersuchung. Darüber hinaus führen zusätzliche Investitionen aber auch zu einer Erhöhung der Nachfrage bei den Produzenten von Investitionsgütern und damit zu zusätzlichem Einkommen. Dadurch werden Beschäftigungseffekte in diesen Branchen und bei ihren Vorleistungslieferanten ausgelöst. Ergänzend zu den Untersuchungen der Kapazitäts- und Arbeitsplatzeffekte der Investitionen in den Sektoren sind auf aggregierter Ebene daher auch die Einkommenseffekte und das Zusammenspiel von Einkommens- und Kapazitätseffekten zusätzlicher Investitionen auf die Beschäftigung untersucht worden (Abschnitt 2).

Betrachtet man die Investitionstätigkeit einer Volkswirtschaft in sektoraler Disaggregation, so wird deutlich, daß die Entwicklung der Arbeitsplätze in unterschiedlichem Maße an den Investitionsprozeß gebunden ist. In manchen Dienstleistungsbereichen sind nur geringe oder gar keine Investitionen erforderlich, um zusätzliche Arbeitsplätze zu schaffen. Das Extrembeispiel sind Beschäftigte in privaten Haushalten, bei denen auch die Arbeitsmittel, den Abgrenzungen der VGR entsprechend, Konsumgüterkäufe der jeweiligen Haushalte sind. In anderen Sektoren dagegen, wie z.B. im Bereich Wohnungsvermietung, haben auch hohe Investitionsaufwendungen keine oder nur sehr geringe Arbeitsplatzeffekte. Zwar führt die Nachfrage der privaten Haushalte nach Einfamilienhäusern zu Produktions- und Einkommenseffekten bei der Bauwirtschaft und ihren Vorleistungslieferanten und ist hier auch arbeitsplatzwirksam, doch die Kapazitätseffekte dieser Investitionen als Produktionsmittel zur Herstellung von Wohnungsnutzungen kommen bei Einfamilienhäusern ohne den Einsatz von Arbeitskräften zustande, da die Aufwendungen des Eigentümers zur Verwaltung seines Anwesens nicht als Arbeitsinput bewertet wird. Im Mietwohnungsbau ist die Produktion von Wohnungsnutzungen ebenfalls nur mit einem vergleichsweise geringen Personalaufwand bei den Wohnungsunternehmen verbunden.

Auch in einer Reihe von staatlichen Aufgabenbereichen ist die Beziehung zwischen Investitionen und Kapitalbeständen auf der einen Seite, Arbeitsplätzen und Produktionswerten andererseits nur sehr lose. Dies leuchtet unmittelbar ein für Bereiche wie den Straßen- und Wasserstraßenbau sowie die Netzinfrastruktur im kommunalen Versorgungsbereich, gilt aber auch für andere staatliche Aufgabenbereiche. Hinzu kommt, daß den Investitionsplanungen in diesen Bereichen zumeist andere Zielsetzungen zugrundeliegen als im Unternehmensbereich. Dies hat zur Folge, daß die Entwicklung sowohl der Investitionen als auch der Arbeitsplätze nicht in dem engen Zusammenhang steht, wie in Investitionskalkülen, in denen nach der kostengünstigsten Kombination von Arbeitseinsatz und Investitionsgütern gesucht wird.

Die Ermittlung der Produktionsleistung des Staates aus den Produktionskosten hat Konsequenzen auch für die Berechnung der Arbeitsproduktivität in diesem Sektor. Da sich die Bruttowertschöpfung fast ausschließlich aus den von den öffentlichen Haushalten gezahlten Bruttoeinkommen aus unselbständiger Arbeit zusammensetzt und Marktpreise für staatliche Dienstleistungen im allgemeinen nicht existieren, bleibt als Anhaltspunkt für die Preisentwicklung der Bruttowertschöpfung nur die Entwicklung der Lohnsätze. Von diesen Raten wird als Produktivitätskomponente derjenige Teil definiert, der auf Verbesserungen im Stellenkegel der im öffentlich Dienst Beschäftigten entfällt. Dieses Rechenverfahren macht deutlich, daß der Entwicklung der Arbeitsproduktivität der beim Staat Beschäftigten kein Erkenntniswert zukommt.

Ähnliche Überlegungen lassen sich auch für die Organisationen ohne Erwerbszweck anstellen. Aus diesem Grunde sind die Analysen zur Entwicklung von Investitionen, Produktivität und Arbeitsplätzen in diesen Wirtschaftsbereichen in einem gesonderten Abschnitt zusammengefaßt worden (Abschnitt 6).

In den Zweigen des Unternehmensbereichs bestehen im allgemeinen eingere Beziehungen zwischen Investitionen und Arbeitsplätzen. Auf diese Zusammenhänge konzentriert sich diese Untersuchung auch im Schwerpunkt (Abschnitt 3). Um diese Untersuchungen durchführen zu können, ist das im DIW entwickelte vintage-Modell weiter ausgebaut worden. Damit war es im Gegensatz zu herkömmlichen Analysen der Produktionsprozesse möglich, auf Investitionsjahrgänge bezogene Veränderungen von Beschäftigung und Produktivität im Gesamtzusammenhang zu analysieren. Diesen Analysen lagen bisher nach Bauten und Ausrüstungen differenzierte Zeitreihen für die Anlageinvestitionen in den Wirtschaftszweigen zugrunde. Ursprünglich war beabsichtigt, vor allem die Ausrüstungsinvestitionen weiter nach Gütergruppen zu unterteilen und die bisher schon im DIW durchgeführten sektoralen Produktivitäts- und Beschäftigungsanalysen in dieser Richtung auszubauen. Inzwischen hat das Statistische Bundesamt Informationen über die Struktur der Nutzungsdauer der Investitionsgüter der jeweiligen Investitionsjahrgänge zur Verfügung gestellt, so daß es möglich war, anstelle einer gütermäßigen Aufteilung die Aufteilung nach der voraussichtlichen Nutzungsdauer zur Grundlage dieser Analysen zu machen. Dies hat den Vorteil, daß neben den Lohnsätzen und den Renditen auch die unterschiedliche Nutzungsdauer von Teilen der Investitionsjahrgänge im Investitionskalkül berücksichtigt werden konnte. Diese Analysen knüpfen an früher schon angestellte Überlegungen an, die zu der Vermutung geführt haben, daß neben den Verschiebungen des Verhältnisses von vergleichsweise langlebigen Bauten zu vergleichsweise kurzlebigen Ausrüstungsinvestitionen sich auch innerhalb der Ausrüstungsinvestitionen die Gewichte zugunsten kurzlebiger Investitionsgüter verlagert haben (DIW 1984a).

Grundlage dieser Analysen sind die Ergebnissen der volkswirtschaftlichen Gesamtrechnung des Statistischen Bundesamtes. Sie basiert auf dem Unternehmenskonzept und orientiert sich daher an den Bilanzen und Erfolgsrechnungen der den jeweiligen Wirtschaftszweigen zugeordneten Unternehmen. In diesem Zusammenhang bedeutsam ist dies insofern, als damit einem Wirtschaftszweig nur diejenigen Investitionen zugerechnet werden, die sich in seinem Eigentum befinden und die Nutzungsentgelte gemieteter Anlagen, die sich im Eigentum von Unternehmen anderer Wirtschaftszweige befinden, als Vorleistungskäufe in der Erfolgsrechnung zu Buche schlagen.

Will man sich nicht auf einzelne Aggregate beschränken, so ist es auch nur schwer möglich, von diesem Prinzip abzuweichen. Zwar gibt es Berechnungen der Investitionen und des Anlagevermögens auch nach dem Nutzerkonzept (Ifo 1984), es fehlt jedoch eine Umrechnung auch der entsprechenden Posten in der Erfolgsrechnung. Kaum möglich erscheint dies insbesondere dann, wenn Holding-Gesellschaften des Dienstleistungsbereichs verbundenen Unternehmen des verarbeitenden Gewerbes Anlagen zur Verfügung stellen. In diesen Fällen ist in der Regel nicht erkennbar, nach welchen Gesichtspunkten die vereinbarten Nutzungsentgelte festgelegt werden.

Die Anmietung von Investitionsgütern ist aber nicht nur ein Zurechnungsproblem von Investitionen zu Branchen, sondern hat Bedeutung auch für die Nutzung bereits vorhandener Anlagevermögensbestände. Dies spielt insbesondere bei der Vermietung von Gebäudeflächen eine Rolle. In vielen Branchen, nicht nur des Dienstleistungsbereichs, sondern auch der Warenproduktion, ist die Miete vorhandener Räumlichkeiten die Regel. Diese Mietverhältnisse werden häufig auch nicht auf Dauer eingegangen; die Vermieter von Gewerbeflächen haben es vielmehr nicht selten mit häufig wechselnden Mietern zu tun. Auch die Abgrenzung solcher Gewerbeflächen zur Wohnungsnutzung bereitet erhebliche Schwierigkeiten (teilgewerblich genutzte Räumlichkeiten).

Über den Bestand an solchen Gewerbeflächen und dessen Auslastung ebenso wie über das Investitionsverhalten der Anbieter solcher Gewerbeflächen gibt es kaum mehr als Einzelinformationen. Es ist jedoch wenig wahrscheinlich, daß ihre Investitionen in direktem Zusammenhang mit den Investitionsabsichten der Mieter solcher Gewerbeflächen stehen. Insofern erscheint es auch aus diesem Grunde wenig zweckmäßig, in Analysen der Zusammenhänge zwischen Investitionstätigkeit und Arbeitsplätzen vom Eigentümer-Konzept abzuweichen. Gleichzeitig machen diese Überlegungen deutlich, daß modellmäßige Überlegungen über das Zusammenwirken von Investitionen, Produktionspotential und Beschäftigung immer nur Annäherungen an die tatsächlichen Verhältnisse darstellen und umso stärker relativiert werden müssen, je mannigfaltiger die Nutzungsformen von Investitionsgütern sind. In diesen Fällen sind im allgemeinen auch Aussagen über Kapazitätgrenzen, die vom Anlagevermögen her gesetzt sind, fragwürdig. Dies zeigen auch Beobachtungen, wie z.B. das Vordringen von Handelsgeschäften und Bankfilialen in Kernbereichen von Städten und Ortschaften, die häufig lediglich zu einer Umnutzung von Wohngebäuden führen. Das gleiche gilt für Arzt- und Anwaltspraxen in City-Wohnungen, die in zunehmendem Maße teilgewerblich genutzt werden.

Dabei wird deutlich, daß es vor allem Bauten sind, deren Bestand erhebliche und schwer abschätzbare Reserven für eine wirtschaftliche Nutzung birgt. Aus diesem Grund orientieren sich die Überlegungen über die Entwicklung des Produktionspotentials auch in erster Linie an der Entwicklung der Ausrüstungsinvestitionen, bei denen eine derartige Mannigfaltigkeit der Nutzungsmöglichkeiten im allgemeinen nicht besteht.

Nun mag man einwenden, daß eine andere Nutzung von Bauten in der Regel auch mit erheblichen Umbaukosten verbunden ist, die im Prinzip als Investitionsausgaben aktiviert werden müßten. An der Behandlung solcher Umbaukosten werden jedoch schnell die Grenzen der VGR deutlich. Zwar wird soweit als möglich versucht, diese Vorgänge richtig nachzubilden. Die verfügbaren Informationen darüber sind jedoch sehr spärlich. Dies gilt vor allem für die Rechenwerke aus der Unternehmenssphäre, in denen solche Umbaukosten soweit als möglich als laufender Aufwand gebucht und nicht aktiviert wird. Schätzungen solcher Modernisierungsaufwendungen sind daher mit erheblichen Schwierigkeiten verbunden.

Erschwerend auf die Möglichkeiten einer Analyse des Investitionsverhaltens und seiner Arbeitsplatzeffekte wirkt sich auch aus, daß sektoral disaggregierte Informationen über die Investitionen nur für den Kauf neuer Anlagen bereitgestellt werden. Die Transaktionen gebrauchter Anlagen, bei denen insbesondere der Eigentumswechsel von Gebäuden eine Rolle spielt, wird dagegen im einzelnen nicht erfaßt. Erwirbt ein Unternehmen im Zuge von Investitionsprozessen ein schon vorhandenes Gebäude und richtet es für seine Zwecke entsprechend her, so wird auch der Erwerb nicht als Investition erfaßt. Schließlich muß auch darauf hingewiesen werden, daß der Investitionsbegriff hier nur Sachinvestitionen einbezieht, Finanzinvestitionen dagegen ausklammert. Dies hat auch seine Berechtigung, da Finanzinvestitionen Arbeitsplatzwirkungen erst dann entfalten, wenn sie in Sachinvestitionen umgesetzt werden. Bei Banken, Versicherungen und anderen Unternehmen des Finanzierungsgewerbes, deren Geschäft es ist, Finanzinvestitionen zu tätigen, kommt allerdings hinzu, daß eine Ausweitung bestimmter Geschäftszweige mit entsprechendem Personalbedarf möglicherweise nur geringe Auswirkungen auf die für die eigene Nutzung bestimmten Sachinvestitionen dieser Unternehmen hat.

Eine Relativierung der Ergebnisse ist auch deshalb notwendig, weil es bisher nur gelungen ist, die Differenzierung des Kapitaleinsatzes in den Branchen verhältnismäßig weit voranzutreiben. Dagegen war es bisher nicht möglich, die graduelle Abstufung der Abhängigkeit unterschiedlicher Formen des Arbeitseinsatzes von der Investitionstätigkeit in das vintage-Modell zu integrieren. Dieses Problem hat mehrere Dimensionen.

Zum einen bewirkt die zunehmende Flexibilisierung und Differenzierung der Arbeitszeit Veränderungen im Verhältnis von Investitionen und Arbeitsplätzen. Dies kann dazu führen, daß durch eine verlängerte Nutzung vorhandener Anlagen zusätzliche Beschäftigungsmöglichkeiten entstehen, ohne daß es einer Aufstockung des Kapitalbestandes bedarf. Gleichzeitig verändern sich durch die Flexibilisierung der täglichen oder wöchentlichen Nutzungszeit auch die Kalkulationsgrundlagen: Unter sonst gleichen Bedingungen führt eine längere Nutzung zu einer Verringerung, eine kürzere Nutzung zu einer Erhöhung der arbeitsplatzspezifischen Kapitalkosten.

Im vintage-Modell ist dieses Problem in der Weise gelöst worden, daß jeweils die jahresdurchschnittliche Arbeitszeit der Erwerbstätigen einer Branche - der jeweils realisierte Mix aus Vollzeit- und Teilzeitarbeit also - als Anhaltspunkt für die Arbeitsplatzwirkungen der Investitionen genommen wurde. Diese Vorgehensweise ist sicherlich noch verbesserungsfähig. Dabei geht es vor allem um eine Berücksichtigung der verschiedenen Formen von Arbeitszeitregelungen, die eine Entkoppelung von Betriebszeiten und individuellen Arbeitszeiten zur Folge haben (Teilzeitarbeit, Schichtarbeit, sonstige Mehrfachbesetzungen). Daß diese Sachverhalte in der Potentialrechnung des DIW noch nicht berücksichtigt worden sind, liegt vor allem daran, daß die verfügbaren Informationen über die Entwicklung der Betriebszeiten bisher nur sehr spärlich sind. Die Informationen hierzu sowie darauf aufbauende Überlegungen sind in einem gesonderten Abschnitt zusammengestellt (Abschnitt 4).

Für die Abschätzung des Investitionsbedarfs zusätzlicher Arbeitsplätze kommt es nicht nur auf das Verhältnis von Arbeitszeit von Betriebszeit an. Zu vermuten ist, daß auch die funktionale Struktur der Arbeitsplätze in einer Branche und deren Wandel unterschiedliche Investitionsbedarfe auslöst. Generell wird man sagen können, daß die unmittelbare Bindung von Arbeitsplätzen an den Investitionsprozeß um so schwächer ist, je weiter entfernt der Arbeitsplatz von den eigentlichen Produktionsprozessen in einer Branche angesiedelt ist. Andererseits hängt die Wettbewerbsfähigkeit einer Branche möglicherweise entscheidend davon ab, welches Gewicht tertiäre Aktivitäten in einer Branche haben. Insofern beeinflußt der Tertiarisierungsprozeß in den Wirtschaftszweigen des warenproduzierenden Bereichs nicht nur das Verhältnis von Investitionen und Arbeitsplätzen, sondern auch die Entwicklungsperspektiven der Branchen und damit den Wachstumspfad von Investitionen und Arbeitsplätzen. Auch dieser Sachverhalt ist empirisch kaum belegt, sondern läßt sich nur festmachen an Strukturmerkmalen, die abstellen auf die Tätigkeitsstruktur der Beschäftigten einer Branche. Um auch hier die graduellen Unterschiede in den Branchen deutlich zu machen, sind die Informationen, auf die solche Überlegungen gestützt werden können, in einem gesonderten Abschnitt zusammengefaßt worden (Abschnitt 5).

In der Diskussion der Bestimmungsgründe für die Entwicklung von Arbeitsproduktivität und Beschäftigung wird häufig auf gravierende Unterschiede in der Entwicklung zwischen der Bundesrepublik und den Vereinigten Staaten verwiesen. Die empirischen Befunde zeigen, daß in den USA im Verhältnis sehr viel mehr zusätzliche Arbeitsplätze vor allem in den Unternehmenszweigen des tertiären Sektors geschaffen worden sind mit entsprechenden Auswirkungen auf Produktion und Arbeitsproduktivität. Bisher wenig untersucht worden ist in diesem Zusammenhang die Rolle, die Investitionsprozesse in diesem Zusammenhang gespielt haben. In einem abschließenden Kapital wird diesen Zusammenhängen auf der Basis eines Vergleichs der Entwicklung in den Sektoren nachgegangen (Abschnitt 7).

2   Gesamtwirtschaftliche Überlegungen

2.1   Ein Überblick über zusammengefaßte Sektoren

Einen ersten Überblick über einige Kennziffern zur Produktion, zum Arbeitseinsatz und zur Kapitalbildung zusammengefaßter Sektoren gibt Tabelle 2.1/1. Die Ergebnisse zeigen, daß der Unternehmensbereich seinen Anteil an den Investitionen zu konstanten Preisen seit der Mitte der siebziger Jahre ständig erhöht hat. Er beträgt jetzt 62 vH (1986), 1960 waren es noch 51 vH. Der Anteil am gesamten Anlagevermögen ist allerdings sehr viel geringer, weil überwiegend Ausrüstungen investiert werden. Die Ausrüstungsinvestitionen bestimmen in den meisten Branchen des Unternehmensbereichs auch die Entwicklung der Arbeitsplätze. Dies gilt vor allem für das warenproduzierende Gewerbe. Die Ausrüstungsinvestitionen des Unternehmensbereichs haben immer rascher zugenommen als die Bauinvestitionen. Dies hat allerdings nur in den sechziger Jahren auch zu einer Gewichtsverlagerung beim Anlagevermögen zugunsten der Ausrüstungen geführt. In der Zeit danach hat dagegen der Bauanteil wieder leicht zugenommen.

Staat und Wohnungsvermietung haben nicht nur Anteilsverluste hinnehmen müssen, sondern auch absolute Rückgänge im Investitionsniveau zu verzeichnen (Index 1986/73: Wohnungsvermietung 79, Staat 82, Bauinvestitionen des Staates 77). Da die Investitionen in diesen Bereichen sehr viel langlebiger sind als im Unternehmensbereich, hat sich dieser gravierende Einbruch bei den Investitionen allerdings nur in einer Abschwächung der Wachstumsrate des Anlagevermögens niedergeschlagen. Sie war - alles in allem - nicht stärker als im Unternehmensbereich auch. Dies zeigt, wie wenig langlebige Anlagenvermögensbestände auch auf drastische Schwankungen im Investitionsniveau reagieren.

Im Vergleich zu den Investitionsanteilen ist der Anteil der Unternehmen an der Wertschöpfung sehr viel größer. Er hat sich im Zeitablauf kaum verändert (1960 80 vH, 1986 79 vH). Noch höher ist der Anteil des Unternehmensbereichs bei den Erwerbstätigen, hier allerdings mit rückläufiger Tendenz (1960: 89 vH, 1973: 85 vH, 1986: 80 vH). Überdurchschnittlich ausgeweitet haben ihre Beschäftigung auch nach 1973 der Staat und die Organisationen ohne Erwerbscharakter, obwohl diese Bereiche ihre Investitionen vor allem nach 1980 drastisch eingeschränkt haben. Wegen dieser Gegenläufigkeit der Entwicklungspfade von Investitionstätigkeit und Beschäftigung und der geringen Reagibilität des Kapitalbestandes auf Schwankun-

Tabelle 2.1/1

Kennziffern zur Produktion und zum Faktoreinsatz für zusammengefaßte Sektoren 1)

		Unternehmen	Wohnungsvermietung	Staat	Organ. o. Erwerb.	Alle Wirtschaftszweige 2)
		1960				
Brutto-Anlageinvestitionen 3)	Mrd. DM	97,9	66,4	23,9	3,5	191,6
Bauten	Mrd. DM	44,8	66,4	22,2	2,9	136,4
Ausrüstungen	Mrd. DM	53,0	-	1,6	0,6	55,2
Brutto-Anlagevermögen	Mrd. DM	1 056	1 126	445	43	2 671
Bauten	Mrd. DM	598	1 126	427	38	2 190
Ausrüstungen	Mrd. DM	458	-	18	5	481
Bruttowertschöpfung	Mrd. DM	551,1	40,0	80,8	13,1	691,9
Erwerbstätige	1000	23 153	48	2 098	383	26 063
Investitionsquote 4)	vH	17,6	166,2	29,5	26,5	27,7
Bauten	vH	8,1	166,2	27,5	22,2	19,7
Ausrüstungen	vH	9,6	-	2,0	4,3	8,0
Anlagevermögensstruktur	vH	100,0	100,0	100,0	100,0	100,0
Bauten	vH	56,6	100,0	96,0	88,3	82,0
Ausrüstungen	vH	43,4	-	4,0	11,7	18,0
Kapitalintensität 5)	1000 DM	45,6	23 467	212,0	113,3	102,5
Arbeitsproduktivität 6)	1000 DM	23,8	832	38,5	34,2	26,5
		1973				
Brutto-Anlageinvestitionen 3)	Mrd. DM	164,2	101,8	49,3	5,2	320,5
Bauten	Mrd. DM	62,5	101,8	44,8	4,0	213,1
Ausrüstungen	Mrd. DM	101,7	-	4,5	1,2	107,4
Brutto-Anlagevermögen	Mrd. DM	2 230	2 114	934	102	5 380
Bauten	Mrd. DM	1 196	2 114	892	88	4 290
Ausrüstungen	Mrd. DM	1 034	-	42	14	1 090
Bruttowertschöpfung	Mrd. DM	982,5	66,3	143,3	21,3	1 215,1
Erwerbstätige	1000	22 729	56	3 367	597	26 849
Investitionsquote 4)	vH	16,7	153,6	34,4	24,4	26,4
Bauten	vH	6,4	153,6	31,3	18,6	17,5
Ausrüstungen	vH	10,3	-	3,1	5,8	8,8
Anlagevermögensstruktur	vH	100,0	100,0	100,0	100,0	100,0
Bauten	vH	53,6	100,0	95,5	86,3	79,7
Ausrüstungen	vH	46,4	-	4,5	13,7	20,3
Kapitalintensität 5)	1000 DM	98,1	37 742	277,3	171,2	200,4
Arbeitsproduktivität 6)	1000 DM	43,2	1 183	42,6	35,6	45,3
		1980				
Brutto-Anlageinvestitionen 3)	Mrd. DM	190,2	93,6	50,4	5,2	339,4
Bauten	Mrd. DM	65,9	93,6	44,9	4,1	208,5
Ausrüstungen	Mrd. DM	124,3	-	5,6	1,1	131,0
Brutto-Anlagevermögen	Mrd. DM	2 847	2 675	1 241	132	6 895
Bauten	Mrd. DM	1 549	2 675	1 179	115	5 518
Ausrüstungen	Mrd. DM	1 298	-	62	17	1 377
Bruttowertschöpfung	Mrd. DM	1 136,8	86,5	172,4	25,8	1 422,9
Erwerbstätige	1000	21 523	56	3 903	686	26 278
Investitionsquote 4)	vH	16,7	108,2	29,3	20,1	23,9
Bauten	vH	5,8	108,2	26,0	15,9	14,7
Ausrüstungen	vH	10,9	-	3,2	4,2	9,2
Anlagevermögensstruktur	vH	100,0	100,0	100,0	100,0	100,0
Bauten	vH	54,4	100,0	95,0	86,8	80,0
Ausrüstungen	vH	45,6	-	5,0	13,2	20,0
Kapitalintensität 5)	1000 DM	132,3	47 774	317,9	192,4	262,4
Arbeitsproduktivität 6)	1000 DM	52,8	1 545	44,2	37,6	54,1
		1986				
Brutto-Anlageinvestitionen 3)	Mrd. DM	204,6	80,4	40,4	4,8	330,2
Bauten	Mrd. DM	70,2	80,4	34,8	3,7	189,0
Ausrüstungen	Mrd. DM	134,3	-	5,7	1,1	141,1
Brutto-Anlagevermögen	Mrd. DM	3 365	3 158	1 441	155	8 119
Bauten	Mrd. DM	1 869	3 158	1 367	137	6 531
Ausrüstungen	Mrd. DM	1 496	-	74	18	1 588
Bruttowertschöpfung	Mrd. DM	1 242,5	103,4	185,8	31,9	1 564,6
Erwerbstätige	1000	20 548	55	4 136	893	25 702
Investitionsquote 4)	vH	16,5	77,7	21,8	15,1	21,1
Bauten	vH	5,7	77,7	18,7	11,7	12,1
Ausrüstungen	vH	10,8	-	3,1	3,4	9,0
Anlagevermögensstruktur	vH	100,0	100,0	100,0	100,0	100,0
Bauten	vH	55,5	100,0	94,9	88,1	80,4
Ausrüstungen	vH	44,5	-	5,1	11,9	19,6
Kapitalintensität 5)	1000 DM	163,8	57 426	348,3	173,4	315,9
Arbeitsproduktivität 6)	1000 DM	60,5	1 881	44,9	35,7	60,9

1) Die Wertangaben sind zu Preisen von 1980 ausgewiesen. - 2) Einschließlich der Erwerbstätigen in privaten Haushalten und deren Wertschöpfung. - 3) Neue Anlagen. - 4) Neue Anlagen in vH der Bruttowertschöpfung. - 5) Bruttoanlagevermögen je Erwerbstätigen. - 6) Bruttowertschöpfung je Erwerbstätigen.

Quellen: Statistisches Bundesamt, eigene Berechnungen, 1986 geschätzt.

Kennziffern zur Produktion und zum Faktoreinsatz für zusammengefaßte Sektoren

Jahresdurchschnittliche Veränderungen in vH

	Unternehmen	Woh-nungs-vermie-tung	Staat	Org. o. Erwerb.	Alle Wirt-schafts-zweige 1)
1973/60					
Brutto-Anlageinvestitionen 2)	4,1	3,3	5,7	3,2	4,0
Bauten	2,6	3,3	5,5	2,4	3,5
Ausrüstungen	5,1	-	8,1	6,3	5,2
Brutto-Anlagevermögen	5,9	5,0	5,9	6,8	5,5
Bauten	5,5	5,0	5,8	6,6	5,3
Ausrüstungen	6,5	-	6,8	8,1	6,5
Bruttowertschöpfung	4,5	4,0	4,5	3,8	4,4
Erwerbstätige	-0,1	-	3,7	3,5	0,2
Investitionsquote 3)	-0,5	-0,6	1,2	-0,6	-0,4
Bauten	-1,9	-0,6	1,0	-1,4	-0,9
Ausrüstungen	0,6	-	3,4	2,3	0,8
Kapitalintensität 4)	6,1	-	2,1	3,2	5,3
Arbeitsproduktivität 5)	4,7	-	0,8	0,3	4,2
1980/73					
Brutto-Anlageinvestitionen 2)	2,1	-1,2	0,3	-0,1	0,8
Bauten	0,7	-1,2	0,0	0,5	-0,3
Ausrüstungen	2,9	-	3,2	-1,8	2,9
Brutto-Anlagevermögen	3,5	3,4	4,1	3,7	3,6
Bauten	3,8	3,4	4,1	3,8	3,7
Ausrüstungen	3,3	-	5,7	3,2	3,4
Bruttowertschöpfung	2,1	3,9	2,7	2,8	2,3
Erwerbstätige	-0,8	-	2,1	2,0	-0,3
Investitionsquote 3)	0,0	-4,9	-2,3	-2,7	-1,4
Bauten	-1,3	-4,9	-2,6	-2,2	-2,5
Ausrüstungen	0,8	-	0,5	-4,5	0,6
Kapitalintensität 4)	4,4	-	2,0	1,7	3,9
Arbeitsproduktivität 5)	2,9	-	0,5	0,8	2,6
1986/80					
Brutto-Anlageinvestitionen 2)	1,2	-2,5	-3,6	-1,2	-0,5
Bauten	1,1	-2,5	-4,2	-1,6	-1,6
Ausrüstungen	1,3	-	0,3	0,0	1,3
Brutto-Anlagevermögen	2,8	2,8	2,5	2,7	2,8
Bauten	3,2	2,8	2,5	3,0	2,8
Ausrüstungen	2,4	-	3,1	0,9	2,4
Bruttowertschöpfung	1,5	3,0	1,3	3,6	1,6
Erwerbstätige	-0,8	-	1,0	4,5	-0,4
Investitionsquote 3)	-0,3	-5,4	-4,8	-4,7	-2,0
Bauten	-0,4	-5,4	-5,4	-5,0	-3,2
Ausrüstungen	-0,2	-	-1,0	-3,5	-0,3
Kapitalintensität 4)	3,6	-	1,5	-1,7	3,1
Arbeitsproduktivität 5)	2,3	-	0,3	-0,9	2,0

1) Einschließlich der Erwerbstätigen in privaten Haushalten und deren Wertschöpfung. - 2) Neue Anlagen. - 3) Neue Anlagen in vH der Bruttowert-schöpfung. - 4) Bruttoanlagevermögen je Erwerbstätigen. - 5) Bruttowert-schöpfung je Erwerbstätigen.

Quellen: Statistisches Bundesamt, eigene Berechnungen, 1986 geschätzt.

gen in der Investitionstätigkeit wird auch die Aussagekraft der Kapitalintensität als Indikator für Substitutionsprozesse in diesen Bereichen relativiert. Dies ist in den Unternehmensbereichen anders: Hier korreliert die Entwicklung der Kapitalintensität im allgemeinen gut mit der Entwicklung der Arbeitsproduktivität.

In einer solchen Durchschnittsbetrachtung, auch wenn sie nach Branchen disaggregiert ist, werden jedoch wesentliche Determinanten des Zusammenhangs zwischen der Kapitalbildung und der Entwicklung der Beschäftigung verdeckt. Sie finden ihren Niederschlag letztlich in unterschiedlichen Entwicklungspfaden der branchenspezifischen Investitionsintensitäten, der in den Investitionen verkörperten Arbeitsplatzzugänge also. Dies zeigen auch die Ergebnisse des capital-vintage-Modells in Abschnitt 3.

Die Entwicklung der gesamtwirtschaftlichen Investitionsquote macht deutlich, daß vor allem nach 1973 immer geringere Teile der Produktion zur Aufstockung des Kapitalstocks und zum Einsatz ausscheidender Anlagen verwendet worden sind: 1973 waren es noch mehr als 26 vH, 1986 nur noch 21 vH. Wo die Ursachen dieser Entwicklung zu suchen sind, wird sichtbar, wenn die Investitionsquote nach Bereichen differenziert wird, das jeweilige Investitionsvolumen der Bereiche also auf ihre Bruttowertschöpfung bezogen wird.

Für den Unternehmensbereich ist zwar das Niveau der ersten Hälfte der sechziger Jahre noch nicht wieder erreicht worden. Seit der Mitte der siebziger Jahre ist die Tendenz jedoch ansteigend (Schaubild 2.1/1). Die Investitionsquote im Jahr 1986 liegt deutlich über den Minima in den Jahren 1967/68 und 1974 bis 1977 und nur etwa einen Prozentpunkt unter dem Niveau in den Jahren 1963 bis 1966. Bezieht man die Ausrüstungsinvestitionen auf die Bruttowertschöpfung des Unternehmensbereich, so wird die aufwärtsgerichtete Entwicklung noch deutlicher, sie beginnt schon 1974; das erreichte Niveau entspricht jetzt dem der ersten Hälfte der sechziger Jahre.

Der Rückgang der gesamtwirtschaftlichen Investitionsquote ist also allein darauf zurückzuführen, daß sich die staatliche Investitionstätigkeit und der Wohnungsbau rückläufig entwickelt haben. Dies wird auch deutlich an der Entwicklung der Investitionsquote, die sich beim Staat im Vergleich zu den Jahren 1964 bis 1970 etwa halbiert hat.

Schaubild 2.1/1

Entwicklung der Investitionsquote

zu Preisen von 1980

Unternehmen ohne Wohnungsvermietung

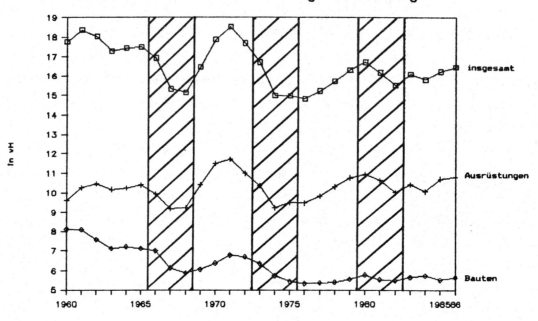

Staat

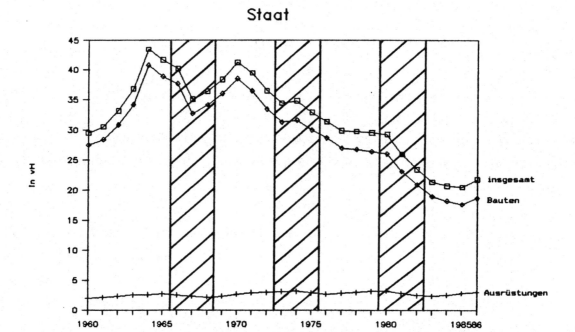

2.2   Wachstumseffekte einer Erhöhung der Investitionsquote

2.2.1   Staatliche Investitionen als Impuls

Im Ergebnis zeigt sich somit, daß die Investitionsschwäche im ganzen gesehen zu Unrecht an der Entwicklung der Investitionsquote im Unternehmensbereich festgemacht wird. Das Verhältnis der Investitionen des Unternehmensbereichs zur Produktion hat sich jedenfalls nicht so entwickelt, daß eine solche Aussage gerechtfertigt wäre.

Wohl aber läßt sich das Argument der Investitionsschwäche anführen, wenn es um die Bewertung der gesamtwirtschaftlichen Investitionsquote geht. Klammert man auch hier den Wohnungsbau aus, dessen Investitionstätigkeit anderen Bestimmungsfaktoren folgt, so ist sicherlich die Frage berechtigt, welche Arbeitsplatzwirkungen eine andere Entwicklung der Investitionsquote im staatlichen Bereich gehabt hätte. Diese Arbeitsplätze wären allerdings nicht in erster Linie im Gefolge von Kapazitätseffekten bei den öffentlichen Haushalten entstanden, sondern - induziert durch die Ausweitung der Investitionsnachfrage der öffentlichen Haushalte - bei den Produzenten und - über die Verflechtungsbeziehungen - den Vorleistungslieferanten der Investitionsgüterproduzenten.

Läßt man die Entwicklung in der Zeit vor 1973 hier außer acht, so lassen sich für den Staat zwei Phasen der Rückbildung der Investitionsquoten beobachten. In der ersten Phase von 1973 bis 1980 vollzog sich diese Entwicklung bei einem Rückgang des staatlichen Investitionsvolumens um etwa 10 vH zwischen 1974 und 1977. Von diesem Rückgang wurden bis 1980 sechs Prozentpunkte wieder aufgeholt. In der zweiten Phase von 1980 bis 1986 rutschte das Investitionsniveau bis 1985 um 25 vH ab, von denen 1986 fünf Prozentpunkte wieder aufgeholt wurden.

Um zu verdeutlichen, welche Auswirkungen eine Anhebung der Investitionsquote des Staates auf das Niveau Anfang der siebziger Jahre auf die gesamtwirtschaftliche Entwicklung gehabt hätte, ist eine Simulationsrechnung mit dem DIW-Langfristmodell durchgeführt worden. Dabei wurde angenommen, daß das staatliche Investitionsvolumen von 1981 an auf einen Wachstumspfad eingeschwenkt wäre, der bewirkt hätte, daß 1986 wieder die Investitionsquote von 1970 erreicht worden wäre. Die primären Nachfrageimpulse, die von einem solchen Investitionsverhalten der öffentlichen Haushalte ausgegangen wären, beziffern sich auf etwa

150 Mrd. DM von 1981 an, der Periode also, in der die staatlichen Investitionen drastisch reduziert worden sind.

Die jahresdurchschnittlichen Zuwachsraten, die für die staatliche Investitionstätigkeit unter diesen Umständen hätten realisiert werden müssen, liegen bei etwa 7 vH jährlich. Für die realen Bauinvestitionen insgesamt hätte eine solche Investitionsstrategie der öffentlichen Haushalte nicht mehr als eine Umkehrung der Entwicklungsrichtung bewirkt: Das Niveau der gesamten Bauinvestitionen im Jahr 1986 hätte nicht um 20 Mrd. unter dem von 1980 gelegen, sondern um 16 Mrd. darüber. Diese Zunahme entspricht einer Wachstumsrate von nicht mehr als 1,3 vH jährlich von 1981 an.

Dabei darf allerdings nicht übersehen werden, daß der Beginn einer solchen expansiven Investitionsstrategie in eine Hochzinsphase gefallen wäre und ohne eine geldpolitische Unterstützung nur mit Schwierigkeiten hätte in Gang gebracht werden können. Noch bis zum Herbst 1981 verfolgte die Bundesbank einen Restriktionskurs, der vor allem mit der Schwäche der außenwirtschaftlichen Position der Bundesrepublik nach der zweiten Ölpreisverteuerung 1978/79 begründet wurde.

Das DIW hat wiederholt darauf hingewiesen, daß in dieser Zeit "ein mehr am Wachstumsspielraum der Volkswirtschaft ausgerichteter und zugleich stabilitätsgerechter "offensiver" geldpolitischer Kurs eine befriedigende Lösung sowohl der binnen- als auch der außenwirtschaftlichen Probleme ermöglicht hätte: Die zur Stärkung der internationalen Wettbewerbsfähigkeit der Wirtschaft notwendigen Investitionen wären weniger behindert worden, und die Abwertung der D-Mark hätte noch früher einsetzen und zur Aktivierung der Leistungsbilanz beitragen können. Ein inflatorischer Prozeß hätte sich nur entfalten können, wenn die Bundesbank Überwälzungsvorgänge monetär alimentiert hätte; gerade dies hätte aber bei einer konsequent am Wachstumsspielraum orientierten Geldpolitik ausgeschlossen werden können." (Strukturberichterstattung des DIW 1983, S. 36).

In einer solchen Strategie hätten auch die expansiven Impulse einer verstärkten staatlichen Investitionstätigkeit ihren Platz gehabt. Sie hätten zu zusätzlichen Aufträgen vor allem in der Bauwirtschaft geführt, deren Kapazitätsauslastung in den Jahren 1981 und 1982 um insgesamt 10 Prozentpunkte (1980: 92,5, 1982: 82,3) verschlechtert hat und wo es zu einem Abbau der Beschäftigung in diesen beiden Jahren um 150 000 Personen gekommen ist.

Auch die Probleme der Finanzierung einer solchen auf längere Frist angelegten expansiven Investitionsstrategie der Gebietskörperschaften hätten gelöst werden können, allerdings nicht zulasten der Gemeinden, die zwar den weitaus überwiegenden Teil der staatlichen Investitionen tätigen, deren eigenes Finanzierungspotential zur Initiierung einer solchen Strategie jedoch nicht ausreicht. Mit den Mischfinanzierungsregelungen, wie sie im Zukunftsinvestitionsprogramm vorgezeichnet waren, hätte dem jedoch begegnet werden können, auch ohne die damals wie heute überfällige Reform der Gemeindefinanzen.

Daß eine solche Aufstockung der staatlichen Investitionsbudgets auch nicht außerhalb des vom Bedarf her Gerechtfertigten liegt, wird aus Untersuchungen des Deutsches Institut für Urbanistik (DIFU) deutlich. So beziffert Reidenbach die Investitionslücke bei den kommunalen Investitionen, die zwischen 1976 und 1984 entstanden ist, auf 75 Mrd. DM zu Preisen von 1983 (Reidenbach 1985, S. 4), das sind knapp 70 Mrd. DM zu Preisen von 1980. Führt man diese Rechnungen bis 1986 fort, so kommen noch einmal rund 30 Mrd. DM dazu.

In diesen Beträgen ist allerdings nur ein Bruchteil der im kommunalen Bereich anfallenden Umweltschutzmaßnahmen enthalten (vgl. Reidenbach 1985, S. 9). Desgleichen fehlen Ansätze für den immer größer werdenden Bedarf an Ersatzinvestitionen, die nicht nur erforderlich sind, um den Verschleiß aus Altersgründen zu ersetzen, sondern auch im Gefolge von Umweltschädigungen und fehlerhaften Bauverfahren notwendig werden. Damit erhöht sich die Lücke bei den kommunalen Investitionen auf Beträge weit über 100 Mrd. DM. Berücksichtigt man weiterhin, daß Bund und Länder, ohne die kommunalen Investitionen der Stadtstaaten, die bei Reidenbach in den kommunalen Investitionen enthalten sind, nochmals etwa die Hälfte dessen investieren, was auf die kommunalen Investitionen entfällt, so wird deutlich, daß eine Aufstockung der staatlichen Investitionen in der Größenordnung von 140 Mrd. DM nicht mehr bewirkt hätte, als eine Ausfüllung dieser Lücke.

2.2.2 Das DIW-Langfristmodell als Instrument zur Bewertung von Politikvarianten

Das DIW-Langfristmodell ermöglicht es, diese Nachfrageimpulse auch in ihren Wirkungen auf die Einkommensentwicklung und die Beschäftigung abzuschätzen. Es ist ein ökonometrisches Modell, das bei der Analyse wirtschaftspolitischer Strategien in Form quantitativer Szenarien sicherstellt, daß die volkswirtschaftlichen Kreislaufzusammenhänge zwischen Einkommensentstehung, der Verteilung, der Umverteilung über den Staat und der Verwendung berücksichtigt werden. Als volkswirtschaftliche Akteure werden die privaten Haushalte, die Unternehmen, der Staat, unterteilt nach Gebietskörperschaften und Sozialversicherung und die übrige Welt berücksichtigt.

Das DIW-Langfristmodell ist ursprünglich aus verschiedenen Versionen des Bonner Modells entstanden. Seit 1979 ist es im DIW im Zusammenhang mit einer Reihe von empirischen Fragestellungen ständig abgewandelt und erweitert worden. Dabei handelt es sich um Fragestellungen der Beschäftigungs-, der Wachstums-, der Finanz-, der Energie- und der Verkehrspolitik (vgl. Blazejczak 1987).

Schaubild 2.2.2/1 zeigt die Modellierung des Gütermarkts des DIW-Langfristmodells. Die Beschreibung des Gütermarktes enthält sowohl Angebots- als auch Nachfrageaspekte. Auf der Nachfrageseite werden die Verwendungskomponenten des Sozialprodukts zu jeweiligen Preisen und zu konstanten Preisen des Basisjahres 1980 dargestellt. Auf der Angebotsseite tragen die Investitionen zum Wachstum des Kapitalstocks und zu einer Erweiterung der Produktionsmöglichkeiten bei. Die Arbeitsproduktivität und der Lohnsatz sind entscheidend für die Höhe der Stückkosten, daneben werden weitere Kostenelemente wie Import- und Steuerstückkosten berücksichtigt. Zusammen mit dem Auslastungsrad des Produktionspotentials sind die Stückkosten die wichtigste Bestimmungsgröße für die Preisentwicklung. Lohnsatz und Produktivität stellen gleichzeitig die Verbindung zwischen dem Güter- und dem Arbeitsmarktteil des Modells dar, in den Arbeitsangebot und Arbeitsnachfrage in einer Arbeitsmarktbilanz einander gegenübergestellt werden.

Aus dem eingesetzten Arbeitsvolumen und dem Lohnsatz ergeben sich die Bruttoeinkommen aus unselbständiger Arbeit. Die Bruttoeinkommen aus Unternehmertätigkeit und Vermögen werden dem Vorgehen in der Volkswirtschaftlichen

Schaubild 2.2.2/1

Wichtige Interdependenzen im DIW-Langfrist-Modell

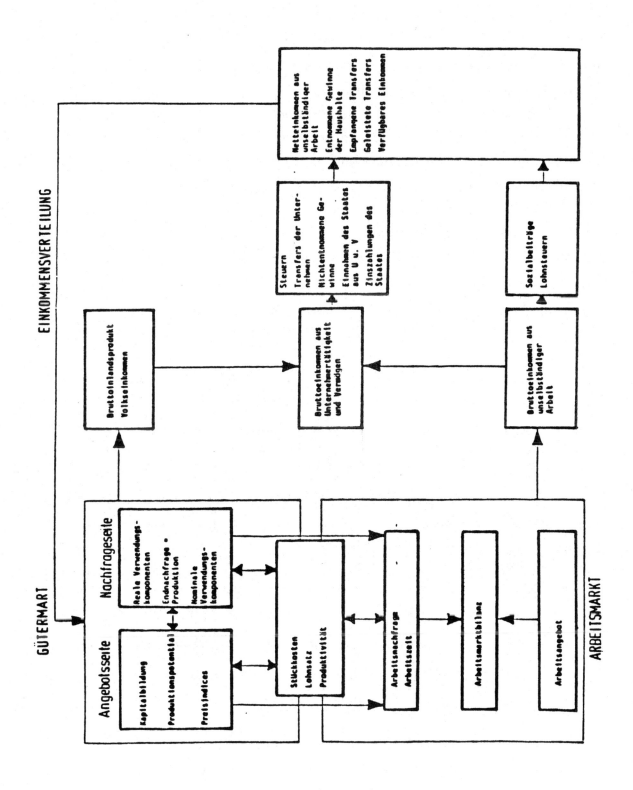

Gesamtrechnung entsprechend als Restgröße gegenüber dem Volkseinkommen ermittelt, das sich aus der Summe der Verwendungskomponenten unter Berücksichtigung von Abschreibungen, indirekten Steuern und Subventionen ergibt.

Im Umverteilungsteil des Modells werden Größen wie Steuern und Transfers ermittelt, so daß sich dann die Nettoeinkommen aus unselbständiger Arbeit sowie die entnommenen Gewinne der Haushalte ergeben. Zusammen mit den nichtzurechenbaren empfangenen und geleisteten Transfers resultiert das verfügbare Einkommen der privaten Haushalte, das die wichtigste Bestimmungsgröße des privaten Verbrauchs darstellt. Aus der Verwendungs-, Verteilungs- und Umverteilungsrechnung können die Einnahmen und Ausgaben des Staates in einem Staatskonto zusammengefaßt und der staatliche Finanzierungssaldo ermittelt werden. Genauso ergeben sich die Finanzierungssalden der übrigen Sektoren.

Im Zusammenhang mit dieser Untersuchung sind insbesondere diejenigen Teile des Modells von Interesse, die den Zusammenhang zwischen Nachfrage, Kapitalbildung und Arbeitseinsatz beschreiben.

Die Erklärungsfunktion für die Anlageinvestitionen der Unternehmen ohne Wohnbauten beruht auf der mikroökonomischen Theorie der Unternehmung. Die Unternehmen ermitteln den Kapitalstock, mit dem die erwartete Produktion kostenoptimal erstellt werden kann. Entscheidend dafür ist die erwartete Entwicklung der relativen Preise von Arbeit und Kapital, das Verhältnis von Lohnsätzen und Kapitalnutzungskosten, für letztere spielt der Kapitalmarktzins eine entscheidende Rolle. Normalerweise kann die Lücke zwischen dem gewünschten und dem tatsächlich vorhandenen Kapitalstock durch die Nettoinvestitionen eines Jahres nicht vollständig geschlossen werden. Es ergeben sich also Anpassungsverzögerungen. Die Anpassungsgeschwindigkeit des tatsächlichen an den gewünschten Kapitalstock ist um so höher, je größer das Verhältnis der Eigenmittel zum geplanten Investitionsvolumen ist.

Die realen Bruttoinvestitionen hängen dann von folgenden Einflußgrößen ab

- der Abgangsrate, definiert als Verhältnis der Abgänge vom Kapitalstock zum Kapitalstock; sie ist im wesentlichen von der Altersstruktur des Kapitalstocks bestimmt,

- den Eigenmitteln der Unternehmen,

- den relativen Preisen von Kapital und Arbeit und

- dem Output (Beitrag der Unternehmen ohne Wohnungsvermietung zum Bruttoinlandsprodukt zu konstanten Preisen.

Eine Ausweitung der öffentlichen Investitionen führt dazu, daß sich aufgrund der dadurch direkt und indirekt ausgelösten Nachfrageeffekte die Absatzerwartungen der Unternehmen verbessern. Ihr Kapitalbedarf ist damit höher und führt dazu, daß nicht nur vom Staat, sondern auch von den Unternehmen mehr Investitionen getätigt werden.

Um deutlich zu machen, wie die durch die höheren staatlichen Investitionen ausgelösten Nachfrageeffekte sich in Beschäftigungswirkungen niederschlagen, muß die Schätzfunktion des DIW-Langfristmodells für die Zahl der Erwerbstätigen im privaten Bereich erläutert werden. Sie ist wie die Investitionsfunktion aus neoklassischen Modellvorstellungen der mikroökonomischen Theorie der Unternehmen abgeleitet. Der gewünschte Bestand an Arbeitskräften, bei dem mit den geringsten Kosten produziert werden kann, ist umso größer, je höher der erwartete Output, und umso niedriger, je höher die Lohnsätze im Verhältnis zu den Nutzungskosten für Kapitalgüter sind. Außerdem bewirkt der technologische Wandel eine trendmäßige Abnahme des gewünschten Bestandes an Arbeitskräften.

Der Prozeß der Anpassung des tatsächlichen gewünschten Bestandes an Arbeitskräften hängt von den relativen Differenzen zwischen gewünschten und tatsächlichen Einsatzmengen aller Inputs ab. Auf diese Weise kann etwa erfaßt werden, in welchem Umfang Ungleichgewichte zwischen tatsächlichem und gewünschtem Kapitalstock durch Reaktionen beim Arbeitskräfteeinsatz ausgeglichen werden.

Die Schätzergebnisse zeigen, daß die Zahl der Erwerbstätigen (im privaten Bereich) kurzfristig mit einer Elastizität von rund 0,4 von der Nachfrage - repräsentiert durch den realen Beitrag zum Bruttoinlandsprodukt der Unternehmen ohne Wohnungsvermietung in konstanten Preisen - abhängt. Die langfristige Elastizität beträgt 0,7. Das bedeutet, daß sich Nachfrageerhöhungen ceteris paribus kurzfristig zu 60 vH und langfristig zu knapp einem Drittel in einer Erhöhung der Personenproduktivität im privaten Bereich niederschlagen (Verdoorn-Effekt). Die Bedeutung der relativen Preise für die Beschäftigung ist, gemessen an dem Einfluß der Nachfrage, gering. Dieses Ergebnis steht im Einklang mit denen anderer

Untersuchungen für die Bundesrepublik (z. B. Hansen 1983) und deckt sich auch mit empirischen Ergebnissen für die USA (Nadiri und Rosen 1973). Im DIW-Langfrist-modell führt eine Erhöhung der relativen Lohnkosten um 1 vH langfristig zu einem Rückgang der Zahl der Beschäftigten im Unternehmensbereich um weniger als 0,03 vH.

2.2.3   Produktions- und Beschäftigungswirkungen einer verstärkten staatlichen Investitionstätigkeit

Um die für 1970 geltende Relation von staatlichem Investitionsvolumen zu Brutto-wertschöpfung des Staates im Jahre 1986 wieder zu erreichen, wäre von 1981 an eine Aufstockung der staatlichen Investitionsbudgets zu konstanten Preisen erfor-derlich gewesen, die - kontinuierlich ansteigend - mit 8 Mrd. DM 1981 beginnt und dazu führt, daß die öffentlichen Haushalte 1986 real 37 Mrd. DM mehr investieren, als tatsächlich investiert worden ist. Die Wachstumseffekte einer solchen Investi-tionspolitik des Staates wären beträchtlich gewesen. In Tabelle 2.2.3/1 sind die Ergebnisse einer solchen Strategie für die davon betroffenen Aggregate zusammen-gestellt und mit der tatsächlichen Entwicklung verglichen worden.

Bei der Beurteilung der Wirkung einer solchen Strategie muß berücksichtigt werden, daß sie in diesem Umfang nur zum Tragen kommt, wenn sie von der Geldpolitik unterstützt wird. Im Modell ist angenommen worden, daß mit geldpoli-tischen Mitteln darauf hingewirkt wird, daß auch bei zusätzlicher Investitionsnach-frage der Realzins unverändert bleibt. Ohne eine flankierende Geldpolitik wären im Verlauf der Entwicklung Zinseffekte ausgelöst worden, die die Einkommens- und Beschäftigungwirkungen einer expansiven Investitionsstrategie der Gebietskörper-schaften gedämpft hätten. In anderem Zusammenhang durchgeführte Simulations-rechnungen zeigen jedoch, daß die wirtschaftliche Entwicklung auch unter diesen Bedingungen günstiger verlaufen wäre, als es tatsächlich der Fall war (Zwiener 1983).

Die Ergebnisse zeigen, daß das reale Bruttosozialprodukt 1986 um rund 70 Mrd. DM höher gewesen wäre, wenn es gelungen wäre, flankiert von der Geldpolitik, einen expansiven Pfad der staatlichen Investitionstätigkeit von 1981 an einzuschlagen; das entspricht einer Beschleunigung des Wachstumstempos von 1,4 vH im Jahres-

Tabelle 2.2.3/1

Wachstumseffekte einer Erhöhung der staatlichen Investitionsquote 1)

	Tatsächliche Entwicklung	Entwicklung bei Erhöhung der staatlichen Investitionsquote von 1981 an	Differenzen zur tatsächlichen Entwicklung in Prozentpunkten
	jahresdurchschnittliche Veränderungsraten in vH		
	1980/73	1986/80	
Einkommensverwendung zu jeweiligen Preisen			
Privater Verbrauch	7,9	4,3	5,0	0,7
Anlageinvest. d. Unternehmen	6,3	2,6	4,2	1,6
Ausfuhr	10,0	7,2	7,2	0
Einfuhr	12,3	3,7	4,7	1,0
Nachr.: Außenbeitrag in Mrd. DM*)	-3	111	80	-31
Bruttosozialprodukt	7,1	4,6	5,5	0,9
Einkommensverwendung zu Preisen von 1980			
Privater Verbrauch	2,9	1,2	1,8	0,6
Staatsverbrauch	2,9	1,3	1,3	0
Anlageinvest. d. Unternehmen	0,9	0	1,5	1,5
ohne Wohnbauten	2,1	1,2	3,3	2,1
Anlageinvest. d. Staates	0,3	-3,8	6,9	10,7
Ausfuhr	4,5	4,4	4,4	0
Einfuhr	5,0	2,1	3,1	1,0
Nachr.: Außenbeitrag in Mrd. DM*)	-3	66	36	-30
Bruttosozialprodukt	2,2	1,4	2,1	0,7
Preisentwicklung			
Güterverwendung im Inland	5,2	2,9	3,0	0,1
Ausfuhr	5,3	2,6	2,6	0
Einfuhr	7,0	1,6	1,6	0
Nachr.: Terms of Trade	-1,6	1,0	1,0	0
Bruttosozialprodukt	4,8	3,1	3,2	0,1
Einkommensverteilung und Arbeitsmarkt			
Arbeitsprod. (DM/Erwerbstätigen)	2,5	1,8	2,1	0,3
(DM/Stunde)	3,4	2,4	2,7	0,3
Erwerbstätige	-0,3	-0,3	0,1	0,4
Erwerbstätige in 1 000 Pers.*)	26 330	25 790	26 450	660
Arbeitslose in 1 000 Pers.*)	890	2 230	1 810	-420
Stundenlohnsatz [2]	8,4	4,4	5,1	0,7
Bruttoeink. aus unselbst. Arbeit	7,4	3,5	4,7	1,2
Bruttoeinkommen aus Unternehmertätigkeit und Vermögen	5,4	7,6	8,1	0,5
Lohnquote am VE in vH*)	73,5	68,8	69,6	0,8
Verfügbares Einkommen	7,7	4,2	4,9	0,7
Öffentliche Haushalte			
Einnahmen	7,9	4,6	5,6	1,0
Ausgaben	9,4	4,0	5,2	1,2
Finanzierungssaldo in Mrd. DM*)	-43	-24	-37	-13

1) Staatliche Investitionen in neuen Anlagen zu Preisen von 1980 in vH der Bruttowertschöpfung des Staates zu Preisen von 1980. - 2) Bruttoeinkommen aus unselbständiger Arbeit je Arbeitsstunde der unselbständig Beschäftigten. - *) Werte bzw. Differenzen der Werte im Endjahr des jeweiligen Zeitraumes.

durchschnitt 1986/80 auf 2,1 vH. Ein Wachstumstempo in dieser Größenordnung hätte den Anschluß an den Entwicklungspfad in der Periode 1980/73 (2,2 vH im Jahresdurchschnitt) weitgehend wiederhergestellt und verhindert, daß sich die Erwerbstätigenzahl verringert. Im Gegenteil: Es hätten sogar etwas über 100 000 Personen mehr einen Arbeitsplatz gefunden als 1980.

Die Zahl der Beschäftigten hätte 1986 um 660 000 Personen über dem tatsächlich realisierten Beschäftigungsniveau gelegen. Ein Anstieg der Arbeitslosigkeit hätte damit allerdings nicht verhindert werden können; mit 1,8 Mill. registrierten Arbeitslosen wären es aber immerhin rund 400 000 Personen weniger gewesen, als tatsächlich hingenommen worden sind. Darüber hinaus wäre die stille Reserve um rund 250 000 Personen abgebaut worden.

Die Wachstumsimpulse hätten sich auch auf die Struktur der Verwendung des Sozialprodukts ausgewirkt. Ausgelöst durch den staatlichen Investitionsimpuls und die daraus resultierenden Einkommenseffekte wären - verteilt auf die Jahre 1981 bis 1986 - zusätzliche Investitionen im Unternehmensbereich in der Größenordnung von 100 Mrd. DM getätigt worden. Sie wären notwendig gewesen, um die im Gefolge der erhöhten Nachfrage erforderliche Ausweitung der Produktionskapazitäten sicherzustellen.

Weniger konfliktträchtig wäre auch die Entwicklung im Außenhandel verlaufen. Die Stimulierung der Inlandsnachfrage hätte das jährliche reale Einfuhrwachstum um einen Prozentpunkt erhöht und damit - bei unverändertem Exportwachstum - zu einem Außenbeitrag geführt, der - zu jeweiligen Preisen gerechnet - 1986 um mehr als 30 Mrd. DM geringer gewesen wäre, als dies tatsächlich der Fall war. Einschränkend muß hier allerdings bemerkt werden, daß Rückwirkungen einer möglichen Verbesserung der qualitativen Wettbewerbsfähigkeit im Zuge des beschleunigten Wachstums und der damit verbundenen Modernisierungseffekte auf die Exporte hier nicht berücksichtigt worden sind. Wären sie einbezogen worden, wäre das Wachstum noch höher ausgefallen.

Die Beschleunigung des Produktivitätswachstums hätte bewirkt, daß nur etwas mehr als die Hälfte des zusätzlichen Produktionswachstums beschäftigungswirksam geworden wäre. Die Beschleunigung des Produktivitätswachstums ist auch der wichtigste Bestimmungsfaktor für die höheren Steigerungsraten der Nominallohn sätze, die - auf Stundenbasis gerechnet - mit jährlich 5,1 vH um 0,7 Prozentpunkte über dem in der Periode von 1981 bis 1986 realisierten Pfad gelegen hätten. Aus diesen Rahmendaten ergeben sich Verteilungsrelationen, die für die Einkommen aus unselbständiger Arbeit etwas günstiger ausgefallen wären. Der Rückgang der Lohnquote bezogen auf das Volkseinkommen gegenüber 1980 wäre aber mit 4 Prozentpunkten (von 73,5 auf 69,6 vH) zwar immer noch beträchtlich gewesen aber um knapp einen Prozentpunkt geringer ausgefallen, als sich für 1986 tatsächlich ergeben hat.

Auch die Einnahmen des Staates hätten von der stärkeren Expansion der Wirtschaftstätigkeit profitiert. Die Beschleunigung ihres Anstiegs hätte allerdings nicht ausgereicht, um die notwendige Aufstockung der Investitionsausgaben zu kompensieren. Dies hätte zur Folge gehabt, daß das Finanzierungsdefizit um 13 Mrd. DM höher gewesen wäre, als er sich tatsächlich für 1986 ergeben hat. Bezieht man diese Zahl auf die zusätzlichen staatlichen Investitionsausgaben zu jeweiligen Preisen von 40 Mrd. DM, so erhält man einen Indikator für den Grad, mit der eine solche Investitionsstrategie fremdfinanziert werden muß, nämlich zu etwa einem Drittel. In Höhe der restlichen zwei Drittel hätte der Staat durch zusätzliche Einnahmen von der Belebung der Wirtschaftstätigkeit profitiert.

2.2.4 Potentialwirkungen einer verstärkten staatlichen Investitionstätigkeit

Im DIW-Langfristmodell werden die Zusammenhänge zwischen den Entwicklungspfaden der Nachfrage, den Preisen der Produktionsfaktoren und dem Einsatz von Arbeit und Anlagevermögen nur für den Unternehmensbereich (ohne Wohnungsvermietung) insgesamt dargestellt; sowohl der sektorale Strukturwandel als auch Veränderungen im Altersaufbau des Anlagevermögens werden nicht explizit berücksichtigt. Um auch den Einfluß solcher Struktureffekte zu berücksichtigen, sind in die Schätzungen auch Informationen eingeflossen, die aus dem nach Sektoren disaggregierten capital-vintage-Modell stammen. Auf diese Weise ist sichergestellt, daß die Einflüsse von Strukturveränderungen innerhalb des Unternehmensbereichs in den Aggregaten des Langfristmodells berücksichtigt sind.

Durch diese Verknüpfung der beiden Modelle bestand gleichzeitig die Möglichkeit, Auswirkungen, die eine expansive Investitionsstrategie der öffentlichen Haushalte gehabt hätte, nicht nur auf die Investitionstätigkeit der Unternehmen, sondern auch für die Entwicklung der Arbeitsplätze abzuschätzen.

Eine ausführliche Darstellung des vintage-Modelles und seiner Ergebnisse findet sich im Anhang in Abschnitt 3 dieser Untersuchung. Hier werden daher nur diejenigen Ergebnisse kommentiert, die in Zusammenhang mit der Wirkungsanalyse einer verstärkten staatlichen Investitionstätigkeit stehen.

Im Prinzip würde es das vintage-Modell auch erlauben, die strukturellen Wirkungen einer verstärkten staatlichen Investitionstätigkeit auf den Investitionsprozeß in den einzelnen Wirtschaftszweigen abzuschätzen. Dazu wäre jedoch Voraussetzung, auch die Wirkungen einer solchen Strategie auf die Wachstumspfade der Produktion in den einzelnen Wirtschaftszweigen zu bestimmen. Mit dem im DIW entwickelten FIND-Modell lassen sich im Prinzip sektoral disaggregierte Simulationen durchführen. Die Arbeiten sind jedoch noch nicht so weit fortgeschritten, so daß die Überlegungen sich hier auf die Wirkungen für den gesamten Unternehmensbereich beschränken mußten.

Die Potentialeffekte, die eine expansive Investitionsstrategie in dem hier diskutierten Umfang gehabt hätten, sind in Tabelle 2.2.4/1 zusammengestellt worden. Sie betreffen den Unternehmensbereich (ohne Wohnungsvermietung), wo die Wachstumsimpulse für die Bruttowertschöpfung als Indikator der Produktion noch größer gewesen wären, als es in der Entwicklung des Sozialprodukts zum Ausdruck kommt. Dies liegt daran, daß - den Annahmen entsprechend - Produktion und Beschäftigung beim Staat unverändert geblieben sind. Gleichzeitig wird deutlich, daß der Investitionsprozeß im Unternehmensbereich bei geringeren Zuwächsen beim Produktionspotential zu Auslastungsverbesserungen in der Größenordnung von 2 Prozentpunkten geführt hätte.

Mit dieser Ausweitung des Produktionspotentials wäre eine Zunahme der Zahl der Arbeitsplätze von 860 000 verbunden gewesen. Dies ist etwas mehr, als die zusätzliche Beschäftigung, so daß sich der Besetzungsgrad der Arbeitsplätze, die Relation von Erwerbstätigen zu Arbeitsplätzen, geringfügig verschlechtert hätte.

Eine Erklärung dafür liefern die Reaktionen der Unternehmen, wie sie sich tatsächlich bis 1986 abgezeichnet haben: Sie mußten im Vergleich zu 1980 eine

Tabelle 2.2.4/1

Potentialeffekte einer Erhöhung der staatlichen Investitionsquote 1)

Unternehmen ohne Wohnungsvermietung

	Tatsächliche Entwicklung	Entwicklung bei Erhöhung der staatl. Investitionen von 1981 an	Differenzen zur tatsächl. Entwicklung in Prozentpunkten
	Jahresdurchschnittliche Veränderungsraten in vH		
	1980/73	1986/80	
Zugänge zum Anlagevermögen	2,9	1,2	3,2	2,1
Bruttoanlagevermögen	3,5	2,8	3,2	0,4
Kapitalproduktivität	-0,8	-0,5	-0,2	0,2
Produktionspotential	2,6	2,4	3,0	0,6
Bruttowertschöpfung	2,1	1,5	2,5	1,0
Produktionspotential in Mrd.DM. *)	1 285	1 478	1 534	56
Bruttowertschöpfung in Mrd.DM. *)	1 137	1 242	1 317	75
Auslastung des Produktionspotentials in vH *)	88,5	84,1	85,8	1,8
Kapitalintensität	5,3	3,3	3,1	-0,2
Arbeitsplätze	-1,7	-0,5	0,1	0,6
Erwerbstätige	-0,8	-0,8	-0,3	0,5
Arbeitsplätze in 1000 *)	23 370	22 700	23 560	860
Erwerbstätige in 1000 *)	21 520	20 550	21 200	650
Besetzungsgrad der Arbeitsplätze in vH *)	92,1	90,5	90,0	-0,5
Arbeitsplatzproduktivität	4,4	2,9	2,9	0,0
Arbeitsproduktivität	2,9	2,3	2,7	0,5

*) Werte bzw. Differenzen der Werte im Endjahr des jeweiligen Zeitraums. - 1) Staatliche Investitionen in neue Anlagen zu Preisen von 1980 in vH der Bruttowertschöpfung zu Preisen von 1980.

Quellen: Statistisches Bundesamt, eigene Berechnungen, 1986 geschätzt.

deutliche Verschlechterung der Auslastung ihrer Produktionskapazitäten hinnehmen. Dies geschah aber offensichtlich immer in der Erwartung, daß sich die Nachfrage wieder verstärken würde. Aus diesem Grunde haben sie den Besetzungsgrad ihrer Arbeitsplätze nicht so weit heruntergefahren, wie es die verminderte Kapazitätsauslastung eigentlich erfordert hätte. Mit anderen Worten: Sie haben Arbeitskräfte durchgehalten in der Erwartung, daß sich die wirtschaftliche Entwicklung wieder verbessern würde.

Der in Relation zur Kapazitätsauslastung hohe Besetzungsgrad der Arbeitsplätze deutet an, daß viele Unternehmen Produktivitätsreserven haben, die es ihnen erlauben würden, zusätzliche Nachfrage in bestimmten Größenordnungen auch ohne eine Aufstockung ihres Produktionspotentials und ihrer Beschäftigung zu bewältigen. In diesem Falle würde sich lediglich die Auslastung des Produktionspotentials verbessern. Die Simulationsergebnisse zeigen jedoch, daß bei der hier angenommenen Expansion der staatlichen Investitionstätigkeit und der davon induzierten zusätzlichen Nachfrage im Unternehmensbereich mehr investiert worden wäre und auch zusätzliche Arbeitsplätze geschaffen worden wären. Beide Faktoren - der Rückgriff auf Potential- und Produktionsreserven einerseits, die Ausweitung von Produktionspotential und Arbeitsplätzen andererseits - hätten aber nur bewirkt, daß die Kapazitätsauslastung steigt. Zwar wäre auch die Zahl der Beschäftigten erheblich ausgeweitet worden, die Unternehmen hätten jedoch keinen Anlaß gesehen, den Besetzungsgrad ihrer Arbeitsplätze zu erhöhen.

In der Zeit vor 1980 war dies anders. Damals ist es, bei allerdings wesentlich höheren Produktionswachstumsraten, die zwischen 1975 und 1980 die Größenordnung von 3,6 vH im Jahresdurchschnitt hatten, nicht nur zu einer beträchtlichen Erhöhung der Kapazitätsauslastung (von 85 auf 88,5 vH), sondern auch des Besetzungsgrades der Arbeitsplätze gekommen (von 85 auf 92 vH).

Diese Reaktionsmuster machen deutlich, daß auch bei einer Beschleunigung des Nachfragewachstums um einen Prozentpunkt ein latenter Beschäftigungsüberhang in den Unternehmen bleibt. Dieser Beschäftigungsüberhang verkörpert Produktivitätsreserven, da die Unternehmer nicht gezwungen sind, im Ausmaß der Mehrnachfrage auch mehr Einstellungen vorzunehmen. Bei anhaltend schwacher Nachfrageentwicklung birgt er aber auch die Gefahr, daß Anpassungen des Beschäftigungsgrades nach unten vorgenommen werden mit negativen Rückwirkungen auf die Arbeitsmarktlage.

2.3 Kennziffern der Erfolgsrechnung als Kriterien für das Investitionsverhalten

In Überlegungen über die Ursachen der unbefriedigenden Investitionstätigkeit spielen allerdings nicht nur mangelnde Nachfrageimpulse eine Rolle. Sie stehen in der Regel nicht einmal im Mittelpunkt der Argumentation. Was vielmehr beklagt wird, sind veränderte Rahmenbedingungen, die dazu geführt haben, daß die Unternehmer nicht mehr in den Umfang wie früher autonome, sich ihre Nachfrage selbst schaffende Investitionen tätigen.

Festgemacht wird dieses Phänomen allgemein an Relationen, die an Bilanzpositionen und Posten der Erfolgsrechnung von Unternehmen anknüpfen. Auch hier läßt sich ein erster Überblick gewinnen, wenn man entsprechende Rechnungen für den Unternehmensbereich aufmacht. Die dafür erforderlichen Daten stellt die VGR sowohl für die Produktionsunternehmen als auch für die Banken und Versicherungen als Finanzierungsinstitutionen zur Verfügung. Da bei den Finanzierungsinstitutionen Sachinvestitionen zur Ausstattung ihrer eigenen Arbeitsplätze nur eine untergeordnete Rolle spielen, beziehen sich die folgenden Überlegungen auf die Produktionsunternehmen.

In den folgenden Übersichten sind die Erfolgsrechnung und die Bilanz der Produktionsunternehmen zusammengestellt worden (Tabelle 2.3/1 und 2.3/2). Aus diesem Rechenwerk lassen sich auch eine Reihe von Kennziffern berechnen, die über die Ertragslage der Unternehmen Aufschluß geben (Tabelle 2.3/3).

In Bilanzen und Erfolgsrechnungen gehen immer auch kalkulatorische Größen ein. Sie betreffen vor allem die Bewertung des Sachvermögens. Es setzt sich aus dem Anlagevermögen und den Vorratsbeständen zusammen (Görzig 1982). Da es für Rentabilitätsüberlegungen nur auf denjenigen Teil des im Anlagevermögen gebundenen Leistungspotentials ankommt, der für künftige Nutzungen noch zur Verfügung steht, ist das Nettoanlagevermögen die Bezugsbasis. Nur in Höhe dieses Nettoanlagevermögens ist auch Finanzkapital gebunden, da die in den Vorperioden genutzten Teile des Bruttoanlagevermögens in Form von Abschreibungen bereits wieder als Finanzierungsmittel zurückgeflossen sind.

Tabelle 2.3/1

Erfolgsrechnung der
Produktionsunternehmen ohne Wohnungsvermietung

Mrd. DM

	1970	1971	1972	1973	1974	1975	1976	1977	1978	1979	1980	1981	1982	1983	1984	1985	1986
Aufwendungen																	
Vorleistungsläufe 1)	970	1 049	1 124	1 270	1 422	1 454	1 627	1 710	1 794	1 965	2 142	2 258	2 313	2 382	2 553	2 653	2 561
Eink. aus unselb. Arbeit	279	311	340	384	416	427	462	495	529	571	620	644	654	662	688	714	748
Unternehmerlohn 2)	43	46	50	54	59	62	65	68	71	75	79	82	86	90	93	96	100
Prod. Steuern abz. Subv.	28	30	33	37	38	37	41	43	42	46	46	47	47	47	47	49	50
Abschreibungen 3)	53	59	65	71	75	79	84	90	98	106	115	124	132	141	150	160	169
Zinsausgaben u.ä. 4)	38	39	42	53	65	60	59	65	64	75	85	100	111	101	108	110	114
Unternehmensgewinne	94	101	109	113	123	116	138	139	159	183	175	173	162	192	213	225	254
Saldo d. Übertragungen 5)	7	5	4	7	6	4	3	8	9	11	8	8	6	7	7	12	12
Entnahmen 6)	62	75	81	80	83	86	96	99	95	107	121	134	136	141	174	192	208
Veränd. d. Eigenmittel 7)	25	21	23	26	34	26	39	32	55	65	46	31	20	44	32	21	33
Aufwendungen insgesamt	1 505	1 636	1 763	1 982	2 198	2 235	2 476	2 610	2 757	3 020	3 262	3 428	3 507	3 616	3 852	4 006	3 995
Erträge																	
Produktionswert	1 495	1 625	1 752	1 965	2 175	2 219	2 459	2 592	2 738	2 998	3 234	3 397	3 477	3 589	3 815	3 971	3 958
Zinseinnahmen u.ä. 4)	11	11	12	17	23	16	18	18	18	22	27	31	30	27	37	35	37
Erträge insgesamt	1 505	1 636	1 763	1 982	2 198	2 235	2 476	2 610	2 757	3 020	3 262	3 428	3 507	3 616	3 852	4 006	3 995
Struktur der Aufwendungen in vH																	
Vorleistungsläufe 1)	64,5	64,1	63,8	64,1	64,7	65,1	65,7	65,5	65,1	65,1	65,7	65,9	66,0	65,9	66,3	66,2	64,1
Eink. aus unselb. Arbeit	18,5	19,0	19,3	19,4	18,9	19,1	18,6	19,0	19,2	18,9	19,0	18,8	18,7	18,3	17,9	17,8	18,7
Unternehmerlohn 2)	2,9	2,8	2,8	2,7	2,7	2,8	2,6	2,6	2,6	2,5	2,4	2,4	2,5	2,5	2,4	2,4	2,5
Prod. Steuern abz. Subv.	1,8	1,8	1,9	1,9	1,7	1,7	1,6	1,7	1,5	1,5	1,4	1,4	1,3	1,3	1,2	1,2	1,2
Abschreibungen 3)	3,6	3,6	3,7	3,6	3,4	3,6	3,4	3,4	3,5	3,5	3,5	3,6	3,8	3,9	3,9	4,0	4,2
Zinsausgaben u.ä. 4)	2,5	2,4	2,4	2,7	3,0	2,7	2,4	2,5	2,3	2,5	2,6	2,9	3,2	2,8	2,8	2,7	2,9
Unternehmensgewinne	6,3	6,2	6,2	5,7	5,6	5,2	5,6	5,3	5,8	6,1	5,4	5,0	4,6	5,3	5,5	5,6	6,4
Saldo d. Übertragungen 5)	0,4	0,3	0,2	0,3	0,3	0,2	0,2	0,3	0,3	0,4	0,3	0,2	0,2	0,2	0,2	0,3	0,3
Entnahmen 6)	4,1	4,6	4,6	4,0	3,8	3,9	3,9	3,8	3,5	3,6	3,7	3,9	3,9	3,9	4,5	4,8	5,2
Veränd. d. Eigenmittel 7)	1,7	1,3	1,3	1,3	1,6	1,2	1,6	1,2	2,0	2,2	1,4	0,9	0,6	1,2	0,8	0,5	0,8
Aufwendungen insgesamt	100,0	100,0	100,0	100,0	100,0	100,0	100,0	100,0	100,0	100,0	100,0	100,0	100,0	100,0	100,0	100,0	100,0
Struktur der Erträge in vH																	
Produktionswert	99,3	99,3	99,3	99,2	99,0	99,3	99,3	99,3	99,3	99,3	99,2	99,1	99,2	99,3	99,0	99,1	99,1
Zinseinnahmen u.ä. 4)	0,7	0,7	0,7	0,8	1,0	0,7	0,7	0,7	0,7	0,7	0,8	0,9	0,8	0,7	1,0	0,9	0,9
Erträge insgesamt	100,0	100,0	100,0	100,0	100,0	100,0	100,0	100,0	100,0	100,0	100,0	100,0	100,0	100,0	100,0	100,0	100,0

1) Vorleistungen lt. VGR verändert um die Differenz zwischen der Vorratsveränderung zu Buchwerten und der Vorratsveränderung zu Niederbeschaffungspreisen.- 2) Zahl der Selbständigen und mithelfenden Familienangehörigen in den Wirtschaftszweigen multipliziert mit dem jeweiligen durchschnittlichen Pro-Kopf-Einkommen der beschäftigten Arbeitnehmer.- 3) Steuerliche Abschreibungen.- 4) Einschließlich der Ausschüttungen.- 5) Direkte Steuern der Unternehmen mit eigener Rechtspersönlichkeit, laufende Übertragungen, Vermögensübertragungen. - 6) Einschließlich des Saldos aus Käufen und Verkäufen von Land.- 7) Ohne Aktienkäufe bzw. -verkäufe. - Alle Wertangaben sind gerundet ausgewiesen.

Quelle: Statistisches Bundesamt, eigene Berechnungen, 1986 geschätzt.

Tabelle 2.3/2

Bilanz der
Produktionsunternehmen ohne Wohnungsvermietung

Bewegungsbilanz in Mrd. DM

	1970	1971	1972	1973	1974	1975	1976	1977	1978	1979	1980	1981	1982	1983	1984	1985	1986
Aktiva																	
Nettoinvestitionen 1)	60	57	55	61	60	40	59	53	59	100	101	77	51	57	59	55	52
Nettoanlageinvestitionen 1)	40	46	42	40	31	29	34	41	48	60	66	58	46	49	46	52	53
Vorratsveränderungen	21	12	13	21	30	11	25	12	11	40	35	19	6	8	13	3	-2
Veränderung der Forderungen 2)	24	31	35	25	34	32	45	39	50	42	40	55	48	62	63	53	40
Aktiva insgesamt	84	88	90	86	94	72	104	92	109	142	141	132	99	119	122	108	91
Passiva																	
Veränderung der Eigenmittel 3)	25	21	23	26	34	26	39	32	55	65	46	31	20	44	32	21	33
Veränd. d. Verbindlichk. 2)	58	67	67	60	60	45	65	60	54	77	95	101	79	75	90	87	58
Passiva insgesamt	84	88	90	86	94	72	104	92	109	142	141	132	99	119	122	108	91
Struktur der Aktiva in vH																	
Nettoinvestitionen 1)	71,9	65,1	60,8	71,0	64,0	55,4	56,7	57,4	54,0	70,1	71,5	58,2	51,8	47,6	48,4	50,6	56,6
Nettoanlageinvestitionen 1)	47,4	51,7	46,3	46,8	32,4	39,9	33,1	44,3	43,6	42,3	47,0	43,6	46,1	41,1	37,8	47,9	58,3
Vorratsveränderungen	24,5	13,5	14,4	24,2	31,6	15,5	23,6	13,1	10,4	27,8	24,5	14,6	5,7	6,5	10,6	2,6	-1,7
Veränderung der Forderungen 2)	28,1	34,9	39,2	29,0	36,0	44,6	43,3	42,6	46,0	29,9	28,5	41,8	48,2	52,4	51,6	49,4	43,4
Aktiva insgesamt	100,0	100,0	100,0	100,0	100,0	100,0	100,0	100,0	100,0	100,0	100,0	100,0	100,0	100,0	100,0	100,0	100,0
Struktur der Passiva in vH																	
Veränderung der Eigenmittel 3)	30,3	23,9	26,0	30,0	36,2	36,8	37,3	35,2	50,2	45,8	32,7	23,5	20,7	37,1	26,0	19,4	36,5
Veränd. d. Verbindlichk. 2)	69,7	76,1	74,0	70,0	63,8	63,2	62,7	64,8	49,8	54,2	67,3	76,5	79,3	62,9	74,0	80,6	63,5
Passiva insgesamt	100,0	100,0	100,0	100,0	100,0	100,0	100,0	100,0	100,0	100,0	100,0	100,0	100,0	100,0	100,0	100,0	100,0

1) Zunahme des Nettoanlagevermögens.- 2) Entsprechend der Buchungspraxis in der Finanzierungsrechnung der Deutschen Bundesbank einschließlich Aktienkäufe bzw. -verkäufe.- 3) Ohne Aktienkäufe bzw. -verkäufe.- Alle Wertangaben sind gerundet ausgewiesen.

Quelle: Statistisches Bundesamt, eigene Berechnungen, 1986 geschätzt.

Bilanz der
Produktionsunternehmen ohne Wohnungsvermietung

Bestände am Jahresende 1) in Mrd. DM

	1970	1971	1972	1973	1974	1975	1976	1977	1978	1979	1980	1981	1982	1983	1984	1985	1986
Aktiva																	
Sachvermögen	624	681	736	797	858	897	956	1 009	1 068	1 168	1 268	1 345	1 396	1 453	1 512	1 566	1 618
Nettoanlagevermögen	441	486	528	568	599	628	662	703	750	810	876	934	980	1 028	1 074	1 126	1 179
Vorratsvermögen	183	195	208	229	259	270	294	306	318	357	392	411	417	424	437	440	439
Forderungen	207	238	273	298	332	364	409	448	498	541	581	636	684	746	809	862	902
Aktiva insgesamt	831	919	1 009	1 095	1 190	1 261	1 365	1 457	1 566	1 708	1 849	1 981	2 080	2 199	2 320	2 429	2 520
Passiva																	
Eigenmittel	355	376	399	425	459	486	524	557	611	677	723	754	774	818	850	871	904
Verbindlichkeiten	477	544	610	670	731	776	841	901	955	1 032	1 127	1 228	1 306	1 381	1 471	1 558	1 616
Passiva insgesamt	831	919	1 009	1 095	1 190	1 261	1 365	1 457	1 566	1 708	1 849	1 981	2 080	2 199	2 320	2 429	2 520
Struktur der Aktiva in vH																	
Sachvermögen	75,1	74,1	72,9	72,8	72,1	71,1	70,0	69,2	68,2	68,3	68,6	67,9	67,1	66,1	65,1	64,5	64,2
Nettoanlagevermögen	53,0	52,9	52,3	51,9	50,3	49,7	48,5	48,2	47,9	47,4	47,4	47,1	47,1	46,8	46,3	46,4	46,8
Vorratsvermögen	22,0	21,2	20,6	20,9	21,7	21,4	21,6	21,0	20,3	20,9	21,2	20,7	20,0	19,3	18,8	18,1	17,4
Forderungen	24,9	25,9	27,1	27,2	27,9	28,9	30,0	30,8	31,8	31,7	31,4	32,1	32,9	33,9	34,9	35,5	35,8
Aktiva insgesamt	100,0	100,0	100,0	100,0	100,0	100,0	100,0	100,0	100,0	100,0	100,0	100,0	100,0	100,0	100,0	100,0	100,0
Struktur der Passiva in vH																	
Eigenmittel	42,7	40,9	39,5	38,8	38,6	38,5	38,4	38,2	39,0	39,6	39,1	38,0	37,2	37,2	36,6	35,8	35,9
Verbindlichkeiten	57,3	59,1	60,5	61,2	61,4	61,5	61,6	61,8	61,0	60,4	60,9	62,0	62,8	62,8	63,4	64,2	64,1
Passiva insgesamt	100,0	100,0	100,0	100,0	100,0	100,0	100,0	100,0	100,0	100,0	100,0	100,0	100,0	100,0	100,0	100,0	100,0

1) Ermittelt aus kumulierten Werten der Bewegungsbilanz.- Alle Wertangaben sind gerundet ausgewiesen.

Quellen: Statistisches Bundesamt, eigene Berechnungen, 1986 geschätzt.

Tabelle 2.3/3

Kennziffern zu Ertragslage der Produktionsunternehmen ohne Wohnungsvermietung

in vH

	1970	1971	1972	1973	1974	1975	1976	1977	1978	1979	1980	1981	1982	1983	1984	1985	1986
Rentabilitätskennziffern																	
Eigenkapitalrendite 1)	26,6	26,9	27,3	26,5	26,7	23,9	26,4	24,9	26,0	27,1	24,3	22,9	20,9	23,5	25,1	23,8	28,1
Sachkapitalrendite 2)	19,4	18,9	18,9	18,7	19,3	17,8	18,8	18,4	19,1	20,2	18,3	18,0	17,5	18,3	18,8	19,1	20,4
Zinsbelastungsrate 3)	7,9	7,2	6,9	7,9	8,9	7,8	7,0	7,2	6,7	7,2	7,5	8,2	8,5	7,3	7,3	7,0	7,1
Zinsertragsrate 3)	5,2	4,7	4,2	5,6	6,9	4,5	4,3	4,0	3,7	4,1	4,7	4,8	4,3	3,6	4,6	4,1	4,1
Netto-Zinssätze 4)	9,9	9,1	9,0	9,8	10,7	10,7	9,6	10,3	9,9	10,8	10,5	11,8	13,1	11,7	10,7	10,7	10,7
Kennziffern zur Kapitalstruktur																	
Horizontale Eigenkapitalquote 5)	56,8	55,1	54,2	53,3	53,5	54,1	54,8	55,2	57,3	57,9	57,0	56,0	55,4	56,3	56,2	55,6	55,9
Vertikale Eigenkapitalquote 6)	42,7	40,9	39,5	38,8	38,6	38,5	38,2	38,2	39,0	39,6	39,1	38,0	37,2	37,2	36,6	35,8	35,9
Beidvermögenskoeffizient 7)	43,5	43,8	44,8	44,5	45,5	46,9	48,7	49,8	52,2	52,4	51,6	51,8	52,4	54,0	55,0	55,3	55,8
Kapitalkosten-Ertrags-Relation 8)	14,8	14,2	14,1	13,5	13,6	12,4	13,4	12,9	13,4	14,1	11,9	11,1	10,1	11,2	11,4	11,6	12,7

1) Unternehmensgewinne in vH der Eigenmittel am Jahresende.- 2) Unternehmenseinkommen in vH des Sachvermögens am Jahresende.- 3) Zinserträge bzw. -aufwendungen zuzüglich Ausschüttungen in vH des Forderungsvermögens bzw. der Verbindlichkeiten am Jahresende.- 4) Nettozinsausgaben in vH der Nettoverbindlichkeiten.- 5) Eigenmittel in vH des Sachvermögens (Jahresendwerte). - 6) Eigenmittel in vH der Bilanzsumme (Jahresendwerte).- 7) Forderungen in vH der Verbindlichkeiten (Jahresendwerte).- 8) Sachkapitalrendite abzüglich Kapitalnutzungskosten.

Quelle: Statistisches Bundesamt, eigene Berechnungen, 1986 geschätzt.

Diese Zusammenhänge sind in der Renditediskussion auch nicht strittig. Wohl aber bestehen Auffassungsunterschiede über die Bewertung der Nettoanlagevermögens-bestände. Das DIW hält in diesem Zusammenhang die Bewertung zu Anschaffungs-preisen für angemessen (Görzig 1986). Damit ist sichergestellt, daß die Bewer-tungsprinzipien für die Gütersphäre und die Finanzierungssphäre die gleichen sind. Dieses Verfahren entspricht der an Zahlungsströmen orientierten Bilanzvorstellung. An Zahlungsströmen orientieren sich auch die Planungen auf Unternehmensebene. Andere Bewertungsverfahren, bei denen die Vermögensbestandteile jährlich neu bewertet werden, haben demgegenüber den Nachteil, daß die bilanzierten Werte nicht auf Marktvorgängen beruhen. Infolgedessen müßte man die Erfolgsrechnung mit nicht realisierten Erträgen oder Aufwendungen aufblähen, wenn man nicht die Bilanzkontinuität verletzen will.

Hinzu kommt, daß die ständigen qualitativen Veränderungen bei den Anlagegütern eine Umbewertung außerordentlich erschweren. Insofern steht das vielfach als Argument für die Umbewertung genannte Ziel der realen Substanzerhaltung in Widerspruch zu einer dynamischen, vom Strukturwandel geprägten Wirtschaft, in der sich im Gefolge neuer Produktionsschwerpunkte auch der Produktionsapparat in seiner Struktur verändert, und zwar vornehmlich zugunsten von technisch hochwer-tigeren und gemessen an ihrer Effizienz preiswerteren Anlagen. Dieser Prozeß ist mit vergleichsweise pauschalen Umbewertungsverfahren kaum einzufangen.

Die Ermittlung des Ertragsüberschusses als Ergebnis der Erfolgsrechnung hängt in erster Linie von der richtigen Erfassung der Kosten ab. Hier spielen inbesondere die Abschreibungen als kalkulatorische Kosten eine Rolle (Görzig 1981). In der VGR werden bei der Berechnung der Abschreibungen Nutzungsdauern angenommen, die sehr viel länger sind als die von Unternehmen bei Finanzierungsüberlegungen angesetzten pay-off-Perioden, in denen die Anschaffungskosten von Investitions-gütern als Abschreibungen in Rechnung gestellt werden. Neuerdings gibt es auch in der VGR Berechnungen mit Nutzungsdaueransätzen, wie sie bei der Ermittlung steuerlicher Abschreibungen angesetzt werden (Statistisches Bundesamt 1983). Diese Ergebnisse sind hier verwendet worden, sie differieren nur wenig von früheren Berechnungen (DIW 1984a).

Betrachtet man die Ergebnisse der Berechnungen in Tabelle 2.3/3 sowie in Schaubild 2.3/1, so zeigt sich, daß nach einer Phase der Abschwächung in den

42

Schaubild 2.3/1

Kennziffern zur Ertragslage der Produktionsunternehmen

Rentabilitaetsziffern

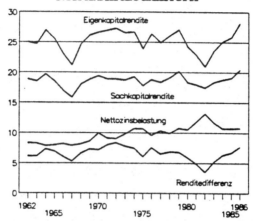

Kennziffern zur Kapitalstruktur

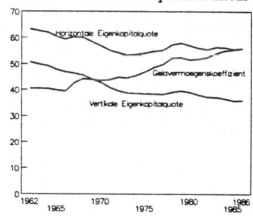

Zinsbelastungs- und -ertragssaetze

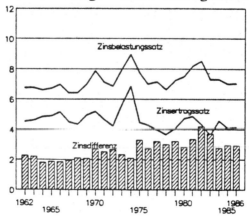

43

Jahren 1980 bis 1982 sehr rasch wieder der Anschluß an das über Jahre annähernd konstante Niveau der Jahre 1968 bis 1979 gefunden wurde. 1986 lag die Eigenkapitalrendite mit 28 vH sogar deutlich höher als im Durchschnitt dieser Jahre, für die sich eine Eigenkapitalrendite von etwa 25 vH errechnet. Die Eigenkapitalrendite hat im Durchschnitt immer über der Sachkapitalrendite gelegen. Durch eine Finanzierung des Sachvermögens mit Krediten, deren Zinskosten unterhalb der Sachkapitalrendite lagen, ist es den Produktionsunternehmen gelungen, die Rentabilität ihres eingesetzten Kapitals um bis zu 8 Prozentpunkte über die Sachkapitalrendite zu erhöhen. Dies geschah vor allem durch Veränderungen der Finanzierungsstruktur. In immer stärkeren Maße wurde im Vergleich zur Sachkapitalrendite billigeres Fremdkapital eingesetzt, um die Eigenkapitalrendite zu erhöhen.

Aus diesem Grunde ging der Anteil der Eigenmittel an der Bilanzsumme (vertikale Eigenkapitalquote) seit 1962 kontinuierlich zurück. Allerdings diente die zusätzliche Verschuldung nicht allein der Finanzierung des Sachvermögens. Hinzu kam, daß die Unternehmen in stärkerem Maße vorfinanzieren mußten. Das Verhältnis von Forderungen zu Verbindlichkeiten, der Geldvermögenskoeffizient, lag bis Mitte der sechziger Jahre bei 40 vH. In den siebziger Jahren stieg diese Relation kräftig bis auf 52 vH. Seidem hat sich die Zunahme verlangsamt. Die Zunahme der Forderungen beruhte zum großen Teil auf dem Anstieg der wenig ertragreichen oder sogar ertraglosen Forderungen. Die Schere zwischen Zinserträgen und Zinsaufwendungen hat sich daher für die Produktionsunternehmen immer weiter geöffnet (Bundesbank 1983). Dies hat die Empfindlichkeit der Unternehmen gegenüber Zinsveränderungen stark erhöht. Deutlich wird dies, wenn man die Nettozinsbelastung der Unternehmen (Nettozinsaufwendungen bezogen auf die Nettoverbindlichkeiten) betrachtet. In den sechziger Jahren mußten die Unternehmen ihre Nettoverbindlichkeiten mit 8 bis 9 vH verzinsen. Bis 1982 war dieser Satz auf 13 vH gestiegen, 1986 lag er bei 11 vH.

Die Hochzinspolitik, die Ende der siebziger Jahre einsetzte, hat innerhalb von vier Jahren zu einem Rückgang der Eigenkapitalrendite um 6 Prozentpunkte auf 21 vH geführt. Der Verfall war damit stärker als in den Jahren 1964 bis 1967.

Anders als damals sind die Ursachen für den Verfall der Eigenkapitalrendite im Jahr 1982 nicht in erster Linie auf Entwicklungen im Produktionsbereich zurückzuführen. Zwar sank auch die Sachkapitalrendite unter den 1979 erreichten Maximalwert von 20 vH, doch lag sie mit 17,5 vH noch merklich über dem Tiefstand von 1967 (16 vH). Die Unternehmen sind im Gefolge der Zinssteigerungen vielmehr sehr viel stärker von der - von ihnen kaum beeinflußbaren - Entwicklung im Finanzierungsbereich betroffen worden mit der Folge, daß der Rückgang der Eigenkapitalrendite sehr viel ausgeprägter war, als der der Sachkapitalrendite.

Zwar war auch in den Jahren von 1964 bis 1967 der Rückgang bei der Eigenkapitalrendite stärker als bei der Sachkapitalrendite, doch gelang es den Unternehmen damals durch Veränderung ihrer Vermögensstruktur, die Nettozinsbelastung auf einen Tiefpunkt von 6 vH zu bringen. Der aus der Entwicklung im Produktionsbereich resultierende Rückgang der Sachkapitalrendite konnte damals von der Finanzierungssphäre in seinen Auswirkungen auf die Eigenkapitalrendite gemildert werden.

Seit 1982 hat die Sachkapitalrendite wieder zugenommen. 1986 wurde der bisherige Maximalwert des Jahres 1979 erreicht. Gleichzeitig hat sich auch die Nettozinsbelastung der Produktionsunternehmen deutlich zurückgebildet, so daß die Renditedifferenz wieder das frühere Niveau erreicht hat. Dies hatte zur Folge, daß in den letzten Jahren die Eigenkapitalrendite noch schneller als die Sachkapitalrendite expandierte.

3 Investitionen und Arbeitsplätze in den Wirtschaftszweigen des Unternehmensbereichs

3.1 Vorbemerkungen

Die bisherigen Überlegungen haben deutlich gemacht, daß die Befunde über die Rahmenbedingungen, die für die Investitionsentscheidungen von Bedeutung sind, für den Unternehmensbereich als Ganzem wie auch für die Produktionsunternehmen speziell kaum Anhaltspunkte bieten, die als Erklärung für eine Investitionsschwäche dienen könnten. Es bleibt daher die Frage, ob diese Ergebnisse im Lichte einer sektoralen Betrachtung der Investitionsprozesse modifiziert werden müssen. Dieser Frage ist hier mit einem aus der mikroökonomischen Theorie entwickelten Modell des Unternehmerverhaltens im Investitionsprozeß nachgegangen worden, das die für Branchen verfügbaren Informationen verarbeitet. Kernstück dieses Modells ist eine capital-vintage-Produktionsfunktion auf der Grundlage einer neoklassischen Investitionsfunktion (Görzig 1976).

In herkömmlichen Produktionsmodellen wird zumeist angenommen, daß zwischen den aggregierten Größen - Kapitalbestand, Arbeitseinsatz und Produktionspotential - ein trendmäßiger Zusammenhang besteht. Dies gilt beispielsweise für die früheren Berechnungen des DIW (Görzig 1973) und die darauf aufbauenden Berechnungen des Sachverständigenrates (SVR 1986), in modifizierter Form auch für die Berechnungen, die die Deutsche Bundesbank durchführt (Deutsche Bundesbank 1981).

Dagegen knüpft das capital-vintage-Modell am Investitionskalkül an. Im Investitionskalkül werden im Prinzip alle Kostenfaktoren berücksichtigt, die die Rentabilität der Produktionsprozesse beeinflussen. Wird die Produktion als Wertschöpfung gemessen, so sind dies vor allem die Lohnkosten. Das DIW hat versucht, diesen Prozeß der Planung von Produktionsprozessen in den Branchen unter Einbeziehung

- der Sachkapitalrenditen und
- der Lohnsätze

als Steuerungsgrößen zu simulieren. Dabei wurde angenommen, daß die Unternehmen ihre Produktionsprozesse so planen, daß sie ihr Produktionspotential bei hoher Rentabilität möglichst gut auslasten.

Dieses Produktionsmodell ist eine Weiterentwicklung des im DIW bisher schon verwendeten vintage-Modells, bei dem nicht nur die Gesamtheit der in einer Branche eingesetzten Produktionsfaktoren und ihr Output betrachtet werden, sondern auch die Zu- und Abgänge in den einzelnen Jahren (Görzig 1985). Auf diese Weise ist es möglich, den Wandel in den Einsatzverhältnissen von Arbeit und Kapital und deren jeweiligen Produktivitäten nicht nur in den Aggregaten zu verfolgen, sondern die Entwicklungen, die mit dem Prozeß der Modernisierung des Produktionspotentials einhergehen, für die einzelnen Investitionsjahrgänge nachzuvollziehen. Bei diesen Wandlungen im Einsatz von Produktionsfaktoren spielen nicht nur die Veränderungen in den Faktorpreisrelationen eine Rolle. Für das Investitionskalkül nicht minder wichtig ist deren kalkulierte Nutzungsdauer.

Bisher wurden diese Berechnungen mit dem capital-vintage-Ansatz für 50 Wirtschaftszweige des Unternehmensbereichs durchgeführt. In den Ergebnissen für den gesamten Unternehmensbereich (ohne Wohnungsvermietung) werden damit sowohl die sektoralen Struktureinflüsse als auch die Altersstruktureinflüsse sehr detailliert abgebildet. Damit lassen sich die Zusammenhänge zwischen Investitionstätigkeit, Produktionspotential und Arbeitsplätzen weitaus realitätsnäher darstellen als mit Potentialrechnungen, die lediglich für den gesamten Unternehmensbereich durchgeführt werden und auch nicht nach Investitionsjahrgängen unterscheiden. Eine detaillierte Beschreibung des Modells findet sich im Anhang.

Herkömmliche Untersuchungen über die Bestimmungsgründe der Investitionstätigkeit stellen in der Regel auf den Einfluß von Faktorpreisrelationen und Nachfrage ab. Stark vereinfacht kann man sagen, daß dabei die Faktorpreisrelation das Verhältnis von Investitionen zu neu geschaffenen Arbeitsplätzen, also der Investitionsintensität bestimmt, während die Nachfrage auf das Niveau der Investitionen wirkt. In derartigen Modellen bleibt unberücksichtigt, daß durch Veränderungen in der Nachfrage nicht allein das Niveau der Investitionen beeinflußt wird, sondern auch die Zusammensetzung der Investitionen verändert wird. Hier soll vor allem auf die Bedeutung der Nutzungsdauer im Investitionskalkül eingegangen werden.

Haben die Unternehmen stabile Absatzerwartungen, so vermindert sich das Risiko bei der Ausweitung der Produktionskapazitäten. Im Zuge der verstärkten Investitionstätigkeit werden zunehmend längerlebige Anlagen benötigt. Ist der Expansionsprozeß sehr stark, so müssen auch neue Betriebsgebäude errichtet werden.

Insgesamt erhöht sich der Anteil längerlebiger Güter an den Investitionen mit der Investitionsbelebung.

Sind die Absatzerwartungen dagegen schlecht, so werden längerlebige Investitionen riskanter, da die Gefahr besteht, daß sie für längere Zeit nicht ausgelastet werden können. Diese Art von Investitionen unterbleibt daher zunehmend. Mit der Verringerung des Investitionsvolumens verstärkt sich damit zugleich der Anteil kurzlebiger Güter an den Investitionen. Die Unternehmen machen sich in diesen Perioden die Eigenschaften von Investitionen mit einer kurzen Amortisationsperiode zunutze, die bei gegebenem Rendite-Lohnsatz-Verhältnis eine höhere Investitionsproduktivität und eine geringere Investitionsintensität haben als Investitionen mit einer längeren Nutzungsdauer.

Mit der Entscheidung über die Nutzungsdauer wird zugleich eine Entscheidung über die Investitionsintensität der Anlagen gefällt. Nach dem betriebswirtschaftlichen Investitionskalkül ist bei gegebenen Faktorpreisrelationen die Investitionsintensität bei kurzlebigen Anlagen geringer als bei längerlebigen Anlagen. Die Kapazitätswirkung (die Investitionsproduktivität) ist entsprechend höher. Umgekehrt muß bei gegebener Rendite und gegebenem Lohnsatzanstieg eine längerlebige Anlage von den Unternehmen mit einem geringeren spezifischen Arbeitseinsatz kalkuliert werden als eine kurzlebige Anlage. Die Investitionsproduktivität ist entsprechend niedriger. Der Grund hierfür ist einleuchtend: Je länger die Anlage im Betrieb bleibt, um so stärker werden sich die Lohnkosten gegenüber dem Investitionsjahr erhöhen. Soll die Anlage bis zu ihrem geplanten Ende rentabel betrieben werden, so muß von Anfang an mit einem geringeren Arbeitseinsatz kalkuliert werden.

Auf das Investitionsniveau wirken sich verminderte Absatzerwartungen somit doppelt aus. Die Unternehmen planen geringere Kapazitäten. Dies führt zu einer Verminderung der Investitionen. Gleichzeitig wird die Nutzungsdauer der Investitionen reduziert. Infolge der dadurch verbesserten Investitionsproduktivität kommt es zu einer nochmaligen Verminderung der Investitionen. Umgekehrt werden bei verbesserten Absatzerwartungen die Investitionen nicht nur wegen des verstärkten Kapazitätsausbaus erhöht werden müssen, sondern zusätzlich wegen der geringeren Investitionsproduktivität der an Gewicht zunehmenden längerlebigen Anlagen.

Diese Überlegungen zeigen, daß der Zusammenhang zwischen Arbeitsplätzen und Investitionen nicht allein von den Faktorpreisrelationen bestimmt wird, sondern wegen der jeweils unterschiedlichen Nutzungsdauerentscheidung der Unternehmen auch von den Absatzerwartungen. Wie veränderte Faktorpreisrelationen und die Nutzungsdauer gemeinsam auf die Investitionsproduktivität wirken, ist im Schaubild 3.1/1 dargestellt worden. In diesem Schaubild beschreibt die Bewegung auf einer Kurve mit gegebenem Rendite-Lohnsatz-Verhältnis die Wirkung auf die Investitionsproduktivität, wenn die Unternehmer die Nutzungsdauer der Investitionen verändern. Der in herkömmlichen Modellen dargestellte Einfluß des Rendite-Lohnsatzverhältnisses bei gegebener Nutzungsdauer wird in dem Schaubild durch die Bewegung entlang einer Senkrechten dargestellt.

Deutlich wird, daß die Investitionsproduktivität durch die Verschiebung der Rendite-Lohnsatz-Relation zugunsten der Löhne gesenkt wird. Es erhöht sich die Investitionsintensität. Der Rationalisierungeffekt der Investitionen nimmt - unter ansonsten unveränderten Bedingungen - zu. Die gleiche Wirkung kann jedoch auch von einer Erhöhung der Nutzungdauer ausgehen. In diesem Fall handelt es sich um die typischen Erweiterungsinvestitionen im Gefolge stabiler Absatzerwartungen. Kurzlebige Investitionen mit hoher Investitionsproduktivität erweitern zwar auch die Kapazität, werden jedoch im allgemeinen in einen schon vorhandenen Bestand an längerlebigen Anlagen integriert und ersetzen da zumeist ältere Investitionsgüter. Die Verschiebung der Investitionsstruktur zugunsten kurzlebiger Güter ist vielfach auch mit einer Verminderung des Investitionsvolumens verbunden. Erweiterungsinvestitionen im Gefolge stabiler Absatzerwartungen haben zwar einen höheren Investitionsbedarf je Arbeitsplatz als kürzerlebige Investitionen mit hoher Investitionsproduktivität. Sie sind deshalb aber keine Rationalisierungsinvestitionen. Der Unterschied liegt in erster Linie darin, daß Rationalisierungsinvestitionen vor allem in Zeiten geringer Auslastung des Produktionspotentials und damit geringer Rentabilität der Anlagen getätigt werden. Sind die längerfristigen Absatzerwartungen der Unternehmen dagegen nach oben gerichtet, so wird es gleichzeitig zu einer erheblich verstärkten Investitionstätigkeit kommen, so daß, obwohl die Investitionsintensität dieser Anlagen höher ist, per Saldo mehr Arbeitsplätze geschaffen werden als in Zeiten eines schwachen Investitionswachstums, in denen bevorzugt in kurzlebige Anlagen mit niedrigerer Investititionsintensität investiert wird.

Schaubild 3.1/1

ZUSAMMENHANG ZWISCHEN NUTZUNGSDAUER UND PRODUKTIVITÄT DER INVESTIONEN

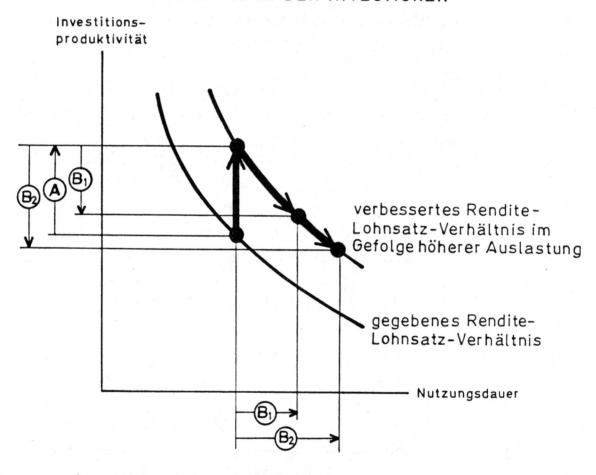

Wie die Einflüsse von Faktorpreisen und Nutzungsdauer im konkreten Fall zusammenwirken, hängt jedoch von der numerischen Gestalt der Funktion für die Investitionsproduktivität und der Einschätzung der Unternehmen über ihre Absatzlage ab. Geht man beispielsweise davon aus, daß die Faktorpreise sich in Zeiten steigender Kapazitätsauslastung zugunsten der Renditen verbessern und eine hohe Kapazitätsauslastung zugleich Zeichen verbesserter Absatzerwartung ist, so werden die Einflüsse von Faktorpreisveränderungen und Absatzerwartungen auf die Investitionsproduktivität kompensierend wirken. Die verbesserte Rendite-Lohnsatz-Relation würde für sich genommen die Unternehmen veranlassen, in Anlagen mit höherer Investitionsproduktivität zu investieren (Bewegung entlang der Senkrechten nach oben: Strategie A). Bei verbesserten Absatzbedingungen würden die Unternehmen dagegen zugleich verstärkt in längerlebige Anlagen mit geringerer Investitionsproduktivität gehen (Bewegung auf der Kurve für ein gegebenes Rendite-Lohnsatz-Verhältnis nach rechts). Je nachdem, wie stark die Erhöhung der Nutzungsdauer ausfällt, steigt per Saldo die Investitionsproduktivität (Strategie B_1) oder fällt (Strategie B_2). Welche dieser Wirkungen am Ende überwiegt, kann a priori nicht festgestellt werden. Die in den folgenden Abschnitten vorgenommene empirische Überprüfung zeigt, daß die Wirkungen je nach Branche und Entwicklungsphase durchaus unterschiedlich sind.

Die Konsequenzen für das Investitionsverhalten, die sich aus der Zusammensetzung des Produktionsapparates mit Anlagen unterschiedlicher Nutzungsdauer ergeben, sind bereits im letzten Strukturbericht des DIW dargestellt worden. Es konnte gezeigt werden, daß in immer stärkerem Maße neue Ausrüstungen in bereits vorhandene Bauten installiert wurden (DIW 1984a, S. 143 ff.). Unterschiede in der Nutzungsdauer gibt es allerdings nicht allein im Verhältnis von Bauten zu Ausrüstungen. Auch bei den Ausrüstungen variiert die Nutzungsdauer zum Teil beträchtlich. Daraus folgt, daß die Kapazitätseffekte von Investitionen nicht nur an dem Verhältnis von Bauten zu Ausrüstungen gemessen werden können; darüber hinaus muß auch innerhalb der Ausrüstungsinvestitionen unterschieden werden zwischen Investitionsprojekten mit unterschiedlicher Nutzungsdauer.

Die Ergebnisse des erweiterten vintage-Modells bestätigen die bereits im Strukturbericht 1983 des DIW dargestellten Befunde. Wird nur nach Bauten und Ausrüstungen differenziert, so zeigt sich, daß Unternehmen, um zusätzliche Produktionskapazitäten zu schaffen, in immer stärkerem Maße dazu übergehen, neue Ausrüstungen in bereits vorhandene Betriebsgebäude zu installieren. Der aus den fünfziger und sechziger Jahren stammende Bestand an relativ neuwertigen Betriebsgebäuden hat dabei den Bedarf an zusätzlichen Bauinvestitionen erheblich reduziert. Dieser Prozeß hat sich im Zeitablauf weiter verstärkt.

Auch bei den Ausrüstungsinvestitionen sind überwiegend zusätzliche Produktionskapazitäten mit einem geringeren Investitionsaufwand geschaffen worden als früher. Damit haben sich nicht nur die Relationen von Bauinvestitionen zu Ausrüstungsinvestitionen verschoben, sondern auch innerhalb der Ausrüstungsinvestitionen die Relationen von längerlebigen zu kurzlebigen Anlagen.

Es versteht sich von selbst, daß solche Prozesse schon immer stattgefunden haben. Ihre Bedeutung war jedoch geringer, solange im Zuge umfangreicher Erweiterungsinvestitionen gleichzeitig in längerlebige Anlagen investiert wurde. Heute jedoch führt vielfach bereits ein - vom Investitionsaufwand her - geringfügiger Umbau bestehender Anlagen zu einer den verhaltenen Absatzerwartungen entsprechenden Ausweitung des Produktionspotentials. Da die erkennbaren technologischen Entwicklungen diesen Prozeß eher begünstigen, ist eine Umkehr dieser Entwicklung erst zu erwarten, wenn sich die längerfristigen Absatzerwartungen verbessern.

3.2   Entwicklung der Sachkapitalrenditen

Die Ermittlung von Renditen für Wirtschaftszweige ist nicht unproblematisch. Da eine nach Branchen differenzierte Aufteilung von Transaktionen der Finanzierungssphäre nicht vorliegt, können als Renditekennziffern für die Wirtschaftszweige innerhalb der Produktionsunternehmen lediglich Sachkapitalrenditen berechnet werden, bei denen die Unternehmenseinkommen auf das eingesetzte Sachkapital bezogen werden. Die Unternehmenseinkommen ergeben sich, wenn vom Produktionswert die produktionsbedingten Kosten abgezogen werden. In die produktionsbedingten Kosten einbezogen wurden auch kalkulatorische Arbeitsentgelte der Selbständigen und mithelfenden Familienangehörigen, um den intersektoralen Vergleich von Branchen mit sehr unterschiedlichen Anteilen dieser Personengruppen an den Erwerbstätigen zu ermöglichen. Wie die Ergebnissse zeigen, werden Sachkapitalrenditen in den Branchen von der Entwicklung der Unternehmenseinkommen stärker beeinflußt als von der vergleichsweise stetigen Entwicklung des Nettoanlagevermögens.

In den Wirtschaftszweigen war die Entwicklung der Unternehmenseinkommen in den sechziger und siebziger Jahren geprägt von gravierenden Strukturveränderungen. Der Anteil des verarbeitenden Gewerbes an den Unternehmenseinkommen hat sich insbesondere in den siebziger Jahren vermindert. Bezogen auf die Unternehmenseinkommen der Produktionsunternehmen ohne Wohnungsvermietung entfielen 1970 auf das verarbeitende Gewerbe 44 vH; 1981 waren es nur noch 28 vH (Tabelle 3.2/1). Profitiert haben von dieser Strukturverschiebung vor allem die sonstigen Dienstleistungen. Überdurchschnittlich gestiegen sind auch die Unternehmenseinkommen der Finanzierungssektoren. 1970 entfielen auf den Bereich der sonstigen Dienstleistungen, zu dem so heterogene Unternehmen wie Holdinggesellschaften, Zahnärzte, Wirtschaftsberater, selbständige Raumpfleger und Schausteller gehören, 20 vH der Unternehmenseinkommen sämtlicher Produktionsunternehmen. Bis 1982 erhöhte sich dieser Wert auf 37 vH und lag damit erheblich über dem Anteil des verarbeitenden Gewerbes an den Unternehmenseinkommen. Die Banken und Versicherungen, deren Unternehmenseinkommen 1970 lediglich 6 vH des Betrages aller Produktionsunternehmen entsprach, konnten bis 1982 diese Quote auf knapp 16 vH erhöhen. Seitdem hat allerdings die Dynamik dieser Bereiche etwas nachgelassen.

Seit 1982 erzielt das verarbeitende Gewerbe ständig überdurchschnittliche Steigerungsraten bei den Unternehmenseinkommen. Beigetragen haben dazu von den wichtigsten Investitionsgüterherstellern der Straßenfahrzeugbau, der Maschinenbau und die Elektrotechnik, sowie die Expansion der Unternehmenseinkommen bei der chemischen Industrie in dieser Zeit. Diese vier Wirtschaftszweige erzielten 1986 nicht ganz die Hälfte der Unternehmenseinkommen des verarbeitenden Gewerbes; 1980 waren es erst 35 vH. Bei den sonstigen Dienstleistungen stiegen die Unternehmenseinkommen in den achtziger Jahren zwar weiterhin überdurchschnittlich, doch erstmals seit 1960 langsamer als im verarbeitenden Gewerbe. Ins Gewicht fielen dabei die Stagnation der Unternehmenseinkommen im Gesundheits- und Veterinärwesen und der relativ verminderte Anstieg bei den übrigen Dienstleistungen. 1986 lag der Anteil des verarbeitenden Gewerbes am Unternehmenseinkommen mit 34 vH erstmals seit 1979 über dem der sonstigen Dienstleistungen.

Tabelle 3.2/1

Unternehmenseinkommen und Sachkapitalrendite[1]

in den Wirtschaftszweigen

	Unternehmenseinkommen Mrd. DM						Sachkapitalrendite in vH					
	1973	1980	1983	1984	1985	1986	1973	1980	1983	1984	1985	1986
Land- und Forstwirtschaft,Fischerei	4,26	0,67	-2,25	-3,27	-1,93	-0,57	6,3	0,8	-2,3	-3,5	-2,0	-0,6
Energiewirtschaft und Bergbau	7,30	11,46	17,19	18,44	19,22	16,47	9,3	8,7	10,6	10,8	10,8	8,9
Energie- und Wasserversorgung	6,34	9,00	13,25	14,13	14,73	13,19	9,3	7,6	9,3	9,3	9,3	8,0
Kohlenbergbau	0,73	1,78	2,45	2,71	2,87	2,91	9,1	15,9	15,7	17,9	19,1	19,2
Übriger Bergbau	0,23	0,68	1,49	1,60	1,62	0,37	9,1	20,0	36,5	38,3	37,7	8,6
Verarbeitendes Gewerbe	60,39	69,26	82,64	89,88	96,90	128,40	18,5	14,5	15,7	16,5	17,3	22,4
Chem. Ind., Spalt-, Brutstoffe	7,48	4,82	10,71	13,10	12,35	20,04	20,4	9,0	18,7	22,0	20,1	31,9
Mineralölverarbeitung	2,90	4,04	2,30	2,34	3,01	3,58	29,6	22,4	13,5	14,1	21,7	26,4
Kunststoffwaren	2,17	2,34	2,56	3,17	3,36	4,22	36,6	21,6	20,4	23,3	22,6	26,5
Gummiwaren	0,41	0,81	1,48	1,34	1,70	2,31	8,7	16,4	28,8	24,7	29,7	38,3
Steine, Erden	3,11	2,08	2,00	2,10	1,35	3,14	24,6	14,1	13,9	14,5	9,7	22,9
Feinkeramik	0,23	0,36	0,30	0,31	0,23	0,39	16,7	21,5	16,3	15,8	11,5	20,1
Glasgewerbe	0,65	0,93	0,52	0,56	0,59	1,07	20,7	20,7	10,4	10,7	10,8	19,1
Eisenschaffende Industrie	0,65	0,60	-0,51	-0,22	1,41	-0,06	3,3	2,6	-2,5	-1,1	6,4	-0,3
NE-Metallerzeugung und -bearb.	0,17	0,72	0,47	1,26	2,09	0,75	2,9	9,7	5,8	14,4	23,3	8,3
Gießereien	0,28	0,48	0,57	0,68	0,68	1,65	8,2	10,9	12,9	15,0	14,6	34,6
Ziehereien und Kaltwalzwerke	2,53	0,91	1,14	1,39	1,53	2,66	35,3	10,6	12,7	14,8	15,2	25,5
Stahl- und Leichtmetallbau	1,33	2,55	3,07	2,66	2,25	2,64	17,2	18,6	19,8	16,9	14,9	17,6
Maschinenbau	5,78	6,79	6,52	8,09	9,87	12,53	14,8	11,0	9,2	11,3	13,4	16,7
Büromaschinen, ADV	0,89	0,79	1,75	1,61	2,20	0,86	14,8	9,6	18,3	15,2	20,3	8,0
Straßenfahrzeugbau	4,58	4,27	9,53	7,77	10,70	12,79	15,7	8,4	14,4	11,4	14,8	17,0
Schiffbau	0,37	-0,08	0,15	0,88	0,18	-0,05	11,4	-1,4	1,8	17,4	3,9	-1,1
Luft- und Raumfahrzeugbau	0,48	0,57	0,49	0,95	0,48	-0,44	32,1	12,1	8,2	15,9	7,6	-6,8
Elektrotechnik	6,16	9,17	10,86	12,25	13,87	17,01	19,5	17,7	19,0	19,7	20,3	23,2
Feinmechanik, Optik	1,78	2,49	1,98	2,02	2,13	2,64	41,6	35,3	25,3	24,7	23,3	27,6
EBM-Waren	2,86	2,85	3,04	2,99	3,03	4,33	26,1	19,1	19,5	17,6	17,1	23,7
Musikinstrumente, Spielwaren	0,46	0,35	0,86	0,74	0,71	0,87	24,8	10,3	22,5	18,5	17,5	21,2
Holzbearbeitung	0,42	0,48	0,29	0,19	0,11	-0,03	10,6	9,1	5,9	3,7	2,3	-0,5
Holzverarbeitung	2,11	2,20	1,42	1,28	1,01	2,06	22,8	18,0	12,4	11,2	9,2	19,0
Zellstoff- und Papiererzeugung	0,23	0,60	0,76	1,12	1,34	1,91	6,1	10,9	12,9	18,6	20,5	27,4
Papierverarbeitung	1,09	0,82	1,35	1,60	1,62	2,22	26,4	14,2	20,1	22,7	22,8	30,1
Druckerei	0,82	1,73	1,60	2,36	2,14	2,68	16,5	22,3	17,5	24,3	21,1	25,1
Ledergewerbe	0,34	0,72	0,47	0,38	0,33	0,55	14,4	28,4	17,5	13,5	12,0	20,3
Textilgewerbe	1,23	1,77	1,77	2,05	2,24	3,45	9,1	12,8	13,4	15,0	16,1	24,3
Bekleidungsgewerbe	1,14	1,17	1,30	1,32	1,38	1,74	20,6	17,7	20,6	19,8	20,9	26,7
Ernährungsgewerbe	5,04	10,15	11,28	11,38	10,55	17,01	24,1	37,7	35,7	35,5	32,6	52,7
Getränkeherstellung	2,24	1,39	1,95	1,78	1,56	2,36	21,8	10,2	13,6	12,2	10,9	16,7
Tabakverarbeitung	0,47	0,42	0,67	0,45	0,92	1,46	20,6	11,5	15,1	9,6	18,5	29,3
Baugewerbe	11,21	21,89	17,62	16,14	16,67	19,07	58,7	96,9	81,9	78,9	86,5	101,1
Bauhauptgewerbe	5,16	12,45	8,13	7,14	7,00	8,95	33,8	73,2	53,6	50,9	53,6	71,4
Ausbaugewerbe	6,05	9,44	9,48	9,00	9,68	10,11	156,8	169,0	149,9	139,9	155,2	160,1
Handel	20,35	33,67	35,52	37,87	35,47	29,44	17,6	17,5	17,1	17,4	16,0	13,2
Großhandel, Handelsvermittlung	13,03	18,64	19,94	22,33	19,96	11,03	22,2	18,9	19,1	20,3	17,8	9,7
Einzelhandel	7,32	15,03	15,57	15,54	15,50	18,41	12,9	15,9	15,0	14,4	14,2	16,7
Verkehr und Nachrichten	7,75	15,02	17,75	19,97	19,49	16,08	7,5	10,1	10,5	11,4	10,6	8,4
Eisenbahnen	2,10	-1,15	-0,99	-1,01	-0,91	-1,86	5,8	-2,3	-1,9	-1,9	-1,7	-3,4
Schiffahrt, Häfen	-0,45	0,02	-0,21	-0,07	-0,04	-0,81	-4,4	0,2	-2,2	-0,8	-0,4	-9,2
Übriger Verkehr	2,79	8,07	10,16	11,59	11,48	10,52	13,5	23,5	26,3	29,3	27,9	24,9
Deutsche Bundespost	3,31	8,08	8,78	9,45	8,95	8,24	9,3	14,8	12,8	12,8	11,2	9,7
Kreditinst. und Versicherungen	11,47	24,27	42,33	44,51	43,59	43,31	49,8	57,7	78,2	75,5	69,1	63,9
Kreditinstitute	11,20	23,40	41,13	41,46	39,58	37,57	74,1	84,3	117,1	109,2	96,6	85,6
Versicherungsunternehmen	0,27	0,87	1,21	3,05	4,01	5,74	3,4	6,1	6,4	14,5	18,2	24,0
Sonstige Dienstleistungen	38,03	80,55	98,11	104,71	113,21	121,87	44,0	39,2	36,5	36,2	36,6	37,0
Gastgewerbe, Heime	0,63	0,36	-0,06	0,07	-0,47	-0,33	7,1	2,8	-0,4	0,4	-3,1	-2,1
Bildung, Wissensch., Kultur	1,73	4,23	6,54	7,27	8,58	9,88	11,3	13,8	17,6	18,7	20,8	22,4
Gesundheits- und Veterinärw.	9,99	17,92	17,11	18,08	17,67	17,90	70,3	47,7	36,1	36,1	33,8	32,8
Übrige Dienstleistungen	25,69	58,04	74,52	79,31	87,44	94,42	53,4	46,7	43,9	42,8	43,7	43,9
Unternehmen o. Wohnungsvermietung darunter:	160,76	256,79	308,89	328,25	342,62	374,07	19,6	19,6	20,5	20,9	21,0	22,2
Produktionsunternehmen	149,29	232,52	266,56	283,74	299,03	330,76	18,7	18,3	18,3	18,8	19,1	20,4

1) Unternehmenseinkommen in vH des Sachvermögens (Nettoanlagevermögen zuzüglich Vorratsvermögen am Jahresende).

Quellen: Statistisches Bundesamt, eigene Berechnungen, 1986 geschätzt.

Seit 1982 stieg im verarbeitenden Gewerbe auch die Sachkapitalrendite, ausgehend von ihrem damaligen absoluten Tiefstand von 13,4 vH in 1981. 1986 lag die Rendite mit 22,4 vH erstmals seit 1974 wieder über dem Durchschnitt für alle Unternehmen ohne Wohnungsvermietung. In der Mehrzahl der Wirtschaftszweige des verarbeitenden Gewerbes hat die Rendite im Jahr 1986 deutlich zugenommen. Besonders stark profitierten Wirtschaftszweige, die - zum Teil erhebliche - importpreisbedingte Entlastungen im Vorleistungsbereich nicht in ihren Absatzpreisen weitergegeben haben. Dazu gehörten vor allem die Wirtschaftszweige chemische Industrie, Gummiwaren, Zellstoff- und Papiererzeugung, Textilgewerbe und Ernährungsgewerbe. Renditeeinbußen erlitten nur wenige Wirtschaftszweige, in erster Linie jene, deren Renditen bereits in den Vorjahren Höchstwerte erreicht hatten. In den Wirtschaftszweigen außerhalb des verarbeitenden Gewerbes haben Preisbewegungen im Vorleistungsbereich kaum Einfluß auf die Renditeentwicklung in 1986 gehabt. Von wenigen Ausnahmen abgesehen haben hier die Renditen eher stagniert oder sind kräftig zurückgegangen.

In einigen Bereichen ist der Aussagewert der Sachkapitalrendite deshalb eingeschränkt, weil hier in den Einkommen aus Unternehmertätigkeit und Vermögen erhebliche Beträge enthalten sind, die eigentlich Arbeitseinkommen der Selbständigen und der mithelfenden Familienangehörigen sind. Dies gilt neben der Landwirtschaft z. B. für das Baugewerbe und die sonstigen Dienstleistungen. Es ist zwar versucht worden, diesen "Unternehmerlohn" als kalkulatorischen Posten zu berücksichtigen; diese Berechnungen sind aber zwangsläufig mit großen Unsicherheiten behaftet.

3.3   Entwicklung von Lohnsätzen und realer Lohnbelastung

Neben der Rendite ist die Entwicklung der Lohnkosten eine wichtige Determinante der Investitionsentscheidung der Unternehmen. Je höher die Unternehmen den künftigen Anstieg der Lohnsätze einschätzen, desto mehr werden sie bestrebt sein, arbeitssparende Produktionsverfahren mit hohen Investitionsintensitäten zu installieren.

Seit Beginn der siebziger Jahre hat sich der Anstieg der Stundenlöhne in allen Wirtschaftszweigen ständig vermindert. Vergleicht man die Entwicklung in den

Jahren zwischen 1973 und 1980 mit der Zeit danach, so zeigt sich fast eine Halbierung der Zuwachsrate (Tabelle 3.3/1). Überdurchschnittliche Steigerungsraten der Lohnsätze konnten in beiden Perioden von den Investitionsgüterherstellern, aber auch beim Glasgewerbe, der Mineralölverarbeitung und der Holzverarbeitung erzielt werden. Unterdurchschnittlich stiegen die Stundenlöhne im Gesamtzeitraum beim Baugewerbe, der Bundesbahn und der Bundespost. In einigen Wirtschaftszweigen, wie beispielsweise in der Feinkeramik, beim Leder- und Textilgewerbe und im Gesundheits- und Veterinärwesen, mit unterdurchschnittlichem Lohnsatzanstieg in den siebziger Jahren waren in den achtziger Jahren überdurchschnittliche Steigerungen zu verzeichnen, wenn auch hier die Raten niedriger waren als vor 1980. In den achtziger Jahren hat sich der Lohnsatzanstieg in der Energie- und Wasserversorgung und im Kohlenbergbau stark verringert.

Die Tarifpolitik hat in der Vergangenheit bewirkt, daß die Stundenlohnsätze sich in den Branchen, trotz sehr unterschiedlicher Niveaus, vergleichsweise ähnlich entwickelt haben. Diese geringe Variabilität gilt allerdings nur, wenn man den Lohnsatz als Preis für den Faktor Arbeit mit der Entwicklung der Güterpreise vergleicht. Wie Schaubild 3.3/1 jedoch deutlich zeigt, haben die sektoralen Unterschiede in den Lohnsteigerungsraten seit Anfang der siebziger Jahre zugenommen. Gemessen an der Zeit vor 10 Jahren hat sich damit dieser Einflußfaktor für die Investitionsentscheidung in den Branchen stärker differenziert.

Relevant für die Ertragslage der Unternehmen ist allerdings nicht der Nominallohnanstieg, sondern jene Zunahme der Lohnkosten, die die Unternehmen nicht über die Absatzpreise oder die Preise anderer Produktionsfaktoren abwälzen können, die also zu Ertragseinbußen führen, wenn nicht Arbeitskräfte substituiert werden.

Die Entwicklung dieser realen Lohnbelastung in den Wirtschaftszweigen ist ebenfalls in Tabelle 3.3/1 dargestellt worden. Deutlich erkennbar wird, daß in den siebziger Jahren die realen Lohnkosten im verarbeitenden Gewerbes weitaus stärker gestiegen sind, als die Entwicklung der Nominallöhne vermuten läßt. In der überwiegenden Zahl der Branchen konnten die Unternehmen die erhöhte Lohnkostenbelastung nicht über die Preise abwälzen. Sie waren daher zu Produktivitätsreaktionen gezwungen, um Ertragseinbußen zu vermeiden. Ganz anders stellt sich die Entwicklung in den achtziger Jahren dar. Die realen Lohnkosten nahmen in der Mehrzahl der Wirtschaftszweige des verarbeitenden Gewerbes unterdurchschnitt-

Tabelle 3.3/1

Entwicklung der Stundenlöhne

	Nominallohnsatz [1]					Reale Lohn-[2] belastung	
	DM			Jahresdurchschnittliche Veränderungen in vH			
	1973	1980	1986	1980/73	1986/80	1980/73	1986/80
Land- und Forstwirtschaft,Fischerei	8,17	16,19	21,45	10,3	4,8	8,7	5,9
Energiewirtschaft und Bergbau	15,81	30,03	37,93	9,6	4,0	3,6	-1,9
Energie- und Wasserversorgung	15,07	28,47	35,65	9,5	3,8	5,5	-1,8
Kohlenbergbau	16,96	32,96	42,92	10,0	4,5	1,3	-2,8
Übriger Bergbau	14,52	24,84	31,03	8,0	3,8	-6,9	4,9
Verarbeitendes Gewerbe	12,10	22,53	30,97	9,3	5,5	5,2	1,5
Chem. Ind., Spalt-, Brutstoffe	15,71	29,42	41,70	9,4	6,0	6,7	-1,0
Mineralölverarbeitung	18,02	35,15	48,49	10,0	5,5	4,8	3,8
Kunststoffwaren	10,22	19,97	26,17	10,0	4,6	6,1	2,4
Gummiwaren	12,80	22,64	30,40	8,5	5,0	3,1	-0,5
Steine, Erden	11,76	21,78	28,84	9,2	4,8	6,8	0,4
Feinkeramik	11,03	18,38	24,87	7,6	5,2	2,8	1,4
Glasgewerbe	11,54	21,20	28,60	9,1	5,1	5,0	4,0
Eisenschaffende Industrie	14,56	26,59	34,99	9,0	4,7	6,5	1,8
NE-Metallerzeugung und -bearb.	12,75	24,19	32,40	9,6	5,0	6,5	8,9
Gießereien	12,82	23,38	31,09	9,0	4,9	3,5	-1,1
Ziehereien und Kaltwalzwerke	10,77	19,53	25,23	8,9	4,4	5,5	0,2
Stahl- und Leichtmetallbau	12,26	21,56	29,15	8,4	5,2	3,7	.-0,2
Maschinenbau	12,80	24,08	33,01	9,4	5,4	3,4	0,9
Büromaschinen, ADV	18,02	35,81	46,97	10,3	4,6	13,6	9,7
Straßenfahrzeugbau	13,53	27,31	37,22	10,6	5,3	5,6	0,6
Schiffbau	13,46	24,80	34,31	9,1	5,6	5,1	2,4
Luft- und Raumfahrzeugbau	15,51	29,56	40,95	9,7	5,6	1,7	8,3
Elektrotechnik	12,84	24,02	33,23	9,4	5,6	5,5	2,6
Feinmechanik, Optik	10,82	20,34	27,53	9,4	5,2	4,8	1,2
EBM-Waren	10,99	20,66	28,23	9,4	5,3	4,4	0,7
Musikinstrumente, Spielwaren	9,16	16,31	21,56	8,6	4,8	2,0	-1,1
Holzbearbeitung	10,66	20,00	28,18	9,4	5,9	2,5	9,5
Holzverarbeitung	10,25	18,32	23,74	8,7	4,4	3,1	-0,4
Zellstoff- und Papiererzeugung	12,52	24,55	32,81	10,1	5,0	5,4	-1,0
Papierverarbeitung	10,40	18,64	25,19	8,7	5,1	5,3	1,1
Druckerei	12,22	22,46	29,74	9,1	4,8	3,3	1,6
Ledergewerbe	9,00	14,94	20,34	7,5	5,3	1,4	1,8
Textilgewerbe	10,05	17,35	23,59	8,1	5,3	5,3	1,4
Bekleidungsgewerbe	8,64	15,12	19,97	8,3	4,7	4,5	1,4
Ernährungsgewerbe	9,11	15,37	20,59	7,8	5,0	4,2	-0,1
Getränkeherstellung	12,61	22,08	29,18	8,3	4,8	8,3	1,4
Tabakverarbeitung	12,32	24,52	35,00	10,3	6,1	7,9	2,4
Baugewerbe	12,40	20,20	25,07	7,2	3,7	1,3	2,1
Bauhauptgewerbe	13,09	21,91	26,94	7,6	3,5	2,1	3,2
Ausbaugewerbe	10,58	17,01	21,92	7,0	4,3	0,3	0,6
Handel	10,44	18,49	25,03	8,5	5,2	3,7	3,4
Großhandel, Handelsvermittlung	12,01	21,98	29,44	9,0	5,0	4,2	4,3
Einzelhandel	9,16	15,98	21,68	8,3	5,2	3,5	2,5
Verkehr und Nachrichten	13,39	22,44	28,40	7,7	4,0	4,4	2,6
Eisenbahnen	15,22	24,03	30,36	6,7	4,0	2,7	3,1
Schiffahrt, Häfen	13,35	24,57	32,08	9,1	4,5	4,1	1,1
Übriger Verkehr	11,10	20,45	26,86	9,1	4,6	4,6	1,9
Deutsche Bundespost	13,98	23,01	28,40	7,4	3,6	6,3	3,4
Kreditinst. und Versicherungen	15,51	27,63	35,53	8,6	4,3	3,3	-0,3
Kreditinstitute	15,38	26,82	34,27	8,3	4,2	3,4	-0,1
Versicherungsunternehmen	15,80	29,69	39,08	9,4	4,7	2,6	-1,1
Sonstige Dienstleistungen	8,80	15,44	20,91	8,4	5,2	1,7	1,6
Gastgewerbe, Heime	6,48	11,71	16,58	8,8	6,0	2,4	1,6
Bildung, Wissensch., Kultur	13,00	22,12	29,07	7,9	4,7	0,2	0,2
Gesundheits- und Veterinärw.	7,60	12,95	18,20	7,5	5,8	1,5	3,3
Übrige Dienstleistungen	9,27	17,09	22,56	9,1	4,7	2,4	1,2
Unternehmen o. Wohnungsvermietung	11,89	21,21	28,32	8,6	4,9	3,9	1,7
darunter: Produktionsunternehmen	11,75	20,94	27,96	8,6	4,9	3,9	1,8

1) Bruttoeinkommen aus unselbständiger Arbeit je Arbeitsstunde der beschäftigten Arbeitneh-mer.- 2) Bruttoeinkommen aus unselbständiger Arbeit je Arbeitsstunde der beschäftigten Ar-beitnehmer deflationiert mit den Preisen der Bruttowertschöpfung (1980 = 100).

Quellen: Statistisches Bundesamt, IAB, eigene Berechnungen, 1986 geschätzt.

Schaubild 3.3/1

Variationskoeffizient der
Veränderungen der Lohnsätze

Unternehmen ohne Wohnungsvermietung

lich zu. Ursache hierfür war allerdings neben der Kostenüberwälzung auf die Absatzpreise der zum Teil beträchtliche wechselkursbedingte Rückgang der Vorleistungskosten in den letzten beiden Jahren.

3.4 Investitionen und Nutzungsdauer

Wie oben dargestellt, wird sowohl die Investitionsproduktivität als auch die Investitionsintensität einer Investition von der Rendite, der Lohnsatzentwicklung und der kalkulierten Nutzungsdauer beeinflußt. Die Entscheidung über die Nutzungsdauer der Investitionen ist zum einen von der jeweiligen Rendite-Lohnsatz-Relation abhängig, zum anderen spielen auch produktionstechnische Zusammenhänge eine Rolle. Welche Auswirkungen diese Entscheidungen auf die Entwicklung der Nutzungsdauer im Zeitablauf gehabt haben, läßt sich darstellen anhand der mittleren Nutzungsdauer der jeweiligen Investitionsjahrgänge. Die mittlere Nutzungsdauer der Investitionen erhält man, indem die aufsummierten mit ihrer Nutzungsdauer multiplizierten Investitionsbeträge durch den Gesamtbetrag der Investitionen eines Jahres dividiert werden. Die mittlere Nutzungsdauer der Investitionen ist damit ein gewichteter Mittelwert, der über die Entscheidungen der Unternehmen über die geplante Nutzungsdauer ihrer Investitionen informiert.

Im Gegensatz zum Durchschnittsalter der Anlagen handelt es sich hier also um eine für die jeweiligen Investitionsjahrgänge kalkulierte Größe. Das Durchschnittsalter der Anlagen beschreibt dagegen das Alter der im Anlagenbestand noch vorhandenen Teile von Investitionsjahrgängen. Das Durchschnittsalter der Anlagen hängt zwar ab von der durchschnittlichen Nutzungsdauer der Investitionen, zugleich aber auch von der Entwicklung der Investitionstätigkeit. Bei unveränderter mittlerer Nutzungsdauer der Investitionen kann das Durchschnittsalter der Anlagen zunehmen, wenn sich die Investitionstätigkeit verlangsamt, und abnehmen, wenn sich die Investitionstätigkeit beschleunigt.

Die Entwicklung der sechziger Jahre war geprägt durch einen ständigen Rückgang der mittleren Nutzungsdauer der Investitionen. Zum Teil ist dies auf Veränderungen im Gütermix zurückzuführen. Es wurden verstärkt Güter mit geringerer Nutzungsdauer investiert. Dabei spielt vor allem der Anteilsrückgang bei den längerlebigen Bauten eine Rolle (Schaubild 3.4/1). Aber auch die Nutzungsdauer einzelner Güter

Schaubild 3.4/1

Nutzungsdauerstruktur der Anlageinvestitionen

Verarbeitendes Gewerbe

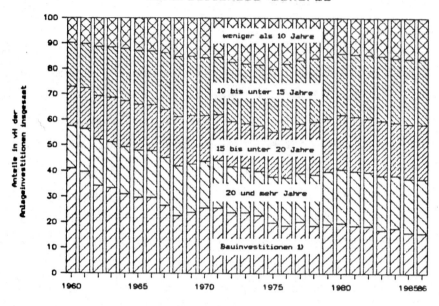

Unternehmen ohne Wohnungsvermietung

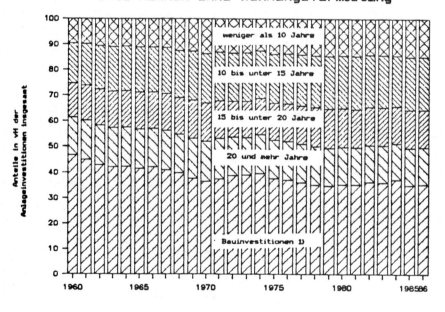

1) Ohne Differenzierung nach der Nutzungsdauer.

hat sich verkürzt. Bei den Ausrüstungsinvestitionen erhöhte sich vor allem der Anteil von Gütern mit einer Nutzungsdauer von weniger als 10 Jahren.

In den siebziger Jahren war das Bild nicht mehr so einheitlich. Zwar ging die mittlere Nutzungsdauer der Investitionen des Unternehmensbereichs insgesamt von 32 Jahren in 1973 auf 30 Jahre in 1980 weiter zurück. In einer Reihe von Wirtschaftszweigen, jedoch insbesondere im verarbeitenden Gewerbe, kehrte sich die Entwicklung um (Tabelle 3.4/1). Im Durchschnitt des verarbeitenden Gewerbes hat sich die mittlere Nutzungsdauer daher zwischen 1973 und 1980 nur wenig geändert. Dabei muß berücksichtigt werden, daß mit dem fallenden Anteil der längerlebigen Bauinvestitionen ein tendenzieller Einfluß in Richtung auf einen weiteren Rückgang der mittleren Nutzungsdauer verbunden war. Insbesondere in den Jahren von 1976 bis 1980 ging bei den Ausrüstungsinvestitionen des verarbeitenden Gewerbes der Anteil der Güter mit einer Nutzungsdauer von weniger als 10 Jahren wieder zurück. Zugenommen hat in dieser Zeit bei den Ausrüstungen der Anteil der Güter mit einer Nutzungsdauer von mehr als 15 Jahren. Wieder mehr längerlebige Anlagen investierten vor allem die Verbrauchsgüterhersteller, während sich die durchschnittliche Nutzungsdauer der Investitionen der Investitionsgüterhersteller - von Ausnahmen abgesehen - weiter rückläufig entwickelte. Außerhalb des verarbeitenden Gewerbes nahm lediglich in den Bereichen Energiewirtschaft und Bergbau sowie bei der Eisenbahn und der Schiffahrt die Nutzungsdauer zu. Das Niveau der mittleren Nutzungsdauer ist im verarbeitenden Gewerbe mit 21 Jahren erheblich niedriger als in den anderen Wirtschaftszweigen, sieht man vom Baugewerbe ab. Dabei muß allerdings berücksichtigt werden, daß in der Mehrzahl der Wirtschaftszweige außerhalb des verarbeitenden Gewerbes der Anteil der längerlebigen Bauten an den Investitionen überdurchschnittlich hoch ist.

In den achtziger Jahren verstärkte sich im verarbeitenden Gewerbe wieder der Rückgang der mittleren Nutzungsdauer. Nur noch in wenigen Wirtschaftszweigen kam es hier zu einer Verlängerung der geplanten Nutzungszeiten. Dafür nahm außerhalb des verarbeitenden Gewerbes die durchschnittliche Nutzungsdauer zu. In den Dienstleistungsbereichen war dies vor allem bedingt durch Anteilsverschiebungen zwischen Bauten und Ausrüstungen. Beim Handel und in den Baubereichen ging jedoch auch bei den Ausrüstungen die durchschnittliche Nutzungsdauer zurück. Für den Unternehmensbereich ohne Wohnungsvermietung insgesamt ergab sich aus diesen gegenläufigen Entwicklungen in den achtziger Jahren keine nennenswerte Änderung der mittleren Nutzungsdauer mehr.

Tabelle 3.4/1

Mittlere Nutzungsdauer der Anlageinvestitionen

	Nutzungsdauer in Jahren			Veränderung in Jahren	
	1973	1980	1986	1980-73	1986-80
Land- und Forstwirtschaft, Fischerei	26,8	26,9	27,2	0,2	0,2
Energiewirtschaft und Bergbau	39,4	44,0	38,6	4,6	-5,4
Energie- und Wasserversorgung	41,5	47,3	41,0	5,8	-6,3
Kohlenbergbau	18,7	20,0	20,6	1,3	0,6
Übriger Bergbau	24,1	25,8	23,2	1,7	-2,6
Verarbeitendes Gewerbe	21,1	20,9	19,7	-0,3	-1,2
Chem. Ind., Spalt-, Brutstoffe	20,6	20,0	19,2	-0,6	-0,8
Mineralölverarbeitung	17,3	21,3	21,2	3,9	-0,1
Kunststoffwaren	21,4	21,3	21,4	-0,1	0,1
Gummiwaren	17,9	19,7	19,7	1,8	0,0
Steine, Erden	18,9	18,3	18,8	-0,6	0,6
Feinkeramik	24,5	20,3	20,8	-4,1	0,5
Glasgewerbe	22,8	19,9	19,3	-2,9	-0,6
Eisenschaffende Industrie	20,3	21,1	18,8	0,8	-2,3
NE-Metallerzeugung und -bearb.	20,4	21,2	19,3	0,8	-1,9
Gießereien	19,4	19,1	18,0	-0,3	-1,1
Ziehereien und Kaltwalzwerke	19,2	21,8	19,9	2,6	-1,9
Stahl- und Leichtmetallbau	26,1	21,6	19,6	-4,5	-2,0
Maschinenbau	22,1	22,0	19,3	-0,1	-2,6
Büromaschinen, ADV	17,0	15,6	16,4	-1,4	0,8
Straßenfahrzeugbau	21,7	20,9	18,6	-0,7	-2,3
Schiffbau	25,4	28,0	30,3	2,6	2,3
Luft- und Raumfahrzeugbau	19,4	24,3	18,3	4,9	-6,0
Elektrotechnik	21,9	20,0	20,3	-1,9	0,3
Feinmechanik, Optik	21,8	21,6	21,3	-0,2	-0,3
EBM-Waren	23,0	21,9	21,3	-1,1	-0,6
Musikinstrumente, Spielwaren	28,0	22,7	20,0	-5,3	-2,7
Holzbearbeitung	19,7	22,2	19,6	2,5	-2,7
Holzverarbeitung	25,6	22,7	21,2	-2,9	-1,5
Zellstoff- und Papiererzeugung	18,5	21,6	21,7	3,1	0,1
Papierverarbeitung	19,8	21,8	21,8	2,0	-0,1
Druckerei	23,5	21,7	19,8	-1,8	-1,9
Ledergewerbe	23,8	27,5	24,6	3,7	-2,9
Textilgewerbe	20,9	22,6	22,5	1,7	-0,1
Bekleidungsgewerbe	25,2	21,4	19,6	-3,8	-1,7
Ernährungsgewerbe	21,8	21,4	20,3	-0,4	-1,1
Getränkeherstellung	20,7	21,6	19,9	0,9	-1,7
Tabakverarbeitung	20,9	22,0	17,9	1,1	-4,1
Baugewerbe	19,8	15,9	17,4	-3,9	1,5
Bauhauptgewerbe	19,0	15,3	16,8	-3,6	1,5
Ausbaugewerbe	25,0	18,6	19,4	-6,4	0,8
Handel	38,3	35,0	36,5	-3,3	1,4
Großhandel, Handelsvermittlung	36,5	32,1	34,0	-4,4	1,9
Einzelhandel	40,0	38,1	38,9	-1,9	0,9
Verkehr und Nachrichten	29,8	27,7	26,5	-2,2	-1,2
Eisenbahnen	34,7	36,1	37,9	1,3	1,8
Schiffahrt, Häfen	20,3	22,7	25,2	2,4	2,5
Übriger Verkehr	26,9	26,1	21,8	-0,8	-4,3
Deutsche Bundespost	30,6	24,5	23,9	-6,1	-0,6
Kreditinst. und Versicherungen	63,0	51,5	49,1	-11,4	-2,5
Kreditinstitute	59,7	45,7	44,0	-14,0	-1,7
Versicherungsunternehmen	70,7	63,6	59,3	-7,1	-4,2
Sonstige Dienstleistungen	44,7	35,2	37,2	-9,6	2,1
Gastgewerbe, Heime	42,4	39,9	40,6	-2,5	0,8
Bildung, Wissensch., Kultur	39,6	28,0	33,8	-11,6	5,8
Gesundheits- und Veterinärw.	45,5	36,8	36,9	-8,6	0,1
Übrige Dienstleistungen	46,2	36,1	38,0	-10,1	1,8
Unternehmen o. Wohnungsvermietung	31,7	30,0	30,1	-1,7	0,0
darunter: Produktionsunternehmen	30,7	29,3	29,3	-1,3	-0,1

Quellen: Statistisches Bundesamt, eigene Berechnungen, 1986 geschätzt.

3.5   Investitionen und Arbeitsplätze im verarbeitenden Gewerbe

Hier wird zunächst auf die Entwicklung im verarbeitenden Gewerbe eingegangen, dessen Investitionsverhalten in seinen Auswirkungen auf Produktionspotential und Arbeitsplätze diskutiert wird. Eine Verdeutlichung dieser Zusammenhänge am Beispiel des verarbeitenden Gewerbes ist auch deshalb zweckmäßig, weil die produktionstheoretischen Zusammenhänge, die diesen Überlegungen zugrundeliegen, weitgehend den Verhältnissen entlehnt sind, wie sie in der Warenproduktion gelten. Entsprechende Rechnungen sind zwar auch für die übrigen Wirtschaftszweige des Unternehmensbereichs durchgeführt worden. Bei der Interpretation der Ergebnisse muß hier jedoch berücksichtigt werden, daß die Zusammenhänge zwischen Investitionstätigkeit, Produktion und Beschäftigung hier loser sind als in dem Bereich des warenproduzierenden Gewerbes.

3.5.1   Sachkapitalrendite, Lohnsatzsteigerungen und Nutzungsdauer der Investitionen

Bei einer Periodisierung, die in großen Zügen den jeweiligen Konjunkturphasen entspricht zeigen Sachkapitalrendite und Lohnsteigerungsraten im verarbeitenden Gewerbe in den ersten beiden Phasen bis etwa 1968 ein ähnliches Verlaufsmuster (Schaubild 3.5.1/1). Es kam zu keinen wesentlichen Trendänderungen. Die Investitionsintensität, also das Verhältnis von Investitionen zu neugeschaffenen Arbeitsplätzen, veränderte sich kaum; der Trend der Investitionsproduktivität (das mit den Investitionen geschaffene zusätzliche Produktionspotential) war nach oben gerichtet. In der Zeit danach führte der starke Anstieg der Lohnsätze bis 1970 dazu, daß die Unternehmen verstärkt arbeitssparende Anlagen installierten. Der Anstieg der Investitionsproduktivität wurde vorübergehend gedämpft. Dieser Prozeß hielt etwa bis zum Beginn der nächsten Abschwungsperiode an.

Nach 1973 verschlechterten sich die Renditen langsam, aber kontinuierlich. Die Lohnsatzsteigerungen gingen aber noch deutlicher zurück, so daß sich das Rendite-Lohnsatz-Verhältnis verbesserte. Bei rückläufiger Entwicklung der Investitionstätigkeit waren die Bemühungen der Unternehmen zunächst wieder verstärkt auf die Erhöhung der Investitionsproduktivität gerichtet. Ihren Abschluß fand diese Phase im Rezessionsjahr 1975. Im Gefolge des verminderten Lohnsatzanstiegs fiel die

63

Schaubild 3.5.1/1

Kennziffern zum Investitionsprozeß
im Verarbeitenden Gewerbe
Renditen und Lohnsatzsteigerungen
in v.H.

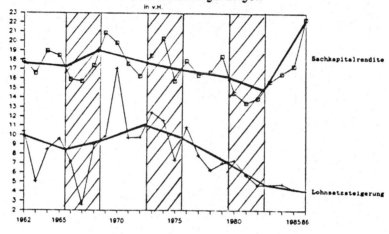

Anlageinvestitionen

zu Preisen von 1980

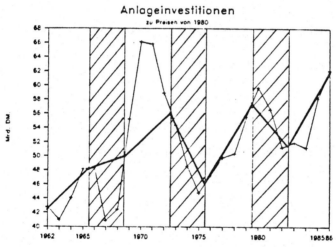

Investitionsproduktivität u.−intensität

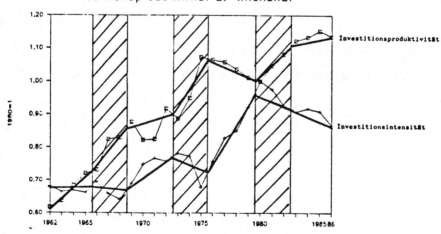

Investitionsintensität auf das Niveau von 1968 zurück. Gleichzeitig nahm die Investitionsproduktivität verstärkt zu.

In der Entwicklung der folgenden Jahre bis 1980 wird das Zusammenspiel von Sachkapitalrendite und Lohnsatzanstieg nicht mehr so ohne weiteres erkennbar. Obwohl die Lohnsatzsteigerungen sich sowohl in Relation zu den Renditen als auch absolut abgeschwächt haben, ist für das verarbeitende Gewerbe ein verstärkter Anstieg der Investitionsintensität erkennbar. Ursache hierfür war die Verschiebung der Güterstruktur der Investitionen in dieser Zeit. Im Zuge der 1976 einsetzenden Belebung der Investitionstätigkeit wurde wieder verstärkt in längerlebige Investitionsgüter investiert. Schaubild 3.5.1/2 zeigt, daß sich die mittlere Nutzungsdauer der Ausrüstungsinvestitionen im mittelfristigen Trend bis 1975 infolge der veränderten Güterstruktur ständig verkürzt hat. Erst danach stieg die mittlere Nutzungsdauer infolge des zunehmenden Anteils längerlebiger Investitionen wieder kräftig und erreichte 1980 das Niveau der ersten Hälfte der sechziger Jahre.

Diese Verschiebung in der Güterstruktur der Investitionen zu langlebigeren Investitionsprojekten ist sicherlich auch eine Folge der Entwicklung in den Jahren zuvor, in denen sich die Güterstruktur der Investitionen stärker zugunsten kurzlebiger Güter verschoben hat. Zwar wurde dieser Trend auch schon durch den Investitionsboom Anfang der siebziger Jahre vorübergehend unterbrochen, zu einem trendmäßigen Anstieg der Nutzungsdauer kam es jedoch nicht, da der Bestand an längerlebigen Investitionsgütern immer noch groß genug war, so daß die Zugänge an kurzlebigen Investitionsgütern ohne Schwierigkeiten in den Produktionsprozeß integriert werden konnten. Dadurch wird die vergleichsweise geringe Verbesserung der Rendite-Lohnsatzanstieg-Relation in ihrer Wirkung auf die Entwicklung von Investitionsproduktivität und Investitionsintensität in den Jahren 1973 bis 1975 eher überzeichnet, so daß sich möglicherweise ein zutreffenderes Bild ergibt, wenn man beide Perioden - 1973 bis 1975 und 1975 bis 1979 - im Zusammenhang betrachtet.

Vergleicht man die Entwicklung der mittleren Nutzungsdauer mit der Entwicklung der Investitionsintensität, so wird der zunehmend enger werdende Zusammenhang zwischen der Nutzungsdauerentscheidung der Unternehmen und der Entscheidung über die Investitionsintensität deutlich. In den sechziger Jahren überlagerte der verstärkte Lohnsatzanstieg den dämpfenden Einfluß der sinkenden Nutzungsdauer

Nutzungsdauer der Investitionen
Durchschnittswerte der Ausrüstungen

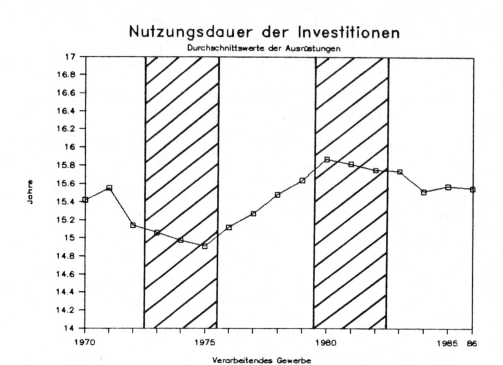

Verarbeitendes Gewerbe

Nutzungsdauer der Investitionen
Durchschnittswerte der Anlagen

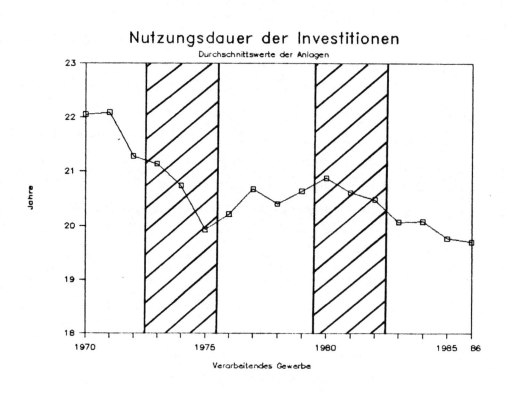

Verarbeitendes Gewerbe

auf den Anstieg der Investitionsintensität. In der zweiten Hälfte der siebziger Jahre wurde dagegen trotz des verlangsamten Lohnsatzanstiegs in längerlebige Investitionsgüter investiert. Langlebige Investitionen rentieren sich jedoch im Vergleich zu kurzlebigen Investitionen nur, wenn ihre Investitionsintensität höher ist. Die Investitionsproduktivität solcher Investitionsprojekte ist dagegen im Vergleich geringer. Der zunehmende Anteil langlebiger Investitionsgüter in der zweiten Hälfte der siebziger Jahre führte also dazu, daß auch die Investitionsintensität der gesamten Investitionen außerordentlich kräftig gestiegen ist.

3.5.2   Auswirkungen auf die Entwicklung der Arbeitsplätze

So kam es dazu, daß sich die Zugänge an Arbeitsplätzen auch in der zweiten Hälfte der siebziger Jahre weiter abschwächten, obwohl die Anlageinvestitionen kräftig expandierten (vgl. Schaubild 3.5.2/1). Auf die Entwicklung der Zugänge an Arbeitsplätzen wirkten sich die beiden Konjunkturphasen von 1973 bis 1980 in gleicher Weise aus:

- Von 1973 bis 1975 verminderte sich der Zugang an Arbeitsplätzen, weil die Abschwächung der Investitionstätigkeit stärker war als die Abschwächung der Investitionsintensität;
- von 1976 bis 1979 verminderte sich der Zugang an Arbeitsplätzen, weil der Anstieg der Investitionsintensität stärker war als der Anstieg der Investitionen.

Diese Entwicklung schlug auch auf den Bestand an Arbeitsplätzen durch. Der in der Periode 1973 bis 1975 eingeleitete Prozeß des Abbaus von Arbeitsplätzen setzte sich in der Periode von 1976 bis 1979 verstärkt fort. Insgesamt wurde die Zahl der Arbeitsplätze im verarbeitenden Gewerbe in dieser Zeit um fast 2 Mill. abgebaut (von 11,8 auf 10,0 Mill.).

Dic Entwicklung in der Abschwächungsperiode Anfang der achtziger Jahre entsprach ziemlich genau den Verhältnissen in der Periode 1973 bis 1975. Bei rückläufigen Investitionen hat eine weitere Verbesserung der Rendite-Lohnsatzanstieg-Relation dazu geführt, daß die Investitionsproduktivität wieder kräftig gestiegen ist und die Investitionsintensität sich abgeschwächt hat. Die neuen Anlagen wurden von den Unternehmen wieder verstärkt unter dem Aspekt geplant, mit

Schaubild 3.5.2/1

Determinanten der Arbeitsplatzentwicklung im verarbeitenden Gewerbe

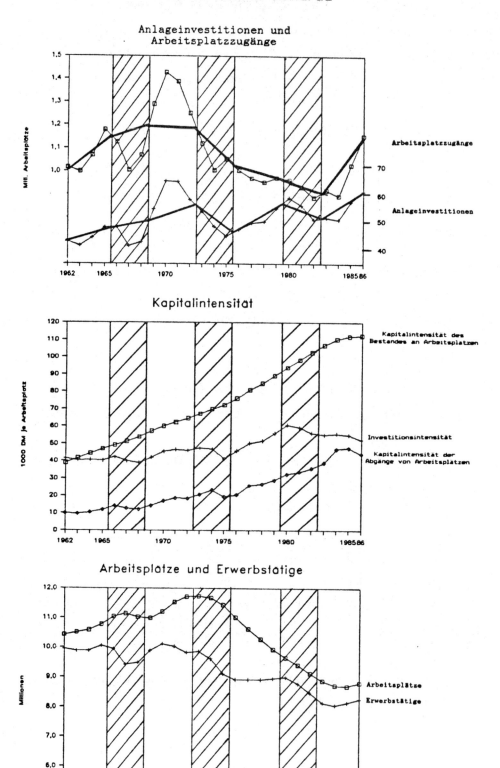

Anlageinvestitionen und
Arbeitsplatzzugänge

Kapitalintensität

Arbeitsplätze und Erwerbstätige

vergleichsweise kurzlebigen Investitionsgütern hohe Kapazitätseffekte zu erzielen. Dabei wurde in Kauf genommen, daß der mit diesen Anlagen verbundene Arbeitseinsatz wieder zunimmt. Die Intensität dieses Prozesses unterscheidet sich kaum von der Entwicklung in den Jahren 1973 bis 1975: Auch in dieser Periode setzte sich der Rückgang bei den Arbeitsplätzen fort, obwohl sich die Investitionsintensität wieder abschwächte. Entscheidend war auch hier, daß der Rückgang der Investitionstätigkeit stärker war als die Abschwächung der Investitionsintensität. In den neun Jahren von 1973 bis 1982 verminderten sich damit die jährlichen Zugänge an Arbeitsplätzen im verarbeitenden Gewerbe von mehr als 1,1 Mill. auf weniger als 0,9 Mill. Der Bestand an Arbeitsplätzen schrumpfte weiter auf 9,2 Mill.

Anders haben sich die Verhältnisse in der Erholungsphase von 1983 an entwickelt. In dieser Zeit kam es nicht - wie in der Periode 1976 bis 1979 - zu einem Güterstruktureffekt, der dazu geführt hätte, daß längerlebige Investitionsprojekte wieder im Anteil zunehmen und sich demzufolge die Investitionsintensität erhöht. Obwohl es zu einer in diesem Ausmaß weder in den sechziger noch in den siebziger Jahren zu beobachtenden Verbesserung des Rendite-Lohnsatzanstieg-Verhältnisses kam, wurde weiterhin eine Investitionsstrategie verfolgt, die bei kräftig zunehmender Investitionsproduktivität zu einer anhaltend rückläufigen Investitionsintensität führte. Zu erklären ist diese Entwicklung nur mit den unsicheren Absatzerwartungen in den letzten Jahren im Vergleich zu der Periode 1976 bis 1979, die es nicht angezeigt erscheinen ließen, auf breiter Front Erweiterungsinvestitionen mit höherer Investitionsintensität und geringerer Investitionsproduktivität zu tätigen. Auch produktionstechnische Restriktionen standen einer solchen Investitionsstrategie offensichtlich nicht im Wege.

Auf den Arbeitsmarkt hat sich diese Investitionsstrategie tendenziell günstig ausgewirkt: Der Trend des mit diesem Investitionspfad verbundenen Zugangs an Arbeitsplätzen war nach oben gerichtet und entwickelte sich damit genau umgekehrt wie in der Periode 1976 bis 1979 (Schaubild 3.5.2/1). Die Kehrseite dieser Entwicklung liegt darin, daß zwar die vergleichsweise niedrige Investitionsintensität den Arbeitseinsatz begünstigt hat, aber nur ein vergleichsweise geringes Investitionsvolumen benötigt wurde, um das Produktionspotential den Absatzerwartungen entsprechend auszuweiten. Was den Ausbau der Produktionskapazitäten anbelangt, kann daher von einer Investitionslücke nicht gesprochen werden; insofern geht ein Appell an die Unternehmen, mehr zu investieren, ins Leere. Wenn dagegen abgestellt wird auf die schwächeren Nachfragewirkungen, die mit einer solchen Investitionsstrategie verbunden sind, gibt auch das Argument der Investitionsschwäche einen Sinn.

Betrachtet man die Entwicklung der Kapitalintensität in Schaubild 3.5.2/1, so überrascht zunächst, daß die Kapitalintensität des Bestandes an Arbeitsplätzen zum einen sehr viel höher ist als die Investitionsintensität und die Kapitalintensität der Abgänge und zum anderen unter diesen Bedingungen auch noch zunimmt. Dies ist darauf zurückzuführen, daß Investitionsgüter mit längerer Nutzungsdauer, die in Produktionsprozessen mit vergleichsweise hoher Kapitalintensität eingesetzt werden, im Anlagenbestand auch länger verbleiben. Damit ist ihr Anteil am Anlagenbestand auch sehr viel höher als bei den Zu- und Abgängen, die stark geprägt sind durch kurzlebige Güter, die auch schneller wieder aus dem Produktionsprozeß ausscheiden. Diese Struktureffekte führen dazu, daß die Kapitalintensität des Bestands an Arbeitsplätzen generell höher ist als die der Zu- und Abgänge. Zu einem Anstieg der Kapitalintensität des Bestands kommt es unter diesen Umständen immer dann, wenn die Investitionsintensität höher ist als die Kapitalintensität der Abgänge. Die Ergebnisse für das verarbeitende Gewerbe zeigen, daß gegenwärtig die durchschnittliche Kapitalintensität des Bestandes an Arbeitsplätzen mehr als doppelt so hoch ist wie die Investitionsintensität der Zugänge.

Berücksichtigt man diese Zusammenhänge, wird auch deutlich, daß die Investitionsintensität nicht verwechselt werden darf mit derjenigen Investitionsausstattung eines Arbeitsplatzes, die erforderlich ist, wenn eine neue Betriebsstätte errichtet wird. In einem solchen Fall ist die gütermäßige Zusammensetzung der Investitionen eine ganz andere und damit auch die Investitionsintensität sehr viel höher als die eines Investitionsjahrganges. Dies zeigen auch die Ergebnisse der Befragungen über die Kosten eines neuen Arbeitsplatzes, die sich zumeist auf die Errichtung einer neuen Betriebsstätte beziehen (Ifo 1987). Die hier angegebenen Investitionskosten eines Arbeitsplatzes liegen durchweg über den Durchschnittswerten auch für die Kapitalintensität des Bestandes an Arbeitsplätzen einer Branche.

Die Entwicklung des Bestandes an Arbeitsplätzen hängt auch davon ab, wie viele Arbeitsplätze mit den aus dem Produktionsprozeß ausscheidenden Anlagen verbunden sind. Aus dem Schaubild 3.5.2/1 wird deutlich, daß die Kapitalintensität der Abgänge von Anlagen im längerfristigen Durchschnitt stärker gestiegen ist als die

Investitionsintensität. Dieser trendmäßige Anstieg setzte sich auch fort, als nach 1980 die Investitionsintensität wieder zurückging. Diese Unterschiede in der Entwicklung der Kapitalausstattung von Zu- und Abgängen an Arbeitsplätzen haben mit dazu beigetragen, daß sich die Zunahme der durchschnittlichen Kapitalintensität vor allem nach 1983 abgeschwächt hat. Damit sind auch von der Entwicklung des Faktoreinsatzverhältnisses der Abgänge Tendenzen ausgegangen, die sich günstig auf die Entwicklung der Arbeitsplätze ausgewirkt haben.

Betrachtet man die Auswirkungen der Zu- und Abgänge an Anlagen auf den Bestand an Arbeitsplätzen im verarbeitenden Gewerbe, so wird diese Umkehr im Trend ebenfalls deutlich: Der Abbau von Arbeitsplätzen ist zum Stillstand gekommen (vgl. Schaubild 3.5.2/1). In der Beschäftigtenentwicklung spiegelt sich die Entwicklung nicht so deutlich wider, da in der Periode 1976 bis 1980 auch die Zahl der unbesetzten Arbeitsplätze erheblich zurückgegangen ist. Danach blieb der 1980 erreichte Besetzungsgrad weitgehend unverändert.

3.5.3 Auswirkungen auf die Entwicklung des Produktionspotentials und der Arbeitsproduktivität

Die Beziehungen zwischen der Investitionstätigkeit und der Entwicklung der Arbeitsproduktivität hängen einmal davon ab, welche Auswirkungen die Investitionsprozesse auf das Produktionspotential haben und zum anderen, zu welcher Auslastung von Produktionspotential und Arbeitsplätzen die Entwicklung der Nachfrage führt. Die Ergebnisse machen deutlich, daß infolge der nach oben gerichteten Tendenz der Investitionsproduktivität in den meisten Jahren die Zugänge zum Produktionspotential stärker gestiegen sind als die Anlageinvestitionen. So waren die Zugänge zum Produktionspotential im verarbeitenden Gewerbe im Jahr 1986 um fast 40 vH größer als 1970, obwohl das Investitionsvolumen im Jahr 1986 niedriger war als 1970. Daß per Saldo die Veränderung des Produktionspotentials insgesamt geringer war, ist auf die kräftige Zunahme der Abgänge zurückzuführen.

Dieser Trend der Zugänge zum Produktionspotential spiegelt sich abgeschwächt auch in der Entwicklung des Bestandes an Produktionskapazitäten wider, die sich ergibt, wenn neben den Zugängen auch die Abgänge aus dem Produktionspotential berücksichtigt werden. Die Abgänge haben sich in der Tendenz lange Zeit weitgehend parallel zum Trend der Zugänge entwickelt. Erst von 1983 an öffnet sich auch hier die Schere zwischen expandierenden Zugängen und weitgehend stagnierenden Abgängen.

In der ersten Hälfte der siebziger Jahre bewirkte der Investitionseinbruch im verarbeitenden Gewerbe, der zu einer Absenkung des realen Investitionsniveaus von 66 Mrd. DM (1970) auf 44 Mrd. DM (1975) führte, daß in diesen fünf Jahren die jährliche Zuwachsrate des Produktionspotentials von 6 vH auf knapp 2 vH zurückging (Schaubild 3.5.3/1). Dieses Entwicklungsniveau wurde bis 1984 kaum überschritten. Erst danach kam es im Gefolge der beschleunigten Investitionstätigkeit zu einem etwas erhöhten Potentialwachstum. 1986 nahm das Produktionspotential im verarbeitenden Gewerbe erstmals seit 1974 wieder mit mehr als 3 vH gegenüber dem Vorjahr zu.

Die Auslastung des Produktionspotentials im verarbeitenden Gewerbe hat in den Jahren von 1974 an die Höchstwerte in der Aufschwungperiode von 1969 bis 1973 nicht wieder erreicht. In den Jahren von 1976 bis 1980 entsprach die Auslastung etwa den Werten Anfang der sechziger Jahre. Danach ging sie im Gefolge der rückläufigen Produktion in dieser Zeit bis 1983 auf etwa 80 vH zurück. In den Jahren danach stieg die Produktion zwar wieder, durch die verstärkte Expansion des Produktionspotentials kam es jedoch nur vorübergehend zu einer geringfügigen Verbesserung der Auslastung.

Seit Mitte der sechziger Jahre folgt die Besetzung der vorhandenen Arbeitsplätze im verarbeitenden Gewerbe leicht abgeschwächt der Auslastung des Produktionspotentials. Aus den Abweichungen der Entwicklungspfade in den Auslastungsziffern wird deutlich, daß die Unternehmen auf Veränderungen in der Auslastung des Produktionspotentials weitgehend, wenn auch nicht in vollem Umfang mit einer Veränderung des Arbeitskräfteeinsatzes reagieren. In den achtziger Jahren ist dieser Zusammenhang ziemlich verlorengegangen: Auf die zunehmende Unterauslastung des Produktionspotentials haben die Unternehmen nicht mit einem entsprechenden Beschäftigtenabbau reagiert. Dies hat dazu geführt, daß die Besetzung der vorhandenen Arbeitsplätze nahezu auf dem 1980 erreichten Niveau verharrte.

Schaubild 3.5.3/1

Kennziffern zur Entwicklung
des Produktionspotentials
im verarbeitenden Gewerbe

Veränderung des Produktionspotentials

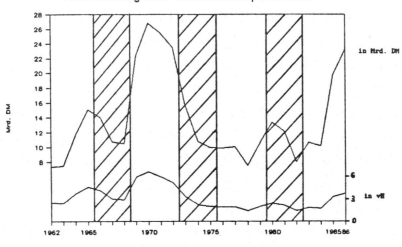

Auslastungsziffern

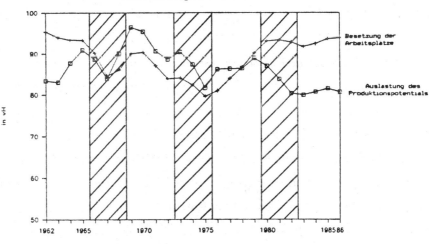

Produktivitätsentwicklung

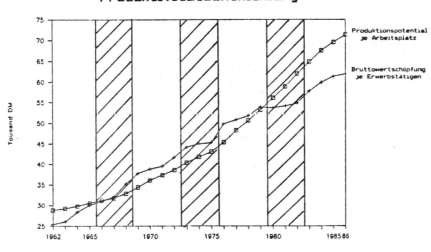

73

Bezieht man das Produktionspotential auf die Zahl der Arbeitsplätze, so erhält man mit der Arbeitsplatzproduktivität die von den Unternehmen geplante potentielle Produktivität für den Arbeitseinsatz. Schaubild 3.5.3/1 zeigt, daß sich der Anstieg der Arbeitsplatzproduktivität in den achtziger Jahren kontinuierlich verlangsamt hat. Noch stärker verlangsamt hat sich allerdings der Anstieg der effektiven Arbeitsproduktivität, also die reale Bruttowertschöpfung je Erwerbstätigen. Diese Entwicklung macht ebenfalls deutlich, daß die Unternehmen des verarbeitenden Gewerbes die Zahl der Erwerbstätigen nicht so stark abgebaut haben wie die Zahl der Arbeitsplätze. Hierbei spielt sicherlich eine Rolle, daß die Unternehmen qualifizierte Arbeitskräfte auch bei verminderter Auslastung des Produktionspotentials nicht sofort entlassen, da die Such- und Einarbeitungskosten oft höher sind als die Einsparmöglichkeiten bei den Lohnkosten. Daß solche Verhaltensweisen an Bedeutung gewinnen, liegt auch an Wandlungen im Bereich der Produktionsprozesse, in denen das Gewicht höherqualifizierter Arbeit zugenommen hat.

Die künftigen Perspektiven für die Beschäftigungswirkungen von Investitionsprozessen im verarbeitenden Gewerbe hängen davon ab, wie lange die Unternehmen eine solche Investitionsstrategie durchhalten. Sicherlich gibt es schon aus technischen Gründen zeitliche Begrenzungen für eine Strategie, die Investitionsproduktivität bei rückläufiger Investitionsintensität so zu steigern wie bisher. Was dann geschieht, ist abhängig von den Absatzerwartungen. Bleiben sie verhalten wie bisher, so ist damit zu rechnen, daß wieder verstärkt arbeitssparende Investitionen getätigt werden, deren Produktivität sich an den gedämpften Absatzerwartungen orientiert, und es damit zu technisch bedingten Steigerungen der Arbeitsproduktivität kommt.

Ob die Einkommenswirkungen eines solchen Investitionsprozesses so groß sind, daß die Produktivitätswirkungen auf die Entwicklung der Beschäftigung kompensiert werden, ist offen. Die niedrige Auslastung des Produktionspotentials bei vergleichsweise hohem Besetzungsgrad der Arbeitsplätze deutet darauf hin, daß viele Unternehmen Kapazitätsreserven haben, um Mehrnachfrage auch ohne Aufstockung ihres Produktionspotentials verkraften zu können. Gleichzeitig haben sie auch Produktivitätsreserven, so daß keine Ausweitung der Zahl ihrer Beschäftigten erforderlich ist. Es kommt also auf die Größenordnung der zusätzlichen Nachfrage an. Welche Effekte zu erwarten gewesen wären, wenn es von 1981 an zu Nachfragesteigerungen gekommen wäre, die eine zusätzliche Ausweitung der

Produktion im Unternehmensbereich um 1 Prozentpunkt bewirkt hätte, zeigen die in Abschnitt 2.2 dargestellten Simulationsergebnisse. Würden die zusätzlichen Impulse schwächer ausfallen, so gewinnt eine Strategie, bei der auf Potentialreserven und Produktivitätsreserven zurückgegriffen wird, an Wahrscheinlichkeit.

3.6 Nachfrage und Faktorsubstitution als Determinanten der Beschäftigung

Capital-vintage-Modelle sind nicht das einzige Instrument, um die Zusammenhänge zwischen der Entwicklung der Faktorpreise und dem Einsatzverhältnis von Arbeit und Anlagevermögen zu analysieren. Es lag daher nahe, auch das im DIW erarbeitete disaggregierte ökonometrische Modell (FIND-Modell) einzusetzen, das es ebenfalls ermöglicht, diese Zusammenhänge sektoral disaggregiert zu untersuchen.

In beiden Modellen werden Faktornachfragefunktionen ermittelt. Im capital-vintage-Modell geht es vor allem darum, die Abhängigkeit der Investitionsentscheidung von den Lohnsätzen und Renditen als ökonomischen Einflußfaktoren sowie der eher produktionstechnisch determinierten Struktur der Nutzungsdauer der Investitionen zu beschreiben. Dagegen ist im FIND-Modell die Zahl der Einflußfaktoren zur Erklärung des Investitionsverhaltens größer; erklärt wird aber nur die nach Bauten und Ausrüstungen differenzierte Investitionstätigkeit in den Branchen, ohne daß dabei für die jeweiligen Investitionsjahrgänge nach der Nutzungsdauer differenziert wird. Ein weiterer Unterschied beider Modelle liegt darin, daß im FIND-Modell die Parameter mit herkömmlichen ökonometrischen Schätzverfahren ermittelt werden, während im vintage-Modell ein iteratives Suchverfahren zur Bestimmung der Parameter der Faktornachfragefunktionen verwendet wird.

Im Zusammenhang mit den hier diskutierten Fragen soll vor allem auf solche Ergebnisse des FIND-Modells eingegangen werden, die die Aussagen des vintage-Modells ergänzen. Zu diesem Zweck ist mit den im FIND-Modell geschätzten Faktornachfragefunktionen die Beschäftigtenentwicklung in den Branchen simuliert worden, wobei die wichtigsten verursachenden Komponenten quantifiziert wurden. Dies ist in der Weise geschehen, daß den jeweiligen Einflußfaktoren Beschäftigungsäquivalente zugeordnet worden sind. Die in Tabelle 3.6/1 den jeweiligen Einflußfaktoren zugeordneten Personenzahlen geben also Aufschluß darüber, welches Gewicht der jeweilige Einflußfaktor auf die Entwicklung der Gesamtbeschäfti-

Komponenten der Erwerbstätigenentwicklung 1) im verarbeitenden Gewerbe

		Komponenten der				
	Erwerbstätigen-änderung insgesamt	Arbeitszeit-verkürzung	Nachfrage-änderung	Lohn-steigerung	Anpassungs-komponente	Übrige Komponenten 2)
1973-1975						
Chem. Ind., Spalt-, Brutstoffe	1	35	17	-89	-12	61
Mineralölverarbeitung	-11	2	-1	-1	-5	-6
Kunststoffwaren	0	12	-2	11	7	-27
Gummiwaren	-15	8	-16	-4	-8	5
Steine, Erden	-35	24	-17	-37	-3	-2
Feinkeramik	-8	5	-6	-5	-3	1
Glasgewerbe	-13	7	-7	-11	-1	-2
Eisenschaffende Industrie	77	34	31	38	-11	-14
NE-Metallerzeugung und -bearb.	-14	8	3	-5	-13	-6
Gießereien	-12	6	3	-9	-5	-7
Ziehereien und Kaltwalzwerke	-18	25	-18	-6	-8	-11
Stahl- und Leichtmetallbau	-3	7	-4	0	-1	-6
Maschinenbau	-69	64	11	-14	-70	-61
Büromaschinen, ADV	-11	5	-5	-8	-3	-1
Straßenfahrzeugbau	-74	43	22	-51	-9	-79
Schiffbau	-1	1	3	-13	-1	3
Luft- und Raumfahrzeugbau	7	1	6	2	4	-5
Elektrotechnik	-14	90	20	-52	20	-91
Feinmechanik, Optik	13	9	2	-16	2	15
EBM-Waren	-61	27	-10	-6	-27	-45
Musikinstrumente, Spielwaren	-9	6	-8	-3	-4	0
Holzbearbeitung	-9	4	0	-3	-8	-1
Holzverarbeitung	-32	24	-2	-15	-31	-9
Zellstoff- und Papiererzeugung	-9	7	-6	2	-10	-2
Papierverarbeitung	-19	8	-21	-9	0	4
Druckerei	-27	6	-7	0	-18	-9
Ledergewerbe	-42	4	-14	2	-22	-12
Textilgewerbe	-112	23	-18	-17	-74	-26
Bekleidungsgewerbe	-90	8	-30	-17	-32	-29
Ernährungsgewerbe	-46	18	-41	37	-13	-47
Tabakverarbeitung	-6	1	0	1	-8	-1
Verarbeitendes Gewerbe	-663	520	-107	-297	-368	-410
1976-1980						
Chem. Ind., Spalt-, Brutstoffe	-33	5	26	-97	-47	80
Mineralölverarbeitung	-3	2	2	2	-7	0
Kunststoffwaren	42	4	29	-18	6	23
Gummiwaren	-2	0	15	-2	-11	-4
Steine, Erden	-14	4	26	6	-5	-46
Feinkeramik	0	-1	9	2	-3	-7
Glasgewerbe	-1	0	18	-3	-1	-17
Eisenschaffende Industrie	-110	1	0	-45	-35	-32
NE-Metallerzeugung und -bearb.	-4	-3	0	2	-10	6
Gießereien	-6	2	5	6	-3	-15
Ziehereien und Kaltwalzwerke	-3	-1	38	17	-8	-49
Stahl- und Leichtmetallbau	5	11	19	8	-14	-19
Maschinenbau	-39	2	42	-51	-63	31
Büromaschinen, ADV	-15	-2	6	-5	-23	9
Straßenfahrzeugbau	124	26	230	48	6	-187
Schiffbau	-13	7	-9	-6	-6	1
Luft- und Raumfahrzeugbau	3	2	9	0	1	-8
Elektrotechnik	-44	-14	205	78	-77	-237
Feinmechanik, Optik	25	1	21	-12	8	7
EBM-Waren	1	7	16	-9	-23	9
Musikinstrumente, Spielwaren	4	2	4	2	1	-5
Holzbearbeitung	-7	1	0	1	-11	2
Holzverarbeitung	19	14	6	-32	-14	45
Zellstoff- und Papiererzeugung	-6	-3	7	-1	-13	5
Papierverarbeitung	-5	0	26	4	-1	-35
Druckerei	-27	9	9	-1	-30	-14
Ledergewerbe	-11	5	-5	11	-12	-11
Textilgewerbe	-55	3	7	10	-85	-10
Bekleidungsgewerbe	-45	16	2	37	-33	-67
Ernährungsgewerbe	11	39	48	34	-56	-55
Tabakverarbeitung	-1	1	0	4	-5	-2
	0					
Verarbeitendes Gewerbe	-213	140	809	-10	-551	-601
1981-1983						
Chem. Ind., Spalt-, Brutstoffe	-21	2	-1	-33	-25	36
Mineralölverarbeitung	0	1	-1	3	3	-5
Kunststoffwaren	-12	0	4	0	-1	-15
Gummiwaren	-21	-1	-3	-4	-8	-5
Steine, Erden	-38	9	-27	-3	-6	-12
Feinkeramik	-6	2	-3	0	-2	-2
Glasgewerbe	-16	0	-6	-4	-1	-6
Eisenschaffende Industrie	-43	22	-25	1	-34	-7
NE-Metallerzeugung und -bearb.	-10	2	-1	1	-5	-7
Gießereien	-19	4	-14	1	-4	-5
Ziehereien und Kaltwalzwerke	-29	4	-18	-3	-11	-1
Stahl- und Leichtmetallbau	-41	6	-20	-3	-14	-11
Maschinenbau	-89	64	-30	-4	-41	-77
Büromaschinen, ADV	0	1	4	-4	-5	4
Straßenfahrzeugbau	0	16	40	-26	-3	-26
Schiffbau	-4	-8	5	-1	1	0
Luft- und Raumfahrzeugbau	2	1	5	0	3	-7
Elektrotechnik	-111	6	-7	45	-37	-117
Feinmechanik, Optik	-38	5	-17	-2	-14	-10
EBM-Waren	-51	4	-13	6	-27	-21
Musikinstrumente, Spielwaren	-11	1	-4	-3	-8	3
Holzbearbeitung	-8	1	-1	-3	-8	3
Holzverarbeitung	-61	5	-9	2	-51	-9
Zellstoff- und Papiererzeugung	-3	1	2	0	-3	-2
Papierverarbeitung	-12	0	-1	-3	0	-8
Druckerei	-26	1	-1	-2	-18	-7
Ledergewerbe	-21	-1	-7	-2	-9	-3
Textilgewerbe	-74	3	-12	-3	-47	-15
Bekleidungsgewerbe	-72	-2	-29	5	-31	-15
Ernährungsgewerbe	-64	4	-29	-7	-64	32
Tabakverarbeitung	-3	-1	0	1	-2	0
Verarbeitendes Gewerbe	-901	148	-219	-45	-470	-315

1) Ergebnisse des FIND-Modells. - 2) In den übrigen Komponenten wird der Einfluß von Forschungs- und Entwicklungsaufwendungen, des Modernitätsgrades und der Kapazitätsauslastung erfaßt.

gung in der jeweiligen Periode gehabt hat und in welche Richtung dieser Einfluß gewirkt hat. Dabei wurde zwischen folgenden Einflußfaktoren unterschieden:

- In der Arbeitszeitkomponente kommt zum Ausdruck, welches Gewicht den Arbeitszeitverkürzungen in den jeweiligen Perioden zukommt. Sie ist überwiegend positiv, zeigt also, daß eine Reduzierung der durchschnittlichen Arbeitszeit in den meisten Wirtschaftszweigen positive Beschäftigungswirkungen gehabt hat.

- Die Nachfragekomponente zeigt, welche Bedeutung die Entwicklung der Nachfrage für die Beschäftigung in den Branchen gehabt hat.

- In der Komponente, mit der der Einfluß von Änderungen des Lohnsatzes auf die Beschäftigung gemessen wird, sind diejenigen Beschäftigungsveränderungen im Modell quantifiziert worden, die im Gefolge von Erhöhungen der Lohnsätze zu einer Substitution von Arbeitskräften durch andere Produktionsfaktoren geführt haben. Anders als im vintage-Modell bezieht sich diese Substitutionskomponente im FIND-Modell nicht allein auf den Investitionsbereich, sondern umfaßt auch Substitutionen im Vorleistungsbereich.

- In der Anpassungskomponente sind die Wirkungen derjenigen Faktoren zusammengefaßt worden, die noch aus früheren Perioden auf die Beschäftigungsentwicklung einwirken.

- Das FIND-Modell unterscheidet darüber hinaus noch eine Reihe von anderen Einflußfaktoren, die hier nur zusammengefaßt als übrige Komponenten ausgewiesen werden. In der Restkomponente schlägt sich auch der Einfluß nieder, den die Aufwendungen für Forschung und Entwicklung auf die Beschäftigung gehabt haben.

Betrachtet man die Entwicklung von Nachfrage- und Lohnkomponenten im verarbeitenden Gewerbe in den in drei Teilperioden zerlegten Zeitraum zwischen 1973 und 1983, so fällt besonders der stark negativ auf die Beschäftigung wirkende Lohneffekt in den Jahren zwischen 1973 bis 1975 auf. Er macht deutlich, welche Bedeutung die hohen Lohnsatzsteigerungen in dieser Zeit für den Beschäftigtenabbau gehabt haben. Auch die Nachfragekomponente ist in dieser Zeit im Durchschnitt des verarbeitenden Gewerbes negativ, doch ist hier die Branchenentwicklung sehr heterogen. Dies gilt auch für den überwiegenden Teil der Verbrauchsgüterbranchen und im Ernährungsgewerbe. Dagegen sind bei den Investitionsgüterproduzenten, wie dem Maschinenbau, dem Straßenfahrzeugbau und der Elektrotechnik die Nachfrageeinflüsse positiv gewesen, ebenso wie bei den wichtigen Grundstoffbereichen Chemie und eisenschaffende Industrie.

In den Jahren von 1976 bis 1980 hat sich in fast allen Branchen der Nachfrageeinfluß positiv auf die Beschäftigung ausgewirkt. In die gleiche Richtung ist aber auch der Einfluß der Lohnentwicklung gegangen. Dies ist auf die veränderte Relation des Lohnsatzanstiegs zu den gestiegenen Kapitalkosten und den Vorleistungskosten zurückzuführen, die per Saldo Substitutionsprozesse zugunsten vermehrter Beschäftigung ausgelöst haben. Während im Ernährungsgewerbe die Lohnentwicklung schon in den Jahren bis 1975 für sich genommen positive Beschäftigungseffekte bewirkte, war dies in den Jahren bis 1980 in fast allen Branchen von Gewicht der Fall, mit Ausnahme des Maschinenbaus und der Chemie.

In den achtziger Jahren hat der Einfluß von Lohnsteigerungen auf die Beschäftigung generell an Bedeutung verloren. Es dominiert der negative Einfluß der abgeschwächten Nachfrage auf die Beschäftigung. Die Gewichtsverteilung der Einflußfaktoren auf den Beschäftigtenabbau ist also eine ganz andere als in der Periode 1973 bis 1975. Ins Gewicht fallende positive Effekte auf die Beschäftigung ergeben sich nur für den Straßenfahrzeugbau. Sie werden jedoch durch den deutlich negativen Einfluß von Lohnsatzsteigerungen in dieser Branche zum Teil kompensiert. In der chemischen Industrie blieb der beschäftigungsmindernde Einfluß der Lohnentwicklung auch in den achtziger Jahren erhalten, während sich in der elektrotechnischen Industrie die positiven Beschäftigungseffekte der Vorperiode fortsetzten.

Bei der Interpretation dieser Ergebnisse muß allerdings berücksichtigt werden, daß mit diesen Komponenten lediglich kurzfristige Beschäftigungsänderungen erfaßt werden. Darüber hinaus gibt es aus der vergangenen Entwicklung der Einflußfaktoren auch in den jeweiligen Perioden noch Wirkungen, die in dem Modell in der Anpassungskomponente zusammengefaßt werden. Diese aus der Vergangenheit rührenden Einflußfaktoren wirken, wie die Ergebnisse zeigen, überwiegend negativ auf die Beschäftigung. Die Größenordnung dieser Anpassungskomponente macht deutlich, daß kurzfristige Änderungen bei wichtigen ökonomischen Rahmendaten erst Wirkungen in der langen Frist zeigen, sofern sie nicht zwischenzeitlich wieder kompensiert werden. Dies wird auch durch die Ergebnisse des vintage-Modells bestätigt.

Neben der Anpassungskomponente berücksichtigt das HIND-Modell auch noch eine Reihe anderer Einflußfaktoren, zu denen insbesondere die technologischen Veränderungen gehören. Diese Einflüsse haben vor allem in den Jahren zwischen 1976 und 1980 beschäftigungsmindernd gewirkt. Sie sind in dieser Zeit aber weitgehend durch den positiven Nachfrageeffekt kompensiert worden. Auffällig beim Vergleich mit dem vintage-Modell ist, daß sich gerade in dieser Zeit die Nutzungsdauer der Zugänge erheblich verlängert hat, was zu einem starken Anstieg der Investitionsintensität geführt hat. Dieser Einfluß, der auf der Veränderung der Nutzungsdauer beruht, wird von einem Modell, das die Investitionen nur aggregiert betrachtet, als technologische Veränderung interpretiert. In den achtziger Jahren hat sich der negative Einfluß der übrigen Faktoren in ihrer Gesamtheit vermindert. Der Beschäftigungsrückgang in dieser Zeit ist im wesentlichen ein Ergebnis der verringerten Nachfrage und der verzögerten Wirkungen von Einflüssen der siebziger Jahre.

3.7 Investitionen und Arbeitsplätze in ausgewählten Wirtschaftszweigen

Ergebnisse des vintage-Modells, wie sie hier am Beispiel des verarbeitenden Gewerbes interpretiert worden sind, liegen für sämtliche Wirtschaftszweige des Unternehmensbereichs vor. Es würde allerdings den Rahmen dieser Untersuchung sprengen, sie hier in allen Einzelheiten darzustellen. Es wurde daher so vorgegangen, daß zunächst die Entwicklung in einigen Bereichen des verarbeitenden Gewerbes,

- der chemischen Industrie,
- der eisenschaffenden Industrie,
- dem Maschinenbau,
- dem Straßenfahrzeugbau,
- der Elektrotechnik,
- dem Textilgewerbe,
- dem Ernährungsgewerbe, sowie
- im Bauhauptgewerbe

etwas ausführlicher dargestellt wird. Einschränkend muß jedoch vorweggeschickt werden, daß es sich hier nicht um eine Branchenanalyse handelt, sondern um eine Erläuterung von Ergebnissen des vintage-Modells, die ins Auge fallen. Als Bezugsbasis dient dabei in der Regel die Entwicklung im gesamten verarbeitenden

Gewerbe. Diese Ergebnissse in ein Branchenbild einzuordnen, muß weiteren Untersuchungen vorbehalten bleiben. An diese Darstellung schließt sich ein Kommentar der wichtigsten Ergebnisse für sämtliche Zweige des Unternehmensbereichs an. Im Anschluß daran ist der Versuch einer Typisierung gemacht worden. Im letzten Teil dieses Abschnitts sind Überlegungen über Zusammenhänge zwischen Verminderungen bei den Arbeitsplätzen und der Fluktuation der Beschäftigten angestellt worden.

In der **chemischen Industrie** sind die Wirkungen, die von der Entwicklung der Faktorpreise auf die Investitionsausgaben je Arbeitsplatz ausgingen, ähnlich wie im verarbeitenden Gewerbe, allerdings schwächer ausgeprägt. In diesem Wirtschaftszweig setzte erst 1982 ein Anstieg der Sachkapitalrendite ein, der allerdings wesentlich stärker war als im Durchschnitt des verarbeitenden Gewerbes (Schaubild 3.7/1). Überdurchschnittlich war demzufolge auch der Anstieg der Rendite-Lohnsatz-Relation. Nach einer zehnjährigen Phase vergleichsweiser konstanter Investitionsintensitäten kam es nach 1975 zu einem Anstieg der Investitionskosten je Arbeitsplatz, da der Anteil langlebiger Güter mit hoher Kapitalintensität an den gesamten Investitionen zugenommen hatte. Erst nach 1980 setzte sich der Einfluß der verminderten Lohnsatzsteigerungen durch, mit der Folge, daß die Investitionsintensität wieder zurückging. Die Entwicklung der Investitionsproduktivität wurde überwiegend durch trendmäßige Einflüsse bestimmt, die so stark waren, daß auch der starke Anstieg der Sachkapitalrendite in den Jahren 1983 bis 1986 einen nur geringen Einfluß ausübte.

Die Zuwachsrate des Produktionspotentials erreichte 1970 mit 13 vH ihren höchsten Wert, eine Folge der kräftigen Investitionstätigkeit in dieser Zeit. Der danach einsetzende Rückgang der Investitionen führte dazu, daß die Wachstumsrate des Produktionspotentials bis 1984 auf weniger als 2 vH zurückging. Danach kam es infolge der verstärkten Investitionstätigkeit zu einem erneuten Anstieg. Beim Produktionspotential kam es in den Jahren 1970 bis 1972 und 1980 bis 1983 zu einem kräftigen Rückgang der Auslastung, der in den Folgejahren nicht wieder ausgeglichen wurde. Die chemische Industrie hat zur Zeit eine unbefriedigende Auslastung.

Bis 1975 entsprach die Entwicklung der Arbeitsplatzzugänge (Schaubild 3.7/2) der schwachen Investitionstätigkeit in der chemischen Industrie. Danach verringerte

Schaubild 3.7/1

Determinanten der Entwicklung des Produktionspotentials in der Chemischen Industrie

Renditen und Lohnsatzsteigerungen

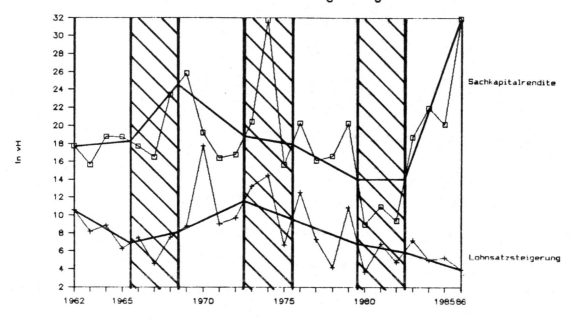

Investitionen, Produktionspotential und Auslastung

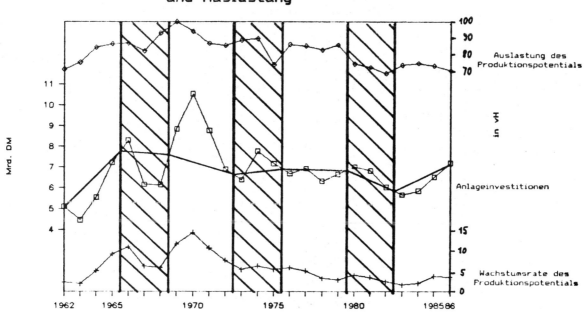

81

Determinanten der
Arbeitsplatzentwicklung in der
Chemischen Industrie

Investitionen und Arbeitsplatzzugänge

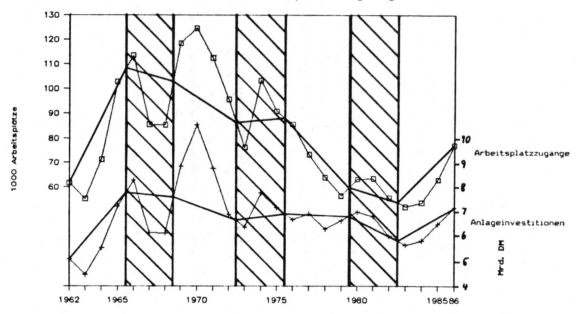

Arbeitsplätze und
Arbeitsproduktivität

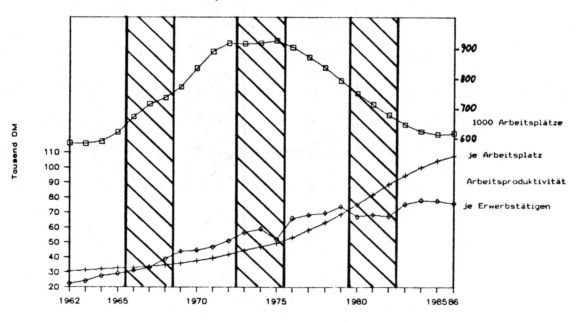

sich die Zahl der neugeschaffenen Arbeitsplätze zusätzlich infolge der gestiegenen Investitionsintensität. Die Zahl der insgesamt angebotenen Arbeitsplätze verminderte sich gegenüber 1975 um mehr als 300 Tsd. Mit der Aufschwungphase nach 1983 wurden wieder verstärkt neue Arbeitsplätze geschaffen. Erst 1986 reichten allerdings die neugeschaffenen Arbeitsplätze aus, um die Arbeitsplatzverluste aus Stillegungen auszugleichen. Insgesamt hat sich die Zahl der Arbeitsplätze in der chemischen Industrie von 920 000 in 1975 auf 610 000 in 1986 verringert. Der Besetzungsgrad der Arbeitsplätze in der chemischen Industrie ist seit 1976 kontinuierlich gestiegen.

Die Arbeitsproduktivität ist in der chemischen Industrie seit 1979 kaum noch gestiegen, obwohl die Arbeitsplatzproduktivität im Anstieg kaum nachgelassen hat. Angesichts der geringen Auslastung des Produktionspotentials bedeutet dies, daß die Unternehmen der chemischen Industrie ihre Produktion steigern können, ohne zusätzliche Einstellungen vornehmen zu müssen.

In der **eisenschaffenden Industrie** waren die Ertragsverhältnisse in dem gesamten hier betrachteten Zeitraum unbefriedigend, von der Entwicklung in wenigen Jahren abgesehen (Schaubild 3.7/3). Häufig waren die Unternehmenseinkommen sogar negativ, so daß der für die Rendite ausgewiesene Wert unter null lag. Auch in der eisenschaffenden Industrie verminderten sich die Lohnsatzsteigerungen in den siebziger Jahren, ein Prozeß, der sich bis in die achtziger Jahre, mit allerdings recht kräftigen Schwankungen, fortsetzte. Bei der Wertung der Entwicklung von Löhnen und Renditen in den achtziger Jahren muß allerdings berücksichtigt werden, daß hier zeitweilig die in der VGR als Lohnkosten verbuchten Zuweisungen zu betrieblichen Pensionsfonds ausgesetzt wurden. Dies führte zwar rein rechnerisch zu einer Verringerung der Lohnkostenbelastungen mit entsprechend starken Steigerungen im Folgejahr, für die Investitionsentscheidung der Unternehmen dürfte dieser Einfluß jedoch von untergeordneter Bedeutung gewesen sein. Die Investitionsintensität ist in der eisenschaffenden Industrie seit Ende der sechziger Jahre kontinuierlich gestiegen. Erst nach 1981 kam es zu einem nennenswerten Rückgang.

Das Produktionspotential expandierte noch Anfang der siebziger Jahre infolge der kräftig gestiegenen Investitionen mit Wachstumsraten von mehr als 8 vH. Der trendmäßige Rückgang der Investitionen reduzierte jedoch rasch den Wachstumspfad. Seit 1976 schrumpft das Produktionspotential in der eisenschaffenden In

Schaubild 3.7/3

Determinanten der Entwicklung des
Produktionspotentials in der
Eisenschaffenden Industrie

Renditen und Lohnsatzsteigerungen

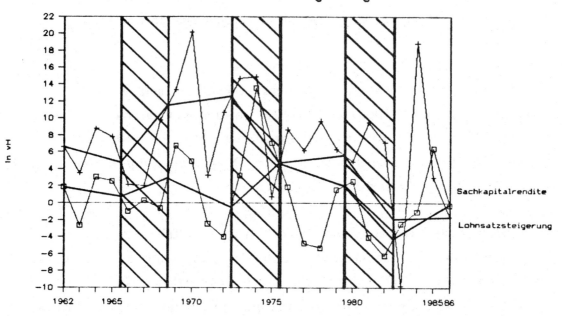

Sachkapitalrendite

Lohnsatzsteigerung

Investitionen, Produktionspotential
und Auslastung

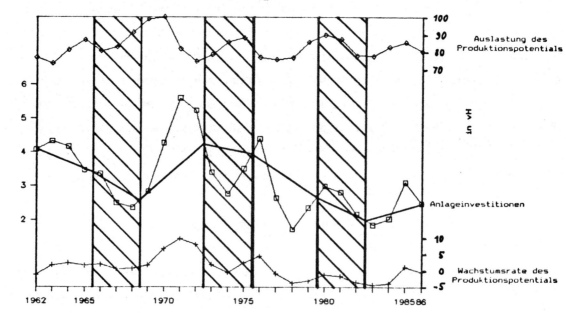

Auslastung des
Produktionspotentials

Anlageinvestitionen

Wachstumsrate des
Produktionspotentials

dustrie. Der Kapazitätsabbau war jedoch nicht groß genug, um das Produktionspotential an die noch stärker rückläufige Nachfrage anzupassen. Der starke Auslastungsrückgang der Jahre 1971 bis 1972 konnte in der Folgezeit nicht wieder ausgeglichen werden. Die Kapazitätsauslastung lag auch 1986 bei nur 80 vH.

Im Gefolge der seit 1972 ständig verminderten Investitionstätigkeit nahm auch die Zahl der neugeschaffenen Arbeitsplätze kontinuierlich ab (Schaubild 3.7/4). In den achtziger Jahren stabilisierte sich die Entwicklung auf niedrigerem Niveau. Der Bestand an Arbeitsplätzen ging jedoch weiter zurück, da Arbeitsplätze, die mit stillgelegten Anlagen verbunden waren, nicht wieder ersetzt wurden. Da die Zahl der Erwerbstätigen nicht im gleichen Umfang reduziert wurde, wie die Zahl der Arbeitsplätze, nahm der Besetzungsgrad der Arbeitsplätze zu.

In der eisenschaffenden Industrie sind gegenwärtig erhebliche Kapazitätsreserven vorhanden, obwohl nahezu alle Arbeitsplätze besetzt sind. Ein weiterer Kapazitätsabbau würde daher unmittelbar auf die Zahl der Beschäftigten durchschlagen und könnte nicht ohne einen erhöhten Besetzungsgrad einer geringeren Zahl von Arbeitsplätzen aufgefangen werden.

Im **Maschinenbau** entwickelten sich die Investitionsdeterminanten ähnlich wie im Durchschnitt des verarbeitenden Gewerbes (Schaubild 3.7/5). Die Sachkapitalrendite hatte bis Ende der sechziger Jahre eine leicht steigende Tendenz. Danach folgte bis Anfang der achtziger Jahre ein kontinuierlicher Rückgang. Ein ähnliches Verlaufsmuster gilt für die Lohnsteigerungsraten, mit dem Unterschied, daß die Lohnsätze in der Aufschwungperiode der siebziger Jahre etwas stärker gestiegen sind mit entsprechenden Kompensationswirkungen in der nachfolgenden Abschwungperiode. Insgesamt hat sich der Abstand zwischen Sachkapitalrendite und Lohnsatzsteigerungen in dieser Zeit kaum verändert. Wie auch im Durchschnitt des verarbeitenden Gewerbes änderte sich dieses Muster mit der Aufschwungperiode der Jahre nach 1983. Der Lohnsatzanstieg im Sektor Maschinenbau stabilisierte sich in dieser Zeit. Die Sachkapitalrendite dagegen stieg kräftig und erreichte wieder die Größenordnung von 1970.

Bis 1975 veränderte sich die Investitionsintensität nach vorübergehendem Anstieg kaum. Danach setzte bis 1980 ein stärkerer Anstieg ein, der vor allem auf den in dieser Phase zunehmenden Anteil längerlebiger Güter zurückzuführen ist. Bereits

Schaubild 3.7/4

Determinanten der
Arbeitsplatzentwicklung in der
Eisenschaffenden Industrie

Investitionen und Arbeitsplatzzugänge

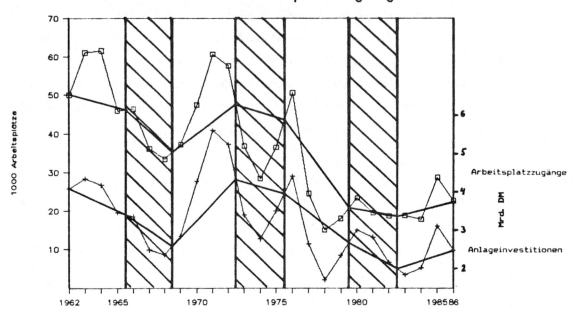

Arbeitsplätze und
Arbeitsproduktivität

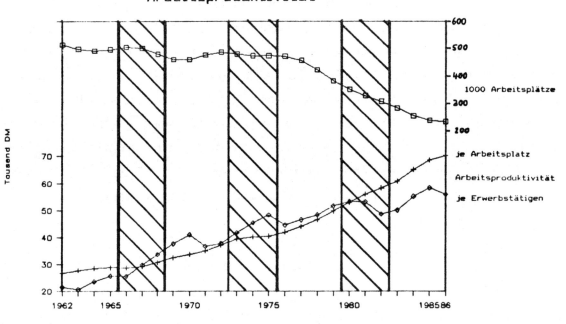

Schaubild 3.7/5

Determinanten der Entwicklung des
Produktionspotentials im
Maschinenbau

Renditen und Lohnsatzsteigerungen

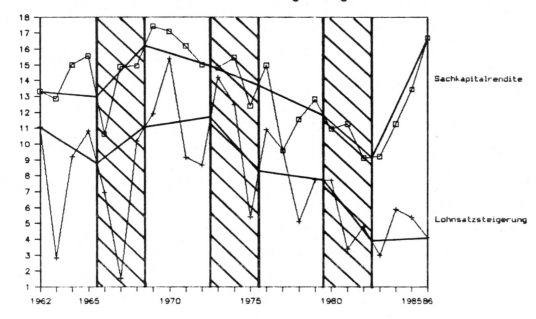

Investitionen, Produktionspotential
und Auslastung

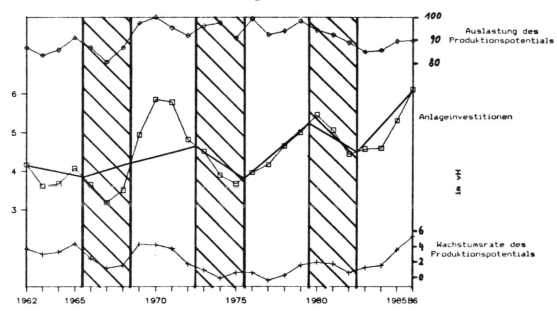

87

in den Abschwungjahren nach 1980 schlug der Einfluß der sinkenden Lohnsatzsteigerungen wieder stärker durch. Die Investitionsintensität im Maschinenbau ging wieder zurück. Auch die Investitionsproduktivität im Maschinenbau entwickelte sich weitgehend parallel zum Durchschnitt im verarbeitenden Gewerbe. Stärker als im Durchschnitt wurde vorübergehend der trendmäßige Anstieg in der Aufschwungphase um 1970 durch den gleichzeitig einsetzenden Rendite-Rückgang bei weiterhin zunehmendem Lohnsatzanstieg gebremst. In dem Rückgang nach 1975 kommt wieder der Altersstruktureffekt in der Zusammensetzung der Investitionen zum Ausdruck. Erst mit der Abschwungperiode nach 1980 gewannen wieder die Faktorpreisrelationen an Gewicht. In Folge der zunächst abgeschwächten Lohnsatzsteigerungen und der dann folgenden starken Erhöhung der Sachkapitalrendite stieg die Investitionsproduktivität wieder stärker.

Das Wachstum des Produktionspotentials hat sich in den siebziger Jahren zunächst kräftig verlangsamt und folgte damit dem abgeschwächten Nachfrageanstieg. Hohe Kapazitätsauslastung und sich wieder verstärkender Nachfrageanstieg führten dazu, daß die Unternehmen seit 1976 wieder kräftiger investieren, so daß das Produktionspotential wieder schneller steigt. Nach einem Investitionseinbruch zu Beginn der achtziger Jahre erholten sich die Investitionen wieder kräftig mit der Folge, daß die Wachstumsrate des Produktionspotentials in 1986 erstmals seit 1970 mehr als 4 vH erreichte. Die Nachfrage hielt zwar mit dieser Ausweitung des Produktionspotentials nicht Schritt, doch lag die Auslastung in 1986 mit 90 vH vergleichsweise hoch.

Betrachtet man die Arbeitsplatzwirkungen der Investitionsprozesse im Maschinenbau, so zeigt sich, daß die Veränderungen in der Investitionsintensität im Verhältnis zum Investitionsvolumen von geringem Gewicht waren (Schaubild 3.7/6). Wie im Durchschnitt des verarbeitenden Gewerbes reichte der Rückgang in der Investitionsintensität Anfang der achtziger Jahre nicht aus, die Wirkungen der verringerten Investitionstätigkeit auf die Arbeitsplätze zu kompensieren. Der Zugang an neuen Arbeitsplätzen ging zurück. Erst mit dem 1983 einsetzenden Investitionsanstieg nahm auch die Zahl der neugeschaffenen Arbeitsplätze wieder zu. Da gleichzeitig die Beschäftigung im Maschinenbau nach mehrjährigem Rückgang wieder stieg, erhöhte sich der Bezetzungsgrad der Arbeitsplätze leicht. Nachdem die Arbeitsproduktivität in der Abschwungphase nach 1979 praktisch stagnierte, nahm sie im Gefolge der verbesserten Auslastung im gleichen Tempo zu wie die Arbeitsplatzproduktivität.

Determinanten der Arbeitsplatzentwicklung im Maschinenbau

Investitionen und Arbeitsplatzzugänge

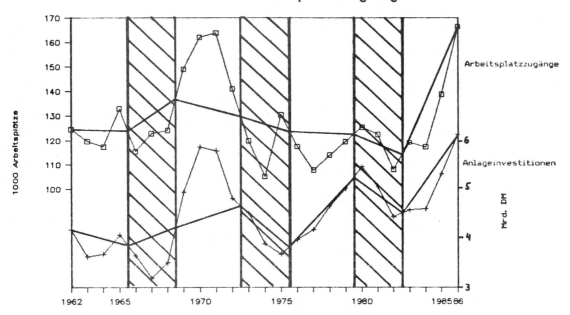

Arbeitsplätze und Arbeitsproduktivität

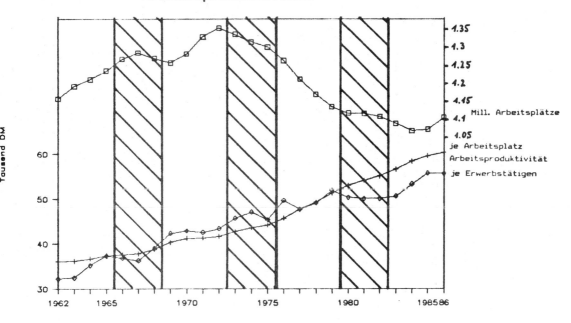

Im **Straßenfahrzeugbau** hat die Sachkapitalrendite - von erheblichen Schwankungen begleitet - in den sechziger und siebziger Jahren tendenziell abgenommen (Schaubild 3.7/7). In den achtziger Jahren ist eine leicht steigende Tendenz zu erkennen, die zuvor beobachteten Maxima sind allerdings nicht wieder erreicht worden. Das Verlaufsmuster der Lohnsatzsteigerungen weicht dagegen kaum vom Durchschnitt ab: Die Lohnsatzsteigerungen sind seit 1975 immer geringer geworden. Dies hatte zur Folge, daß seit Anfang der achtziger Jahre der Abstand zwischen Sachkapitalrendite und Lohnsatzsteigerung wieder zunahm, allerdings nicht so stark wie in anderen Wirtschaftszweigen.

Die Investitionsintensität entwickelte sich im Fahrzeugbau in den jeweiligen Konjunkturphasen ähnlich wie im Durchschnitt des verarbeitenden Gewerbes, bei einem insgesamt stärker nach oben gerichteten Trend. In den Jahren nach 1980 kam es daher auch zu keiner Abschwächung der Investitionsintensität. Dementsprechend ist auch die Investitionsproduktivität im Fahrzeugbau im Durchschnitt der Jahre weniger stark gestiegen.

Im Gefolge der rückläufigen Investitionen Anfang der siebziger Jahre hat sich in dieser Zeit die Wachstumsrate des Produktionspotentials vermindert. Mit wieder zunehmender Auslastung des Produktionspotentials in der zweiten Hälfte des Jahrzehnts expandierten die Investitionen wieder. Der verstärkte Anstieg des Produktionspotentials konnte allerdings nicht verhindern, daß der Fahrzeugbau in den Jahren 1977 bis 1979 an seine Kapazitätsgrenzen stieß. Bedingt durch das hohe Niveau der Investitionstätigkeit seit 1980 hat das Produktionspotential dann nach 1980 sehr viel stärker zugenommen als die Nachfrage. Die Auslastung des Produktionspotentials verminderte sich daher bis 1986 beträchtlich auf nur noch 70 vH.

Die bis 1975 nur leicht gestiegenen Investitionsausgaben führten bis 1976 bei steigender Investitionsintensität zu einem tendenziellen Rückgang der neugeschaffenen Arbeitsplätze (Schaubild 3.7/8). Danach erhöhten sich die Zugänge kräftig, bedingt durch den starken Investitionsanstieg. Seit 1980 wurden kaum noch kompensierende Einflüsse aus der Entwicklung der Investitionsintensität wirksam. Mit der starken Ausweitung der Arbeitsplätze seit 1980 hielt die Beschäftigtenentwicklung im Fahrzeugbau nicht Schritt. Der Besetzungsgrad der Arbeitsplätze ging zurück. Dies dürfte in erster Linie darauf zurückzuführen sein, daß das aufgebaute Produktionspotential immer weniger ausgelastet wurde.

Determinanten der Entwicklung des Produktionspotentials im Straßenfahrzeugbau

Renditen und Lohnsatzsteigerungen

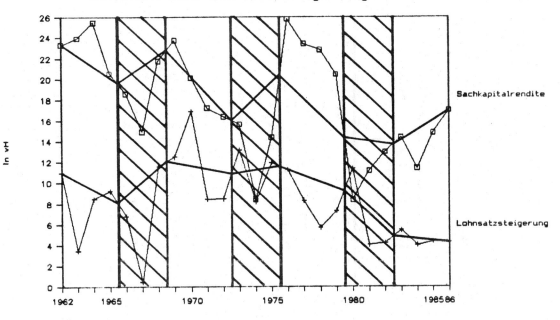

Investitionen, Produktionspotential und Auslastung

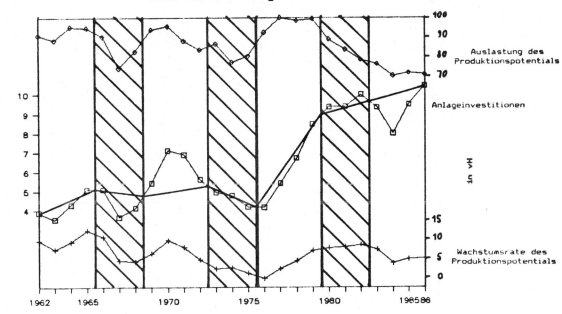

Schaubild 3.7/8

Determinanten der
Arbeitsplatzentwicklung im
Straßenfahrzeugbau

Investitionen und Arbeitsplatzzugänge

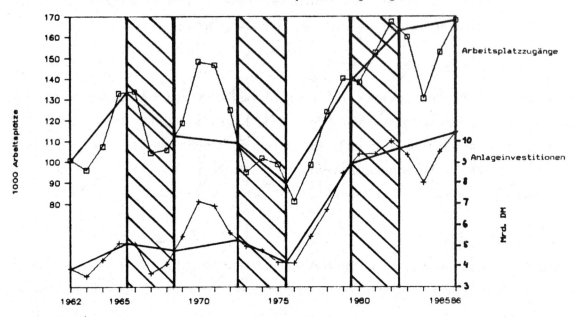

Arbeitsplätze und
Arbeitsproduktivität

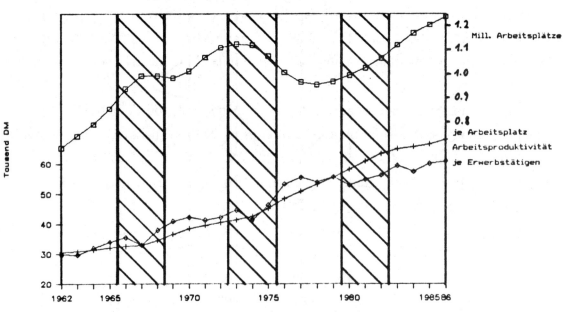

Auch in der **Elektrotechnik** verlief die Entwicklung von Sachkapitalrenditen und Lohnsatzsteigerungen ähnlich wie im Durchschnitt des verarbeitenden Gewerbes (Schaubild 3.7/9). Der 1970 einsetzende Rückgang der Sachkapitalrendite wurde allerdings schon in der zweiten Hälfte der siebziger Jahre wieder aufgefangen. Hingegen war der Renditeanstieg in den achtziger Jahren weit weniger ausgeprägt.

Parallelen zum verarbeitenen Gewerbe gibt es auch bei dem Verlaufsmuster von Investitionsintensität und Investitionsproduktivität bis zu Beginn der achtziger Jahre. Während jedoch in vielen Wirtschaftszweigen 1981 die Investitionsaufwendungen je Arbeitsplatz nach dem vorherigen starken Anstieg wieder zurückgingen, war in der Elektrotechnik der Trend der Investitionsintensität in den achtziger Jahren weiterhin, wenn auch abgeschwächt, steigend. Die Investitionsproduktivität, die im Durchschnitt des verarbeitenden Gewerbes wieder stieg, stagnierte hier.

In den siebziger Jahren verlangsamte sich auch in diesem Wirtschaftszweig der Anstieg des Produktionspotentials. Der Rückgang war jedoch weit weniger ausgeprägt wie bei der Mehrzahl der anderen Investitionsgüterhersteller. Erst zu Beginn der achtziger Jahre verringerte sich die Wachstumsrate des Produktionspotentials auf unter 3 vH. Mit dem 1983 beginnenden Investitionsaufschwung kam es jedoch anschließend wieder zu einer kräftigen Expansion. 1975 verringerte sich die Auslastung des Produktionspotentials drastisch. Von diesem Rückgang hat sich die elektrotechnische Industrie nicht wieder erholen können. Trotz abnehmender Zuwachsraten des Produktionspotentials verringerte sich die Auslastung sogar weiter. Erst 1983 kam es wieder zu einer leichten Auslastungsverbesserung, obwohl in dieser Zeit auch das Produktionspotential angesichts der kräftig steigenden Investitionen wieder stärker ausgeweitet wurde. Diese Entwicklung hielt jedoch nur bis 1985 an. 1986 verschlechterte sich die Auslastung wieder und erreichte fast das bisherige Minimum von 1967.

Die Zahl der neugeschaffenen Arbeitsplätze in der elektrotechnischen Industrie ging seit 1976 wegen der zunehmenden Investitionsintensität trotz steigender Investitionen zurück (Schaubild 3.7/10). Mit dem 1984 einsetzenden starken Investitionsanstieg wurde erstmalig seit den sechziger Jahren wieder über mehrere Jahre hinweg eine zunehmende Zahl von neuen Arbeitsplätzen geschaffen. Dies führte zu einer Erhöhung der Gesamtzahl der Arbeitsplätze. Die Beschäftigung nahm noch rascher zu, so daß die Zahl der unbesetzten Arbeitsplätze stark zurückging.

Determinanten der Entwicklung des Produktionspotentials in der Elektrotechnik

Renditen und Lohnsatzsteigerungen

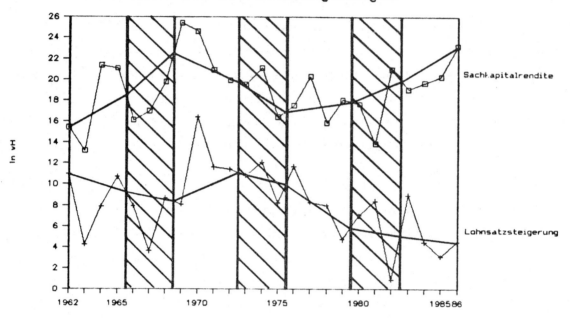

Investitionen, Produktionspotential und Auslastung

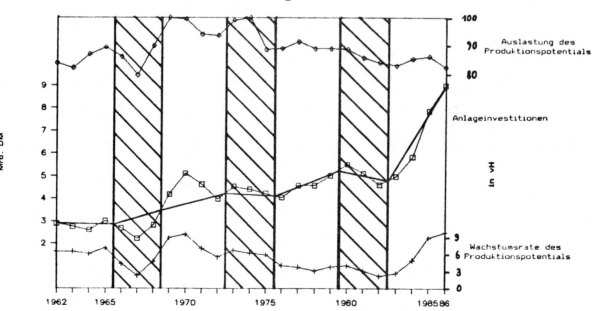

94

Schaubild 3.7/10

Determinanten der Arbeitsplatzentwicklung in der Elektrotechnik

Investitionen und Arbeitsplatzzugänge

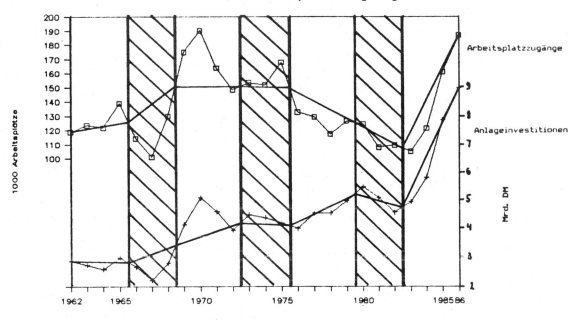

Arbeitsplätze und Arbeitsproduktivität

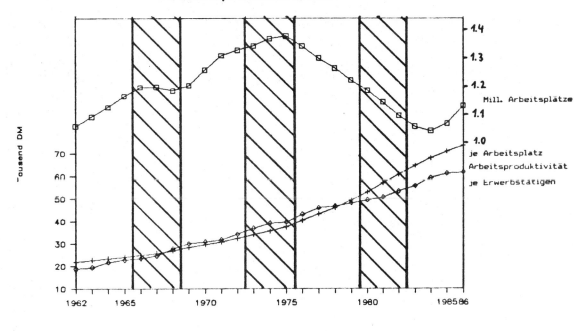

95

Die Unterauslastung des Produktionspotentials bei voll besetzten Arbeitsplätzen zeigt, daß in der elektrotechnischen Industrie mehr produziert werden könnte, ohne daß die Zahl der Beschäftigten ausgeweitet werden müßte. Es gibt also erhebliche Produktivitätsreserven. Dafür spricht auch, daß seit 1978 das Produktionsergebnis je Beschäftigten schwächer gestiegen ist als die Arbeitsplatzproduktivität.

In der **Textilindustrie** lassen sich deutlich zwei Phasen unterscheiden, wobei die Zäsur etwa in die Jahre 1975 und 1976 fällt. Bis zu dieser Zeit war der Rückgang der Sachkapitalrendite wesentlich kräftiger als im Durchschnitt des verarbeitenden Gewerbes. Gleichzeitig verstärkte sich der Lohnsatzanstieg bis 1973 (Schaubild 3.7/11). In der Zeit danach stabilisierte sich die Sachkapitalrendite zunächst auf niedrigerem Niveau, bei gleichzeitig wieder verminderten Lohnsatzsteigerungen. Während sich der rückläufige Trend bei den Lohnsatzsteigerungen bis 1986 fortsetzte, stieg die Sachkapitalrendite in der Textilindustrie in den letzten Jahren kräftig an und erreichte wieder die Spitzenniveaus der sechziger Jahre.

Für die Investitionsintensität blieb der Renditeabfall Anfang der siebziger Jahre ohne großen Einfluß. Wesentlich stärker war die Wirkung der veränderten Struktur der Investitionen zugunsten langlebiger Güter mit höherer Arbeitsproduktivität in der zweiten Hälfte der siebziger Jahre. Die Investitionsintensität stieg wie in der Mehrzahl der Branchen des verarbeitenden Gewerbes stärker als in den Jahren zuvor, während die Investitionsproduktivität, die zuvor trendmäßig gestiegen war, in dieser Zeit leicht zurückging. Nach 1980 kehrte sich diese Entwicklung um. Bei wieder zunehmender Investitionsproduktivität gingen die Investitionsintensität erstmals wieder kräftig zurück.

Der trendmäßige Rückgang der Sachkapitalrendite in der ersten Hälfte der siebziger Jahre hatte eine starke Abnahme der Investitionen zur Folge. Sie führte zu einer drastischen Abnahme der Zahl neugeschaffener Arbeitsplätze: Während mit den Investitionen 1969 fast 70 000 neue Arbeitsplätze geschaffen wurden, waren es 1975 nur noch 35 000. In der zweiten Hälfte der siebziger Jahre setzte sich dieser Prozeß - noch verstärkt durch den Anstieg der Investitionsintensität - fort bis zu einem Minimum von nur noch 20 000 neugeschaffenen Arbeitsplätzen in den Jahren 1981 und 1982 (Schaubild 3.7/12). Die danach wieder zunehmende Investitionstätigkeit führte erstmals seit über 10 Jahren wieder zu einer Zunahme der neugeschaffenen Arbeitsplätze. Sie war allerdings so gering, daß die Gesamt-

Determinanten der Entwicklung des
Produktionspotentials im
Textilgewerbe

Renditen und Lohnsatzsteigerungen

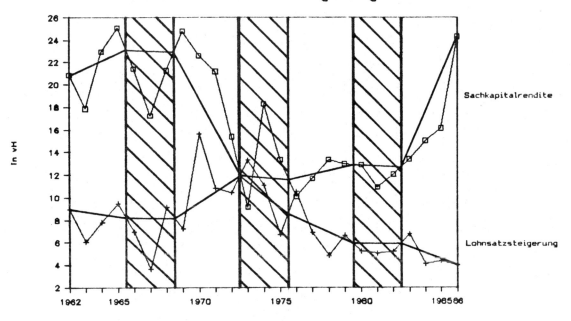

Investitionen, Produktionspotential
und Auslastung

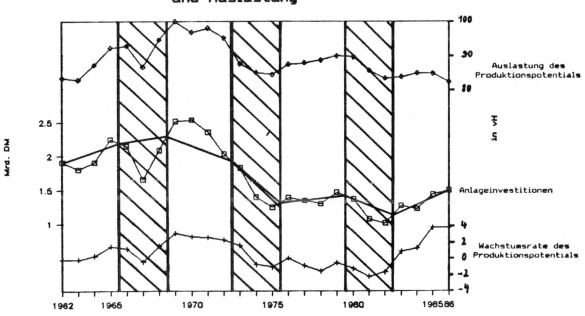

Determinanten der
Arbeitsplatzentwicklung im
Textilgewerbe

Investitionen und Arbeitsplatzzugänge

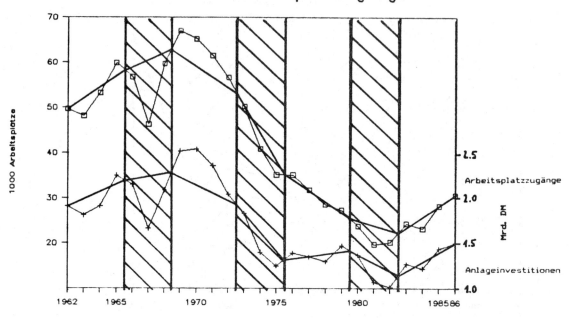

Arbeitsplätze und
Arbeitsproduktivität

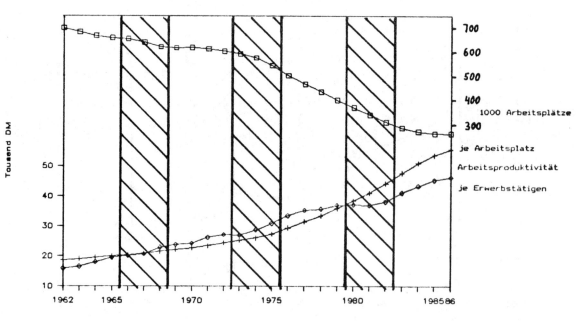

zahl der Arbeitsplätze in der Textilindustrie weiter zurückging. Da die Zahl der Erwerbstätigen nur noch abgeschwächt abnahm, erhöhte sich der Besetzungsgrad der Arbeitsplätze so stark, daß unbesetzte Arbeitsplätze nicht mehr zur Verfügung stehen.

Auch bei der Entwicklung des Produktionspotentials zeigen sich diese beiden Phasen: Zugänge zwischen 1968 und 1973 wurden abgelöst von einer Phase der Stagnation und der Schrumpfung, die erst 1983 zum Stillstand kam. Der nachfolgende Investitionsanstieg bewirkte wieder eine Ausweitung des Produktionspotentials, mit dem die Nachfrage allerdings nicht Schritt hielt. Die Auslastung des Produktionspotentials, die auch in der Schrumpfungsphase der Potentialentwicklung sehr niedrig war, ging erneut zurück.

Betrachtet man die Kennziffern für die Entwicklung der Produktivität in der Textilindustrie, so zeigt sich, daß sich das Wachstum der Produktivität je Arbeitsplatz auch in den achtziger Jahren kaum vermindert hat. Dagegen hat sich die Entwicklung der Arbeitsproduktivität deutlich abgeschwächt. Obwohl die Produktionskapazitäten unterausgelastet waren, ist die Beschäftigung nicht im gleichen Maße abgebaut worden wie die Zahl der Arbeitsplätze.

Das **Ernährungsgewerbe** ist durch eine vom Durchschnitt des verarbeitenden Gewerbes deutlich abweichende Entwicklung der Sachkapitalrendite gekennzeichnet (Schaubild 3.7/13). Während in der überwiegenden Zahl der Wirtschaftszweige des verarbeitenden Gewerbes die Sachkapitalrendite in den siebziger Jahren zurückging, stieg sie in diesem Wirtschaftszweig vergleichsweise kräftig. In der gleichen Zeit verringerten sich die Lohnsatzsteigerungen ähnlich wie im Durchschnitt des verarbeitenden Gewerbes.

Die Investitionsaufwendungen je Arbeitsplatz hatten im Ernährungsgewerbe bereits in den sechziger Jahren trendmäßig abgenommen. Die Veränderungen der Rendite-Lohnsatz-Relation in den siebziger Jahren wirkten zunächst verstärkend auf diesen Trend. Mit dem Investitionsaufschwung nach 1976 schlug auch im Ernährungsgewerbe das verstärkte Gewicht der Anlagen mit überdurchschnittlicher Nutzungsdauer durch. Die Investitionsintensität erhöhte sich, während gleichzeitig die Investitionsproduktivität zurückging. Nach 1980 gewann wieder der Einfluß der verminderten Lohnsatzsteigerungen an Bedeutung.

Schaubild 3.7/13

Determinanten der Entwicklung des Produktionspotentials im Ernährungsgewerbe

Renditen und Lohnsatzsteigerungen

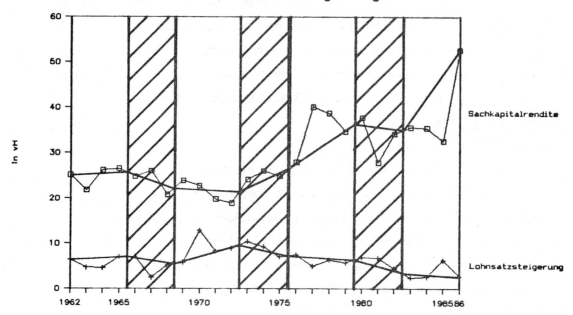

Investitionen, Produktionspotential und Auslastung

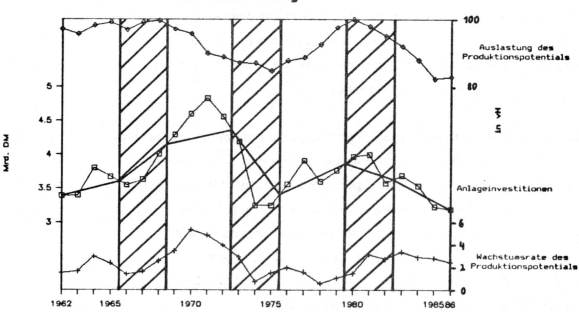

Nach 1970 bewirkte die Auslastungsverschlechterung einen kräftigen Rückgang der Investitionstätigkeit, so daß sich das Wachstum des Produktionspotentials ab schwächte. Mit der nach 1975 wieder zunehmenden Auslastung kam es auch zu einer leichten Erholung der Investitionstätigkeit. Das Produktionspotential nahm in dieser Zeit etwas schneller zu. Die 1980 nach Erreichen der Kapazitätsgrenzen zunehmende Verschlechterung der Auslastung führte zwar erneut zu rückläufigen Investitionen, doch wirkte sich dies nur wenig auf den Anstieg des Produktionspotentials aus, da die Investitionsproduktivität beschleunigt zunahm. Die Auslastung ging daher bis 1986 kräftig auf 83 vH zurück.

Trotz rückläufiger Investitionstätigkeit seit 1980 bewirkte die sich nochstärker vermindernde Investitionsintensität, daß die Zahl der neuen Arbeitsplätze im Ernährungsgewerbe zunahm (Schaubild 3.7/14). Diese Zunahme war kräftig genug, um auch die gesamte Zahl der Arbeitsplätze im Ernährungsgewerbe wieder steigen zu lassen. Dies führte allerdings nicht zu verstärkten Neueinstellungen. Der Besetzungsgrad der Arbeitsplätze ging daher zurück.

Die Produktion je Erwerbstätigen steigt im Ernährungsgewerbe seit Anfang der achtziger Jahre schwächer als die Arbeitsplatzproduktivität. Nach 1982 hat sich die Arbeitsproduktivität kaum noch erhöht. Bei höherer Auslastung ihrer Kapazitäten sind im Ernährungsgewerbe daher nur geringfügige Produktivitätssteigerungen möglich, so daß mit einer Produktionsausweitung auch Neueinstellungen erforderlich wären.

Anders als im verarbeitenden Gewerbe setzte der Rückgang der Sachkapitalrendite im **Bauhauptgewerbe** bereits in den sechziger Jahren ein (Schaubild 3.7/15) und hielt - unterbrochen von einem kurzfristigen kräftigen Anstieg in den Jahren 1970 und 1971 - bis 1975 an. Erst danach kam es zu einer längeranhaltenden Verbesserung bis 1980. Die nachfolgende konjunkturelle Abschwächung ließ die Sachkapitalrendite nur vorübergehend sinken. Die Lohnsatzsteigerungen dagegen entwickelten sich auch im Bauhauptgewerbe wie in der Mehrzahl der übrigen Wirtschaftszweige und verminderten sich bis in die achtziger Jahre hinein ständig. 1985 unterschritt der Lohnsatz sogar das Vorjahresniveau.

Die sich verschlechternde Rendite-Lohnsatz-Relation führte im Bauhauptgewerbe bereits in den sechziger Jahren und auch in der ersten Hälfte der siebziger Jahre zu

Determinanten der
Arbeitsplatzentwicklung im
Ernährungsgewerbe

Investitionen und Arbeitsplatzzugänge

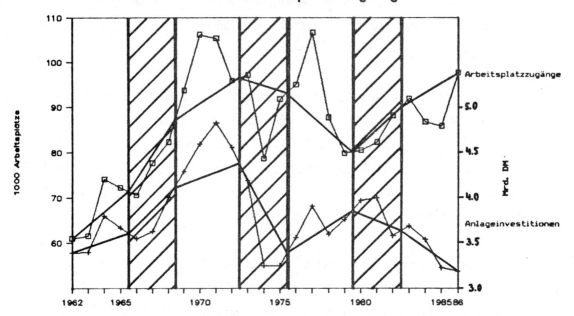

Arbeitsplätze und
Arbeitsproduktivität

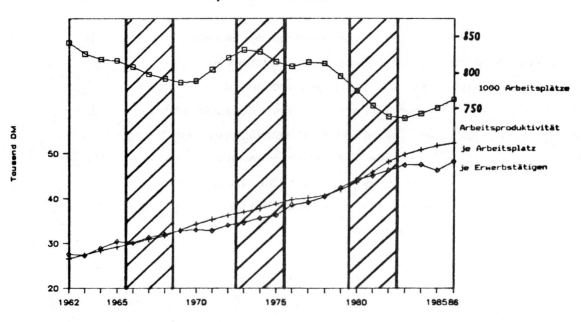

Determinanten der Entwicklung des Produktionspotentials im Bauhauptgewerbe

Renditen und Lohnsatzsteigerungen

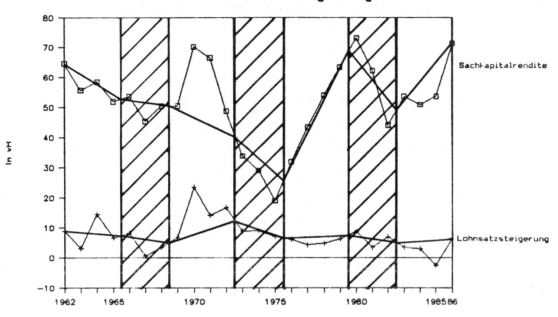

Investitionen, Produktionspotential und Auslastung

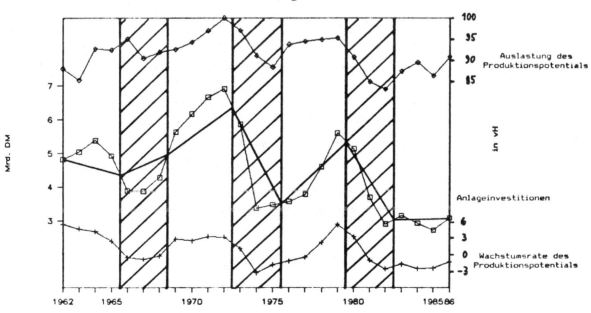

einem Anstieg der Investitionsintensität, während die Investitionsproduktivität in dieser Zeit eher stagnierte. Mit der nachlassenden Bautätigkeit nach 1973 setzte sich diese Entwicklung allerdings nicht fort, obwohl die Renditen weiter zurückgingen. Die Investitionsintensität ging bis in die achtziger Jahre hinein kräftig zurück, während die Investitionsproduktivität seit 1982 wieder verstärkt gestiegen ist.

Da der Kapitaleinsatz im Bauhauptgewerbe vergleichsweise kurzlebig ist, können sich die Unternehmen in diesem Wirtschaftszweig im allgemeinen schneller an die hier besonders ausgeprägten Schwankungen der Nachfrage anpassen. Dies macht der Verlauf der Auslastungsziffern deutlich. Auch in Phasen, in denen die Produktionskapazitäten abgebaut worden sind, gelang es, die Auslastung relativ schnell wieder zu verbessern. Dies gilt jedenfalls für die erste Phase, die Periode von 1974 bis 1977, in der das Bauhauptgewerbe seine Kapazitäten deutlich eingeschränkt hat. Schon 1976 wurden hier mit 95 vH wieder hohe Auslastungsziffern erreicht. In der zweiten Phase des Kapazitätsabbaus, die 1981 einsetzte und bis heute anhält, gelang diese Anpassung an die Nachfrageeinbrüche schon weniger gut. Erst 1986 wurde die Marke von 90 vH bei der Kapazitätsauslastung wieder überschritten.

Der Zugang an neuen Arbeitsplätzen im Bauhauptgewerbe entwickelte sich im wesentlichen parallel zum Anstieg der Investitionen (Schaubild 3.7/16). Die rückläufige Investitionsintensität bewirkte allerdings nach 1974, daß es trotz des geringen Anstiegs der Investitionen wieder zu einer Beschleunigung des Zugangs an Arbeitsplätzen kam. Diese Zunahme hielt allerdings nur bis 1979 an. Ihr Niveau war zudem so gering, daß es bei dem Bestand an Arbeitsplätzen nur zu einer kurzen Unterbrechung der rückläufigen Entwicklung kam.

Seitdem hat sich das Niveau der Investitionen und die Zahl der neuen Arbeitsplätze wieder drastisch zurückgebildet. Entsprechend rückläufig ist seitdem auch wieder der Bestand an Arbeitsplätzen. Er liegt mit knapp 1,1 Mill. um rund 200 000 unter dem Niveau von 1980 und um mehr als 600 000 unter dem Niveau von 1973. Da die Zahl der Beschäftigten im Bauhauptgewerbe meist ziemlich rasch an Veränderungen der Zahl der Arbeitsplätze angepaßt wird, hat sich auch der Besetzungsgrad der Arbeitsplätze nur geringfügig verändert. Die Arbeitsproduktivität im Bauhauptgewerbe, die zwischen 1976 und 1983 praktisch stagnierte, hat sich seitdem wieder parallel zur Arbeitsplatzproduktivität entwickelt.

Determinanten der
Arbeitsplatzentwicklung im
Bauhauptgewerbe

Investitionen und Arbeitsplatzzugänge

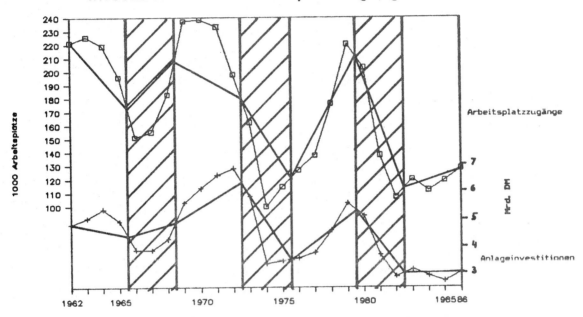

Arbeitsplätze und
Arbeitsproduktivität

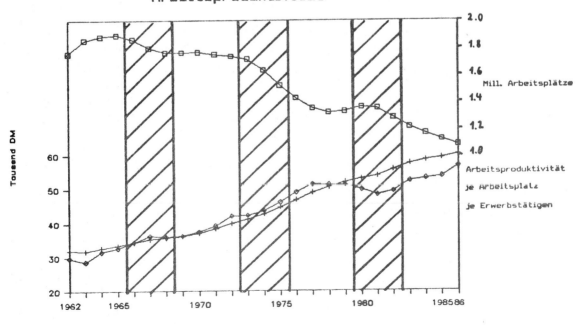

3.8 Zusammengefaßte Ergebnisse für den Unternehmensbereich
3.8.1 Investitionen und Anlagevermögen

Veränderte Investitionsmotive wirken sich auch auf die Struktur der Investitions-güternachfrage aus. Dies gilt nicht nur für das Verhältnis von Bauten zu Ausrüstun-gen. Auch innerhalb der Ausrüstungsinvestitionen verliert die Nachfrage nach traditionellen Investitionsgütern an Gewicht. So ist zum Beispiel der Anteil der Maschinenbauerzeugnisse, bei denen traditionelle Investititionsgüter ein höheres Gewicht haben als in anderen Gütergruppen, an den gesamten Ausrüstungsinvesti-tionen kontinuierlich zurückgegangen. Expandiert haben dagegen die Investitionen in elektrotechnische Erzeugnisse und vor allem in Büromaschinen und ADV-Geräte und -Einrichtungen (Schaubild 3.8.1/1). Auf Büromaschinen und ADV-Geräte entfie-len 1970 weniger als 3 vH der gesamten Ausrüstungsinvestitionen. 1985 wurden mit 18 Mrd. DM zu Preisen von 1980 in diese Güter schon fast soviel investiert wie für Straßenfahrzeuge.

Betrachtet man die Entwicklung der realen Anlageinvestitionen in den Wirtschafts-zweigen, so zeigt sich, daß der Anteil des verarbeitenden Gewerbes an den Anlageinvestitionen des Unternehmensbereichs ohne Wohnungsvermietung seit 1960 kontinuierlich zurückgegangen ist, während der Dienstleistungssektor von den Abschwächungstendenzen kaum berührt wurde (Tabelle 3.8.1/1).

Bei der Zuordnung der Investitionen zu Wirtschaftszweigen muß allerdings berück-sichtigt werden, daß Unternehmen heute zunehmend dazu übergehen, Produktions-anlagen zu mieten anstatt zu kaufen. Die genutzten Produktionskapazitäten sind daher in vielen Bereichen des produzierenden Gewerbes größer als die nach dem Eigentümerkonzept ausgewiesenen (Ifo 1984). Vermieter sind dabei häufig Unter-nehmen, die zu den sonstigen Dienstleistungen gehören.

Die überdurchschnittliche Expansion von Gewinnen und Investitionen in diesem Wirtschaftszweig ist im wesentlichen auf diesen Sachverhalt zurückzuführen. Das quantitative Gewicht dieses Prozesses wird deutlich, wenn man die Entwicklung der Aufwendungen für Mieten und Pachten im verarbeitenden Gewerbe im Vergleich zu der Entwicklung der Investitionsausgaben betrachtet. Von 1972 bis 1984 stieg dieser Posten um 300 Prozent. Die Investitionsaufwendungen nahmen dagegen im gleichen Zeitraum nur um 55 Prozent zu. Die Relation zwischen den Aufwendungen für

Schaubild 3.8.1/1

Anlageinvestitionen[*]nach Gütergruppen

Struktur der Ausgaben in vH

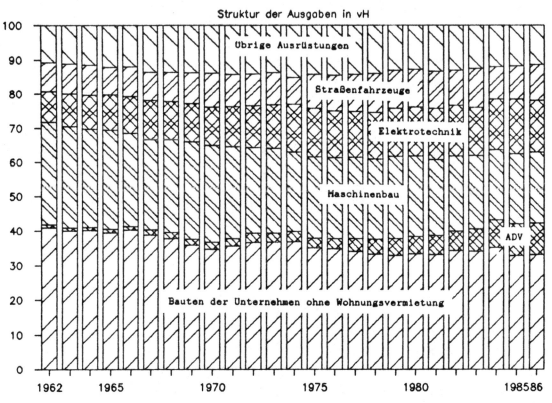

*) Ausrüstungen zuzüglich Bauten der Unternehmen ohne Wohnungsvermietung zu Preisen von 1980.

Tabelle 3.8.1/1

Brutto-Anlageinvestitionen zu Preisen von 1980

	Mrd. DM				Jahresdurchschnittliche Veränderungen in vH		
	1960	1973	1980	1986	1973/60	1980/73	1986/80
Land- und Forstwirtschaft,Fischerei	9,64	9,30	9,28	7,97	-0,3	-0,0	-2,5
Energiewirtschaft und Bergbau	10,56	18,06	18,99	20,76	4,2	0,7	1,5
Energie- und Wasserversorgung	7,41	16,27	16,57	18,30	6,2	0,3	1,7
Kohlenbergbau	2,60	1,36	1,83	1,97	-4,9	4,3	1,2
Übriger Bergbau	0,55	0,43	0,59	0,49	-1,9	4,6	-3,0
Verarbeitendes Gewerbe	39,65	54,37	59,68	62,13	2,5	1,3	0,7
Chem. Ind., Spalt-, Brutstoffe	5,01	6,39	7,01	7,19	1,9	1,3	0,4
Mineralölverarbeitung	1,02	2,24	1,42	0,98	6,2	-6,3	-6,0
Kunststoffwaren	0,40	1,35	1,66	2,12	9,8	3,0	4,2
Gummiwaren	0,55	0,69	0,67	0,79	1,8	-0,4	2,8
Steine, Erden	2,10	3,45	2,62	1,83	3,9	-3,9	-5,8
Feinkeramik	0,18	0,27	0,19	0,18	3,2	-4,9	-0,9
Glasgewerbe	0,37	0,65	0,60	0,67	4,4	-1,1	1,9
Eisenschaffende Industrie	2,78	3,40	3,00	2,48	1,6	-1,8	-3,1
NE-Metallerzeugung und -bearb.	0,52	1,08	0,76	0,84	5,8	-4,9	1,7
Gießereien	0,51	0,71	0,62	0,59	2,6	-1,9	-0,8
Ziehereien und Kaltwalzwerke	1,45	1,32	1,35	1,34	-0,7	0,3	-0,1
Stahl- und Leichtmetallbau	0,36	0,82	0,75	0,54	6,5	-1,3	-5,3
Maschinenbau	3,88	4,52	5,46	6,12	1,2	2,7	1,9
Büromaschinen, ADV	0,26	1,02	1,75	1,63	11,1	8,0	-1,2
Straßenfahrzeugbau	3,82	4,94	9,36	10,46	2,0	9,6	1,9
Schiffbau	0,18	0,25	0,21	0,14	2,6	-2,5	-6,5
Luft- und Raumfahrzeugbau	0,08	0,13	0,45	0,44	3,8	19,4	-0,4
Elektrotechnik	2,17	4,52	5,50	8,98	5,8	2,8	8,5
Feinmechanik, Optik	0,34	0,52	0,82	1,02	3,3	6,7	3,7
EBM-Waren	1,06	1,67	1,65	1,92	3,6	-0,2	2,6
Musikinstrumente, Spielwaren	0,14	0,27	0,31	0,31	5,2	2,0	0,0
Holzbearbeitung	0,43	0,62	0,45	0,28	2,9	-4,5	-7,6
Holzverarbeitung	0,99	1,78	1,25	0,83	4,6	-4,9	-6,6
Zellstoff- und Papiererzeugung	0,69	0,60	1,35	1,03	-1,1	12,3	-4,4
Papierverarbeitung	0,43	0,72	0,84	0,83	4,0	2,2	-0,2
Druckerei	0,87	1,21	1,42	1,57	2,6	2,3	1,7
Ledergewerbe	0,47	0,23	0,24	0,19	-5,3	0,6	-3,8
Textilgewerbe	2,54	1,83	1,37	1,50	-2,5	-4,1	1,5
Bekleidungsgewerbe	0,59	0,51	0,38	0,34	-1,1	-4,1	-1,8
Ernährungsgewerbe	3,56	4,19	3,97	3,19	1,3	-0,8	-3,6
Getränkeherstellung	1,76	2,28	1,91	1,52	2,0	-2,5	-3,7
Tabakverarbeitung	0,14	0,19	0,34	0,28	2,4	8,7	-3,2
Baugewerbe	4,56	6,82	6,25	4,07	3,1	-1,2	-6,9
Bauhauptgewerbe	4,02	5,86	5,13	3,07	2,9	-1,9	-8,2
Ausbaugewerbe	0,54	0,96	1,12	1,00	4,5	2,2	-1,9
Handel	10,73	15,75	14,50	13,08	3,0	-1,2	-1,7
Großhandel, Handelsvermittlung	6,02	7,48	7,38	6,54	1,7	-0,2	-2,0
Einzelhandel	4,71	8,27	7,12	6,54	4,4	-2,1	-1,4
Verkehr und Nachrichten	12,10	28,38	26,16	31,62	6,8	-1,2	3,2
Eisenbahnen	6,58	7,36	6,16	6,78	0,9	-2,5	1,6
Schiffahrt, Häfen	1,07	3,03	1,81	1,94	8,3	-7,1	1,2
Übriger Verkehr	2,20	7,04	7,73	7,69	9,4	1,3	-0,1
Deutsche Bundespost	2,25	10,95	10,46	15,21	12,9	-0,7	6,4
Kreditinst. und Versicherungen	2,23	5,10	5,70	7,94	6,6	1,6	5,7
Kreditinstitute	1,35	3,59	3,84	5,32	7,8	1,0	5,6
Versicherungsunternehmen	0,88	1,51	1,86	2,62	4,2	3,0	5,9
Sonstige Dienstleistungen	8,39	26,41	49,61	56,99	9,2	9,4	2,3
Gastgewerbe, Heime	1,51	2,29	2,29	2,21	3,3	0,0	-0,6
Bildung, Wissensch., Kultur	1,87	3,99	7,81	9,51	6,0	10,1	3,3
Gesundheits- und Veterinärw.	1,72	4,74	9,04	8,71	8,1	9,7	-0,6
Übrige Dienstleistungen	3,29	15,39	30,47	36,56	12,6	10,2	3,1
Unternehmen o. Wohnungsvermietung	97,86	164,19	190,17	204,56	4,1	2,1	1,2
Wohnungsvermietung	66,40	101,76	93,61	80,35	3,3	-1,2	-2,5
Unternehmen insgesamt	164,26	265,95	283,78	284,91	3,8	0,9	0,1
Staat	23,87	49,33	50,45	40,43	5,7	0,3	-3,6
Gebietskörperschaften	23,14	48,57	49,70	39,38	5,9	0,3	-3,8
Sozialversicherung	0,73	0,76	0,75	1,05	0,3	-0,2	5,8
Priv. Hh., Org. o. Erwerb.	3,47	5,20	5,18	4,81	3,2	-0,1	-1,2
Private Haushalte	0,00	0,00	0,00	0,00	-	-	-
Organisationen o. Erwerbschar.	3,47	5,20	5,18	4,81	3,2	-0,1	-1,2
Alle Wirtschaftszweige	191,60	320,48	339,41	330,15	4,0	0,8	-0,5

Quellen: Statistisches Bundesamt, eigene Berechnungen, 1986 geschätzt.

gemietete Anlagen und den Abschreibungen als Nutzungsäquivalent für selbst investierte Anlagen beträgt gegenwärtig im verarbeitenden Gewerbe 1:3.

Diese Entwicklung wird vielfach unter dem Schlagwort "Leasing" einem veränderten Investitionsverhalten der Unternehmen zugeschrieben. Um die eigene Flexibilität zu erhöhen und die kurzfristige Umstellung des Produktionsapparates zu erleichtern, investieren Unternehmen technisch hochwertige Ausrüstungsgüter, insbesondere solche, die schnellem technologischem Wandel unterliegen, nicht mehr selbst, sondern mieten sie. Dieser Prozeß hat sicherlich auch an Bedeutung gewonnen. Nach den Berechnungen des Ifo-Instituts ist jedoch gerade bei den gemieteten Anlagen im verarbeitenden Gewerbe der Anteil der Bauten mehr als doppelt so hoch wie bei den selbst investierten Anlagen (Ifo 1984). Verständlich wird dies, wenn man berücksichtigt, daß es sich bei den Vermietern von Anlagen überwiegend um Kapitalhaltungsgesellschaften handelt, in deren Eigentum sich die Grundstücke und Produktionsanlagen befinden, mit denen die Produktionsgesellschaften arbeiten.

Es wäre daher verfehlt, den Strukturwandel im Investitionsbereich allein mit der rechnerisch höheren Rentabilität der Investitionsobjekte im Dienstleistungsbereich zu erklären. Angesichts der Veränderungen im Unternehmensaufbau spiegelt sich in der starken Zunahme der Mietaufwendungen in erster Linie die zunehmende Aufgabenteilung zwischen Kapitalhaltungsgesellschaften und Produktionsgesellschaften wider. Die Verschiebung der Investitionen und Gewinne zu den Dienstleistungen ist damit zum erheblichen Teil Ausdruck solcher Veränderungen und nicht allein Zeichen einer Verschiebung der Gewichte in der Produktion von Waren zu Dienstleistungen.

Potentialrechnungen, die sich bei den Investitionen lediglich am Eigentümerkonzept orientieren, vernachlässigen zwangsläufig die gemieteten Kapazitäten. Für gesamtwirtschaftliche Potentialrechnungen ist dieser Faktor von untergeordneter Bedeutung. Auf Branchenebene kann dies zu einer Unterschätzung des Produktionspotentials im produzierenden Gewerbe führen. Dies gilt insbesondere in den Fällen, in denen die oben erwähnten unternehmensorganisatorischen Gründe ausschlaggebend sind. Im Rahmen der hier vorgelegten Rechnung ist jedoch davon ausgegangen worden, daß hinter diesen veränderten Verhaltensweisen der Unternehmen die Absicht steht, die Produktionskapazitäten flexibel an den Bedarf anpassen zu können. Damit wird - sicher nicht in jedem Fall zutreffend - angenommen, daß Unternehmen bei zusätzlicher Nachfrage ihre gemieteten Produktionskapazitäten ohne Schwierigkeiten ausweiten können, so daß Kapazitätsengpässe nur durch die im Eigentum befindlichen Anlagen entstehen können. Richtig ist allerdings, daß damit Kennziffern, wie die Kapitalproduktivität, nicht die technischen Relationen widerspiegeln.

Für die Entwicklung des Produktionspotentials sind in der Regel die realen Ausrüstungsinvestitionen die entscheidende Größe (Tabelle 3.8.1/2). Auch hier zeigt sich das zunehmende Gewicht der Dienstleistungsbereiche. Spitzenreiter waren dabei die sonstigen Dienstleistungen, deren reale Ausrüstungsinvestitionen seit 1960 dreimal so schnell gestiegen sind wie im Durchschnitt des Unternehmens-bereichs. Seinen Anteil an den gesamten Ausrüstungsinvestitionen der Unternehmen konnte dieser Sektor von 4 Prozent im Jahr 1960 bis 1986 auf das Sechsfache erhöhen. 1986 wurde in diesem Bereich mehr als 14mal so viel investiert wie 1960. Mit diesem Investitionstempo konnte auch der Spitzenreiter im verarbeitenden Gewerbe, der Luft- und Raumfahrzeugbau, nicht annähernd schritthalten. In diesem Wirtschaftszweig war es in der gleichen Zeit nur etwas mehr als das Sechsfache. Dabei muß allerdings berücksichtigt werden, daß ein erheblicher Teil der von Unternehmen im Wirtschaftszweig sonstige Dienstleistungen getätigten Investitionen auf Anlagen entfällt, die an andere Wirtschaftszweige, insbesondere im verarbeitenden Gewerbe, vermietet werden. Nach Berechnungen des Ifo-Instituts belief sich dieser Anteil bei den Ausrüstungsinvestitionen im Jahr 1982 auf etwa 40 vH, bei den Bauinvestitionen war er mit fast 60 vH noch höher (Ifo 1984). Insgesamt wurde etwa die Hälfte der Investitionen dieses Wirtschaftszweiges von Unternehmen anderer Wirtschaftszweige genutzt.

Der Anteil des verarbeitenden Gewerbes an den realen Ausrüstungsinvestitionen sank dagegen in der gleichen Zeit von 45 Prozent auf 39 Prozent. Diese Struktur-verschiebungen haben sich im wesentlichen bis 1980 abgespielt. Danach hat sich die Verschiebung zu den Dienstleistungen erheblich verlangsamt. Weniger investiert haben in dieser Zeit ein Teil der Grundstoffindustrien, die Mehrzahl der Ver-brauchsgüterindustrien, die Nahrungs- und Genußmittelindustrien, das Baugewerbe, der Handel und die Deutsche Bundesbahn. Dagegen haben die wichtigsten Investi-tionsgüterhersteller ihre Ausrüstungsinvestitionen weiter gesteigert. Spitzenreiter war hier die Elektrotechnik mit einem Plus von 8 vH im Jahresdurchschnitt von

Tabelle 3.8.1/2

Kennziffern zur Entwicklung der Investitionstätigkeit zu Preisen von 1980

	Ausrüstungsinvestitionen								Bauquote 1)			
	Mill. DM				Vertikalstruktur in vH				in vH			
	1960	1973	1980	1986	1960	1973	1980	1986	1960	1973	1980	1986
Land- und Forstwirtschaft,Fischerei	6 120	7 610	7 420	6 380	11,5	7,5	6,0	4,7	36,5	18,2	20,0	19,9
Energiewirtschaft und Bergbau	5 490	10 310	8 460	11 580	10,4	10,1	6,8	8,6	48,0	42,9	55,5	44,2
Energie- und Wasserversorgung	3 370	8 820	6 550	9 570	6,4	8,7	5,3	7,1	54,5	45,8	60,5	47,7
Kohlenbergbau	1 790	1 190	1 550	1 670	3,4	1,2	1,2	1,2	31,2	12,5	15,3	15,2
Übriger Bergbau	330	300	360	340	0,6	0,3	0,3	0,3	40,0	30,2	39,0	30,6
Verarbeitendes Gewerbe	23 700	41 750	48 260	52 600	44,7	41,1	38,8	39,2	40,2	23,2	19,1	15,3
Chem. Ind., Spalt-, Brutstoffe	3 230	5 060	5 710	6 250	6,1	5,0	4,6	4,7	35,5	20,8	18,5	13,1
Mineralölverarbeitung	740	2 100	1 250	850	1,4	2,1	1,0	0,6	27,5	6,3	12,0	13,2
Kunststoffwaren	240	1 060	1 360	1 720	0,5	1,0	1,1	1,3	40,0	21,5	18,1	18,9
Gummiwaren	310	560	590	690	0,6	0,6	0,5	0,5	43,6	18,8	11,9	12,7
Steine, Erden	1 320	2 890	2 270	1 580	2,5	2,8	1,8	1,2	37,1	16,2	13,4	13,7
Feinkeramik	100	180	150	140	0,2	0,2	0,1	0,1	44,4	33,3	21,1	22,2
Glasgewerbe	160	480	500	580	0,3	0,5	0,4	0,4	56,8	26,2	16,7	13,4
Eisenschaffende Industrie	1 860	2 900	2 620	2 280	3,5	2,9	2,1	1,7	33,1	14,7	12,7	8,1
NE-Metallerzeugung und -bearb.	320	850	650	730	0,6	0,8	0,5	0,5	38,5	21,3	14,5	13,1
Gießereien	310	580	530	530	0,6	0,6	0,4	0,4	39,2	18,3	14,5	10,2
Ziehereien und Kaltwalzwerke	920	1 050	1 060	1 160	1,7	1,0	0,9	0,9	36,6	20,5	21,5	13,4
Stahl- und Leichtmetallbau	200	480	550	440	0,4	0,5	0,4	0,3	44,4	41,5	26,7	18,5
Maschinenbau	2 210	3 260	4 190	5 170	4,2	3,2	3,4	3,8	43,0	27,9	23,3	15,5
Büromaschinen, ADV	150	880	1 480	1 360	0,3	0,9	1,2	1,0	42,3	13,7	15,4	16,6
Straßenfahrzeugbau	2 110	3 610	7 240	8 670	4,0	3,6	5,8	6,5	44,8	26,9	22,6	17,1
Schiffbau	80	160	140	70	0,2	0,2	0,1	0,1	55,6	36,0	33,3	50,0
Luft- und Raumfahrzeugbau	60	100	270	360	0,1	0,1	0,2	0,3	25,0	23,1	40,0	13,6
Elektrotechnik	1 160	3 370	4 780	7 640	2,2	3,3	3,8	5,7	46,5	25,4	13,1	14,9
Feinmechanik, Optik	170	300	670	840	0,3	0,4	0,5	0,6	50,0	26,9	18,3	17,6
EBM-Waren	550	1 210	1 290	1 590	1,0	1,2	1,0	1,2	48,1	27,5	21,8	17,2
Musikinstrumente, Spielwaren	80	180	250	270	0,2	0,2	0,2	0,2	42,9	33,3	19,4	12,9
Holzbearbeitung	260	520	340	230	0,5	0,5	0,3	0,2	39,5	16,1	24,4	17,9
Holzverarbeitung	450	1 060	870	630	0,8	1,0	0,7	0,5	54,5	40,4	30,4	24,1
Zellstoff- und Papiererzeugung	430	530	1 160	86.	0,8	0,5	0,9	0,6	37,7	11,7	14,1	16,5
Papierverarbeitung	200	560	690	680	0,4	0,6	0,6	0,5	53,5	19,4	17,9	18,1
Druckerei	500	850	1 170	1 400	0,9	0,8	0,9	1,0	42,5	29,8	17,6	10,8
Ledergewerbe	210	160	160	140	0,4	0,2	0,1	0,1	55,3	30,4	33,3	26,3
Textilgewerbe	1 620	1 430	1 130	1 240	3,1	1,4	0,9	0,9	36,2	21,9	17,5	17,3
Bekleidungsgewerbe	280	320	290	280	0,5	0,3	0,2	0,2	52,5	37,3	23,7	17,6
Ernährungsgewerbe	2 230	3 010	3 120	2 670	4,2	3,0	2,5	2,0	37,4	28,2	21,4	16,3
Getränkeherstellung	1 130	1 790	1 500	1 270	2,1	1,8	1,2	0,9	35,8	21,6	21,5	16,4
Tabakverarbeitung	110	160	280	260	0,2	0,2	0,2	0,2	21,4	15,8	17,6	7,1
Baugewerbe	3 700	5 330	5 370	3 360	7,0	5,2	4,3	2,5	18,9	21,8	14,1	17,4
Bauhauptgewerbe	3 360	4 700	4 500	2 590	6,3	4,6	3,6	1,9	16,4	19,8	12,3	15,6
Ausbaugewerbe	340	630	870	770	0,6	0,6	0,7	0,6	37,0	34,4	22,3	23,0
Handel	5 050	8 670	8 600	7 630	9,5	8,5	6,9	5,7	52,9	45,0	40,7	41,7
Großhandel, Handelsvermittlung	3 190	4 360	4 800	4 130	6,0	4,3	3,9	3,1	47,0	41,7	35,0	36,9
Einzelhandel	1 860	4 310	3 800	3 500	3,5	4,2	3,1	2,6	60,5	47,9	46,6	46,5
Verkehr und Nachrichten	6 360	14 870	14 070	17 500	12,0	14,6	11,3	13,0	47,4	47,6	46,2	44,7
Eisenbahnen	2 730	3 240	2 100	1 590	5,1	3,2	1,7	1,2	58,5	56,0	65,9	76,5
Schiffahrt, Häfen	1 020	2 970	1 750	1 890	1,9	2,9	1,4	1,4	4,7	2,0	3,3	2,6
Übriger Verkehr	1 640	3 820	4 370	5 250	3,1	3,8	3,5	3,9	25,5	45,7	43,5	31,7
Deutsche Bundespost	970	4 840	5 850	8 770	1,8	4,8	4,7	6,5	56,9	55,8	44,1	42,3
Kreditinst. und Versicherungen	400	1 300	2 320	3 490	0,8	1,3	1,9	2,6	82,1	74,5	59,3	56,0
Kreditinstitute	340	1 090	1 920	2 770	0,6	1,1	1,5	2,1	74,8	69,6	50,0	47,9
Versicherungsunternehmen	60	210	400	720	0,1	0,2	0,3	0,5	93,2	86,1	78,5	72,5
Sonstige Dienstleistungen	2 210	11 810	29 780	31 800	4,2	11,6	24,0	23,7	73,7	55,3	40,0	44,2
Gastgewerbe, Heime	760	1 170	1 260	1 190	1,4	1,2	1,0	0,9	49,7	48,9	45,0	46,2
Bildung, Wissensch., Kultur	310	2 090	5 500	5 590	0,6	2,1	4,4	4,2	83,4	47,6	29,6	41,2
Gesundheits- und Veterinärw.	390	2 250	5 500	5 260	0,7	2,2	4,4	3,9	77,3	52,5	39,2	39,6
Übrige Dienstleistungen	750	6 300	17 520	19 760	1,4	6,2	14,1	14,7	77,2	59,1	42,5	46,0
Unternehmen o. Wohnungsvermietung	53 030	101 650	124 280	134 340	100,0	100,0	100,0	100,0	45,8	38,1	34,6	34,3
darunter: Produktionsunternehmen	52 630	100 350	121 960	130 850	99,2	98,7	98,1	97,4	45,0	36,9	33,9	33,5

1) Anteil der Bauinvestitionen an den Brutto-Anlageinvestitionen.

Quellen: Statistisches Bundesamt, eigene Berechnungen, 1986 geschätzt.

1986 bis 1980. Ähnlich hohe Zuwachsraten hatten die Energiewirtschaft und die Deutsche Bundespost zu verzeichnen.

Kontinuierlich zurückgegangen ist der Anteil der Bauten an den gesamten Anlage-investitionen des Unternehmensbereichs. Besonders stark war der Rückgang im verarbeitenden Gewerbe. Darin kommt auch zum Ausdruck, daß bei den Bauinve-stitionen die Verschiebung der Investitionstätigkeit weg vom verarbeitenden Ge-werbe hin zu den Dienstleistungen noch gravierender war als bei den Ausrüstungsin-vestitionen (vgl. Tabelle 3.8.1/2).

Wegen der starken Konjunkturabhängigkeit der Investitionen vermittelt der Stich-jahresvergleich von Investitionen nur ein unvollständiges Bild über die Ausweitung des Anlagevermögens. Die Auswirkungen der Investitionstätigkeit werden deut-licher, wenn sie in Beziehung zu der Entwicklung des Anlagevermögens gesetzt werden. Dies ist hier in der Weise geschehen, daß die Anteile der jeweils letzten beiden Investitionsjahrgänge am Bruttoanlagevermögen der Ausrüstungen berechnet wurden (Tabelle 3.8.1/3). Sie machen deutlich, welchen Einfluß die zeitlich sehr unterschiedlichen Investitionskonjunkturen für den Altersaufbau des Anlagever-mögens in den Branchen gehabt haben. Wenn diese Quoten als Indikator für die zeitliche Entwicklung des Modernisierungsprozesses in den Branchen interpretiert werden, muß allerdings berücksichtigt werden, daß es hier nicht nur auf die Investitionshöhe im Verhältnis zum Anlagevermögen ankommt, sondern auch auf die Entwicklung der investitionsspezifischen Eigenschaften, wie Investitionsproduk-tivität und Investitionsintensität.

Vergleicht man die Intensität der Modernisierung im Jahr 1986 mit den in der Vergangenheit erreichten Maxima, die in der hier betrachteten Periode überwie-gend in die Jahre 1973 und 1980 fallen, so zeigt sich, daß eine Reihe von Branchen 1986 stärker modernisiert haben: Im Vergleich zu beiden Jahren liegen der übrige Bergbau, die Ziehereien, der Maschinenbau, die Elektrotechnik, das Textilgewerbe, der übrige Verkehr und die Versicherungen günstiger. Gegenüber 1973 gilt dies für die Mehrzahl der Investitionsgüterproduzenten, aber auch für einzelne Grundstoff- und Verbrauchsgüterzweige. Gegenüber der 1980 erreichten Intensität der Moder-nisierung haben vor allem Grundstoffbereiche und die Energiewirtschaft ihre Position verbessert. Spitzenreiter war hier die eisenschaffende Industrie; in diesem Bereich hat sich der Modernisierungsgrad 1986 wieder den Größenordnungen von

Kennziffern zur Modernisierung

	Modernisierungsgrad 1) in vH								1986 in vH von	
	1973	1980	1981	1982	1983	1984	1985	1986	1973	1980
Land- und Forstwirtschaft, Fischerei	13,7	14,0	12,4	11,6	12,2	12,4	11,8	11,8	86	84
Energiewirtschaft und Bergbau	18,7	11,7	12,4	14,3	15,3	14,8	14,5	14,0	75	119
Energie- und Wasserversorgung	20,3	11,2	11,6	13,4	14,8	14,8	14,7	14,1	69	125
Kohlenbergbau	13,1	14,2	16,2	18,6	18,4	15,2	13,1	13,6	104	96
Übriger Bergbau	13,4	12,5	14,9	16,2	14,7	13,2	14,3	13,9	104	111
Verarbeitendes Gewerbe	17,9	16,8	16,7	15,5	14,9	15,0	15,7	17,0	95	101
Chem. Ind., Spalt-, Brutstoffe	14,4	13,3	13,5	12,6	11,7	11,5	12,6	14,2	98	106
Mineralölverarbeitung	20,8	9,9	12,3	14,8	16,5	13,7	10,7	10,4	50	105
Kunststoffwaren	23,2	20,5	18,6	15,9	15,9	17,6	18,7	19,7	85	96
Gummiwaren	21,9	17,2	17,9	16,4	15,0	16,0	18,5	20,3	93	118
Steine, Erden	21,9	15,9	14,8	11,9	11,1	12,0	11,5	11,8	54	74
Feinkeramik	15,9	14,0	15,1	15,1	13,2	13,7	14,6	13,8	87	99
Glasgewerbe	20,7	15,6	15,8	15,3	15,4	15,7	15,5	15,9	77	102
Eisenschaffende Industrie	16,7	10,4	11,5	10,1	8,5	9,2	13,1	14,2	85	137
NE-Metallerzeugung und -bearb.	20,0	14,7	15,8	16,1	13,0	11,8	14,1	15,5	78	106
Gießereien	16,6	13,9	14,1	12,5	11,6	12,0	12,5	13,7	82	98
Ziehereien und Kaltwalzwerke	14,9	14,6	14,2	12,4	11,9	12,7	14,6	16,6	111	113
Stahl- und Leichtmetallbau	20,9	17,9	17,5	15,8	14,5	13,6	13,6	14,3	69	80
Maschinenbau	17,8	18,8	18,6	16,8	15,8	16,1	17,3	19,5	110	104
Büromaschinen, ADV	28,3	26,3	25,5	23,7	21,1	20,6	20,9	20,7	73	79
Straßenfahrzeugbau	18,9	25,3	24,8	24,3	23,7	20,9	19,8	21,2	112	84
Schiffbau	13,8	12,9	11,8	11,9	12,2	10,0	8,1	7,9	57	61
Luft- und Raumfahrzeugbau	18,3	27,8	29,6	27,3	24,4	23,6	21,4	22,6	124	81
Elektrotechnik	22,2	22,0	21,4	18,9	17,9	19,3	22,2	24,7	111	112
Feinmechanik, Optik	19,8	24,0	24,0	21,2	19,3	19,2	20,8	22,9	115	95
EBM-Waren	18,9	16,5	16,0	14,4	13,9	15,4	16,8	17,6	93	106
Musikinstrumente, Spielwaren	15,9	17,3	14,6	12,7	12,9	13,2	13,6	14,8	93	86
Holzbearbeitung	21,6	13,5	11,4	9,4	10,2	11,8	11,1	10,2	47	76
Holzverarbeitung	22,5	17,4	15,2	12,9	12,7	14,0	13,8	13,4	60	77
Zellstoff- und Papiererzeugung	13,3	20,6	20,3	13,9	11,1	10,7	13,9	16,9	128	82
Papierverarbeitung	22,6	19,5	19,9	17,8	16,1	16,0	15,5	16,5	73	85
Druckerei	18,9	20,3	18,9	16,6	17,0	17,5	16,9	18,5	98	91
Ledergewerbe	10,1	11,3	10,7	10,3	10,6	11,0	10,9	11,2	112	99
Textilgewerbe	13,5	11,7	10,3	9,3	10,4	11,5	12,5	13,9	103	119
Bekleidungsgewerbe	16,5	15,5	13,5	12,1	12,7	14,4	14,5	15,2	92	98
Ernährungsgewerbe	17,0	16,0	16,4	15,7	15,0	14,7	14,2	14,0	82	88
Getränkeherstellung	16,9	13,2	13,1	12,7	12,6	12,4	11,5	11,5	68	87
Tabakverarbeitung	15,4	18,7	17,6	14,9	14,4	16,3	15,6	14,7	95	79
Baugewerbe	24,1	24,8	21,0	16,6	16,1	16,9	16,7	17,9	74	72
Bauhauptgewerbe	23,5	23,8	19,7	15,0	14,3	15,1	15,2	16,4	70	69
Ausbaugewerbe	30,2	32,1	30,3	27,2	26,7	26,7	25,1	25,8	85	80
Handel	24,4	21,8	20,1	18,3	18,1	18,5	18,4	18,7	77	86
Großhandel, Handelsvermittlung	21,9	22,1	20,1	17,7	17,8	18,6	18,0	17,9	82	81
Einzelhandel	27,7	21,5	20,2	19,0	18,4	18,4	18,9	19,7	71	92
Verkehr und Nachrichten	18,6	14,3	14,9	14,7	14,6	15,0	15,6	16,4	88	114
Eisenbahnen	10,6	7,0	6,7	6,5	6,2	5,6	5,2	5,5	52	78
Schiffahrt, Häfen	21,1	9,6	10,6	11,0	12,9	14,4	12,9	11,9	56	124
Übriger Verkehr	20,6	20,3	19,9	18,4	17,0	17,7	19,2	21,6	105	107
Deutsche Bundespost	28,8	21,6	23,0	23,0	22,1	22,0	23,3	23,4	81	108
Kreditinst. und Versicherungen	25,9	24,9	23,5	22,9	26,1	26,0	24,9	25,6	99	103
Kreditinstitute	25,9	24,6	23,3	22,6	25,0	25,1	24,1	24,7	95	100
Versicherungsunternehmen	25,9	26,7	24,7	24,8	31,4	30,7	28,6	30,1	117	113
Sonstige Dienstleistungen	30,5	33,7	30,0	25,5	22,5	22,3	22,2	21,9	72	65
Gastgewerbe, Heime	21,8	10,3	10,0	19,1	17,6	17,0	16,7	16,7	77	86
Bildung, Wissensch., Kultur	29,4	34,0	30,8	26,1	22,8	22,3	22,1	22,4	76	66
Gesundheits- und Veterinärw.	29,7	31,2	27,7	23,6	21,0	20,5	19,6	18,8	63	60
Übrige Dienstleistungen	34,3	36,4	31,9	26,8	23,4	23,4	23,5	23,2	68	64
Unternehmen o. Wohnungsvermietung	19,3	18,6	18,0	16,8	16,3	16,4	16,8	17,4	90	94
darunter: Produktionsunternehmen	19,3	17,5	16,0	16,0	16,6	17,3	18,1	18,5	96	106

1) Ausrüstungsinvestitionen zu Preisen von 1980 der jeweils letzten beiden Jahrgänge in vH des Brutto-Ausrüstungsvermögens zu Preisen von 1980 am Jahresende.

Quellen: Statistisches Bundesamt, eigene Berechnungen, 1986 geschätzt.

Anfang der siebziger Jahre genähert. Der zeitliche Verlauf dieser Quote zeigt deutlich auch den Einbruch der Investitionstätigkeit in diesem Wirtschaftszweig Anfang der achtziger Jahre.

Eine ganz andere Entwicklung zeigt der Altersaufbau des Ausrüstungsvermögens im Straßenfahrzeugbau. In diesem Wirtschaftszweig entfiel in der Periode von 1979 bis 1984 Jahr für Jahr ein Viertel des Ausrüstungsvermögens auf die letzten beiden Investitionsjahrgänge. Beim Luft- und Raumfahrzeugbau waren es in der Periode 1976 bis 1982 sogar fast 30 vH. Sowohl im Straßenfahrzeugbau als auch im Luft- und Raumfahrzeugbau ist die Tendenz in den letzten Jahren allerdings nach unten gerichtet.

Das gesamte Anlagevermögen der Wirtschaft hat in den achtziger Jahren mit knapp 3 vH jahresdurchschnittlich nur noch halb so schnell zugenommen wie in den sechziger Jahren (Tabelle 3.8.1/4). Die höheren Nutzungsdauern von Bauten und das Volumen der bis Anfang der siebziger Jahre getätigten Bauinvestitionen reichen gegenwärtig aus, den Anteil des Bauvermögens am gesamten Anlagevermögen des Unternehmensbereichs ohne Wohnungsvermietung trotz einer rückläufigen Bau- quote bei den Investitionen konstant zu halten. Der zu beobachtende leichte Anstieg der Bauquote beim Anlagevermögen insgesamt ist lediglich darauf zurück- zuführen, daß Wirtschaftszweige mit überdurchschnittlicher Bauquote, insbeson- dere in den Dienstleistungsbereichen, ihren Anteil vergrößert haben.

Beim Anlagevermögen gehören nach wie vor die sonstigen Dienstleistungsbereiche, die, wie gesagt, große Teile ihres Anlagevermögens nicht selbst nutzen, zu den expansivsten Wirtschaftszweigen. Außerhalb des verarbeitenden Gewerbes stieg das Anlagevermögen auch noch bei der Energiewirtschaft und Wasserversorgung, der Bundespost und den finanziellen Sektoren überdurchschnittlich. Im verarbeitenden Gewerbe nimmt das Bruttoanlagevermögen seit 1973 unterdurchschnittlich zu. Der Rückgang des Anteils des verarbeitenden Gewerbes am gesamten Anlagevermögen des Unternehmensbereichs um 6 Prozentpunkte seit 1973 ist vor allem auf die unterdurchschnittliche Investitionstätigkeit in einigen wichtigen Wirtschaftszwei- gen zurückzuführen. Die chemische Industrie und die eisenschaffende Industrie verloren jeweils einen Prozentpunkt, gefolgt vom Ernährungsgewerbe und dem Textilgewerbe. Rückläufig war auch der Anteil des Maschinenbaus und der Steine- Erden-Industrie mit jeweils 0,5 Prozentpunkten am gesamten Anlagevermögen.

Tabelle 3.8.1/4

Brutto-Anlagevermögen 1) zu Preisen von 1980

	Mrd. DM				Jahresdurchschnittliche Veränderungen in vH		
	1960	1973	1980	1986	1973/60	1980/73	1986/80
Land- und Forstwirtschaft,Fischerei	169	246	262	263	2,9	0,9	0,1
Energiewirtschaft und Bergbau	137	253	343	421	4,8	4,4	3,5
Energie- und Wasserversorgung	95	210	298	371	6,3	5,1	3,8
Kohlenbergbau	35	33	35	38	-0,3	0,5	1,6
Übriger Bergbau	7	10	11	11	2,0	1,3	1,4
Verarbeitendes Gewerbe	353	804	928	989	6,5	2,1	1,1
Chem. Ind., Spalt-, Brutstoffe	48	111	128	130	6,7	2,0	0,3
Mineralölverarbeitung	12	27	30	25	6,6	1,5	-3,0
Kunststoffwaren	2	12	18	23	14,9	5,7	4,2
Gummiwaren	3	11	11	11	9,3	0,3	0,2
Steine, Erden	14	38	41	39	8,1	1,2	-0,8
Feinkeramik	2	4	4	4	5,1	1,3	0,3
Glasgewerbe	3	8	10	11	8,6	3,4	1,9
Eisenschaffende Industrie	32	64	67	57	5,6	0,6	-2,8
NE-Metallerzeugung und -bearb.	7	14	15	15	5,1	1,3	0,2
Gießereien	6	11	12	12	4,9	0,8	-0,4
Ziehereien und Kaltwalzwerke	16	23	24	23	3,0	0,5	-0,4
Stahl- und Leichtmetallbau	5	10	12	13	6,2	3,1	0,6
Maschinenbau	32	71	82	90	6,3	2,0	1,5
Büromaschinen, ADV	2	9	15	19	13,2	7,4	4,1
Straßenfahrzeugbau	20	69	89	120	9,9	3,7	5,1
Schiffbau	4	5	6	5	2,5	2,9	-1,8
Luft- und Raumfahrzeugbau	0	2	3	5	16,0	7,8	8,3
Elektrotechnik	17	51	69	87	8,6	4,5	4,0
Feinmechanik, Optik	3	7	10	12	7,3	3,6	3,6
EBM-Waren	10	23	28	30	6,8	2,5	1,6
Musikinstrumente, Spielwaren	1	4	5	6	8,5	3,8	2,3
Holzbearbeitung	4	8	9	9	5,4	1,7	-1,1
Holzverarbeitung	.	19	23	23	7,7	2,8	-0,2
Zellstoff- und Papiererzeugung	6	13	14	15	6,2	1,1	0,9
Papierverarbeitung	3	10	12	13	10,1	2,9	2,0
Druckerei	7	15	19	23	6,6	3,3	2,7
Ledergewerbe	6	8	8	7	2,5	-0,7	-1,4
Textilgewerbe	23	40	38	35	4,4	-0,6	-1,5
Bekleidungsgewerbe	5	10	11	10	6,3	0,6	-0,9
Ernährungsgewerbe	37	67	72	73	4,7	1,0	0,3
Getränkeherstellung	15	33	37	38	6,3	1,6	0,1
Tabakverarbeitung	2	3	4	5	5,4	3,5	3,0
Baugewerbe	22	68	70	65	9,1	0,4	-1,2
Bauhauptgewerbe	19	59	58	52	9,0	-0,1	-2,0
Ausbaugewerbe	3	9	12	14	10,4	3,5	2,4
Handel	87	201	251	280	6,7	3,2	1,9
Großhandel, Handelsvermittlung	45	100	120	134	6,4	2,7	1,9
Einzelhandel	42	101	131	146	7,0	3,7	1,8
Verkehr und Nachrichten	180	340	445	526	5,0	3,9	2,8
Eisenbahnen	112	155	179	190	2,5	2,1	1,0
Schiffahrt, Häfen	21	34	39	37	3,8	2,2	-0,9
Übriger Verkehr	23	66	93	111	8,6	5,1	2,9
Deutsche Bundespost	24	86	133	188	10,3	6,5	5,9
Kreditinst. und Versicherungen	31	74	106	139	7,0	5,3	4,5
Kreditinstitute	19	47	68	89	7,2	5,6	4,5
Versicherungsunternehmen	12	28	38	50	6,7	4,8	4,5
Sonstige Dienstleistungen	78	245	442	681	9,2	8,8	7,5
Gastgewerbe, Heime	14	34	44	51	6,9	3,6	2,5
Bildung, Wissensch., Kultur	20	48	77	112	7,1	7,1	6,4
Gesundheits- und Veterinärw.	18	46	84	124	7,4	9,1	6,7
Übrige Dienstleistungen	26	118	237	395	12,2	10,5	8,9
Unternehmen o. Wohnungsvermietung	1 056	2 230	2 847	3 365	5,9	3,5	2,8
darunter: Produktionsunternehmen	1 025	2 156	2 741	3 226	5,9	3,5	2,8

1) Jahresdurchschnittswerte.

Quellen: Statistisches Bundesamt, eigene Berechnungen, 1986 geschätzt.

Geringfügige Anteilsgewinne konnten seit 1973 die Elektrotechnik und der Bereich Büromaschinen, ADV verbuchen. Vergleichsweise kräftig expandiert seit 1980 das Anlagevermögen beim Straßenfahrzeugbau, dessen Anteil am gesamten Anlagevermögen des Unternehmensbereichs sich um 0,4 Prozentpunkte erhöhte.

3.8.2 Produktionspotential

In den siebziger Jahren stieg das Produktionspotential im verarbeitenden Gewerbe nur noch mit einer Rate von 2 vH jährlich. Dennoch verringerte sich die Auslastung von 90 vH 1973 auf 87 vH 1980 (Tabelle 3.8.2/1). Von der Verlangsamung im Anstieg des Produktionspotentials waren mit einer Ausnahme alle Wirtschaftszweige des verarbeitenden Gewerbes betroffen. Bei einer Reihe von Verbrauchsgüterproduzenten (Musikinstrumente, Spielwaren, Leder-, Textil-, Bekleidungsgewerbe), der eisenschaffenden Industrie und bei den Gießereien ging das Produktionspotential sogar zurück. Von den Wirtschaftszweigen des verarbeitenden Gewerbes mit größerem Gewicht expandierten lediglich die chemische Industrie und die Elektrotechnik - jeweils mit einer Rate von 4,6 vH - deutlich stärker. Höhere Wachstumsraten des Produktionspotentials wurden innerhalb des verarbeitenden Gewerbes nur noch in den Wirtschaftszweigen Luft- und Raumfahrzeugbau, Kunststoffwaren und Büromaschinen, ADV erzielt.

Wesentlich stärker als im verarbeitenden Gewerbe war in dieser Zeit der Anstieg des Produktionspotentials in den tertiären Zweigen des Unternehmenssektors. Bei den übrigen Dienstleistungen, deren Anteil am gesamten Produktionspotential des Unternehmensbereichs 1980 fast 10 vH erreicht hatte, stieg das Produktionspotential mit 4,6 vH im Jahresdurchschnitt fast doppelt so schnell wie im Durchschnitt des Unternehmensbereichs, für den sich in der Periode 73/80 eine jahresdurchschnittliche Zuwachsrate von 2,6 vH ergibt.

In den achtziger Jahren erhöhte sich im verarbeitenden Gewerbe die Zahl der Wirtschaftszweige mit rückläufigem Produktionspotential. Hinzu kamen nun die Mineralölverarbeitung, die Steine-Erden-Industrie, der Schiffbau, der Stahl- und Leichtmetallbau und die Holzbe- und -verarbeitung. Der Anstieg des Produktionspotentials im verarbeitenden Gewerbe schwächte sich dadurch allerdings nicht ab, da gleichzeitig viele Wirtschaftszweige wieder verstärkt Kapazitäten ausgeweitet haben.

Tabelle 3.8.2/1
Entwicklung des Produktionspotentials

	Produktionspotential 1)					Auslastung		
	zu Preisen von 1980 Mrd. DM			Jahresdurchschnittliche Veränderung in vH				
	1973	1980	1986	1980/73	1986/80	1973	1980	1986
Land- und Forstwirtschaft,Fischerei	30,43	35,09	41,36	2,1	2,8	96,7	86,5	87,9
Energiewirtschaft und Bergbau	46,13	56,23	61,64	2,9	1,5	94,6	89,3	76,8
Energie- und Wasserversorgung	27,29	40,61	47,76	5,8	2,7	98,1	89,5	74,7
Kohlenbergbau	14,71	12,79	11,91	-2,0	-1,2	91,1	93,8	81,5
Übriger Bergbau	4,13	2,83	1,97	-5,2	-5,9	84,1	66,4	100,0
Verarbeitendes Gewerbe	481,66	554,93	633,96	2,0	2,2	90,4	87,0	80,7
Chem. Ind., Spalt-, Brutstoffe	40,57	55,97	65,99	4,7	2,8	88,8	74,5	70,6
Mineralölverarbeitung	32,77	37,22	29,33	1,8	-3,9	80,1	71,5	84,0
Kunststoffwaren	9,19	13,81	18,00	6,0	4,5	93,1	80,2	81,3
Gummiwaren	8,16	7,35	7,55	-1,5	0,5	70,2	79,2	81,6
Steine, Erden	14,55	15,57	14,83	1,0	-0,8	97,7	92,7	81,5
Feinkeramik	2,36	2,37	2,85	0,1	3,1	98,8	100,0	72,0
Glasgewerbe	4,44	4,88	5,05	1,4	0,6	90,3	92,8	95,4
Eisenschaffende Industrie	18,83	18,41	16,04	-0,3	-2,3	77,5	89,4	79,5
NE-Metallerzeugung und -bearb.	4,87	5,98	7,38	3,0	3,6	72,6	76,2	93,3
Gießereien	6,85	6,39	6,16	-1,0	-0,6	85,0	91,9	86,5
Ziehereien und Kaltwalzwerke	13,18	14,84	15,73	1,7	1,0	93,3	80,7	78,4
Stahl- und Leichtmetallbau	9,83	11,34	10,57	2,1	-1,2	87,3	88,2	76,0
Maschinenbau	56,92	59,06	66,55	0,5	2,0	96,3	94,3	89,8
Büromaschinen, ADV	4,95	9,01	14,04	8,9	7,7	80,8	73,4	94,9
Straßenfahrzeugbau	46,43	57,84	84,22	3,2	6,5	86,4	86,7	70,5
Schiffbau	2,82	3,15	2,30	1,6	-5,1	100,0	72,8	81,4
Luft- und Raumfahrzeugbau	2,63	3,74	7,13	5,2	11,4	100,0	85,3	60,3
Elektrotechnik	45,51	62,49	82,96	4,6	4,8	99,0	88,7	82,3
Feinmechanik, Optik	8,59	11,28	14,97	4,0	4,8	98,3	100,0	69,4
EBM-Waren	18,90	19,33	19,62	0,3	0,3	87,8	84,2	82,3
Musikinstrumente, Spielwaren	3,88	3,81	3,59	-0,3	-0,9	86,5	81,2	82,3
Holzbearbeitung	3,75	4,25	3,67	1,8	-2,4	97,0	72,3	97,7
Holzverarbeitung	15,49	16,48	14,27	0,9	-2,4	100,0	92,0	80,5
Zellstoff- und Papiererzeugung	3,61	4,11	5,37	1,9	4,5	88,1	88,6	78,1
Papierverarbeitung	5,87	6,15	6,91	0,7	2,0	95,0	91,5	90,1
Druckerei	11,14	11,84	13,21	0,9	1,8	99,0	94,5	88,0
Ledergewerbe	5,25	4,05	3,17	-3,6	-4,0	85,7	96,0	93,6
Textilgewerbe	14,91	14,15	14,49	-0,7	0,4	87,5	89,4	82,1
Bekleidungsgewerbe	10,27	9,61	8,69	-0,9	-1,7	93,4	93,3	92,7
Ernährungsgewerbe	30,69	33,76	39,90	1,4	2,8	87,1	100,0	82,9
Getränkeherstellung	11,43	12,22	13,62	1,0	1,8	100,0	96,0	86,2
Tabakverarbeitung	13,00	14,49	15,80	1,6	1,5	88,7	86,7	84,1
Baugewerbe	104,45	107,21	104,87	0,4	-0,4	97,3	92,5	85,6
Bauhauptgewerbe	70,58	72,08	65,20	0,3	-1,7	97,0	90,7	90,8
Ausbaugewerbe	33,87	35,12	39,67	0,5	2,0	97,7	96,2	77,0
Handel	124,77	160,69	189,45	3,7	2,8	98,3	87,1	81,0
Großhandel, Handelsvermittlung	62,31	77,70	95,36	3,2	3,5	100,0	85,9	77,3
Einzelhandel	62,46	82,99	94,09	4,1	2,1	96,5	88,3	84,6
Verkehr und Nachrichten	73,43	89,75	122,75	2,9	5,4	87,8	95,5	80,7
Eisenbahnen	15,59	14,88	13,44	-0,7	-1,7	95,1	86,2	98,7
Schiffahrt, Häfen	5,96	6,32	5,11	0,8	-3,5	81,1	85,2	76,5
Übriger Verkehr	25,80	35,54	48,23	4,7	5,2	96,6	96,9	80,9
Deutsche Bundespost	26,07	33,01	55,97	3,4	9,2	76,2	100,0	76,6
Kreditinst. und Versicherungen	52,73	68,41	84,99	3,8	3,7	92,8	97,1	93,9
Kreditinstitute	39,80	53,00	64,42	4,2	3,3	90,8	97,5	95,9
Versicherungsunternehmen	12,93	15,41	20,58	2,5	4,9	99,1	95,4	87,5
Sonstige Dienstleistungen	157,74	212,32	238,83	4,3	2,0	86,4	85,8	94,4
Gastgewerbe, Heime	17,30	18,93	22,77	1,3	3,1	97,3	99,9	84,8
Bildung, Wissensch., Kultur	19,97	26,15	25,76	3,9	-0,3	83,2	77,4	100,0
Gesundheits- und Veterinärw.	27,45	39,63	46,25	5,4	2,6	88,1	82,2	78,6
Übrige Dienstleistungen	93,01	127,61	144,05	4,6	2,0	84,6	86,6	100,0
Unternehmen o. Wohnungsvermietung	1 071,34	1 284,64	1 477,85	2,6	2,4	91,7	88,5	84,1
darunter: Produktionsunternehmen	1 018,60	1 216,23	1 392,86	2,6	2,3	91,6	88,0	83,5

1) Jahresdurchschnittswerte.

Quellen: Statistisches Bundesamt, eigene Berechnungen, 1986 geschätzt.

Der Strukturwandel beim Produktionspotential hat sich in dieser Zeit also verstärkt. Dabei ist kein einheitliches Muster, das sich etwa an bestimmten Nachfragebereichen orientiert, erkennbar. Im Investitionsgüterbereich expandierte vor allem der Straßenfahrzeugbau wieder schneller. Auch im Maschinenbau wurden die Kapazitäten wieder verstärkt - wenn auch immer noch unterdurchschnittlich - ausgeweitet. Mehr als verdoppelt hat sich der Anstieg des Produktionspotentials aber auch im Zellstoff-, Papier- und Druckbereich und im Ernährungsgewerbe. Auch im tertiären Sektor des Unternehmensbereichs ist in den achtziger Jahren die Entwicklung beim Produktionspotential uneinheitlicher geworden. Mit 2 vH jährlich nur noch unterdurchschnittlich nahm das Produktionspotential bei den sonstigen Dienstleistungen zu. Mit 9 vH jahresdurchschnittlich kräftig ausgebaut wurden dagegen die Kapazitäten bei der Deutschen Bundespost. Im gesamten Unternehmensbereich ist das Produktionspotential in der Periode 80/86 bei weiter rückläufiger Auslastung um 2,3 vH im Jahresdurchschnitt gestiegen.

3.8.3   Erwerbstätige und Arbeitsplätze

In der Periode von 1973 bis 1980 wurde in fast allen Zweigen des verarbeitenden Gewerbes die Zahl der Arbeitsplätze an die rückläufige Nachfrage nach Arbeitskräften angepaßt. Die Zahl der Arbeitsplätze wurde in der Mehrzahl der Wirtschaftszweige des verarbeitenden Gewerbes weit stärker reduziert als die Zahl der Erwerbstätigen. Bei den Kunststoffwaren, im Straßenfahrzeugbau und in der Feinmechanik, Optik hat die Beschäftigung in dieser Zeit sogar zugenommen. 1980 waren daher überwiegend weniger Arbeitsplätze unbesetzt als 1973 (Tabelle 3.8.3/1).

Zugenommen hat die Zahl der Arbeitsplätze von 1973 bis 1980 in fast allen Zweigen der sonstigen Dienstleistungen, den finanziellen Sektoren und beim übrigen Verkehr. In diesen tertiären Bereichen des Unternehmenssektors stieg in dieser Zeit auch die Zahl der Erwerbstätigen. Per Saldo erhöhte sich die Zahl der unbesetzten Arbeitsplätze bei den sonstigen Dienstleistungen leicht. Für den Unternehmensbereich insgesamt hat sich die Zahl der unbesetzten Arbeitsplätze von 3,4 Mill. 1973 auf 1,8 Mill. 1980 fast halbiert.

Arbeitsplätze und Erwerbstätige
in 1000

	Zahl der Arbeitsplätze 1)			Erwerbstätige Anzahl			Veränderung	
	1973	1980	1986	1973	1980	1986	1980/73	1986/80
Land- und Forstwirtschaft, Fischerei	2 279	1 704	1 344	1 924	1 437	1 344	-487	-93
Energiewirtschaft und Bergbau	647	538	514	515	501	489	-14	-12
Energie- und Wasserversorgung	304	289	278	256	267	277	11	10
Kohlenbergbau	317	231	220	237	217	196	-20	-21
Übriger Bergbau	25	18	17	22	17	16	-5	-1
Verarbeitendes Gewerbe	11 729	9 661	8 808	9 861	8 995	8 265	-866	-730
Chem. Ind., Spalt-, Brutstoffe	910	745	613	638	620	613	-18	-7
Mineralölverarbeitung	63	55	32	52	39	32	-13	-7
Kunststoffwaren	265	264	252	207	229	251	22	22
Gummiwaren	217	143	116	139	121	111	-18	-10
Steine, Erden	349	256	188	290	238	188	-52	-50
Feinkeramik	78	60	68	68	60	50	-8	-10
Glasgewerbe	113	90	72	99	86	72	-13	-14
Eisenschaffende Industrie	478	348	228	350	309	228	-41	-81
NE-Metallerzeugung und -bearb.	137	99	79	92	77	72	-15	-5
Gießereien	190	137	108	143	125	107	-18	-18
Ziehereien und Kaltwalzwerke	373	349	275	304	288	274	-16	-14
Stahl- und Leichtmetallbau	220	203	174	202	189	159	-13	-30
Maschinenbau	1 332	1 114	1 102	1 200	1 106	1 074	-94	-32
Büromaschinen, ADV	124	104	97	106	77	97	-29	20
Straßenfahrzeugbau	1 123	994	1 236	899	969	975	70	6
Schiffbau	77	75	44	71	58	43	-13	-15
Luft- und Raumfahrzeugbau	54	55	82	40	55	62	15	7
Elektrotechnik	1 341	1 183	1 129	1 227	1 122	1 108	-105	-14
Feinmechanik, Optik	255	241	256	216	241	215	25	-26
EBM-Waren	496	389	334	402	347	334	-55	-13
Musikinstrumente, Spielwaren	120	99	93	98	96	87	-2	-9
Holzbearbeitung	85	76	50	75	61	50	-14	-11
Holzverarbeitung	462	395	312	401	374	297	-27	-77
Zellstoff- und Papiererzeugung	87	63	56	67	55	54	-12	-1
Papierverarbeitung	187	138	116	159	132	115	-27	-17
Druckerei	284	227	208	269	218	199	-51	-19
Ledergewerbe	191	127	89	163	124	87	-39	-37
Textilgewerbe	591	368	260	484	341	257	-143	-84
Bekleidungsgewerbe	472	335	248	444	325	248	-119	-77
Ernährungsgewerbe	831	775	763	772	765	685	-7	-80
Getränkeherstellung	183	127	105	150	122	101	-28	-21
Tabakverarbeitung	42	28	23	34	26	20	-8	-6
Baugewerbe	2 545	2 176	2 037	2 347	2 090	1 754	-257	-336
Bauhauptgewerbe	1 712	1 357	1 079	1 621	1 311	1 042	-310	-269
Ausbaugewerbe	834	820	957	726	779	712	53	-67
Handel	4 077	3 826	3 846	3 492	3 505	3 326	13	-179
Großhandel, Handelsvermittlung	1 729	1 520	1 600	1 415	1 364	1 319	-51	-45
Einzelhandel	2 347	2 306	2 246	2 077	2 141	2 007	64	-134
Verkehr und Nachrichten	1 620	1 552	1 764	1 523	1 469	1 451	-54	-18
Eisenbahnen	464	389	321	438	354	299	-84	-55
Schiffahrt, Häfen	110	93	62	90	74	62	-16	-12
Übriger Verkehr	521	555	684	504	547	576	43	29
Deutsche Bundespost	524	514	696	491	494	514	3	20
Kreditinst. und Versicherungen	706	750	927	678	740	802	62	62
Kreditinstitute	497	536	643	474	534	593	60	59
Versicherungsunternehmen	209	214	284	204	206	209	2	3
Sonstige Dienstleistungen	2 710	3 160	3 458	2 389	2 786	3 117	397	331
Gastgewerbe, Heime	781	776	894	690	776	822	86	46
Bildung, Wissensch., Kultur	252	321	326	219	241	268	22	27
Gesundheits- und Veterinärw.	396	549	599	352	500	584	148	84
Übrige Dienstleistungen	1 281	1 514	1 638	1 128	1 269	1 443	141	174
Unternehmen o. Wohnungsvermietung	26 312	23 368	22 697	22 729	21 523	20 548	-1206	-975
darunter: Produktionsunternehmen	25 606	22 618	21 770	22 051	20 783	19 746	-1268	-1037

1) Jahresdurchschnittswerte.

Quellen: Statistisches Bundesamt, eigene Berechnungen, 1986 geschätzt.

Nach 1980 verlangsamte sich der Rückgang der Zahl der Arbeitsplätze in allen Zweigen des verarbeitenden Gewerbes. Beim Straßenfahrzeugbau kam es bis 1986 sogar zu einer kräftigen Zunahme, so daß sich in diesem Wirtschaftszweig auch die Zahl der unbesetzten Arbeitsplätze wieder erhöhte, während sie in den übrigen Wirtschaftszweigen des verarbeitenden Gewerbes weiter abnahm.

Außerhalb des verarbeitenden Gewerbes stieg in dieser Zeit die Zahl der Arbeits-plätze vor allem in den tertiären Zweigen des Unternehmensbereichs. Bei den sonstigen Dienstleistungen schwächte sich der Anstieg zwar leicht ab, dafür erhöhte sich insgesamt die Zahl der Wirtschaftszweige, in denen die Zahl der Arbeitsplätze zunahm. Beim Großhandel, der Bundespost und im übrigen Verkehr handelte es sich überwiegend um Arbeitsplätze, die nicht sofort besetzt wurden. Die Zahl der unbesetzten Arbeitsplätze erhöhte sich in diesen Bereichen wieder so kräftig, daß per Saldo auch für den Unternehmensbereich insgesamt ein leichter Anstieg der Zahl unbesetzter Arbeitsplätze erkennbar ist.

3.8.4 Kapitalausstattung der Arbeitsplätze

Vergleicht man die Kapitalausstattung der Arbeitsplätze in den Wirtschafts-zweigen, so muß unterschieden werden zwischen dem durchschnittlichen Kapital-einsatz an bestehenden Arbeitsplätzen (durchschnittliche Kapitalintensität) und dem Investitionsbedarf für neue Arbeitsplätze (Investitionsintensität). Für das Verhältnis dieser beiden Kennziffern spielt die unterschiedliche Güterstruktur des Bestandes im Vergleich zu den Zugängen eine wesentliche Rolle. Im Anlagenbe-stand haben Investitionsgüter mit langer Nutzungsdauer, die in Produktionsprozes-sen mit vergleichsweise hoher Kapitalintensität eingesetzt werden, ein viel stär-keres Gewicht als bei den Zugängen, die stark geprägt sind durch kurzlebige und zumeist auch arbeitsintensivere Investitionsgüter, die schneller wieder aus dem Produktionsprozeß ausscheiden. Aus diesem Grund ist gegenwärtig die durch-schnittliche Kapitalintensität in allen Wirtschaftszweigen größer als die Investi-tionsintensität.

Es ist bereits darauf hingewiesen worden, daß die Investitionsintensität nicht verwechselt werden darf mit den Investitionskosten, die entstehen, wenn ein neues Werk errichtet wird. Diese Kosten hat Ifo im Rahmen einer Befragung ermittelt, in der die Unternehmen Auskunft über die "Kosten pro Arbeitsplatz im Fall der Errichtung eines neuen Werkes" gegeben haben (Ifo 1987, S. 107). Im vintage-Modell des DIW werden dagegen die insgesamt durch die Investitionen geschaffenen Arbeitsplätze ermittelt. Die Güterstruktur dieser Investitionen, in denen die kurzlebigen Güter ein sehr viel höheres Gewicht haben als im Anlagenbestand, macht deutlich, daß mit diesen Investitionen nur in geringem Umfang neue Werke erstellt werden, in denen längerlebige Investitionsgüter ein größeres Gewicht haben. Sehr viel größer ist offensichtlich der Anteil solcher Investitionen, mit denen neue Arbeitsplätze geschaffen werden, die lediglich dem Ersatz von Arbeitsplätzen an stillgelegten Anlagen dienen. In solchen Fällen sind die Investitionsaufwendungen sehr viel geringer. Würde der besondere Typ von Erweiterungsinvestitionen, den Investitionen in neue Werke darstellen, an Bedeutung gewinnen, so würde die Güterstruktur der Investitionen sich zugunsten der langlebigen Investitionsgüter verschieben, und die Investitionsaufwendungen für neue Arbeitsplätze würden sich auch im vintage-Modell erhöhen. Es ist jedoch nicht zu erwarten, daß sie das Niveau der durchschnittlichen Kapitalintensität, geschweige denn der Investitionsintensität neuer Werke erreichen, da das Schwergewicht weiterhin bei Investitionen liegen wird, die in den Bestand an vorhandenen Anlagen integriert werden.

Im gesamten Unternehmensbereich ohne Wohnungsvermietung betrug die Investitionsintensität 1986 nur etwa ein Drittel des Wertes der durchschnittlichen Kapitalintensität (Tabelle 3.8.4/1). In den Wirtschaftszweigen zeigen sich dabei beachtliche Unterschiede. Sie lassen sich nicht allein durch Differenzen in den Rendite-Lohnsatzanstieg-Relationen erklären, sondern werden auch durch die unterschiedliche Güterstruktur der Investitionen in den Wirtschaftszweigen beeinflußt. Im allgemeinen unterscheidet sich der Investitionsbedarf für neue Arbeitsplätze umso weniger vom durchschnittlichen Kapitaleinsatz für einen Arbeitsplatz, je größer der Anteil langlebiger Güter an den Investitionen ist. Mit 92 vH sehr viel höher als im Durchschnitt aller Unternehmen ist diese Relation im Bereich der Schiffahrt und Häfen, während im Einzelhandel und beim Gastgewerbe neue Arbeitsplätze weitgehend durch intensivere Nutzung des vorhandenen Anlagenbestandes geschaffen werden können und damit nur 30 vH des Kapitals erfordern, das im Durchschnitt für einen Arbeitsplatz eingesetzt wird.

Der Investitionsbedarf für einen neuen Arbeitsplatz - zu Preisen von 1980 - stieg im verarbeitenden Gewerbe von 36 000 DM im Jahre 1973 auf 49 000 DM im Jahre

Tabelle 3.8.4/1
Kapitalausstattung der Arbeitsplätze
- in DM -

	Investitionsintensität			Kapital-intensität	Investitions-intensität in vH der Kapital-intensität
	1973	1980	1986	1986	
Land- und Forstwirtschaft,Fischerei	49 000	54 000	57 000	196 000	29
Energiewirtschaft und Bergbau	216 000	227 000	266 000	818 000	33
Energie- und Wasserversorgung	333 000	360 000	383 000	1 337 000	29
Kohlenbergbau	59 000	89 000	95 000	173 000	55
Übriger Bergbau	240 000	213 000	343 000	688 000	50
Verarbeitendes Gewerbe	36 000	49 000	44 000	112 000	39
Chem. Ind., Spalt-, Brutstoffe	65 000	89 000	79 000	212 000	37
Mineralölverarbeitung	200 000	441 000	408 000	790 000	52
Kunststoffwaren	40 000	59 000	59 000	91 000	65
Gummiwaren	26 000	48 000	38 000	98 000	39
Steine, Erden	80 000	95 000	86 000	209 000	41
Feinkeramik	30 000	23 000	18 000	63 000	29
Glasgewerbe	54 000	67 000	87 000	156 000	56
Eisenschaffende Industrie	78 000	111 000	99 000	248 000	40
NE-Metallerzeugung und -bearb.	43 000	80 000	73 000	191 000	38
Gießereien	27 000	52 000	37 000	109 000	34
Ziehereien und Kaltwalzwerke	24 000	39 000	29 000	85 000	34
Stahl- und Leichtmetallbau	28 000	24 000	26 000	73 000	36
Maschinenbau	26 000	33 000	30 000	82 000	37
Büromaschinen, ADV	59 000	88 000	106 000	198 000	54
Straßenfahrzeugbau	36 000	51 000	49 000	97 000	51
Schiffbau	25 000	36 000	36 000	121 000	30
Luft- und Raumfahrzeugbau	18 000	34 000	32 000	57 000	56
Elektrotechnik	21 000	38 000	40 000	77 000	52
Feinmechanik, Optik	14 000	22 000	20 000	46 000	43
EBM-Waren	22 000	35 000	38 000	91 000	42
Musikinstrumente, Spielwaren	26 000	31 000	36 000	61 000	59
Holzbearbeitung	54 000	50 000	61 000	177 000	34
Holzverarbeitung	21 000	20 000	18 000	74 000	24
Zellstoff- und Papiererzeugung	80 000	152 000	101 000	267 000	38
Papierverarbeitung	32 000	59 000	49 000	116 000	42
Druckerei	33 000	56 000	55 000	109 000	50
Ledergewerbe	12 000	15 000	15 000	84 000	18
Textilgewerbe	28 000	47 000	39 000	134 000	29
Bekleidungsgewerbe	10 000	9 000	8 000	41 000	20
Ernährungsgewerbe	30 000	37 000	26 000	96 000	27
Getränkeherstellung	98 000	138 000	123 000	359 000	34
Tabakverarbeitung	55 000	121 000	121 000	204 000	59
Baugewerbe	20 000	15 000	12 000	32 000	38
Bauhauptgewerbe	28 000	21 000	19 000	48 000	40
Ausbaugewerbe	6 000	5 000	5 000	14 000	36
Handel	16 000	16 000	12 000	73 000	16
Großhandel, Handelsvermittlung	22 000	21 000	18 000	84 000	21
Einzelhandel	13 000	12 000	9 000	65 000	14
Verkehr und Nachrichten	86 000	72 000	66 000	298 000	22
Eisenbahnen	97 000	74 000	72 000	591 000	12
Schiffahrt, Häfen	280 000	328 000	550 000	601 000	92
Übriger Verkehr	59 000	51 000	37 000	162 000	23
Deutsche Bundespost	79 000	85 000	95 000	270 000	35
Kreditinst. und Versicherungen	17 000	24 000	23 000	150 000	15
Kreditinstitute	21 000	28 000	29 000	138 000	21
Versicherungsunternehmen	9 000	13 000	13 000	175 000	7
Sonstige Dienstleistungen	35 000	66 000	81 000	197 000	41
Gastgewerbe, Heime	10 000	11 000	9 000	57 000	16
Bildung, Wissensch., Kultur	72 000	93 000	140 000	343 000	41
Gesundheits- und Veterinärw.	50 000	74 000	103 000	207 000	50
Übrige Dienstleistungen	42 000	84 000	118 000	241 000	49
Unternehmen o. Wohnungsvermietung	37 000	44 000	45 000	148 000	30
darunter: Produktionsunternehmen	38 000	45 000	46 000	148 000	31

Quellen: Statistisches Bundesamt, eigene Berechnungen, 1986 geschätzt.

1980. Auch in der Mehrzahl der Wirtschaftszweige nahm er in dieser Zeit zu, doch gab es in einigen Zweigen auch einen Rückgang der Investitionsintensität. Der besonders kräftige Anstieg bei den übrigen Dienstleistungen schlug daher nicht auf die Gesamtentwicklung durch. Im Durchschnitt des Unternehmensbereichs ohne Wohnungsvermietung stieg die Investitionsintensität zu Preisen von 1980 von 37 000 DM im Jahr 1973 auf 44 000 DM im Jahr 1980.

Bis 1986 verminderte sich zwar im Durchschnitt des verarbeitenden Gewerbes der Investitionsbedarf für einen neuen Arbeitsplatz auf 44 000 DM zu Preisen von 1980. In einigen Zweigen des verarbeitenden Gewerbes stieg er jedoch - wenn auch abgeschwächt - weiter. In den Unternehmenszweigen außerhalb des verarbeitenden Gewerbes nahm er, zum Teil wieder verstärkt, zu, so daß für den gesamten Unternehmensbereich, anders als im verarbeitenden Gewerbe, der Investitionsaufwand für einen zusätzlichen Arbeitsplatz nicht zurückging.

Die Höhe der Investitionsintensität differiert zwischen den jeweiligen Wirtschaftszweigen beträchtlich. Bei der Interpretation dieser Werte muß - wie schon wiederholt betont wurde - berücksichtigt werden, daß die Investitionen hier - den Konventionen der VGR entsprechend - den Wirtschaftszweigen nach dem Eigentümerkonzept zugerechnet worden sind. Von diesem Prinzip konnte auch deshalb nicht abgewichen werden, da auch die Erfolgsrechnung auf dem Eigentümerkonzept basiert und die Nutzung gemieteter Anlagen damit als Vorleistungskäufe gebucht werden. Ökonomisch betrachtet werden im Produktionsprozeß an einem gemieteten Investitionsgut daher nur Vorleistungen einschließlich der Mietaufwendungen und der Arbeitskosten eingesetzt, und es gibt weder Kapitalkosten noch Kapitalerträge.

Umgekehrt produziert der Vermieter fast ausschließlich mit den vermieteten Kapitalgütern. Der Einsatz von Vorleistungen ist nur dann erforderlich, wenn etwa die Instandsetzung zu Lasten des Vermieters geht. Auch der Einsatz von Arbeit beschränkt sich meist auf die Verwaltung der Mietobjekte. Insofern ähneln Produktionsprozesse von Vermietern mehr den Geschäften von Finanzierungsinstitutionen, ohne daß sie in der VGR auch so behandelt werden.

Mit diesen Überlegungen ist allerdings nicht das Dilemma aus der Welt geschafft, daß die Berechnung technischer Relationen, in denen der Kapitaleinsatz eine Rolle spielt, die Zuordnung nach dem Nutzerkonzept erfordern würde. Insofern sind die hier verwendeten Investitionsintensitäten ökonomische Relationen und keine technischen.

3.8.5 Entwicklung der Arbeitsproduktivität

In der Entwicklung der Arbeitsproduktivität schlagen sich nicht nur sämtliche Faktoren nieder, die die "Technologie" der Investitionsprozesse und damit die Entwicklungspfade des Produktionspotentials und der Arbeitsplätze beeinflussen. Hinzu kommt der Einfluß vornehmlich konjunkturell bedingter Auslastungsschwankungen. Es kann daher nicht verwundern, daß einfache Zusammenhänge zwischen diesen Größen und der Arbeitsproduktivität sich nicht finden lassen. Dennoch behält die Arbeitsproduktivität ihre Aussagekraft als partieller Indikator für die Effizienz des Einsatzes von Arbeitskräften in den jeweiligen Wirtschaftszweigen.

Von 1973 bis 1980 stieg die Arbeitsproduktivität im Durchschnitt des verarbeitenden Gewerbes mit 2,8 vH jährlich langsamer als in vielen Zweigen des tertiären Sektors. Von den wichtigsten Investitionsgüterproduzenten lag lediglich bei den Wirtschaftszweigen Elektrotechnik und Büromaschinen, ADV der jahresdurchschnittliche Produktivitätsanstieg höher als bei den übrigen Dienstleistungen (3,2 vH). Die übrigen Investitionsgüterhersteller steigerten in dieser Zeit ihre Produktivität überwiegend erheblich geringer als der Durchschnitt des verarbeitenden Gewerbes (Tabelle 3.8.5/1).

Weit überdurchschnittliche Produktivitätssteigerungen erzielten im verarbeitenden Gewerbe die Mehrzahl der konsumnahen Wirtschaftszweige, insbesondere das Textilgewerbe, das Bekleidungsgewerbe, das Ernährungsgewerbe, die Getränkeherstellung und die Tabakverarbeitung. Auch bei den Grundstoffproduzenten wurden - so in der eisenschaffenden Industrie (+3,6 vH), bei der Mineralölverarbeitung (+4,4 vH) und der NE-Metallerzeugung und -verarbeitung (+6,4 vH) - noch überdurchschnittliche Steigerungsraten der Produktivität erreicht.

In den Jahren seit 1980 hat sich der Produktivitätsanstieg im Durchschnitt noch einmal verlangsamt. Diesmal allerdings stärker in den tertiären Zweigen des Unternehmenssektors als im verarbeitenden Gewerbe. Dennoch gab es auch in dieser Periode Dienstleistungen mit einem Produktivitätsanstieg, der höher war als

Tabelle 3.8.5/1

Arbeitsproduktivität

Jahresdurchschnittliche Veränderungen in vH

| | Bruttowertschöpfung zu Preisen von 1980 | | | | | | Differenz in Prozentpunkten | | |
| | Je Erwerbstätigenstunde | | | Je Erwerbstätigen | | | | | |
	1973/60	1980/73	1986/80	1973/60	1980/73	1986/80	1973/60	1980/73	1986/80
Land- und Forstwirtschaft,Fischerei	6.8	5.4	4.5	6.2	4.7	4.2	0.5	0.6	0.3
Energiewirtschaft und Bergbau	6.2	3.1	-0.1	5.2	2.4	-0.6	1.0	0.7	0.4
Energie- und Wasserversorgung	6.9	4.6	-0.5	5.6	3.8	-0.9	1.3	0.8	0.4
Kohlenbergbau	5.7	0.4	-1.1	4.2	-0.3	-1.8	1.5	0.8	0.8
Übriger Bergbau	3.4	-4.3	1.9	2.6	-4.9	1.8	0.9	0.6	0.1
Verarbeitendes Gewerbe	6.1	3.8	3.1	5.0	2.8	2.4	1.1	0.9	0.7
Chem. Ind., Spalt-, Brutstoffe	9.4	3.4	2.6	8.1	2.5	2.1	1.3	0.9	0.5
Mineralölverarbeitung	9.0	5.2	3.2	7.7	4.4	2.0	1.3	0.9	1.2
Kunststoffwaren	8.8	3.3	3.7	7.8	2.3	3.2	1.0	1.0	0.6
Gummiwaren	6.0	3.0	2.5	4.9	2.2	2.4	1.1	0.8	0.1
Steine, Erden	7.0	4.2	2.6	6.1	3.1	1.0	0.9	1.1	1.6
Feinkeramik	5.0	2.6	1.7	3.8	2.1	0.6	1.2	0.6	1.1
Glasgewerbe	5.8	4.8	4.3	4.5	3.8	4.1	1.3	0.9	0.2
Eisenschaffende Industrie	5.8	5.2	1.6	4.8	3.6	0.8	1.0	1.7	0.8
NE-Metallerzeugung und -bearb.	5.9	7.1	9.7	4.9	6.4	8.3	1.0	0.8	1.4
Gießereien	4.3	3.3	1.5	3.2	2.1	1.0	1.1	1.2	0.5
Ziehereien und Kaltwalzwerke	4.4	1.6	2.1	3.9	0.4	1.3	0.6	1.2	0.7
Stahl- und Leichtmetallbau	6.2	4.4	0.2	5.3	3.2	-0.8	1.0	1.2	1.0
Maschinenbau	4.2	2.4	2.5	3.1	1.4	1.7	1.1	1.0	0.9
Büromaschinen, ADV	10.3	12.8	9.2	8.9	12.5	8.1	1.4	0.4	1.0
Straßenfahrzeugbau	5.0	3.8	2.8	3.8	2.5	2.4	1.2	1.3	0.4
Schiffbau	6.1	1.4	2.8	5.2	-0.1	1.6	0.9	1.5	1.2
Luft- und Raumfahrzeugbau	7.4	-1.2	4.4	6.2	-1.8	3.0	1.2	0.6	1.3
Elektrotechnik	7.1	5.1	4.3	5.8	4.3	3.7	1.4	0.8	0.6
Feinmechanik, Optik	6.0	3.3	1.0	4.9	2.6	0.5	1.1	0.7	0.4
EBM-Waren	5.6	3.0	1.7	4.7	1.8	0.9	0.9	1.1	0.8
Musikinstrumente, Spielwaren	4.2	-0.2	1.3	2.8	-0.9	0.9	1.3	0.7	0.4
Holzbearbeitung	7.5	1.6	0.9	6.6	0.5	0.1	0.9	1.1	0.9
Holzverarbeitung	8.4	1.8	0.0	7.5	0.7	-0.8	0.9	1.1	0.8
Zellstoff- und Papiererzeugung	7.0	5.8	3.4	5.7	4.9	2.7	1.2	0.9	0.7
Papierverarbeitung	4.6	3.4	4.6	3.4	2.8	4.1	1.2	0.6	0.5
Druckerei	5.2	4.0	3.1	3.9	3.2	2.2	1.3	0.7	0.9
Ledergewerbe	3..	2.3	1.6	2.2	1.8	1.4	1.2	0.4	0.1
Textilgewerbe	6.5	5.4	4.1	5.4	4.7	3.7	1.1	0.7	0.4
Bekleidungsgewerbe	5.0	4.0	3.0	3.6	3.6	2.8	1.4	0.4	0.3
Ernährungsgewerbe	2.8	4.4	2.1	2.0	3.5	1.5	0.7	0.9	0.6
Getränkeherstellung	5.8	4.2	3.9	5.0	3.4	3.2	0.8	0.8	0.7
Tabakverarbeitung	11.4	5.5	5.6	10.1	5.2	5.5	1.3	0.3	0.2
Baugewerbe	3.8	2.1	1.5	2.8	1.3	1.3	1.0	0.8	0.2
Bauhauptgewerbe	4.0	3.4	2.5	2.9	2.4	2.2	1.1	1.0	0.3
Ausbaugewerbe	3.2	-0.1	-0.1	2.4	-0.7	-0.2	0.8	0.6	0.1
Handel	5.5	2.7	3.3	4.2	1.9	2.4	1.3	0.8	0.8
Großhandel, Handelsvermittlung	5.4	2.1	3.1	4.0	1.5	2.2	1.4	0.6	0.9
Einzelhandel	5.7	3.3	3.3	4.4	2.4	2.5	1.3	0.9	0.8
Verkehr und Nachrichten	4.7	5.8	3.3	3.9	4.7	2.7	0.9	1.1	0.6
Eisenbahnen	3.0	2.0	4.0	2.6	1.0	3.4	0.4	1.0	0.5
Schiffahrt, Häfen	4.6	5.9	-1.6	3.3	4.4	-2.3	1.3	1.5	0.7
Übriger Verkehr	6.0	4.9	1.9	4.7	3.5	1.2	1.3	1.3	0.6
Deutsche Bundespost	5.0	8.4	4.4	4.3	7.4	3.8	0.7	1.0	0.6
Kreditinst. und Versicherungen	5.1	4.1	2.0	4.1	3.2	1.7	1.0	0.9	0.3
Kreditinstitute	4.6	4.4	1.5	3.5	3.5	1.2	1.1	1.0	0.3
Versicherungsunternehmen	6.8	2.6	3.5	5.7	1.8	3.2	1.0	0.8	0.3
Sonstige Dienstleistungen	3.6	3.1	2.6	2.4	2.0	1.7	1.2	1.2	0.9
Gastgewerbe, Heime	1.0	1.1	0.5	-0.1	-0.0	-0.6	1.0	1.1	1.1
Bildung, Wissensch . Kultur	2.7	2.6	2.8	1.5	1.5	2.3	1.3	1.2	0.6
Gesundheits- und Veterinärw.	2.2	0.6	-0.2	0.9	-0.8	-0.8	1.3	1.3	0.8
Übrige Dienstleistungen	5.1	4.3	3.2	3.8	3.2	2.3	1.3	1.1	0.9
Unternehmen o. Wohnungsvermietung darunter.	5.8	3.9	2.9	4.7	2.9	2.3	1.1	0.9	0.6
Produktionsunternehmen	5.8	3.8	2.9	4.6	2.8	2.3	1.2	1.0	0.6

Quellen: Statistisches Bundesamt, IAB, eigene Berechnungen, 1986 geschätzt.

im verarbeitenden Gewerbe (2,4 vH). Nach wie vor weniger stark als im Durchschnitt nahm die Produktivität bei der Mehrzahl der Investitionsgüterproduzenten zu. Trotz einiger Abschwächungen setzte sich der überdurchschnittliche Produktivitätsanstieg bei vielen Verbrauchsgüterproduzenten fort. Bei den Grundstoffproduzenten hat lediglich die NE-Metallerzeugung und -bearbeitung und die Holzbearbeitung die Produktivität erheblich steigern können.

Änderungen in der jährlichen Arbeitszeit, die entweder tariflich vereinbart wurden oder durch Überstunden und Kurzarbeit bedingt waren, haben dazu geführt, daß die auf das Arbeitsvolumen bezogene Stundenproduktivität schneller zugenommen hat, als die auf die Personen bezogene Beschäftigtenproduktivität. Im Unternehmensbereich betrug der Abstand in der Periode von 1973 bis 1980 einen Prozentpunkt. Im Unternehmensbereich betrug der Abstand in der Periode von 1973 bis 1980 1,0 Prozentpunkte. In den achtziger Jahren hat sich der Abstand der Zuwachsraten etwas verringert, so daß auch die Verlangsamung im Produktivitätsanstieg bei der Stundenproduktivität etwas schwächer ausfiel als bei der Beschäftigtenproduktivität. Tabelle 3.8.5/1 macht deutlich, daß die Differenzen in der Entwicklung beider Produktivitätsmaße zwar in die gleiche Richtung gehen, aber unterschiedlich groß sind. Für die Periode von 1980 bis 1986 ergeben sich Spannen zwischen 1,6 Prozentpunkten (Steine und Erden) bis zu praktischer Übereinstimmung beider Werte (Ausbaugewerbe). In diesen Spannen kommt das unterschiedliche Gewicht der verschiedenen Einflußfaktoren auf die jährliche Arbeitszeit in den Branchen zum Ausdruck.

3.8.6 Schlußfolgerungen für den Zusammenhang von Investitionen, Produktivität und Beschäftigung

Versucht man, die mit dem vintage-Modell für die jeweiligen Wirtschaftszweige des Unternehmensbereichs gewonnenen Ergebnisse zusammenzufassen, so ist eine einfache Klassifizierung der Wirtschaftszweige nur schwer möglich. Dafür variieren die Einflußfaktoren zu sehr von Branche zu Branche, aber auch in den jeweiligen Beobachtungszeiträumen. Hinzu kommen die vielfältigen Überlagerungen durch Struktureinflüsse. Dennoch sind einige systematische Feststellungen möglich:

Der Einfluß von Renditen und Steigerungsraten der Lohnsätze auf die Entwicklung der Arbeitsplätze hat sich in nahezu allen Wirtschaftszweigen seit Mitte der siebziger Jahre stark abgeschwächt. Dies zeigen auch die Ergebnisse des FIND-Modells, die in Abschnitt 3.6 erörtert worden sind. Ursache hierfür ist der verstärkte Einfluß der Nutzungsdauer der Investitionen im Investitionskalkül der Unternehmen. Dies gilt insbesondere in den Jahren 1975 bis 1980 für die überwiegende Zahl der Unternehmen des verarbeitenden Gewerbes. Der steigende Trend der durchschnittlichen Nutzungsdauer der Investitionen deutet darauf hin, daß viele Unternehmen in dieser Zeit mit einer längerfristig stabilen Nachfragesituation gerechnet haben, so daß in stärkerem Umfang auch typische Erweiterungsinvestitionen bis hin zu neuen Werken getätigt worden sind. Die Kapazitätseffekte dieser Investitionen sind zwar niedriger (geringere Investitionsproduktivität bei höherer Investitionsintensität) als bei kürzerlebigen Ersatzinvestitionen mit höherer Investitionsproduktivität und niedriger Investitionsintensität. Dies wurde jedoch durch verstärkte Investitionen wettgemacht. Nur in wenigen Zweigen, wie beispielsweise dem Straßenfahrzeugbau, dem Luft- und Raumfahrzeugbau, der Feinkeramik und der Bundespost, kam es darüber hinaus zu Investitionen, die dazu führten, daß das Produktionspotential wieder deutlich stärker als im Trend der Vergangenheit zunahm. Nach 1980 verschlechterten sich die Absatzerwartungen generell, so daß auch der anfangs noch hohe Auslastungsgrad überwiegend nicht dazu führte, daß diese Investitionsstrategie fortgesetzt wurde. Es setzte sich daher der außerhalb des verarbeitenden Gewerbes ohnehin anhaltende Trend zu kurzlebigen Anlagen fort.

Aus den Ergebnissen wird deutlich, daß zwischen der Investitionstätigkeit und den Bruttozugängen an Arbeitsplätzen durchgängig ein sehr enger Zusammenhang besteht. Dies gilt auch für jene Zweige des verarbeitenden Gewerbes, in denen die Investitionsintensität zwischen 1975 und 1980 infolge des gestiegenen Anteils längerlebiger Investitionsgüter verstärkt gestiegen war. Die positiven Arbeitsplatzeffekte der verstärkten Investitionen in dieser Zeit überwogen den Rationalisierungseffekt, wie er in der Zunahme der Investitionsintensität zum Ausdruck kommt, um ein vielfaches.

Für einige Wirtschaftszweige außerhalb des verarbeitenden Gewerbes ist allerdings fraglich, inwieweit die im vintage-Modell postulierten Zusammenhänge zwischen Investitionen und Arbeitsplätzen die unternehmerischen Verhaltensweisen in dieser

Branche zutreffend abbilden. Dies gilt ganz sicher für die Banken und Versicherungen als Finanzierungsinstitutionen, bei denen auch der Produktionswert, wie er im Rahmen der VGR errechnet wird, den Umfang ihrer wirtschaftlichen Aktivitäten nur sehr eingeschränkt widerspiegelt. Aber auch bei den sonstigen Dienstleistungen fehlt oftmals ein unmittelbarer Zusammenhang zwischen der Investition und der Zahl der Arbeitsplätze. Zum wiederholten Mal erinnert sei hier an die Besonderheiten des Wirtschaftszweiges sonstige Dienstleistungen.

Im vintage-Modell wird ein Zusammenhang zwischen Investitionen, Produktionspotential und Arbeitsplätzen hergestellt. Damit beziehen sich auch Produktivitätsmaße in diesem Modell auf Potentialgrößen. Das Maß für die Effizienz des Arbeitseinsatzes ist also die von den Unternehmen geplante Arbeitsproduktivität, die Arbeitsplatzproduktivität, das Produktionspotential je Arbeitsplatz. Ist die Arbeitsplatzproduktivität neuer Anlagen größer als die des Bestandes, so erhöht eine verstärkte Investitionstätigkeit auch die durchschnittliche Arbeitsplatzproduktivität. Dieser Effekt zeigt sich auch für die Mehrzahl der Wirtschaftszweige in den siebziger Jahren. Er wurde in jenen Wirtschaftszweigen des verarbeitenden Gewerbes noch verstärkt, in denen die Unternehmen wieder vermehrt längerlebige Investitionen getätigt hatten. In den achtziger Jahren ist das Niveau der Arbeitsplatzproduktivität neuer Investitionen allerdings wegen der immer geringer werdenden Reallohnbelastung in vielen Wirtschaftszweigen unter das Niveau für den Bestand an Arbeitsplätzen zurückgegangen. Im Gefolge unsicherer Absatzerwartungen wurde wieder verstärkt in kurzlebige Anlagen mit geringer Arbeitsplatzproduktivität investiert, so daß es zu einer Verlangsamung im Anstieg der durchschnittlichen Arbeitsplatzproduktivität kam.

Dennoch ist, von wenigen Ausnahmen bei den Dienstleistungsbereichen und beim Verkehr abgesehen, die durchschnittliche Arbeitsplatzproduktivität, also die potentiell erreichbare Arbeitsproduktivität, gegenwärtig höher als die realisierte Beschäftigtenproduktivität. Dies ist darauf zurückzuführen, daß trotz zum Teil hoher Unterauslastung des Produktionspotentials bei vielen Unternehmen Arbeitskräfte nicht in dem Umfang abgebaut worden sind, wie es die Auslastung des Produktionspotentials erfordert hätte. Die vorhandenen Arbeitsplätze werden damit stärker ausgelastet als das Produktionspotential. Zusätzliche Nachfrageimpulse würden daher in vielen Fällen zunächst die Auslastung des Produktionspotentials erhöhen; zusätzliche Einstellungen wären nicht erforderlich, da genügend Produktivitätsreserven zur Verfügung stehen.

Im folgenden soll versucht werden, auf der Basis der Ergebnisse des vintage-Modells die beschäftigungswirksamen Reaktionen in den jeweiligen Wirtschaftszweigen abzuschätzen, die zu erwarten wären, wenn es zu einer verstärkten Belebung der Nachfrage käme. Dabei ist unterschieden worden zwischen Wirtschaftszweigen, die in den Jahren 1983 bis 1986 einen überdurchschnittlichen Anstieg des Produktionspotentials zu verzeichnen hatten, Wirtschaftszweigen mit unterdurchschnittlichem Anstieg des Produktionspotentials und Wirtschaftszweigen mit schrumpfendem Produktionspotential.

Eine der wichtigsten Determinanten der unternehmerischen Reaktion auf Nachfrageerhöhungen ist die Auslastung des Produktionspotentials. Bei hoher Auslastung können die Unternehmen zusätzliche Nachfrage nur befriedigen, wenn sie ihre Kapazitäten erweitern. Sie müssen also investieren. Das Jahr 1986, mit dem diese Analyse des Produktionspotentials abschließt, war allerdings in fast allen Wirtschaftszweigen durch eine vergleichsweise geringe Auslastung der Produktionspotentials gekennzeichnet. Im Durchschnitt des verarbeitenden Gewerbes hat die Auslastung bei 81 vH gelegen.

Hier wurde angenommen, daß Auslastungsziffern über 90 vH als befriedigend angesehen werden können. Wirtschaftszweige, deren Auslastung 90 vH und mehr betrug, würden also bei verstärkter Nachfrage tendenziell mehr investieren und damit zusätzliche Arbeitsplätze schaffen. Wenn zusätzliche Arbeitsplätze geschaffen werden, ist allerdings noch nichts darüber gesagt, ob es auch zu einer Ausweitung des Bestandes an Arbeitsplätzen kommt. Dies hängt davon ab, in welcher Höhe es gleichzeitig zu einem (altersbedingten) Abbau von Arbeitsplätzen kommt. Es kann also sein, daß durch die zusätzliche Investitionstätigkeit lediglich der Rückgang der Zahl der Arbeitsplätze vermindert wird.

Die Beschäftigungswirkungen vermehrter Nachfrage hängen jedoch nicht nur von der Investitionstätigkeit der Unternehmen ab. Nur bei hoher Auslastung und hohen Besetzungsgraden der vorhandenen Arbeitsplätze ist zu erwarten, daß die Unternehmen mehr investieren und damit Arbeitsplätze schaffen, um die für die Mehrproduktion erforderlichen zusätzlichen Arbeitskräfte beschäftigen zu können. Ist die Auslastung des Produktionspotentials dagegen gering, so kann Mehrnachfrage ohne zusätzliche Investitionen durch verstärkte Auslastung der Kapazitäten in Produktion umgesetzt werden. In diesem Falle kommt es jedoch nur dann zu

positiven Beschäftigungswirkungen, wenn nicht in Zeiten schwacher Kapazitätsauslastung Beschäftigte durchgehalten wurden, die nun wieder voll eingesetzt werden
können. Anhaltspunkte für diesen Fall gibt eine Konstellation, bei der der Besetzungsgrad der Arbeitsplätze höher ist als die Auslastung des Produktionspotentials. Bei Mehrnachfrage ist zu vermuten, daß die Unternehmen zunächst Produktivitätsreserven mobilisieren, ehe sie Neueinstellungen vornehmen. Hier wurde
angenommen, daß bei Unterschieden bis zu 10 Prozentpunkten zwischen dem
Besetzungsgrad der Arbeitsplätze und der Auslastung des Produktionspotentials von
geringer Produktivitätsreserve gesprochen werden kann. Bei Unterschieden von
mehr als 10 Prozentpunkten wurden die Produktivitätsreserven als hoch einge-
schätzt.

Versucht man aufgrund dieser Überlegungen, die Wirtschaftszweige des verarbeitenden Gewerbes einschließlich des Baugewerbes zu klassifizieren, so sind zum Teil
recht grobe Abschätzungen erforderlich. Dennoch zeigt die Tabelle 3.8.6/1 einige
Regelmäßigkeiten. So wird deutlich, daß die Wirtschaftszweige mit überdurch-
schnittlichem Anstieg des Produktionspotentials im Jahr 1986 mehrheitlich eine
unzureichende Auslastung hatten. Die Absatzerwartungen der Unternehmen haben
sich hier offensichtlich nicht bestätigt. Überwiegend rechnen die Unternehmen
jedoch mit einem erneuten Anstieg der Nachfrage, da sie die Zahl der Beschäftigten meist nicht entsprechend dem Rückgang der Auslastung des Produktionspotentials verringert haben. Dies wird an einem kaum veränderten hohen Besetzungsgrad
der Arbeitsplätze deutlich. Solche Unternehmen verfügen damit sowohl über
Produktionsreserven (gemessen an der vergleichsweise niedrigen Kapazitätsauslastung) als auch über investitionsunabhängige Produktivitätsreserven (gemessen an
einem im Vergleich zur niedrigen Kapazitätsauslastung hohen Besetzungsgrad der
Arbeitsplätze).

Lediglich in vier Branchen aus dieser Gruppe, dem Straßenfahrzeugbau, der
Feinkeramik, dem Ernährungsgewerbe und dem Druckgewerbe, sind die Produktivitätsreserven so gering, daß zusätzliche Nachfrage auch positiv auf die Beschäftigung wirken würde. In den Wirtschaftszweigen Feinkeramik und Ernährungsgewerbe
würde allerdings dadurch lediglich der bisherige Beschäftigtenrückgang abgeschwächt werden. In den restlichen Wirtschaftszweigen mit überdurchschnittlich
wachsendem Produktionspotential und unzureichender Auslastung sind von zusätzlicher Nachfrage kaum Wirkungen auf die Investitionen und auf die Beschäftigung
zu erwarten.

Tabelle 3.8.6/1

Reaktionsmuster beim Arbeitseinsatz in den Wirtschaftszweigen des verarbeitenden Gewerbes 1)

Produktionspotential Entwicklung 1983 bis 1986	Auslastung in 1986 [1]	Produktivitätsreserven in 1986 [2]	Arbeitsplätze Entwicklung 1983 bis 1986	Erwerbstätige Entwicklung 1983 bis 1986	Reaktionen bei Mehrnachfrage Neue Arbeitsplätze	Bestand an Arbeitsplätzen	Beschäftigte	Wirtschaftszweig
Überdurchschnittlich	be-friedigend	gering	Zunahme / Abnahme	Zunahme / Abnahme	Zunahme	verst. Zun. / ver-zögerte Abnahme	ver-stärkte Zunahme / gering	Maschinenbau; NE-Metallerzeugung und -bearb.; Büromaschinen, ADV; Papierverarbeitung
Überdurchschnittlich	be-friedigend	gering	Zunahme	Zunahme / Abnahme	Zunahme / gering	verst. Zun. / gering	verstärkte Zunahme / verzögerte Abnahme	Druckerei; Straßenfahrzeugbau; Feinkeramik; Ernährungsgewerbe
Überdurchschnittlich	gering	hoch	Abnahme / Zunahme	Abnahme / Zunahme	gering	gering	gering	Textilgewerbe; Chem. Ind. Spalt-, Brutstoffe; Ziehereien und Kaltwalzwerke; Zellstoff- und Papiererzeugung; Gummiwaren; Kunststoffwaren; Elektrotechnik; Feinmechanik, Optik; Luft- und Raumfahrzeugbau
unterdurchschnittlich	be-friedigend	gering	Abnahme	Abnahme	Zunahme	verz. Abn.	verz. Abn.	Glasgewerbe
unterdurchschnittlich	gering	gering / hoch	Zunahme / Abnahme	Abnahme / Zunahme / Abnahme	Zunahme / gering / Zunahme	verst. Zun. / gering / ver-zögerte Abnahme	verz. Abn. / verst. Zun. / gering	Tabakverarbeitung; Ausbaugewerbe; Gießereien; EBM-Waren; Getränkeherstellung
unterdurchschnittlich	be-friedigend	gering	Abnahme	Abnahme	Zunahme	ver-zögerte Abnahme	ver-zögerte Abnahme	Holzbearbeitung; Ledergewerbe; Bekleidungsgewerbe; Bauhauptgewerbe
schrumpfend	gering	hoch	Abnahme	Abnahme / Zunahme	gering	gering	gering	Mineralölverarbeitung; Schiffbau; Eisenschaffende Industrie; Steine, Erden; Holzverarbeitung; Stahl- und Leichtmetallbau; Musikinstrumente, Spielwaren

1) befriedigend: Auslastung des Produktionspotentials von 90 vH und mehr.
   gering: Auslastung des Produktionspotentials von weniger als 90 vH.
2) hoch: Differenz zwischen dem Besetzungsgrad der Arbeitsplätze und dem Auslastungsgrad des Produktionspotentials von 10 Prozentpunkten und mehr.
   gering: Differenz zwischen dem Besetzungsgrad der Arbeitsplätze und dem Auslastungsgrad des Produktionspotentials von weniger als 10 Prozentpunkten.

Anders ist es dagegen bei den überdurchschnittlich wachsenden Wirtschaftszweigen Maschinenbau, NE-Metallerzeugung, Büromaschinen, ADV und Papierverarbeitung, deren Kapazitäten 1986 gleichzeitig auch befriedigend ausgelastet waren. In diesen Branchen ist bei vermehrter Nachfrage mit mehr Investitionen und damit auch mehr Arbeitsplätzen zu rechnen. Es ist auch damit zu rechnen, daß gleichzeitig die Beschäftigung in diesen Wirtschaftszweigen zunehmen würde. Lediglich in der Papierverarbeitung spricht einiges dafür, daß es nur zu einem verzögerten Rückgang der Beschäftigung kommen würde.

Von den Wirtschaftszweigen mit unterdurchschnittlichem Anstieg des Produktionspotentials war 1986 nur im Glasgewerbe die Auslastung des Produktionspotentials befriedigend. Sieht man vom Ausbaugewerbe ab, so war allerdings auch in den übrigen Branchen die Kapazitätsauslastung hoch genug, so daß bei Mehrnachfrage mit zusätzlichen Investitionen gerechnet werden kann. Nur bei der Tabakindustrie spricht die Konstellation der Einflußfaktoren dafür, daß es gleichzeitig auch zu einer Aufstockung des Bestands an Arbeitsplätzen kommen würde. Bei der Beschäftigung sind die Wirkungen gering, beim Glasgewerbe und der Tabakverarbeitung könnte sich das Tempo des Beschäftigungsabbaus verringern. Lediglich beim Ausbaugewerbe dürfte bei Mehrnachfrage auch die Beschäftigtenzahl zunehmen.

Von den Wirtschaftszweigen mit schrumpfendem Produktionspotential konnten die vier Branchen Holzverarbeitung, Ledergewerbe, Bekleidungsgewerbe und das Bauhauptgewerbe ihr Produktionspotential so an die rückläufige Nachfrageentwicklung anpassen, daß sie 1986 eine befriedigende Auslastung des Produktionspotentials erzielten. Da diese Wirtschaftszweige zugleich auch ihre Beschäftigten an die reduzierte Nachfrage angepaßt hatten, verfügen sie nur über geringe Produktivitätsreserven. Ein Nachfrageanstieg würde allerdings sowohl bei der Arbeitsplatzentwicklung wie auch der Beschäftigtenentwicklung nur dazu führen, daß sich der weitere Abbau verlangsamt. Den übrigen Wirtschaftszweigen mit schrumpfendem Produktionspotential ist es bisher nicht gelungen, sich an die verschlechterten Nachfragebedingungen anzupassen. Sie haben eine unbefriedigende Auslastung des Produktionspotentials und ihre Beschäftigtenzahl ist noch nicht an die geringere Auslastung angepaßt. Zu diesen Wirtschaftszweigen gehören jedoch auch solche, die mit noch unbewältigten Anpassungsproblemen zu kämpfen haben. Zusätzliche Nachfrage, deren Wahrscheinlichkeit ohnehin gering ist, würde in diesen Branchen weder nennenswerte Investitionen noch Beschäftigungseffekte hervorrufen. Bestenfalls könnte ein verstärkter Abbau der Beschäftigung verhindert werden.

3.9 Veränderungen bei Arbeitsplätzen und Fluktuation der Beschäftigten

Unternehmen fällen mit den Investitionsentscheidungen in der Regel simultan Beschäftigungsentscheidungen. Hier soll das Resultat dieser Beschäftigungsentscheidungen weiter aufgeschlüsselt werden in seine Bruttobestandteile. Damit werden ähnlich wie bei der Arbeitsplatzentwicklung Zugänge in und Abgänge aus sektoraler Beschäftigung dargestellt. Ziel ist es, Veränderungen in der unternehmerischen Personalpolitik festzustellen und Anhaltspunkte über ihren Zusammenhang mit den getroffenen Arbeitsplatzentscheidungen zu gewinnen.

Die Angaben über die Zahl der Arbeitnehmer, die bisher im Vordergrund der Betrachtung standen, sind Jahresdurchschnittswerte und damit Bestandszahlen. Die Veränderungen der Zahl der beschäftigten Arbeitnehmer sind also Nettoveränderungen von Bestandszahlen. Diese Nettoveränderungen sind der Saldo von Bruttoströmen, die in der Regel sehr viel größer sind als die Nettoveränderungen.

Die Angaben der Arbeitsstatistik erlauben eine Bruttorechnung; diese ist für viele Arbeitsmarktaspekte aufschlußreicher als die Nettorechnung. Denn Änderungen der Bestandsstatistik können auf ganz unterschiedlichen Bruttobewegungen beruhen, d.h. die hinter der gleichen Nettoveränderung liegenden Arbeitsmarktprobleme können ganz unterschiedlich sein. Es bedarf kaum einer Erwähnung, daß die aus Stichtags- bzw. Bestandsdaten oder aus Bewegungsdaten abgeleiteten Arbeitsmarktindikatoren nicht nur im Niveau, sondern auch in der Struktur unterschiedlich sind. So ist bekannt, daß Langzeitarbeitslose in den Bestandsgrößen überrepräsentiert sind (vgl. z.B. Cramer u.a. 1986; Buttler 1987).

Schwierigkeiten einer Bewegungsstatistik liegen vor allem darin, daß man einerseits mit Fällen, andererseits mit Personen zu rechnen hat. Der Fluktuation der Arbeitskräfte entspricht die Anzahl der Fälle von Statuswechseln, d.h. von Wechseln zwischen Schule, Beschäftigung, Arbeitslosigkeit, Rente u.a. Innerhalb eines Zeitraums ist aufgrund der Möglichkeit einer Mehrfachbetroffenheit die Anzahl der Fälle von Statuswechseln immer höher als die Anzahl der Personen, deren Status gewechselt hat. Bei den Zugängen in die Arbeitslosigkeit ist beispielsweise die Zahl der betroffenen Personen im allgemeinen rund ein Viertel niedriger als die Zahl der Fälle. Auch die Dauer des Statuswechsels kann sehr unterschiedlich sein; so ist z.B. die Sucharbeitslosigkeit von jüngeren Arbeitnehmern geringer als die von älteren Arbeitnehmern (Reyher 1984).

Das IAB hat 1985 erstmals eine Arbeitskräfte-Gesamtrechnung (AGR) vorgelegt, in der personenbezogene Bestands- und Bewegungsgrößen miteinander konsistent verknüpft werden (Bach, Reyher 1985). Am Beispiel von Beschäftigung und registrierter Arbeitslosigkeit sei dies für das Jahr 1983 erläutert (vgl. Tabelle 3.9/1).

Die Zahl der beschäftigten Arbeitnehmer hat sich innerhalb des Jahreszeitraums 1983 um 150 Tsd. auf 21,8 Mill. vermindert; dies war das Resultat von 4 269 Tsd. Abgängen und 4 119 Tsd. Zugängen. Dies verdeutlicht die hinter einer relativ geringen Bestandsveränderung stehenden umfangreichen Bruttobewegungen. Auch in bezug auf die registrierte Arbeitslosigkeit gilt Ähnliches: Im Bestand hat sich die Zahl der Arbeitslosen 1983 um 126 Tsd. erhöht. Davon waren mehr als 3,5 Mill. Personen sowohl bei den Zugängen als auch bei den Abgängen betroffen.

Einer der wichtigsten Statuswechsel betrifft den Übergang zwischen Beschäftigung und registrierter Arbeitslosigkeit; er umfaßte 1983 mehr als 70 vH der Zugänge in registrierte Arbeitslosigkeit bzw. der Abgänge aus registrierter Arbeitslosigkeit. Dieser Ausschnitt der Bewegungsbilanz läßt sich aufgrund der Angaben der Arbeitsstatistik der Bundesanstalt für Arbeit sektoral differenzieren. Hierauf soll im folgenden eingegangen werden, um Anhaltspunkte über die wirtschaftszweig-spezifischen Zu- und Abgänge der Arbeitnehmer zu erhalten. Bei der Interpretation ist immer zu beachten, daß es sich eben nur um einen Ausschnitt aus personenbezogenen Statuswechseln handelt, weil die Austauschprozesse zwischen Beschäftigung und Ruhestand, Ausbildung, Arbeitsbeschaffungsmaßnahmen u.a. nicht berücksichtigt werden.

Aufgrund der Informationen über die sozialversicherungspflichtig Beschäftigten und die - sektoral zurechenbaren - Arbeitslosen an einem Stichtag des jeweiligen Jahres (Bestand) sowie den Abgängen aus (sektoraler) Beschäftigung in Arbeitslosigkeit bzw. den Zugängen in (sektorale) Beschäftigung werden folgende Indikatoren berechnet:

- Der Quotient aus den Arbeitslosen-Abgängen aus der Beschäftigung und dem Beschäftigten-Bestand; dieser Quotient bezeichnet die sektorale Häufigkeit, arbeitslos zu werden (Abgangsquoten; vgl. Tabelle 3.9/2).

- Der Quotient aus dem Arbeitslosen-Bestand und der Zahl der Zugänge in Beschäftigung aus Arbeitslosigkeit; dieser Quotient ist ein Hinweis auf die durchschnittliche (sektorale) Verweildauer in der Arbeitslosigkeit, wenn Zu- und Abgänge in etwa gleich hoch sind (Tabelle 3.9/3).

Tabelle 3.9/1

Arbeitskräftebewegungen *) 1983

	beschäftigte Arbeitnehmer	registrierte Arbeitslose
Jahresanfangsbestand	21 988	2 223
Zugänge insgesamt	4 119	3 704
aus Selbst. u. Mithelfende	187	85
" registrierten Arbeitslosen bzw. aus beschäftigten Arbeitnehmern	2 550 -	- 2 733
" stiller Reserve	0	472
" Schule	878	217
" Fort- u. Umschulungsmaßnahmen	109	76
" Erwerbsunfähigkeit	9	29
" übr. Nichterwerbspersonen	228	92
" Ausland	158	0
Abgänge insgesamt	4 269	3 578
in Selbst. u. Mithelfende	291	86
" registrierten Arbeitslosen bzw. aus beschäftigten Arbeitnehmern	2 733 -	- 2 550
" stiller Reserve	235	358
" Schule	125	94
" Fort- u. Umschulungsmaßnahmen	40	144
" Erwerbsunfähigkeit	233	56
" Ruhestand	61	9
" übr. Nichterwerbspersonen	444	140
Sterbefälle	65	6
Ausland	42	137
Jahresendbestand	21 838	2 349

*) Deutsche und Ausländer, Männer und Frauen.

Quelle: Bach, Reyher 1985, S. 55 und 61.

Tabelle 3.9/2

Abgänge aus der Beschäftigung in die Arbeitslosigkeit

in vH der Beschäftigten Ende September

	1975	1976	1977	1978	1979	1980	1981	1982	1983	1984	1985	1986
Land- und Forstwirtschaft, Fischerei	28,2	30,7	30,4	31,2	29,9	25,3	31,5	33,5	33,3	32,5	37,4	31,2
Energiewirtschaft und Bergbau	4,0	4,2	4,1	3,9	3,8	3,6	4,3	4,3	3,9	4,1	3,3	3,2
Verarbeitendes Gewerbe	12,1	10,7	10,5	9,8	8,7	8,4	10,1	11,0	11,0	9,8	9,5	9,1
Chem. Ind., Mineralölverarb.	5,8	5,3	5,8	5,6	4,8	4,6	5,0	5,4	5,1	4,8	4,5	4,4
Kunststoff-, Gummiwaren	15,3	12,3	13,3	12,5	11,0	10,6	12,4	12,4	11,0	10,1	10,2	9,9
Steine, Erden	21,4	22,0	19,9	20,1	21,5	18,6	22,4	26,3	27,9	21,0	26,9	24,1
Feinkeramik, Glasgewerbe	11,7	9,4	10,1	9,3	8,8	8,5	10,3	10,7	10,5	8,7	9,6	9,3
Metallerzeugung	5,2	5,1	5,5	6,1	5,0	5,0	5,8	6,9	9,2	9,6	6,5	7,0
Metallbearbeitung	13,3	11,0	11,6	11,1	9,5	9,1	11,3	11,9	12,4	11,3	10,3	9,8
Stahl- und Leichtmetallbau	19,7	17,6	17,3	15,3	12,7	10,6	14,1	17,7	18,8	17,4	17,3	16,3
Maschinenbau, ADV	9,4	8,3	7,4	6,8	5,9	5,5	6,8	7,4	8,2	8,1	6,2	6,1
Fahrzeugbau	10,2	8,6	7,6	7,1	7,0	6,5	7,6	7,7	7,8	6,8	6,7	5,8
Elektrotechnik	11,0	9,0	8,7	8,0	7,0	6,7	8,4	8,8	9,1	7,4	6,7	6,5
Feinmechanik, Optik	10,6	9,3	8,7	8,2	7,3	7,1	8,1	8,1	9,5	8,7	7,1	7,0
EBM-Waren, Musikinstr. usw.	14,3	11,6	12,3	11,7	10,3	10,3	12,1	11,9	10,7	8,7	7,1	7,0
Holzgewerbe	15,5	14,0	12,9	12,1	11,2	10,3	13,9	18,7	17,4	16,4	19,4	18,3
Papiergewerbe	11,1	10,6	10,5	10,8	9,6	9,3	10,2	11,0	10,0	9,0	7,9	8,4
Druckgewerbe	13,2	11,3	10,5	9,2	8,0	7,9	9,4	10,8	10,4	9,2	8,6	8,8
Ledergewerbe	18,5	15,0	15,4	14,5	13,3	13,3	15,3	15,0	15,0	13,5	14,3	14,5
Textilgewerbe	13,1	11,3	11,9	10,9	9,9	9,1	11,8	13,3	13,0	10,2	9,7	10,2
Bekleidungsgewerbe	19,5	18,7	18,9	17,2	15,0	15,8	18,9	19,7	17,9	15,2	15,3	15,1
Nahrungs- und Genußmittelgew.	12,1	12,1	12,5	11,9	10,6	10,5	11,8	12,8	12,9	12,4	13,0	12,5
Baugewerbe	33,0	26,9	26,5	22,5	18,3	17,2	22,2	30,8	31,5	31,2	35,2	32,5
Bauhauptgewerbe	33,7	26,3	26,6	22,1	17,7	17,4	22,5	31,6	31,9	31,8	36,3	33,4
Ausbaugewerbe	31,0	28,4	26,0	23,7	19,9	16,8	21,7	28,9	30,5	32,4	32,5	30,5
Handel	14,8	15,2	15,3	14,0	12,6	12,2	13,7	14,2	13,6	12,8	12,9	12,6
Verkehr und Nachrichten	10,4	10,1	11,1	10,8	10,2	9,8	11,7	12,1	11,6	10,3	10,6	10,3
Kreditinst. und Versicherungen	4,5	4,9	5,1	4,5	3,9	3,7	4,1	4,1	3,9	3,7	3,5	3,3
Sonstige Dienstleistungen	13,4	14,7	15,4	14,8	13,6	13,0	14,3	15,1	14,4	14,5	14,2	13,9
Gastgewerbe, Heime	43,1	44,3	45,5	43,4	39,7	37,3	40,4	43,8	43,7	42,1	41,3	40,1
Gesundheits- und Veterinärw.	9,4	11,7	13,1	12,8	11,7	10,9	11,5	11,6	11,7	11,3	10,9	10,6
Übrige Dienstleistungen	9,4	10,0	10,5	10,0	9,2	9,1	10,5	11,2	10,0	10,6	10,5	10,4
Priv. Haush., Organ. o. Erwerb.	10,4	11,6	12,4	11,8	11,0	10,5	10,9	11,3	11,6	11,8	12,1	12,1
Staat	5,3	6,7	8,0	8,8	8,9	8,2	8,6	8,9	8,8	9,9	10,7	11,1
Arbeitslose nach Wirtschaftszweigen insgesamt	13,6	12,8	13,0	12,1	10,9	10,4	12,2	13,5	13,3	12,8	13,0	12,3

Quellen: Bundesanstalt für Arbeit, eigene Berechnungen.

Verweildauer in der Arbeitslosigkeit 1)

in Monaten

	1975	1976	1977	1978	1979	1980	1981	1982	1983	1984	1985	1986
Land- und Forstwirtschaft, Fischerei	1,6	1,7	1,8	1,8	1,6	1,9	2,3	3,2	4,0	4,1	3,5	4,0
Energiewirtschaft und Bergbau	4,5	5,2	4,8	4,8	5,4	5,9	6,6	8,5	10,1	10,3	11,9	11,4
Verarbeitendes Gewerbe	3,8	4,3	3,8	3,6	3,5	3,9	4,9	6,9	8,1	8,4	7,8	7,3
Chem. Ind., Mineralölverarb.	4,3	5,5	4,7	4,6	4,6	4,7	5,8	7,3	11,1	11,5	10,4	9,6
Kunststoff-, Gummiwaren	4,3	4,9	3,9	3,8	3,7	4,0	5,4	7,7	9,1	9,0	8,2	7,8
Steine, Erden	1,8	1,9	1,7	1,4	1,0	1,3	1,5	2,3	2,5	3,2	2,5	2,7
Feinkeramik, Glasgewerbe	4,7	5,3	4,5	4,1	4,0	4,6	5,6	8,2	9,5	9,6	9,5	8,6
Metallerzeugung	4,7	5,8	5,7	6,2	7,6	8,0	9,2	11,4	16,9	18,5	20,0	16,3
Metallbearbeitung	3,6	3,9	3,3	3,3	3,3	3,6	4,6	7,4	8,5	8,7	8,1	7,3
Stahl- und Leichtmetallbau	2,6	3,0	2,6	2,5	2,3	2,7	3,2	4,7	5,6	6,0	5,2	4,7
Maschinenbau, ADV	3,7	4,3	3,9	3,6	3,6	4,1	4,8	7,0	8,3	8,1	8,0	7,0
Fahrzeugbau	3,7	4,2	3,6	3,2	3,4	4,0	5,0	7,5	9,2	9,7	8,8	7,6
Elektrotechnik	4,9	5,5	5,0	4,8	4,7	5,0	6,4	8,5	9,7	9,6	8,8	8,3
Feinmechanik, Optik	4,8	4,8	4,1	3,8	3,8	4,1	5,1	7,4	8,1	8,6	8,3	8,1
EBM-Waren, Musikinstr. usw.	4,1	4,5	3,7	3,6	3,6	3,8	5,2	8,0	10,6	10,4	10,3	9,7
Holzgewerbe	3,1	3,4	2,9	2,6	2,3	2,8	3,6	5,6	6,1	6,1	5,4	5,1
Papiergewerbe	4,4	4,7	4,1	3,9	3,7	4,1	5,6	7,9	9,2	8,8	8,9	8,7
Druckgewerbe	3,9	4,4	3,8	3,8	3,5	3,7	5,0	7,7	8,4	8,0	8,3	7,8
Ledergewerbe	4,2	4,4	3,9	3,6	3,4	3,6	5,0	7,5	7,5	7,9	7,4	7,6
Textilgewerbe	5,0	5,1	4,3	4,2	4,1	4,5	6,0	8,0	9,0	8,7	8,4	8,0
Bekleidungsgewerbe	4,4	4,5	4,1	4,3	4,4	4,5	5,7	7,5	9,1	9,3	8,9	9,7
Nahrungs- und Genußmittelgew.	3,3	3,7	3,5	3,3	3,2	3,4	4,5	6,2	7,3	7,3	7,1	6,7
Baugewerbe	1,7	2,1	1,8	1,8	1,6	1,7	2,4	3,3	3,7	4,0	3,6	3,5
Bauhauptgewerbe	1,7	2,3	1,9	1,9	1,8	1,8	2,6	3,5	3,9	4,3	3,9	3,7
Ausbaugewerbe	1,5	1,7	1,5	1,4	1,2	1,3	1,7	2,6	3,2	3,3	3,0	2,9
Handel	3,7	4,6	4,1	4,1	3,8	4,0	4,9	7,0	8,7	9,1	8,8	8,7
Verkehr und Nachrichten	2,3	2,8	2,5	2,3	2,2	2,3	3,0	4,5	5,6	6,1	5,6	5,4
Kreditinst. und Versicherungen	5,0	7,0	5,9	5,7	5,5	5,6	6,7	8,5	10,1	10,5	10,3	10,6
Sonstige Dienstleistungen	3,0	3,8	3,6	3,5	3,3	3,4	4,2	5,7	7,3	7,3	7,2	6,9
Gastgewerbe, Heime	1,8	2,3	2,3	2,3	2,2	2,3	2,9	4,0	4,9	5,4	5,5	5,3
Gesundheits- und Veterinärw.	3,4	4,6	4,2	4,1	3,9	3,9	4,7	6,5	7,9	8,2	8,1	7,9
Übrige Dienstleistungen	4,1	5,0	4,4	4,1	3,8	4,0	4,9	6,6	9,1	8,3	8,0	7,6
Priv. Haush., Organ. o. Erwerb.	3,2	4,2	4,0	4,0	4,0	4,2	5,3	6,6	7,8	7,8	8,0	7,8
Staat	3,9	4,5	4,1	3,7.	3,4	3,8	4,8	7,0	8,5	8,4	7,7	7,0
Arbeitslose nach Wirtschaftszweigen insgesamt	3,1	3,8	3,4	3,3	3,2	3,4	4,2	5,8	7,0	7,3	6,8	6,5

1) Mittlerer Bestand an Arbeitslosen dividiert durch Abgänge aus Arbeitslosigkeit, jeweils Oktober des Vorjahres bis September des laufenden Jahres.

Quellen: Bundesanstalt für Arbeit, eigene Berechnungen.

- Sektorale Arbeitslosenquoten (vgl. Tabelle 3.9/4).

Mit Abgangsquote und Verweildauer sind also zwei Arbeitsmarktindikatoren gewonnen, die Aufschluß über die sektorale Fluktuation der Arbeitnehmer geben, wobei hier allerdings nur die Austauschprozesse zwischen Arbeitslosigkeit und Beschäftigung als dominante Komponente herausgegriffen werden konnten.

Die Verweildauer hat sich von durchschnittlich gut drei Monaten im Zeitraum 1975 bis 1980 auf mehr als sechs Monate im Durchschnitt der Jahre 1981 bis 1986 erhöht. Dagegen hat sich die Abgangsquote durchschnittlich kaum verändert - abgesehen von zyklischen Bewegungen. Hierin kommt zum Ausdruck, daß in rezessiven Phasen der Beschäftigtenrückgang weniger durch verstärkte Entlassungen als durch Einstellungsstop und Nichtbesetzen der Stellen von ausscheidenden Mitarbeitern erreicht wird. Aufgrund der längeren Verweildauer sind die Bestands-Arbeitslosenquoten (der sektoral zurechenbaren registrierten Arbeitslosen) gestiegen, und zwar von Werten zwischen 2,5 vH bis 3,5 vH im Zeitraum von 1974 bis 1981 auf Werte zwischen 4,5 vH bis gut 7 vH im Zeitraum von 1981 bis 1986.

Die Abgangsquote aus Beschäftigung in Arbeitslosigkeit ist während des gesamten Zeitraums (neben der Land- und Forstwirtschaft) am höchsten im Gastgewerbe, im Baugewerbe, bei der Steine-Erden-Industrie, im Stahlbau und im Holzgewerbe gewesen; dagegen war die Verweildauer (neben der Landwirtschaft) am höchsten im Gastgewerbe, im Bekleidungsgewerbe, im Bauhauptgewerbe und im Handel.

Setzt man Abgangsquote und Verweildauer zueinander in Beziehung, so lassen sich folgende Konstellationen für einzelne Wirtschaftszweige unterscheiden:
- eine überdurchschnittliche Abgangsquote und eine unterdurchschnittliche Verweildauer deuten auf Branchen mit einer hohen Fluktuation der Arbeitskräfte hin;
- eine unterdurchschnittliche Abgangsquote bei überdurchschnittlicher Verweildauer zeugen von relativ stabilen internen Arbeitsmärkten bei gleichzeitig hohem externen Arbeitsmarktdruck;
- überdurchschnittliche Abgangsquoten und Verweildauern sind für Wirtschaftszweige mit überdurchschnittlichen Arbeitslosigkeitsrisiken kennzeichnend, wogegen
- unterdurchschnittliche Abgangsquoten und Verweildauern eine relativ günstige Arbeitsmarktposition signalisieren.

Tabelle 3.9/4

Arbeitslosenquoten 1)

in vH

	1974	1975	1976	1977	1978	1979	1980	1981	1982	1983	1984	1985	1986
Land- und Forstwirtschaft, Fischerei	2,6	4,2	4,4	4,1	4,4	3,3	4,0	6,2	9,0	10,0	10,0	9,7	9,4
Energiewirtschaft und Bergbau	1,5	1,5	1,6	1,7	1,6	1,7	1,7	2,2	2,8	3,1	3,4	3,2	3,0
Verarbeitendes Gewerbe	2,4	4,3	3,6	3,1	2,8	2,4	2,7	4,2	6,0	7,0	6,6	5,8	5,2
Chem. Ind., Mineralölverarb.	1,3	2,2	2,4	2,2	2,1	1,8	1,8	2,4	3,1	4,2	4,3	3,8	3,4
Kunststoff-, Gummiwaren	3,4	6,0	4,5	4,0	3,7	3,0	3,4	5,6	7,3	7,7	7,0	6,4	5,9
Steine, Erden	2,3	3,9	3,1	2,7	2,0	1,8	1,9	3,4	5,6	5,6	5,4	5,6	5,0
Feinkeramik, Glasgewerbe	2,5	5,1	4,0	3,5	3,1	2,8	3,2	4,8	6,7	7,8	7,0	7,0	6,4
Metallerzeugung	1,2	2,2	2,5	2,7	3,2	3,2	3,3	4,2	6,3	9,2	11,6	10,8	9,9
Metallbearbeitung	2,5	4,5	3,2	3,0	2,9	2,4	2,6	4,4	6,9	8,1	7,7	6,5	5,6
Stahl- und Leichtmetallbau	2,6	4,9	4,0	3,6	2,9	2,1	2,3	4,0	4,1	8,3	8,1	6,9	5,8
Maschinenbau, ADV	1,6	3,3	2,9	2,3	2,0	1,7	1,8	2,7	4,4	5,4	5,3	4,0	3,3
Fahrzeugbau	1,7	3,5	2,8	2,0	1,8	1,5	2,7	3,2	5,8	5,5	5,8	4,3	4,2
Elektrotechnik	2,1	4,9	4,0	3,5	3,0	2,6	2,3	4,4	5,2	6,8	6,0	4,7	4,3
Feinmechanik, Optik	2,1	4,5	3,5	2,7	2,5	2,2	3,2	3,4	7,3	6,8	6,7	4,7	5,3
EBM-Waren, Musikinstr. usw.	2,9	5,4	4,0	3,5	3,3	2,8	2,4	5,3	8,6	7,8	7,8	5,8	7,2
Holzgewerbe	2,7	4,4	3,6	2,8	2,4	1,9	3,0	4,6	8,6	8,3	6,5	8,3	7,2
Papiergewerbe	2,7	4,3	4,1	3,6	3,3	2,8	2,4	4,7	6,3	7,2	5,9	5,7	5,6
Druckgewerbe	2,8	4,8	3,9	3,1	2,5	2,2	3,0	4,0	6,9	6,9	5,9	5,6	5,4
Ledergewerbe	5,2	6,5	5,1	4,8	4,3	3,5	4,1	6,5	8,7	8,9	8,4	8,3	8,6
Textilgewerbe	3,9	5,8	4,7	4,1	3,7	3,2	3,4	6,0	8,6	9,2	7,4	6,6	6,5
Bekleidungsgewerbe	6,4	7,0	6,7	6,1	5,9	5,1	5,7	8,9	11,5	12,5	11,2	10,6	11,0
Nahrungs- und Genußmittelgew.	2,3	3,5	3,6	3,4	3,1	2,6	3,0	4,5	6,2	7,3	7,1	7,2	6,5
Baugewerbe	3,5	5,3	4,2	3,8	2,8	2,0	2,5	5,0	8,9	8,7	9,9	10,0	8,3
Bauhauptgewerbe	3,8	5,5	4,5	4,1	3,0	2,2	2,8	5,5	9,8	9,1	10,9	11,6	9,0
Ausbaugewerbe	2,5	4,7	3,5	3,0	2,4	1,5	1,8	3,5	6,8	8,4	7,6	7,6	6,7
Handel	3,0	4,9	5,5	4,9	4,4	3,6	3,9	5,5	7,6	8,9	8,8	8,7	8,4
Verkehr und Nachrichten	1,3	2,3	2,3	2,3	2,0	1,7	1,9	3,1	4,6	5,2	5,0	4,6	4,3
Kreditinst. und Versicherungen	1,1	1,9	2,8	2,4	2,1	1,7	1,6	2,2	2,6	3,1	3,1	2,9	2,8
Sonstige Dienstleisturgen	2,3	3,5	4,6	4,3	3,9	3,3	3,5	4,9	6,6	7,9	7,9	7,6	7,2
Gastgewerbe, Heime	4,8	6,5	8,3	7,7	7,2	6,4	6,9	9,6	13,0	15,3	15,7	15,6	14,9
Gesundheits- und Veterinärw.	1,8	2,8	4,2	4,4	4,0	3,4	3,3	4,3	5,6	6,9	6,9	6,6	6,3
Übrige Dienstleistungen	2,1	3,3	4,0	3,6	3,1	2,7	2,9	4,2	5,6	6,7	6,7	6,4	6,0
Priv. Haush., Organ. c. Erwerb.	2,0	2,9	4,0	3,9	3,6	3,4	3,5	4,6	5,6	6,7	6,7	7,0	6,9
Staat	1,0	1,8	2,6	2,6	2,6	2,4	2,5	3,4	4,8	5,7	6,3	6,3	6,0
Arbeitslose nach Wirtschaftszweigen insgesamt	2,4	3,9	3,9	3,5	3,1	2,6	2,9	4,4	6,3	7,2	7,1	6,8	6,2

1)Anteil der registrierten Arbeitslosen an der Summe der sozialversicherungspflichtig Beschäftigten und registrierten Arbeitslosen Ende September.

Quellen: Bundesanstalt für Arbeit, eigene Berechnungen.

In Tabelle 3.9/5 sind diese - groben - Charakterisierungen der Arbeitsmarktposition der Beschäftigten für die einzelnen Wirtschaftszweige zusammengefaßt. Die wenigen Branchen mit hoher - saisonaler - Fluktuation sind meist auch solche mit überdurchschnittlichen Arbeitslosenquoten (Ausnahmen: Steine und Erden, z.T. Ausbaugewerbe).

Die meisten Branchen weisen eine unterdurchschnittliche Abgangsquote und eine hohe Verweildauer auf. Dies bedeutet, daß in diesen Wirtschaftszweigen die Fluktuation unterdurchschnittlich ist, da die (internen) Arbeitsmarktpositionen der Beschäftigten relativ gefestigt, die Wiedereingliederungschancen für Arbeitslose aber schlechter als im Durchschnitt sind. Besonders stark ist der Arbeitsmarktdruck in den Wirtschaftszweigen, in denen auch die Arbeitslosenquote überdurchschnittlich hoch ist (Kunststoff- und Gummiwaren bis 1980, Feinkeramik und Glas, Metallerzeugung ab 1978, Textilgewerbe).

Drei Problembranchen steht nur ein Wirtschaftszweig mit relativ günstiger Arbeitsmarktposition gegenüber. Gerade hier wird das relativ hohe Aggregationsniveau der Daten deutlich. Die Arbeitsmarktpositionen der Bundespost auf der einen und von Schiffahrt und Eisenbahnen auf der anderen Seite dürften ganz unterschiedlich sein. Dies gilt auch für andere Zusammenfassungen wie Kunststoffwarenherstellung und Gummiverarbeitung.

Abschließend soll auf den Zusammenhang zwischen den aus den Investitionsprozessen und Stillegungsentscheidungen resultierenden Zu- und Abgängen der Arbeitsplätze und den Zu- und Abgängen bei den Beschäftigten eingegangen werden, und zwar exemplarisch anhand der Abgangsquoten. Dazu ist vorauszuschicken, daß bei den Arbeitsplätzen alle Erwerbstätigen bei den Beschäftigten nur die sektoral zurechenbaren sozialversicherungspflichtig Beschäftigten einbezogen sind.

In Schaubild 3.9/1 sind die Abgangsquoten im verarbeitenden Gewerbe sowohl für die Arbeitsplätze als auch für die Beschäftigten ausgewiesen. Die Abgangsquote der Arbeitsplätze liegt durchweg höher als die Abgangsquote der Beschäftigten. Dies ist nur Reflex der Tatsache, daß die Fluktuation der Arbeitskräfte schwächer ist als die der Arbeitsplätze. Die Konjunktureinflüsse machen sich bei den Beschäftigten sehr viel ausgeprägter bemerkbar als bei den Arbeitsplätzen, da die

Tabelle 3.9/5

Wirtschaftszweige nach Arbeitsmarktpositionen der Beschäftigten 1975 – 1986

Abgangsquote	überdurchschnittlich	unterdurchschnittlich	überdurchschnittlich	unterdurchschnittlich
Verweildauer	unterdurchschnittlich	überdurchschnittlich	überdurchschnittlich	unterdurchschnittlich
	Land- u. Forstwirtschaft Steine, Erden Stahlbau Holzgewerbe Bauhauptgewerbe Ausbaugewerbe Gaststätten, Beherbergung	Energiew., Bergbau Chemie, Mineralölw. Kunststoff, Gummi Feinkeramik, Glas Metallerzeugung Metallbearbeitung Maschinenbau Fahrzeugbau Elektrotechnik Feinmechanik, Optik EBM, Musikinstrumente Papiergewerbe Druckgewerbe Textilgewerbe Nahrungs-, Genußmittel Kreditinst., Versich. Gesundheits-, Veterinärw. Übrige Dienstleistungen Priv. Haush., Org. o.E. Staat	Ledergewerbe Bekleidung Handel	Verkehr und Nachrichten

Quelle: Amtliche Nachrichten der Bundesanstalt für Arbeit; Berechnungen des DIW.

Schaubild 3.9/1

Abgangsquoten bei Arbeitsplätzen und Beschäftigten im verarbeitenden Gewerbe

in vH

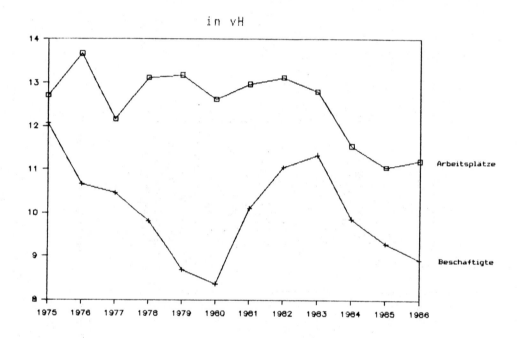

Unternehmen auf kurzfristige Nachfrageänderungen eher die Zahl der Beschäftigten verändern als die Zahl der Arbeitsplätze. Die Abgangsquote der Beschäftigten sinkt in Aufschwungphasen und steigt in Rezessionsperioden. Legt man durch beide Kurven Regressionsgeraden, so zeigt sich jeweils ein leicht negativer Trend, der vermuten läßt, daß Zusammenhänge zwischen den Veränderungen der Arbeitsplätze und dem Entlassungsverhalten der Unternehmen bestehen. Tabelle 3.9/6 zeigt aber auch, daß hier sektoral unterschiedliche Muster bestehen. In den von saisonalen und zyklischen Faktoren besonders stark betroffenen Wirtschaftszweigen (Baugewerbe und baunahe Bereiche, Gastgewerbe) sind die Abgangsquoten der Beschäftigten wesentlich höher als die der Arbeitsplätze. In den industriellen Kernsektoren (Chemie, Maschinenbau, Elektrotechnik, Straßenfahrzeugbau) sind die Abstände zwischen Arbeitsplatz- und Beschäftigtenabgangsquoten überdurchschnittlich hoch, wogegen sie in den Dienstleistungsbereichen - mit Ausnahme des Finanzierungssektors - deutlich geringer sind. Auch dies ist wiederum Hinweis auf die außerhalb des produzierenden Gewerbes anderen Zusammenhänge von Investitionen und Beschäftigung.

Tabelle 3.9/6

Abgangsquoten bei Arbeitsplätzen und Beschäftigten

in vH

	Abgänge an Arbeitsplätzen in vH des Bestandes an Arbeitsplätzen 1)			Abgänge aus der Beschäftigung in die Arbeitslosigkeit in vH der Beschäftigten 2)			Differenz in Prozentpunkten		
	1976	1980	1986	1976	1980	1986	1976	1980	1986
Land- und Forstwirtschaft, Fischerei	12,4	10,6	12,8	30,7	25,3	31,2	-18,4	-14,7	-18,4
Energiewirtschaft und Bergbau	9,7	11,0	9,9	4,2	3,6	3,2	5,5	7,4	6,7
Verarbeitendes Gewerbe	13,7	12,6	11,2	10,7	8,4	9,1	3,0	4,3	2,1
Chem. Ind., Mineralölverarb.	13,4	14,1	11,1	5,3	4,6	4,4	8,1	9,5	6,7
Kunststoff-, Gummiwaren	12,7	11,7	9,6	12,3	10,6	9,9	0,4	1,1	-0,3
Steine, Erden	13,2	12,2	14,1	22,0	18,6	24,1	-8,8	-6,4	-10,1
Feinkeramik, Glasgewerbe	14,4	11,1	11,6	9,4	8,5	9,3	5,0	2,5	2,3
Metallerzeugung	12,6	15,1	13,1	5,1	5,0	7,0	7,5	10,1	6,0
Metallbearbeitung	13,3	13,8	10,4	11,0	9,1	9,8	2,2	4,7	0,6
Stahl- und Leichtmetallbau	9,1	10,5	14,3	17,6	10,6	16,3	-8,5	-0,1	-2,0
Maschinenbau, ADV	14,6	11,7	11,5	8,3	5,5	6,1	6,2	6,2	5,4
Fahrzeugbau	13,8	11,4	10,8	8,6	6,5	5,8	5,2	4,9	5,0
Elektrotechnik	14,7	13,4	9,7	9,0	6,7	6,5	5,7	6,7	3,2
Feinmechanik, Optik	13,5	12,1	10,0	9,3	7,1	7,0	4,2	5,0	3,0
EBM-Waren, Musikinstr. usw.	13,6	11,7	11,0	11,6	10,3	7,0	2,0	1,4	4,0
Holzgewerbe	13,8	10,1	15,6	14,0	10,3	18,3	-0,2	-0,1	-2,7
Papiergewerbe	15,9	13,4	10,1	10,6	9,3	8,4	5,3	4,1	1,6
Druckgewerbe	13,3	12,0	10,5	11,3	7,9	8,8	2,0	4,1	1,7
Ledergewerbe	13,6	13,5	13,4	15,0	13,3	14,5	-1,4	0,2	-1,1
Textilgewerbe	15,5	14,7	11,1	11,3	9,1	10,2	4,2	5,6	-0,9
Bekleidungsgewerbe	13,8	12,4	14,2	18,7	15,8	15,1	-4,8	-3,4	-0,9
Nahrungs- und Genußmittelgew.	12,0	13,5	10,7	12,1	10,5	12,5	-0,1	3,0	-1,8
Baugewerbe	15,4	11,9	15,1	26,9	17,2	32,5	-11,4	-5,3	-17,4
Bauhauptgewerbe	15,6	12,5	16,1	26,3	17,4	33,4	-10,7	-4,9	-17,3
Ausbaugewerbe	15,2	11,1	13,9	28,4	16,8	30,5	-13,3	-5,7	-16,6
Handel	14,9	12,0	13,5	15,2	12,2	12,6	-0,3	-0,2	0,9
Verkehr und Nachrichten	11,4	11,0	11,1	10,1	9,8	10,3	1,3	1,2	0,8
Kreditinst. und Versicherungen	12,4	12,5	11,7	4,9	3,7	3,3	7,4	8,8	8,4
Sonstige Dienstleistungen	10,9	9,0	11,8	14,7	13,0	13,9	-3,8	-3,9	-2,1
Gastgewerbe, Heime	12,9	12,9	11,4	44,3	37,3	40,1	-31,4	-24,5	-28,7
Gesundheits- und Veterinärw.	8,3	6,7	10,4	11,7	10,9	10,6	-3,3	-4,2	-0,2
Übrige Dienstleistungen	10,6	8,1	12,3	10,0	9,1	10,4	0,6	-0,9	1,9
Alle Wirtschaftszweige	13,3	11,7	12,1	12,8	10,4	12,3	0,5	1,3	-0,2

1) Ergebnisse des capital-vintage-Modells. - 2) Sozialversicherungspflichtig Beschäftigte.

Quellen: Bundesanstalt für Arbeit, eigene Berechnungen.

4 Arbeitszeiten und Betriebszeiten

4.1 Vorbemerkungen

In den bisher vorgestellten Ergebnissen des vintage-Modells ist der Investitionsprozeß in seinen Auswirkungen auf die Zahl der Arbeitsplätze und die Beschäftigung weit in Einzelheiten hinein verfolgt worden. Dadurch war es auch möglich, von der bisher noch vorherrschenden Durchschnittsbetrachtung überzugehen auf eine Analyse des Faktoreinsatzes bei Zu- und Abgängen zum Bestand an Arbeitsplätzen und zum Produktionspotential. Das Ausmaß der Differenzierung des Investitionsprozesses wird auch daran deutlich, daß nicht nur einzelne Investitionsjahrgänge, sondern auch Wandlungen in der Struktur der Nutzungsdauer der jeweiligen Investitionsjahrgänge in ihren Wirkungen auf das Faktoreinsatzverhältnis berücksichtigt worden sind.

Dabei darf jedoch nicht übersehen werden, daß eine entsprechende Differenzierung des Arbeitseinsatzes bisher nicht erfolgt ist. Zwar variieren die Proportionen zwischen dem Einsatz von Arbeit und den jeweiligen Teilen des Anlagevermögens; der Arbeitseinsatz wird jedoch immer nur an der nicht weiter differenzierten Zahl der Erwerbstätigen bzw. den von ihnen im Durchschnitt geleisteten Arbeitsstunden gemessen. Dies ist sicherlich eine starke Vereinfachung der tatsächlichen Verhältnisse vor dem Hintergrund einer zunehmenden Abweichung von Arbeitszeiten und Betriebszeiten. Dies ist Gegenstand dieses Kapitels.

Verkürzungen der individuellen Arbeitszeiten - vor allem aufgrund kollektivvertraglicher Regelungen zwischen Arbeitgeberverbänden und Gewerkschaften - stehen in dem Spannungsfeld von Einkommens- und Freizeitpräferenzen der Arbeitnehmer und von Rentabilitätszielen der Unternehmen. Neben den Regelungen des Lohnausgleichs bei Arbeitszeitverkürzungen ist aus betrieblicher Sicht vor allem auch von Interesse, wie sich die Verkürzung der Arbeitszeiten der Arbeitnehmer auf die Nutzungsdauer der Anlagen bzw. auf die Besetzungszeit der Arbeitsplätze, kurz: auf die Betriebszeiten auswirkt. Sollen bei Arbeitszeitverkürzungen die Betriebszeiten aufrechterhalten werden, so erfordert dies eine "Entkoppelung" von Arbeits- und Betriebszeiten.Längere Betriebszeiten erhöhen bei gegebenen durchschnittlichen individuellen Regelarbeitszeiten und bei einem gegebenen Bestand an Arbeitsplätzen die Zahl der Beschäftigten und die Produktion. Dabei werden i.d.R. die Kapitalproduktivität und damit auch die Rentabilität der Produktionsprozesse erhöht, die entscheidend davon abhängen, wie lange Anlagen(teile) betrieben werden können. Unter Entkoppelung von Arbeits- und Betriebszeiten versteht man die Ausdehnung der Nutzungszeiten der Anlagen - der physischen Arbeitsplätze - über die individuellen Normalarbeitszeiten hinaus. Sie ist damit unmittelbar für den Zusammenhang von Investitionen, Beschäftigung und Produktivität ausschlaggebend.

Normalarbeitszeit ist angesichts der sich immer stärker auflösenden "normalen" Arbeitszeitmuster begrifflich nur schwer zu fassen. Sie kann gegenwärtig als die der Vollarbeitszeit entsprechende "normale" Dauer und Lage der Arbeitszeit (37 bis 40 Stunden, montags bis freitags zwischen 6-10 und 14-18 Uhr) definiert werden. Diese Definition heißt aber nicht, daß für die Mehrzahl der Beschäftigten die Normalarbeitszeit der Regelfall ist. Die meisten Arbeitnehmer haben eine in Dauer oder Lage von der Normalarbeitszeit abweichende Arbeitszeit(vgl. Groß u. a. 1987, S. 6ff.).

Die Flexibilisierung der Arbeitszeit hat in den vergangenen Jahren zu erheblichen Abweichungen von der Normalarbeitszeit geführt. Ihre Mannigfaltigkeit macht es daher schwer, begrifflich zu unterscheiden, ob eine dauerhafte Erhöhung der Jahresarbeitszeit der Arbeitnehmer vorliegt oder eine flexiblere zeitliche Verteilung einer gegebenen Anzahl von Jahresstunden. Im folgenden wird diese Unterscheidung für den Zeitraum eines Jahres getroffen und dabei eine Betriebszeitausweitung von einer Differenzierung der Betriebszeit unterschieden. Gleitzeitsysteme mit Zeitkonto müssen z. B. in einem bestimmten Zeitraum (oftmals in einem Monat) wieder ausgeglichen werden; auch Überstunden (außerhalb von Gleitzeitsystemen) und Sonderschichten können innerhalb eines Jahres wieder durch Freizeit ausgeglichen werden. Die Regelarbeitszeit wird häufig nur als Durchschnitt festgelegt, um den die tatsächliche Arbeitszeit schwankt. Die Betrachtung von Jahreswerten überdeckt also solche Abweichungen in den Arbeits- und Betriebszeiten, die innerhalb eines Jahres wieder ausgeglichen werden. Auch die Unterschiede von Betriebszeiten zwischen Unternehmen einer Branche bis hin zu einzelnen Anlagenteilen (Produktionsinseln) innerhalb der Unternehmen gehen in einer sektoralen Analyse unter.

Die Betriebszeiten ändern sich im Umfang der tariflichen Arbeitszeitverkürzung, wenn der individuelle Freizeitausgleich bzw. die individuellen Feierschichten mit einer Abschaltung der Anlagen gekoppelt sind. Brückentage zwischen Feiertagen am Donnerstag und dem Wochenende werden beispielsweise als "Betriebsferientage" zur betrieblichen Umsetzung einer Arbeitszeitverkürzung genutzt. In diesem Fall hat also Flexibilisierung die Lage der Arbeitszeit und der Betriebszeit verändert, aber nicht zu einer Entkoppelung geführt. Denkbar ist aber auch, daß der Freizeitausgleich für den einzelnen Arbeitnehmer nicht zu einer gleichzeitigen Verringerung der Betriebszeiten führt; die individuellen Feierschichten sind in diesem Fall keine kollektiven Freischichten. Die Arbeitszeiten der einzelnen Beschäftigten werden gegeneinander versetzt. Hierdurch kann die Betriebszeit verlängert werden, unabhängig von den individuellen regelmäßigen Arbeitszeiten - auch unter Einbeziehung von Teilzeitarbeit. Die individuellen Arbeitszeiten bestimmen immer weniger die Betriebszeiten; die Betriebszeit ist zunehmend eine eigenständig festlegbare Größe.

Die traditionell wichtigsten Formen der Abweichungen der Betriebszeiten von den Normalarbeitszeiten sind die Schichtarbeit und in engem Zusammenhang hiermit die Nacht- und Wochenendarbeit. Neuerdings spielen Mehrfachbesetzungssysteme eine Rolle, in denen die Anzahl der Beschäftigten die Zahl der Arbeitsplätze übersteigt. Während bei den traditionellen Schichtsystemen zwei oder mehr Arbeitskräfte einen Arbeitsplatz umschichtig besetzen, werden bei Mehrfachbesetzungssystemen mehrere Arbeitsplätze gekoppelt und mit einer größeren Anzahl von Beschäftigten besetzt. Dadurch werden die Differenzierungsmöglichkeiten erhöht - z. B. durch zeitlich unterschiedliche Besetzungsstärken. Bei all diesen Formen ist zu prüfen, inwieweit sie im Durchschnitt eines Jahres die Besetzungszeit der physischen Arbeitsplätze erhöhen im Vergleich zu der Normalarbeitszeit und damit Arbeits- und Betriebszeiten entkoppeln.

Dabei darf nicht in Vergessenheit geraten, daß eine Flexibilisierung, die im Jahresdurchschnitt die Betriebszeiten nicht erhöht, ebenfalls im betrieblichen Interesse ist. Durch eine anfallsgerechte, saisonalen oder zyklischen Schwankungen angepaßte Betriebszeit werden in aller Regel Rationalisierungseffekte erzielt: In Spitzenzeiten sind keine zusätzlichen Arbeitskräfte (und keine Überstundenzuschläge) erforderlich, in "ruhigen" Zeiten wird der Zeitausgleich realisiert, d. h. der Personalüberhang reduziert. Insgesamt sind also Kostenvorteile und eine höhere Arbeitsproduktivität die Folge.

Die Länge der Betriebszeiten ist also von hohem Interesse für die unternehmerischen Strategien. Dennoch wird die zeitliche Verteilung der Arbeitszeit erst seit Mitte der siebziger Jahre als eigenständiges Problem erkannt und diskutiert - im Gegensatz zu Fragen der Dauer der Arbeitszeit. Entsprechend ist bis heute die empirische Kenntnis der Betriebszeiten äußerst gering.

Nicht Betriebszeiten standen in dem bisherigen Ansatz des vintage-Modells im Vordergrund, sondern die von Beschäftigten durchschnittlich geleisteten Arbeitsstunden. Im folgenden sollen, basierend auf den Informationen des Instituts für Arbeitsmarkt- und Berufsforschung (IAB), zuerst die gesamtwirtschaftliche und sektorale Entwicklung der effektiven Arbeitszeit und ihrer verschiedenen Komponenten skizziert und daraufhin überprüft werden, inwieweit sie maßgeblich für die Betriebszeitentwicklung sein können. Danach werden einige Informationen über Differenzen von Arbeits- und Betriebszeiten sowie deren Entwicklung gegeben. Schließlich sollen Schlußfolgerungen aus einer Entkoppelung von Arbeits- und Betriebszeiten für den Zusammenhang von Investitionen, Beschäftigung und Produktivität gezogen werden.

4.2   Entwicklung der Arbeitszeit
4.2.1   Gesamtwirtschaft

Die Entwicklung der durchschnittlichen individuellen Arbeitszeit wird durch verschiedene Faktoren bestimmt. Dazu gehören sicherlich technologisch und organisatorisch bestimmte betriebliche Strategien ebenso wie Arbeitszeit- und Einkommenspräferenzen der Arbeitnehmer. Beides findet Eingang in die Tarifverhandlungen zwischen Arbeitgeberverbänden und Gewerkschaften. Dabei weicht die effektive (tatsächliche) Arbeitszeitentwicklung von den tariflichen Vorgaben ab. Dies wird seit Jahren vom IAB dokumentiert, sowohl für die Erwerbstätigen insgesamt als auch für die abhängig Beschäftigten. Hier wird nur die Arbeitszeit der abhängig Beschäftigten herangezogen, da sie für die anschließende Diskussion betrieblicher Nutzungszeiten ausschlaggebend ist. Dazu kommt, daß die statistischen Unsicherheiten in der Erfassung der Arbeitszeit der Selbständigen und mithelfenden Familienangehörigen noch beträchtlicher sein dürften als bei den Arbeitnehmern.

Die tatsächliche Arbeitszeitentwicklung setzt sich neben den kalendarischen Vorgaben aus den folgenden, statistisch nachweisbaren Komponenten zusammen:

- tarifliche Vorgaben, d.h. die Festlegung der wöchentlich zu leistenden Arbeitszeit sowie der Anzahl der Wochenarbeits- und Jahresurlaubstage,
- Konjunkturelle Einflüsse (Mehrarbeitsstunden, Kurzarbeit),
- andere Faktoren (Krankenstand, Schlechtwetter, Arbeitskämpfe),
- Teilzeitbeschäftigung.

In Tabelle 4.2.1/1 sind die um unterschiedliche Kalendervorgaben bereinigten und die unbereinigten jährlichen Veränderungsraten dieser Komponenten ausgewiesen.

Die Zunahme der Teilzeitarbeit ist eng verknüpft mit einer wachsenden Erwerbsbeteiligung von Frauen. Teilzeitarbeit erhöht auf der einen Seite die Beschäftigung und z.T. auch das Arbeitsvolumen. Andererseits verringert aber der Teilzeiteffekt die effektive Arbeitszeit pro Kopf. Der Teilzeiteffekt umfaßt in der Arbeitsvolumensrechnung des IAB das durch Teilzeitarbeit ausfallende Stundenvolumen gegenüber einer Vollzeitbeschäftigung. Eine sektoral differenzierte Information liefert die Beschäftigtenstatistik (vgl. Tabelle 4.2.1/2). 1986 werden Teilzeitarbeitsplätze am häufigsten bei der Bundespost, den Organisationen ohne Erwerbszweck, den privaten Haushalten, dem Staat, dem Einzelhandel, den Kreditinstituten und den sonstigen Dienstleistungen (außer Gastgewerbe) in Anspruch genommen bzw. angeboten. Während im verarbeitenden Gewerbe nur jede(r) 25. Beschäftigte einen Teilzeitarbeitsplatz innehatte, war dies bei der Bundespost jede(r) dritte und beim Staat jede(r) fünfte. Von 1980 bis 1986 ist in einigen Wirtschaftszweigen die Teilzeitbeschäftigung noch stark ausgeweitet worden (Büromaschinen, ADV; Straßenfahrzeugbau; Luft- und Raumfahrzeugbau; Ausbaugewerbe; übriger Verkehr; Gastgewerbe/Heime; Gesundheits- und Veterinärwesen, übrige Dienstleistungen; Organisationen ohne Erwerbszweck und private Haushalte).

Teilzeitarbeit ist aus systematischen Gründen auszuklammern, wenn man den Zusammenhang von Arbeitszeit und Betriebszeit betrachtet. Teilzeitarbeit verringert nicht die Betriebszeiten über das von der tariflichen Entwicklung beeinflußte Maß hinaus. Ganz im Gegenteil wird sie z.T. zu einer Verlängerung der Betriebs- und Bereitschaftszeiten eingesetzt. Teilzeitarbeit ist beispielsweise mit der Einführung von Kurzschichten (sog. Hausfrauenschichten) verbunden, die in der Regel vier bis sechs Stunden dauern und im Anschluß an die "Normalarbeitsstunden"

Tabelle 4.2.1/1

Komponenten der jährlichen Arbeitszeit je Arbeitnehmer in der Gesamtwirtschaft

	1960	1973	1980	1981	1982	1983	1984	1985	1986
					- in Stunden -				
tarifl. jährl. Arbeitszeit	2 123.8	1 853.0	1 789.4	1 779.7	1 779.9	1 771.6	1 760.6	1 735.0	1 726.0
Krankenstand	112.7	111.3	109.3	101.1	86.9	82.5	85.1	84.0	85.4
Mehrarbeitsstunden	95.0	126.6	80.2	75.0	66.0	64.1	65.5	66.5	66.6
Kurzarbeit	0.1	0.9	3.2	7.4	12.9	15.0	8.9	6.3	5.3
Schlechtwetter	5.2	9.2	9.8	12.5	7.1	5.7	4.3	6.0	5.2
Arbeitskampf	0.0	0.2	0.1	0.0	0.0	0.0	2.0	0.0	0.0
Teilzeiteffekt	20.1	53.5	58.9	61.0	61.7	62.6	64.2	65.9	˜67.6
tatsächl. jährl. Arbeitszeit									
ohne Teilzeiteffekt	2 100.8	1 858.0	1 747.2	1 733.7	1 739.0	1 732.5	1 725.8	1 705.2	1 696.7
mit Teilzeiteffekt	2 080.7	1 804.5	1 688.3	1 672.7	1 677.3	1 669.9	1 661.6	1 639.3	1 629.1
			- in vH der tariflichen Jahresarbeitszeit -						
Krankenstand	5.3	6.0	6.1	5.7	4.9	4.7	4.8	4.8	4.9
Mehrarbeitsstunden	4.5	6.8	4.5	4.2	3.7	3.6	3.7	3.8	3.9
Kurzarbeit	0.0	0.0	0.2	0.4	0.7	0.8	0.5	0.4	0.3
Schlechtwetter	0.2	0.5	0.5	0.7	0.4	0.3	0.2	0.3	0.3
Arbeitskampf	0.0	0.0	0.0	0.0	0.0	0.0	0.0	0.0	0.0
Teilzeiteffekt	0.9	2.9	3.3	3.4	3.5	3.5	3.6	3.8	3.9
tatsächl. jährl. Arbeitszeit									
ohne Teilzeiteffekt	98.9	100.3	97.6	97.4	97.7	97.8	98.0	98.3	98.3
mit Teilzeiteffekt	98.0	97.4	94.4	94.0	94.2	94.3	94.4	94.5	94.4
			- Veränderungen gegenüber dem Vorjahr in vH -						
tarifl. jährl. Arbeitszeit	-	-0.9	-0.0	-0.5	0.0	-0.5	-0.6	-1.5	-0.5
Krankenstand	-	7.2	1.3	-7.5	-14.0	-5.1	3.2	-1.3	1.7
Mehrarbeitsstunden	-	-0.3	-11.3	-6.5	-12.0	-2.9	2.2	1.5	0.2
Teilzeiteffekt	-	4.1	-0.3	3.6	1.1	1.5	2.6	2.6	2.6
tatsächl. jährl. Arbeitszeit									
ohne Teilzeiteffekt	-	-1.3	-0.7	-0.8	0.3	-0.4	-0.4	-1.2	-0.5
mit Teilzeiteffekt	-	-1.5	-0.6	-0.9	0.3	-0.4	-0.5	-1.3	-0.6
			- arbeitstäglich bereinigte Veränderungen gegenüber dem Vorjahr in vH -						
tarifl. jährl. Arbeitszeit	-	-0.6	-0.3	-0.2	-0.6	-0.4	-0.2	-0.8	-0.7
Krankenstand	-	7.5	1.0	-7.2	-14.6	-5.0	3.6	-0.6	1.5
Mehrarbeitsstunden	-	-0.0	-11.6	-6.2	-12.6	-2.8	2.6	2.2	-0.1
Teilzeiteffekt	-	4.4	-0.7	3.9	0.5	1.5	3.0	3.4	2.4
tatsächl. jährl. Arbeitszeit									
ohne Teilzeiteffekt	-	-1.1	-1.0	-0.5	-0.3	-0.3	0.0	-0.6	-1.1
mit Teilzeiteffekt	-	-1.2	-0.9	-0.6	-0.4	-0.4	-0.1	-0.7	-0.8

	1973/60	1980/73	1986/80
	- jahresdurchschnittliche Veränderungen in vH -		
tarifl. jährl. Arbeitszeit	-1.0	-0.5	-0.6
Krankenstand	-0.1	-0.3	-4.0
Mehrarbeitsstunden	2.2	-6.3	-3.0
Teilzeiteffekt	7.8	1.4	2.3
tatsächl. jährl. Arbeitszeit			
ohne Teilzeiteffekt	-0.9	-0.9	-0.6
mit Teilzeiteffekt	-1.1	-0.9	-0.6
	- arbeitstägl. bereinigte jahresdurchschnittl. Veränderungen in vH -		
tarifl. jährl. Arbeitszeit	-1.0	-0.4	-0.4
Krankenstand	-0.0	-0.1	-3.8
Mehrarbeitsstunden	2.3	-6.2	-2.8
Teilzeiteffekt	7.9	1.5	2.5
tatsächl. jährl. Arbeitszeit			
ohne Teilzeiteffekt	-0.9	-0.7	-0.3
mit Teilzeiteffekt	-1.0	-0.8	-0.4

Quellen: IAB, eigene Berechnungen.

Tabelle 4.2.1/2

Teilzeitbeschäftigte[1] nach Wirtschaftszweigen 1986

	Personen in 1000	Struktur in vH 2)	Entwicklung 1980/86 1980=100
Land-u.Forstw.Fischerei	8.3	3.6	125
Energie-u.Wasserversorgung	8.8	3.6	113
Bergbau	0.9	0.4	10
Kohlenbergbau	0.5	0.3	6
Übriger Bergbau	0.4	0.8	40
Verarbeitendes Gewerbe	306.1	3.8	101
Chem.Ind.,Spalt.-u.Brutstoffe	21.7	3.7	115
Mineralölverarbeitung	0.5	1.9	90
Kunststoffwaren	10.8	4.4	100
Gummiwaren	2.6	2.4	81
Steine, Erden	4.3	2.4	105
Feinkeramik	3.8	5.8	95
Glasgewerbe	2.0	2.8	100
Eisenschaffende Industrie	1.6	0.8	82
NE-Metallerzeugung und -bearb.	1.3	2.2	102
Giessereien	2.0	1.8	94
Ziehereien und Kaltwalzwerke	8.0	2.9	117
Stahl-u.Leichtmetallbau	3.1	1.7	98
Maschinenbau	24.8	2.4	105
Büromaschinen, ADV	3.3	4.0	139
Strassenfahrzeugbau	14.1	1.4	121
Schiffbau	0.4	0.8	71
Luft-u.Raumfahrzeugbau	1.3	2.3	121
Elektrotechnik	46.0	4.4	111
Feinmechanik,Optik	11.8	5.5	107
EBM-Waren	14.0	3.7	96
Musikinstr.,Spielwaren	4.2	6.1	83
Holzbearbeitung	1.5	2.5	93
Holzverarbeitung	10.9	3.4	97
Zellstoff-u.Papiererzeugung	1.4	2.4	102
Papierverarbeitung	5.2	5.2	91
Druckerei	18.5	6.1	108
Ledergewerbe	6.1	7.3	83
Textilgewerbe	18.5	7.3	82
Bekleidungsgewerbe	24.4	10.6	75
Ernährungsgewerbe	32.6	5.6	112
Getränkeherstellung	3.8	3.6	87
Tabakverarbeitung	0.8	4.8	87
Baugewerbe	31.4	2.0	122
Bauhauptgewerbe	15.0	1.5	113
Ausbaugewerbe	16.3	2.8	131
Handel	438.1	16.0	109
Großhandel,Handelsvermittlung	85.6	7.7	102
Einzelhandel	353.5	21.6	111
Verkehr	28.4	3.8	128
Eisenbahnen	2.1	1.6	86
Schiffahrt, Häfen	1.1	1.9	99
Übriger Verkehr	26.2	4.4	135
Deutsche Bundespost	76.1	35.9	101
Kreditinst. und Versicherungen	84.9	10.3	117
Kreditinstitute	65.7	11.0	118
Versicherungsunternehmen	19.2	8.5	115
Sonstige Dienstleistungen	283.2	11.4	142
Gastgewerbe,Heime	31.8	6.6	188
Bildung, Wissenschaft, Kultur	42.6	15.8	111
Gesundheits.-u.Veterinärwesen	59.8	13.4	153
Übrige Dienstleistungen	149.0	11.6	142
Staat	461.6	19.2	119
Organisationen o.Erwerbszweck	213.0	22.5	150
Private Haushalte	7.8	20.2	127
Wirtschaftszweige insgesamt	1950.5	9.4	117

1) Sozialversicherungspflichtig Beschäftigte am 30.6.
2) Bezogen auf Beschäftigte insgesamt.

Quelle: Bundesanstalt für Arbeit und Berechnungen des DIW.

geleistet werden ("Dämmerschichten"). Teilzeitarbeit bietet sich auch an, wenn die erforderliche Besetzungszeit nur an einzelnen Arbeitsplätzen über die Normalarbeitszeit hinausgeht. So müssen bei Gleitzeitarbeit bestimmte Arbeitsplätze vom frühestmöglichen Arbeitsanfang bis zum spätestmöglichen Arbeitsende besetzt sein, was von einer Vollzeitkraft oft nicht geleistet werden kann (Beispiel: Telefonzentrale).

Für die effektive Arbeitszeitentwicklung (ohne Teilzeiteffekt) sind die tariflichen Vorgaben am bedeutendsten; zwischen der Entwicklung der effektiven Jahresarbeitszeit (ohne Teilzeiteffekt) und der durch tarifliche Vorgaben bestimmten Jahresarbeitszeit besteht eine hohe positive Korrelation (vgl. Schaubild 4.2.1/1).Für die Entwicklung der tariflichen Jahresarbeitszeit der Arbeitnehmer war in den sechziger Jahren bis Anfang der siebziger Jahre die Reduzierung der Wochenarbeitszeit auf 40 Stunden und die Erhöhung des Jahresurlaubs ausschlaggebend. Von 1975 bis 1984 verlangsamte sich das Tempo der tariflichen Arbeitszeitverkürzung. Erst mit dem Übergang auf die betriebsdurchschnittliche 38,5-Stunden-Woche in der Metallindustrie im Jahre 1985 ist die tarifliche Arbeitszeit wieder deutlicher verkürzt worden. Mittlerweile ist nach den Berechnungen des IAB im Durchschnitt aller Arbeitnehmer die tarifliche wöchentliche Arbeitszeit auf unter 40 Stunden gesunken und die Zahl der Urlaubstage auf mehr als 30 Tage angestiegen. Die tarifliche jährliche Arbeitszeit je Arbeitnehmer betrug 1986 im Durchschnitt der Gesamtwirtschaft 1 726 Stunden, die effektive Arbeitszeit (ohne Teilzeiteffekt) rd. 30 Stunden weniger.

Neben den tariflichen Vorgaben haben nur der Krankenstand und die Überstunden einiges Gewicht. Das Überstundenvolumen weist seit 1970 einen deutlich negativen Trend auf; von 1983 bis 1986 hat es aber wieder leicht zugenommen. Der Krankenstand hat einen leicht negativen Trend; auf Personen bezogen sind im längerfristigen Durchschnitt zwischen 4,5 und 6 vH aller Arbeitnehmer arbeitsunfähig krank gewesen. Der Krankenstand ist - ebenso wie Mehr- und Kurzarbeit - ausgesprochen konjunkturabhängig. Dabei haben Krankenstands- und Mehrarbeitsstundenentwicklung gegenläufige Wirkungen auf die effektive Arbeitszeit: In Rezessionsphasen sind die Ausfallstunden durch Krankheit geringer als in der Hochkonjunktur; das Arbeitsvolumen wird dadurch erhöht. Dagegen gehen in Rezessionsphasen die geleisteten Überstunden zurück und vermindern das Arbeitsvolumen. Beide Bewegungen können sich per Saldo erheblich kompensieren.

Schaubild 4.2.1/1

Jahresarbeitszeit *) je Arbeitnehmer

alle Wirtschaftszweige

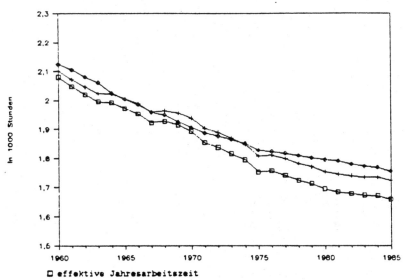

□ effektive Jahresarbeitszeit

+ effektive Jahresarbeitszeit ohne Teilzeiteffekt

◊ tarifliche Jahresarbeitszeit

Komponenten der Jahresarbeitszeit je Arbeitnehmer

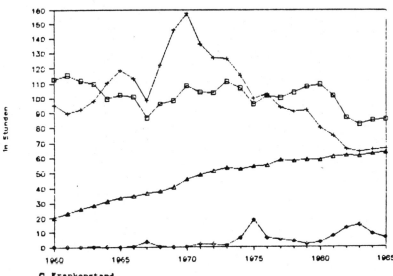

□ Krankenstand

+ Mehrarbeitsstunden

◊ Kurzarbeit

△ Teilzeiteffekt

*) arbeitstäglich bereinigt

Quelle: Institut für Arbeitsmarkt- und Berufsforschung; Berechnungen des DIW.

4.2.2   Sektorale Entwicklungen der Arbeitszeit

Eine Betrachtung der einzelnen Arbeitszeitkomponenten ist nicht in tiefer sektoraler Gliederung, sondern nur für zusammengefaßte Wirtschaftsbereiche möglich. Tabelle 4.2.2/1 informiert über die Veränderungen der tariflichen und der effektiven Arbeitszeit.

Von 1960 bis 1973 war die tarifliche Arbeitszeitverkürzung im verarbeitenden Gewerbe, im Baugewerbe und im Handel größer als im gesamtwirtschaftlichen Durchschnitt; von 1973 bis 1980 war sie dagegen in diesen drei Bereichen unterdurchschnittlich und bei den sonstigen Dienstleistungen, beim Staat und den Organisationen ohne Erwerbszweck am höchsten. Von 1980 bis 1985 war das Tempo der tariflichen Arbeitszeitverkürzung im verarbeitenden Gewerbe höher als in der Vorperiode und überdurchschnittlich im Vergleich zur Gesamtwirtschaft. Dies gilt auch für die sonstigen Dienstleistungen; dagegen sind die tariflichen Verkürzungen der Arbeitszeit beim Staat und bei den Organisationen ohne Erwerbszweck von 1980 bis 1985 nur noch unterdurchschnittlich.

Die tatsächliche Jahresarbeitszeit (ohne Teilzeiteffekt) ist auch von 1973 bis 1980 in einigen Wirtschaftsbereichen schneller zurückgegangen als in der Vorperiode (Verkehr und Nachrichten, Dienstleistungen, Staat) und hat dabei die tariflichen Vorgaben z.T. erheblich unterschritten. Im verarbeitenden Gewerbe ist das Tempo der Reduzierung der tatsächlichen Arbeitszeit (ohne Teilzeiteffekt) in diesem Zeitraum ungefähr so hoch geblieben wie in der Vorperiode und war damit dreimal so hoch wie das durch tarifliche Vereinbarungen vorgegebene Tempo. Von 1980 bis 1985 ist das Tempo der tatsächlichen Arbeitszeitverkürzung etwas geringer als das tariflich vereinbarte. Dies gilt auch für die sonstigen Dienstleistungen, wo das Tempo aber immer noch überdurchschnittlich hoch blieb.

Im Schaubild 4.2.2/1 sind die Entwicklung der Jahresarbeitszeit je Arbeitnehmer und der wichtigsten Komponenten der Arbeitszeit dargestellt. Im verarbeitenden Gewerbe sind ab 1970 die Überstunden zurückgegangen; die Kurzarbeit hat 1974 und 1975 zugenommen. Der Rückgang der Überstunden hielt bis 1982 an; danach kam es wieder zu einer leichten Zunahme. Die Kurzarbeit stieg im Abschwung von 1980 bis 1983 und ging danach wieder zurück. Im Baugewerbe war der Rückgang der Mehrarbeitsstunden ähnlich steil wie im verarbeitenden Gewerbe. Hier nahm

Tabelle 4.2.2/1

Jahresarbeitszeit der beschäftigten Arbeitnehmer nach Wirtschaftsbereichen

- jahresdurchschnittliche Veränderungsraten in vH -

	1973/60	1980/73	1985/80
	tarifliche Jahresarbeitszeit		
Land- und Forstwirtschaft,Fischerei	-0,8	-1,6	-0,8
Energiewirtschaft und Bergbau	-0,9	-0,5	-0,4
Verarbeitendes Gewerbe	-1,1	-0,3	-0,8
Baugewerbe	-1,2	-0,1	-0,2
Handel	-1,1	-0,4	-0,6
Verkehr und Nachrichten	-0,8	-0,9	-0,6
Kreditinst. und Versicherungen	-0,9	-0,6	-0,3
Sonstige Dienstleistungen	-1,0	-0,8	-1,0
Staat	-0,8	-0,8	-0,4
Priv. Haush., Organ. o. Erwerb.	-1,0	-0,9	-0,3
Alle Wirtschaftszweige	-1,0	-0,5	-0,6
	tatsächliche Jahresarbeitszeit (ohne Teilzeiteffekt)		
Land- und Forstwirtschaft,Fischerei	-0,8	-1,6	-0,8
Energiewirtschaft und Bergbau	-0,9	-0,6	-0,5
Verarbeitendes Gewerbe	-0,9	-0,9	-0,6
Baugewerbe	-1,0	-0,7	-0,5
Handel	-1,1	-0,6	-0,5
Verkehr und Nachrichten	-0,8	-1,1	-0,6
Kreditinst. und Versicherungen	-0,8	-0,8	-0,3
Sonstige Dienstleistungen	-1,0	-1,0	-0,8
Staat	-0,8	-0,9	-0,2
Priv. Haush., Organ. o. Erwerb.	-0,9	-0,9	-0,2
Alle Wirtschaftszweige	-0,9	-0,9	-0,5
	Teilzeiteffekt		
Land- und Forstwirtschaft,Fischerei	3,1	-1,3	-1,3
Energiewirtschaft und Bergbau	-	-	-
Verarbeitendes Gewerbe	6,8	-0,6	1,4
Baugewerbe	7,9	8,4	2,1
Handel	8,1	1,4	1,1
Verkehr und Nachrichten	8,7	3,5	1,3
Kreditinst. und Versicherungen	10,6	1,3	2,2
Sonstige Dienstleistungen	8,1	0,7	1,1
Staat	10,5	0,3	2,1
Priv. Haush., Organ. o. Erwerb.	7,2	-0,5	-2,6
Alle Wirtschaftszweige	7,8	1,4	1,6

Quellen: IAB, eigene Berechnungen.

Schaubild 4.2.2/1

Jahresarbeitszeit und ihre Komponenten
nach Wirtschaftsbereichen

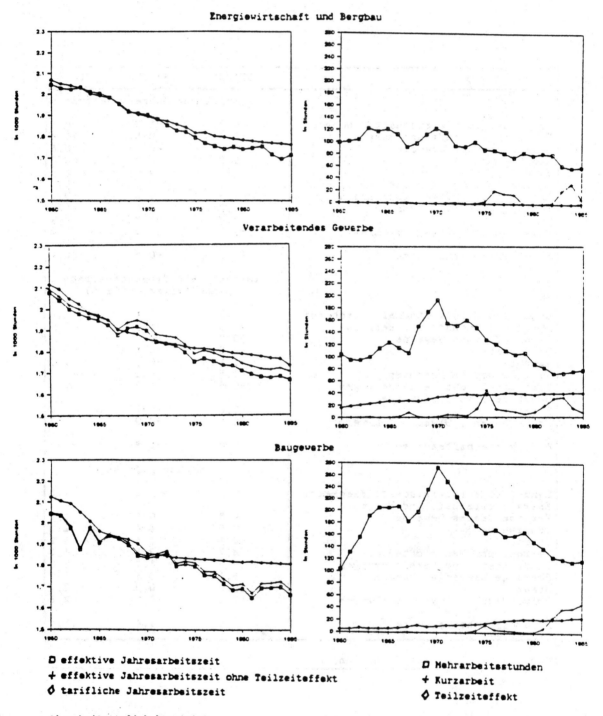

Jahresarbeitszeit *) je Arbeitnehmer   Komponenten der Jahresarbeitszeit je Arbeitnehmer

Energiewirtschaft und Bergbau

Verarbeitendes Gewerbe

Baugewerbe

◻ effektive Jahresarbeitszeit   ◻ Mehrarbeitsstunden
+ effektive Jahresarbeitszeit ohne Teilzeiteffekt   + Kurzarbeit
◊ tarifliche Jahresarbeitszeit   ◊ Teilzeiteffekt

*) arbeitstäglich bereinigt

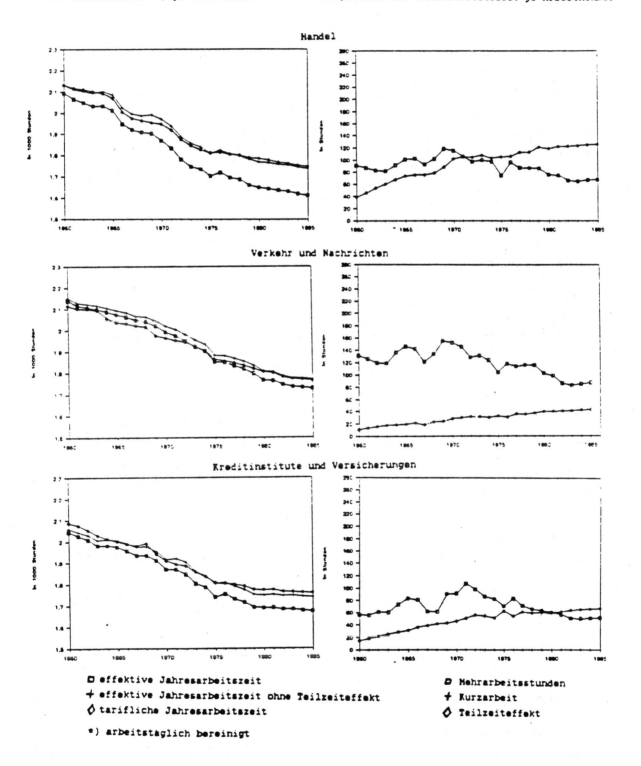

Jahresarbeitszeit *) je Arbeitnehmer   Komponenten der Jahresarbeitszeit je Arbeitnehmer

Handel

Verkehr und Nachrichten

Kreditinstitute und Versicherungen

☐ effektive Jahresarbeitszeit   ◨ Mehrarbeitsstunden
✦ effektive Jahresarbeitszeit ohne Teilzeiteffekt   ✦ Kurzarbeit
◇ tarifliche Jahresarbeitszeit   ◇ Teilzeiteffekt

*) arbeitstäglich bereinigt

157

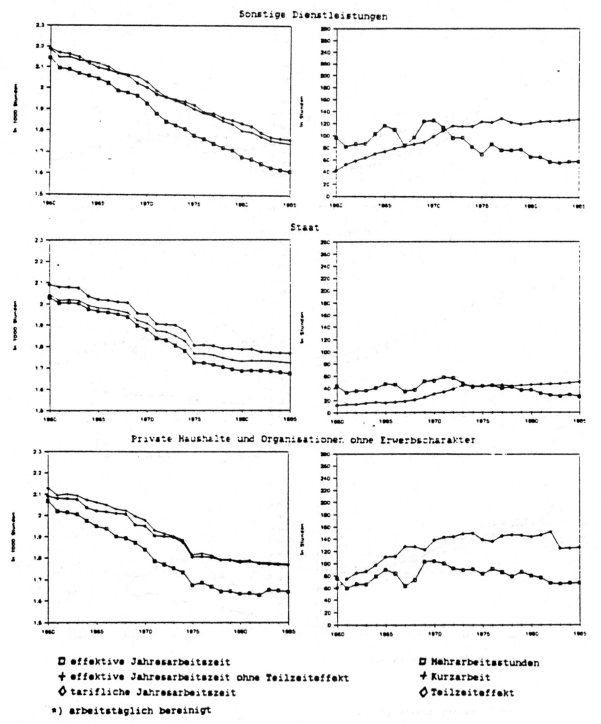

Jahresarbeitszeit *) je Arbeitnehmer   Komponenten der Jahresarbeitszeit je Arbeitnehmer

Sonstige Dienstleistungen

Staat

Private Haushalte und Organisationen ohne Erwerbscharakter

□ effektive Jahresarbeitszeit   □ Mehrarbeitsstunden
+ effektive Jahresarbeitszeit ohne Teilzeiteffekt   + Kurzarbeit
◊ tarifliche Jahresarbeitszeit   ◊ Teilzeiteffekt

*) arbeitstäglich bereinigt

Quelle: Institut für Arbeitsmarkt- und Berufsforschung; Berechnungen des DIW.

allerdings die Kurzarbeit auch nach 1983 weiter zu. Im Handel und bei den sonstigen Dienstleistungen haben Überstunden ebenfalls ein hohes Gewicht; hier sind die konjunkturellen Ausschläge nicht so ausgeprägt wie im verarbeitenden Gewerbe.

4.3 Entkoppelung von Arbeits- und Betriebzeiten

Aufgrund der bisher dargestellten Informationen läßt sich das Auseinanderklaffen von individueller Normalarbeitszeit und Betriebszeit nur partiell diskutieren. Die Informationen über Überstunden bzw. Kurzarbeit liefern erste Anhaltspunkte über Abweichungen von Arbeits- und Betriebszeiten. Viel wichtiger ist in diesem Zusammenhang aber Schichtarbeit. Sie ist zwar im Prinzip in der Arbeitsvolumensrechnung des IAB enthalten, da die von allen Beschäftigten geleistete Arbeitszeit - unabhängig von ihrer Lage - einbezogen ist. Man kann daraus aber nicht ersehen, in welchem Umfang die vorhandenen Anlagen genutzt werden. Hierzu müssen weitere Informationen herangezogen werden. Vor der Schichtarbeit sei zunächst das Entkoppelungspotential von Kurzarbeit und Überstunden diskutiert.

Bei Kurzarbeit wird auch die Betriebszeit entsprechend verrringert. Die sektoralen Schwerpunkte von Kurzarbeit sind oben dokumentiert worden. Überstunden können, wie gesagt, durch Freizeit ausgeglichen werden; dann handelt es sich um transitorische Überstunden. Erst ohne einen solchen Zeitausgleich sind es definitive Überstunden, unabhängig von ihrer Bezahlung (vgl. dazu auch Brinkmann u.a. 1986).

Die durch die Arbeitszeitflexibilisierung verbesserten Möglichkeiten eines Zeitausgleichs für Arbeitsleistungen, die zwar die Anpassungsfunktion von Überstunden haben, aber unter anderem Namen (und ohne Zuschläge) geleistet werden, haben zu dem Rückgang definitiver Mehrarbeit beigetragen. Nach einer Untersuchung des IAB (vgl. Brinkmann u.a. 1986), die sich auf das verarbeitende Gewerbe und das Jahr 1985 bezieht, sind geleistete Überstunden von rund 10 vH der Befragten durch Freizeit - in Form ganzer freier Tage bzw. Freischichten oder auch stundenweise bzw. im Rahmen von Gleitzeitsystemen - ausgeglichen worden. Als wichtigste betriebliche Gründe für Überstunden wurden unvorhergesehene oder auch regelmäßig wieder-kehrende Schwankungen in der Nachfrage (42 vH), kurzfristige Kapazitätsengpässe (21 vH), kurzfristige Personalengpässe durch Krankheit, Urlaub,

Fluktuation etc. (12 vH), aber auch längerfristige Personalengpässe (11 vH) genannt. Überstunden sind 1985 auch geleistet worden, um die Arbeitszeitverkürzung in der Metallindustrie betrieblich umzusetzen (vgl. Stille, Zwiener 1987).

In der Arbeitsvolumensrechnung des IAB werden definitive Überstunden erfaßt, die auf einen offenbar bislang nicht gedeckten zusätzlichen Betriebszeitbedarf hinweisen. Dabei sind aber u.U. auch Qualifikationsdefizite bei der Belegschaft zu berücksichtigen. Durch die definitiven Mehrarbeitsstunden werden also die Betriebszeiten i. d. R. über die Normalarbeitszeit hinaus verlängert. Die transitorischen Überstunden weisen dagegen auf den Bedarf an betriebszeitlicher Differenzierung im Jahresverlauf hin. Die Arbeitsvolumensrechnung des IAB weist für die Gesamtwirtschaft rd. 67 definitive Mehrarbeitsstunden je Arbeitnehmer und Jahr (1985 oder 1986) aus. 1960 waren es noch 95, bis 1970 hat sich diese Zahl auf 157 Mehrarbeitsstunden pro Beschäftigten und Jahr erhöht. In Relation zu der tariflichen Arbeitszeit lag der Anteil der Mehrarbeitstunden 1960 bei 4,6 vH, 1970 bei 8,4 vH und 1986 bei knapp 4 vH (vgl. auch Tabelle 4.2.1/1). In Relation zur insgesamt geleisteten Arbeitszeit hat sich also das Gewicht der Überstunden gegenüber 1960 nur etwas verringert.

Aus dem Schaubild 4.2.2/1 geht hervor, daß die definitiven Mehrarbeitsstunden sektoral ein ganz unterschiedliches Gewicht haben. Die Abweichungen der Betriebszeiten von den Normalarbeitszeiten aufgrund von Überstunden sind überdurchschnittlich hoch im verarbeitenden Gewerbe, im Baugewerbe, im Handel und im Verkehr. Dauerüberstunden sind sehr verbreitet bei Firmen, die auf die Wartung und Instandhaltung industrieller Anlagen spezialisiert sind (Handwerk).

Sektoral tiefer gegliederte Informationen liegen für die Überstundenintensität (Überstunden in vH der Wochenarbeitszeit) der Arbeiter nach Industriezweigen vor (C. Brinkmann u.a. 1986; vgl. Tabelle 4.3/1). Hieraus geht hervor, daß die Überstundenintensität 1985 im Bereich Steine, Erden; im Stahl- und Leichtmetallbau; im Maschinenbau; im Schiffbau; in der Ledererzeugung und in vielen Zweigen der Nahrungs- und Genußmittelindustrie weit überdurchschnittlich, dagegen in der chemischen Industrie und in den meisten Verbrauchsgüterzweigen weit unterdurchschnittlich ausgefallen ist. In der Entwicklung haben gegenüber 1960 nur wenige Wirtschaftszweige die Überstundenintensität noch gesteigert (Ledererzeugung, Textil-, Schuh- und Brotindustrie). Die Rückgänge von 1960 bis 1985 waren am

Tabelle 4.3/1

Überstundenintensität vollzeitbeschäftigter Arbeiter[1]

Industriezweig	Indices					
	Niveau (insgesamt = 100)			Entwicklung 1960 = 100)		
	1960[2]	1970	1985	1960[2]	1970	1985
Industrie insgesamt	100	100	100	100	158,0	76,4
Energiewirtsch. u. Wasserversorg.	.	.	.	.	.	.
Bergbau	91,4	90,7	101,4	100	156,8	84,8
Steinkohlenbergbau	88,3	86,5	102,6	100	154,7	88,8
Braun- und Pechkohlenbergbau	107,7	86,6	108,4	100	127,0	76,9
Erzbergbau	52,3	77,0	58,9	100	232,5	86,0
Kali- und Steinsalzbergbau sowie Salinen	83,9	127,2	58,1	100	239,4	52,9
Übriger Bergbau	96,9	89,5	129,7	100	145,8	102,3
Grundstoff- und Produktionsgüterindustrie	110,1	109,3	104,8	100	156,8	72,8
Industrie der Steine und Erden	158,3	148,5	208,1	100	148,2	100,5
Eisen- und Stahlindustrie	107,9	124,9	118,7	100	182,9	84,1
NE-Metallindustrie (einschl. NE-Metallgießerei)	110,2	113,3	122,5	100	162,4	84,9
Mineralölverarbeitung	115,5	65,0	46,9	100	88,9	31,0
Chemische Industrie (ohne Chemiefaserindustrie)	75,0	27,1	53,1	100	57,1	54,1
Chemiefaserindustrie	43,9	55,3	47,8	100	199,2	83,3
Sägewerke und holzbearbeitende Industrie	109,0	103,6	125,1	100	150,2	87,8
Zellstoff-, papier- und pappeerzeugende Industrie	162,2	148,5	157,7	100	144,6	74,3
Gummi- und asbestverarbeitende Industrie	73,3	73,8	70,1	100	159,1	73,1
Investitionsgüterindustrien	111,5	109,7	100,7	100	155,4	69,0
Stahl- und Leichtmetallbau	158,1	154,9	174,9	100	154,7	84,5
Maschinenbau	121,9	130,9	145,2	100	169,6	91,0
Straßenfahrzeugbau	97,1	106,8	72,0	100	173,8	56,7
Schiffbau	215,5	197,2	194,5	100	144,5	69,0
Luftfahrzeugbau	.	72,8	60,5	.	.	.
Elektrotechnische Industrie	80,8	81,5	86,5	100	159,3	82,9
Feinmechanische und optische sowie Uhrenindustrie	65,1	68,1	54,5	100	160,4	64,0
Stahlverformung, EBM-Waren-Industrie	108,0	118,9	112,2	100	173,8	79,4
Herstellung von Büromaschinen, Datenverarbeitungsgeräten	.	.	66,3	.	.	.
Verbrauchsgüterindustrien	85,8	85,0	76,8	100	156,1	89,2
Feinkeramische Industrie	80,6	64,5	66,0	100	126,3	82,6
Glasindustrie	106,6	77,7	82,8	100	115,1	86,6
Holzverarbeitende Industrie	76,2	81,0	85,0	100	167,9	89,2
Musikinstrumenten-, Sportgeräte-, Spiel- und Schmuckwarenindustrie	68,9	54,7	54,3	100	125,5	80,2
Papier- und pappeverarbeitende Industrie	100,2	85,8	92,6	100	135,2	70,6
Druckerei- und Vervielfältigungsindustrie	118,6	96,2	112,4	100	128,0	72,4
Kunststoffverarbeitende Industrie	80,8	80,0	87,6	100	156,3	82,5
Ledererzeugende Industrie	76,1	122,3	183,2	100	254,1	163,9
Lederverarbeitende Industrie	45,2	46,9	35,9	100	164,0	60,7
Schuhindustrie	25,2	34,1	35,9	100	213,8	108,7
Textilindustrie	58,0	62,2	87,6	100	169,4	115,5
Bekleidungsindustrie	26,0	17,0	18,2	100	103,5	53,5
Nahrungs- und Genußmittelindustrien	129,4	108,0	172,5	100	131,8	101,8
Brotindustrie	106,4	89,2	177,3	100	132,5	127,3
Obst- und gemüseverarbeitende Industrie	179,9	146,2	227,8	100	128,4	96,7
Fleischverarbeitende Industrie	143,3	113,3	161,2	100	124,9	86,0
Fischverarbeitende Industrie	125,8	101,7	151,7	100	127,8	92,2
Brauerei und Mälzerei	156,3	117,6	124,6	100	118,8	60,9
Tabakverarbeitende Industrie	17,7	14,1	17,9	100	125,8	77,3

1) nur Arbeiter, die während des Erhebungsmonats voll anwesend waren
2) Jahresdurchschnitt

Quelle: Statistisches Bundesamt, IAB

Entnommen aus: Brinkmann (1986), S. 71.

ausgeprägtesten in der Mineralölverarbeitung, der chemischen Industrie und im Straßenfahrzeugbau.

Quantitativ sehr viel bedeutender als Überstunden ist nach wie vor die Entkoppelung der Normalarbeitszeit durch die traditionelle Schicht-, Nacht- und Wochenendarbeit, zunehmend aber auch durch Mehrfachbesetzungssysteme (z.B. Rouliersysteme) einschließlich der Kombination von Vollzeit- und Teilzeitschichten.

Die Datenlage ist bei Schichtarbeit in allen ihren Formen dürftig; die amtliche Statistik (Mikrozensus und EG-Stichprobenerhebung über Arbeitsplätze) hat hierüber nur wenige Male berichtet, zuletzt 1975 (vgl. hierzu Streich 1986, S. 5ff.).

Als Ausgangspunkt einer Diskussion von Schichtarbeit eignet sich die 1984 von IAB/Ifo durchgeführte Befragung im verarbeitenden Gewerbe und im Handel. Sie hat ergeben, daß von den 6,7 Mill. Beschäftigten im verarbeitenden Gewerbe in Betrieben mit mehr als 20 Beschäftigten ungefähr ein Viertel Schichtarbeiter waren (vgl. Tabelle 4.3/2). Von diesen 1,7 Mill. Schichtarbeitern arbeiteten wiederum zwei Drittel in Zwei-Schicht-Systemen (Früh- und Spätschicht) und ein Drittel in Drei-Schicht-Systemen (vgl. Tabelle 4.3/3 und Reyher u.a. 1985, S. 34).

Aufgrund der IAB/Ifo-Erhebung erhält man für das Jahr 1984 also Anhaltspunkte über die durchschnittlichen Betriebszeiten der Produktionsanlagen im verarbeitenden Gewerbe (vgl. Tabelle 4.3/4). Während im Ein-Schicht-Betrieb die wöchentliche Betriebszeit in fast allen Wirtschaftszweigen des verarbeitenden Gewerbes ca. 40 Stunden betrug, wurden in den Wirtschaftszweigen mit Mehr-Schicht-Betrieb die Produktionsanlagen im Durchschnitt des verarbeitenden Gewerbes rd. 99 Stunden pro Woche genutzt, wobei die sektoralen Abweichungen allerdings erheblich sind. In der chemischen Industrie und der Mineralölverarbeitung betrug im Herbst 1984 die durchschnittliche Betriebszeit der Produktionsanlagen mit Mehr-Schicht-Betrieb 137 Stunden pro Woche - über 80 vH der Betriebe arbeiteten hier rund um die Uhr. Für die Metallerzeugung, zu der die eisenschaffende Industrie gehört, wurden die Produktionsanlagen im Mehrschichtbetrieb im Durchschnitt 118 Stunden je Woche genutzt. Das unterschiedliche Gewicht von Mehr-Schicht-Betrieben in einzelnen Branchen und ihre unterschiedliche durchschnittliche Betriebszeit wirkt sich schließlich auch auf den Gesamtdurchschnitt der Betriebszeit von Produktionsanlagen der einzelnen Wirtschaftszweige des verarbeitenden Gewerbes aus.

Tabelle 4.3/2

Besondere Beschäftigungsformen

| Wirtschaftsbereiche | Beschäf-tigte[a]) (in 1000) | Schicht-arbeiter | Anteil der | | Leih-arbeits-kräfte |
| | | | Teilzeit-beschäf-tigten | befristet Beschäf-tigten | |
			in %		
Chemische Industrie, Mineralölverarbeitung	588	17,7	4,2	1,1	0,8
Kunststoffwarenherst., Gummiverarbeitung	298	32,3	4,9	1,6	0,1
Steine und Erden, Fein-keramik, Glasgewerbe	285	19,4	5,4	0,8	0,0
Holzbearbeitung, Papier- und Pappeerzeugung, -verarbeitung	197	37,0	4,4	1,3	0,1
Metallerzeugung und -verarbeitung	548	40,3	2,0	0,8	0,2
Stahl-, Maschinen- und Fahrzeugbau	2 102	28,9	2,3	1,2	0,4
Elektrotechnik, Fein-mechanik/Optik/Uhren, Herst.v. EBM-Waren	1 304	19,5	5,5	1,8	0,2
Holzverarbeitung, Herst. von Musikinstrumenten usw.	253	4,8	6,9	1,1	0,0
Druckerei und Verviel-fältigung	163	30,9	7,6	1,7	0,0
Textilgewerbe	235	46,7	8,8	0,7	0,0
Leder- und Bekleidungs-gewerbe	261	1,7	15,2	0,5	0,0
Nahrungs- und Genußmit-telgewerbe	460	14,8	7,6	3,0	0,1
Verarbeitendes Gewerbe	6 695	24,8	4,8	1,4	0,3
Handel	3 332	-	24,1	1,2	0,6

a) Im Verarbeitenden Gewerbe: Betriebe mit 20 und mehr Beschäftigten.

Quelle: IAB/ifo-Umfrage 1984; vgl. Vogler-Ludwig (1986), S. 229.

Tabelle 4.3/3

Schichtsysteme

Wirtschaftsbereiche	Schicht-arbei-ter[a]) (in 1000)	in[b]): Zwei-Schicht-Systemen	davon arbeiten ... (in %)			
			Drei-Schicht-Systemen	an: Sams-tagen	Sonn-tagen	Samstagen und Sonntagen
Chemische Industrie, Mineralölverarbeitung	104	59	41	20	-	46
Kunststoffwarenherst., Gummiverarbeitung	96	38	62	5	0	4
Steine und Erden, Fein-keramik, Glasgewerbe	55	43	54	3	-	35
Holzbearbeitung, Papier- und Pappeerzeugung, -verarbeitung	73	37	63	10	1	36
Metallerzeugung und -verarbeitung	221	30	67	3	-	26
Stahl-, Maschinen- und Fahrzeugbau	608	87	13	0	-	0
Elektrotechnik, Fein-mechanik/Optik/Uhren, Herst.v. EBM-Waren	255	80	20	2	-	0
Holzverarbeitung, Herst. von Musikinstrumenten usw.	12	95	5	22	-	1
Druckerei und Verviel-fältigung	50	55	43	3	10	0
Textilgewerbe	110	29	71	38	0	7
Leder- und Bekleidungs-gewerbe	4	19	81	57	-	-
Nahrungs- und Genußmit-telgewerbe	68	67	32	11	-	19
Verarbeitendes Gewerbe	1 657	65	35	6	0	11

a) Hochgerechnet auf Betriebe mit 20 und mehr Beschäftigten. - b) Soweit die Summe von 100 abweicht, sind noch andere Schichtsysteme anzutreffen.

Quelle: IAB/ifo-Umfrage 1984; vgl. Vogler-Ludwig (1986), S. 230.

Tabelle 4.3/4

Durchschnittliche wöchentliche Betriebszeit (in Stunden)
– verarbeitendes Gewerbe[*] –

Wirtschaftsbereiche	Ein-schicht-betrieb	Mehr-schicht-betrieb	Gesamt-durch-schnitt
Chemische Industrie, Mineral-ölverarbeitung	40,1	136,9	74,3
Kunststoffwarenherstellung, Gummiverarbeitung	39,8	107,2	68,8
Steine und Erden, Fein-keramik, Glasgewerbe	40,9	115,4	59,2
Holzbearbeitung, Papier- und Pappeerzeugung, -verarbeitung	40,1	123,7	80,3
Metallerzeugung und -verarbeitung	40,3	117,7	78,8
Stahl-, Maschinen-. u. Fahrzeugbau	40,3	81,3	57,5
Elektrotechnik, Feinmechanik/Optik/Uhren, Herstellung von EBM-Waren	40,4	87,8	52,8
Holzverarbeitung, Herstellung von Musikinstrumenten usw.	40,5	81,0	42,4
Druckerei und Vervielfältigung	40,2	96,9	63,9
Textilgewerbe	40,3	112,3	81,3
Leder- und Bekleidungs-gewerbe	40,2	101,0	41,3
Nahrungs- und Genußmittel-gewerbe	41,6	99,8	54,5
Verarbeitendes Gewerbe insgesamt	40,4	98,7	60,6

[*] Durchschnittswerte, gewichtet mit den Beschäftigten in den verschiedenen Schichtsystemen; letzte Septemberwoche 1984

Quelle: IAB/ifo-Umfrage 1984; vgl. Reyher u.a. (1985), S. 35.

Die durchschnittliche Betriebsdauer der Produktionsanlagen im verarbeitenden Gewerbe betrug 1984 rund 61 Stunden pro Woche; damit waren die Betriebszeiten durchschnittlich um mehr als 50 vH länger als die durchschnittlichen individuellen wöchentlichen Arbeitszeiten. Rund ein Drittel länger als im Durchschnitt des verarbeitenden Gewerbes waren die Betriebszeiten im Textilgewerbe, in der Holzverarbeitung, der Papier- und Pappeerzeugung und -verarbeitung sowie in der Metallerzeugung und -verarbeitung; rund ein Viertel höher waren die durchschnittlichen Betriebszeiten in der chemischen Industrie und der Mineralölverarbeitung. Dagegen wichen die durchschnittlichen Betriebszeiten je Woche in der Holzverarbeitung und der Herstellung von Musikinstrumenten sowie im Leder- und Bekleidungsgewerbe um rund ein Drittel nach unten ab. Es läßt sich zeigen, daß die Länge der sektoralen Betriebszeit positiv mit der sektoralen Kapitalintensität korreliert (vgl. Bosch 1987).

Aus der IAB/Ifo-Umfrage geht ebenfalls hervor, daß in den drei Jahren vor dem Erhebungszeitpunkt der Mehr-Schicht-Betrieb, gemessen an den davon betroffenen Beschäftigten, ausgeweitet wurde, vor allem in den Großbetrieben der chemischen Industrie, der Mineralölverarbeitung, der Kunststoff- und Gummiverarbeitung, im Bereich Elektrotechnik/Feinmechanik/EBM-Waren, im Bereich Holzverarbeitung/ Papier- und Pappeerzeugung und -verarbeitung sowie im Nahrungs- und Genußmittelgewerbe. Hingegen wurde der Mehr-Schicht-Betrieb in den Bereichen Steine und Erden/Glasgewerbe/Feinkeramik und Metallerzeugung und -verarbeitung eingeschränkt. Da diese Bereiche zum Befragungszeitpunkt unterausgelastet waren und die erstgenannten teilweise erhebliche Wachstumsraten zu verzeichnen hatten, spricht viel dafür, daß konjunkturelle Gründe, aber auch mittelfristige Wachstumsperspektiven für die Veränderungen der Schichtarbeit ausschlaggebend waren.

Über den längerfristigen Trend von Schichtarbeit lassen sich nur sehr schwer Aussagen gewinnen. Im Zusammenhang mit dem Trend kürzerer individueller Arbeitszeiten hat wohl die Bedeutung der Schichtarbeit bis in die siebziger Jahre hinein zugenommen. Beispielsweise schätzen Münstermann/Preiser (1978, S. 6), daß durch die Verkürzung der effektiven individuellen Arbeitszeit im Zeitraum von 1960 bis 1975 die Zahl der Schichtbeschäftigten um jährlich 31 000 zugenommen hat. Insgesamt hat nach ihren Berechnungen die Zahl der Schichtarbeiter in diesem Zeitraum um 70 000 im Jahresdurchschnitt zugenommen. Ob aber die von ihnen erwartete weitere Zunahme der Schichtarbeit nach 1975 tatsächlich eingetreten ist, darf - zumindest für den gesamtwirtschaftlichen Durchschnitt - bezweifelt werden. Dabei ist zu berücksichtigen, daß Schichten teilweise eine zeitlich begrenzte, vorübergehende Anpassung an Auslastungsschwankungen darstellen (z. B. Aufholschichten in der Automobilindustrie nach den Streiks im Jahre 1984) und auf Jahresbasis teilweise ausgeklammert werden müssen.

Aus einer Untersuchung im Jahr 1979 über Industriebetriebe mit teilkontinuier-lichen oder vollkontinuierlichen Schichten - also Betrieben, die wochentags oder an Wochenenden Nachtschichten fahren - berichten Friedrich/Röthlingshöfer (1980), daß 1979 ca. 8 vH der in der Industrie beschäftigten Arbeitnehmer regelmäßig nach Schichtplänen mit Nachtschicht arbeiteten. Hinzu kamen maximal 1,5 vH, die fallweise in Nachtschicht eingesetzt wurden (ebda, S. 26). Dabei war regelmäßige Schichtarbeit vor allem im Grundstoff- und Produktionsgüterbereich anzutreffen; hier sind in erster Linie technische Gründe ausschlaggebend. Die fallweise Schicht-arbeit spielte im Nahrungs- und Genußmittelbereich (Saisoneinflüsse) und in der Investitionsgüterindustrie (Bewältigung von Nachfragespitzen) eine überdurch-schnittliche Rolle, hier aber in erster Linie aus wirtschaftlichen Gründen (optimale Kapazitätsauslastung und Rentabilität der Investitionen) (ebda, S. 21 und S. 30). Die Autoren weisen darauf hin, daß der Anteil der Arbeitnehmer, die insgesamt in Nachtarbeit tätig sind, von 1965 bis 1975 relativ konstant geblieben ist, während der Anteil der Arbeitnehmer, die regelmäßig Nachtarbeit leisten, deutlich abge-nommen hat (ebda, S. 11).

Ihre Einschätzung war, daß die Zahl der in Nachtschicht arbeitenden Arbeitnehmer in der Industrie in den achtziger Jahren zurückgehen werde (ebda, S. 24). Sie begründeten dies damit, daß auch bei weitgehender Konstanz des Anteils der Betriebe mit regelmäßiger (Nacht-) Schichtarbeit sich die Zahl der von (Nacht-) Schichtarbeit betroffenen Arbeitnehmer durch die weitere Mechanisierung und Automatisierung verringern werde (ebda, S. 26/7). Demgegenüber berichten Groß u. a. (1987, S. 37), daß die Quote der Beschäftigten, die nachts arbeiten, in den letzten Jahren konstant geblieben sei. Dies ist kein Widerspruch zu der skizzierten Erwartung von Friedrich/Röthlingshöfer, da sie Aussagen nur für die Industrie machen, hier aber alle Wirtschaftsbereiche angesprochen sind.

Bezieht man Schichtsysteme ohne Nachtarbeit ein, so sieht der Befund für das verarbeitende Gewerbe anders aus. Vogler-Ludwig (1986, S. 220) konstatiert: "Verglichen mit dem Anteil von 25 vH für 1984 hatten die Schichtarbeiter im verarbeitenden Gewerbe vor zehn Jahren einen Anteil von 20 vH und zu Beginn der sechziger Jahre waren es sogar nur 14 vH." Auch wenn man einen Teil dieser Entwicklung der betriebszeitlichen Differenzierung zurechnet, ist im verarbeitenden Gewerbe eine Ausweitung der Betriebszeiten und damit ihre Entkoppelung von der sinkenden Normalarbeitszeit sehr wahrscheinlich.

Bei einer über das verarbeitende Gewerbe hinausgehenden Gesamteinschätzung ist zu berücksichtigen, daß Bereiche mit überdurchschnittlicher Schichtarbeitsquote im Strukturwandel verloren haben (z. B. Bergbau). Bezieht man den tertiären Sektor ein, so haben auch hier die Bereiche mit der relativ höchsten Schichtarbeitsquote (Bundesbahn) starke Beschäftigungsrückgänge hinnehmen müssen.

Nach berufsbezogenen Angaben von v. Henninges (1981) waren 83 vH der Metallerzeuger/Walzer, 75 vH der Bergleute, Mineralgewinner, 68 vH der Heizer und Maschinenwärter, 66 vH der Krankenschwestern, -pfleger, 63 vH der Binnenschiffer und Nautiker, 60 vH der Gastwirte und Hoteliers, 59 vH der Schaffner und Schienenfahrzeugführer, 57 vH der Bäcker und Konditoren sowie 50 vH der Polizei- und Grenzschutzbeamten an Schicht- oder Nachtarbeit im Jahre 1979 beteiligt. Dies zeigt, daß neben den erwähnten industriellen Bereichen auch eine ganze Reihe von Dienstleistungsbereichen Betriebszeiten haben, die von der Normalarbeitszeit erheblich abweichen. Im allgemeinen waren die Beschäftigten im Handel und bei den sonstigen Dienstleistungen von Schicht- und Nachtarbeit wesentlich seltener betroffen als die Arbeitnehmer im produzierenden Gewerbe, im öffentlichen Dienst oder im Verkehrsbereich. Bei der Wochenendarbeit lagen demgegenüber Schwerpunkte vor allem im öffentlichen Dienst bzw. im Verkehrsbereich, in der Land- und Forstwirtschaft sowie im Handel, hier vor allem samstags.

Streich (1986, S. 37) kommt zu dem Schluß, daß die Zahl der Schicht- und Nachtarbeiter seit 1975 stagniert oder gar abgenommen hat. Auch nach anderen Einschätzungen ist die Zahl der Schichtarbeiter in den letzten Jahren konstant geblieben (Groß u. a. 1987, S. 39). Damit ist nicht ausgeschlossen, daß Schichtarbeit relativ noch zugenommen hat; dies dürfte vor allem für Schichtsysteme ohne Nachtarbeit zutreffen.

Neben den "traditionellen" Schichtsystemen ist die Nutzung von Mehrfachbesetzungssystemen von Bedeutung. Ein geläufiges Beispiel hierfür ist das Rouliersystem im Handel, das die Beibehaltung der Öffnungszeiten am Samstag bei einer 5-Tage-Arbeitswoche ermöglicht hat. Es gibt die Möglichkeiten solcher Mehrfachbesetzungssysteme auch in Wirtschaftszweigen außerhalb des Handelsbereichs (vgl. hierzu Weidinger/Hoff 1988). Durch Mehrfachbesetzungssysteme lassen sich die Betriebszeiten fast beliebig gestalten. Teilzeitarbeit kann in solche Systeme eingebaut werden. Mehrfachbesetzungssysteme erlauben auch, den zu Freischichten oder Brückentagen gebündelten individuellen Freizeitausgleich ohne eine Reduzierung der Betriebszeiten zu realisieren. Hierbei spielt die Besetzungsstärke von Teilschichten eine wichtige Rolle, über die Betriebsrat und Unternehmen in Zukunft noch kontroverser diskutieren werden als bisher. Gerade die Einbeziehung von Teilzeitarbeit in bisher reine Vollzeitsysteme zeigt den steigenden Betriebszeit-Differenzierungsbedarf. Dadurch lassen sich aber ebenfalls die Betriebszeiten auf Dauer ausweiten - z. B. im Ein-Schicht-Betrieb in die Abendstunden und/oder in den Samstag hinein.

Die neuartigen Formen der Arbeitszeitorganisation dürften ansatzweise schon auf eine (dauerhafte) Entkoppelung von Arbeits- und Betriebszeiten im industriellen Bereich hindeuten. "Die Problematik des Auseinanderlaufens von erforderlicher Öffnungs- und Besetzungszeit (6-Tage-Woche) und individueller Arbeitszeit (5-Tage-Woche) im Einzelhandel findet sich heute mehr und mehr in gleicher oder ähnlicher Form auch in der Industrie. Bei weiteren Arbeitszeitverkürzungen wird hier schon die 4-Tage-Woche bei fünf- oder sechstätiger Betriebswoche absehbar." (Weidinger/Hoff 1988, S. 126).

Die Samstagsarbeit hat in den achtziger Jahren in allen Wirtschaftszweigen wieder zugenommen, am stärksten im industriellen Bereich. Spitzenreiter sind hier aber nach wie vor der Handel, Verkehr und Bundespost (vgl. Groß u. a. 1987, S. 44). Auch die Sonntagsarbeit hat in den achtziger Jahren wieder leicht zugenommen. Im produzierenden Gewerbe werden am Samstag überwiegend Überstunden geleistet (ebda, S. 46). Ein Teil dieser Überstunden dürfte durch Freizeitausgleich abgegolten werden. Dennoch zeigt diese Entwicklung deutlich, daß - vorbereitet durch Überstunden - der Samstag zunehmend wieder in den Bereich der "Normalarbeitszeit" rückt.

Zusammenfassend läßt sich sagen, daß die Abweichungen von Arbeits- und Betriebszeiten erheblich sind; eine Entkoppelung (im Sinne zunehmender Abweichungen) von Arbeits- und Betriebszeiten ist im verarbeitenden Gewerbe wahrscheinlich; darüber hinaus ist sie empirisch nicht belegbar. Bosch (1987, S. 717) kommt zu der Zwischenbilanz, daß es in den letzten 10 Jahren nicht zu einer (weiteren) Entkoppelung gekommen ist. Dabei unterschätzt er aber die zunehmende Samstagsarbeit als Ausweitung der Betriebszeit. Überdies kann auch er das Ausmaß einer Betriebszeitausweitung aufgrund neuartiger Entkoppelungsformen (durchlaufende Pausen, versetzte Arbeitszeiten) kaum quantifizieren.

Vor allem bleibt also empirisch häufig uneindeutig, inwieweit die Differenzierung der Betriebszeiten zu ihrer dauerhaften Ausweitung genutzt wird. Hinzu kommt, daß sich die Differenzierung der Betriebszeiten weit unterhalb der sektoralen, aber auch der Unternehmensebene vollzieht ("Produktionsinseln" am Samstag).

4.4 Schlußfolgerungen

Der vorangegangene Abschnitt hat einige Anhaltspunkte dafür geliefert, daß die Entwicklung der Normalarbeitszeit bzw. die effektive Arbeitszeit je Arbeitnehmer (ohne Teilzeiteffekt) kaum die tatsächliche Betriebsdauer von Anlagen approximieren kann; Schlußfolgerungen für das Thema können gleichwohl - angesichts der unzulänglichen empirischen Informationen - nur hypothetisch gezogen werden. Hier interessiert vor allem, wie der Zusammenhang von Investitionen, Beschäftigung und Produktivität durch eine - im einfachsten Fall - Verlängerung der Betriebszeiten tangiert wird.

Die Verlängerung der Betriebszeiten ist aus einzelwirtschaftlicher Sicht deshalb von so großem Interesse, weil sie viele unternehmerische Parameter positiv beeinflußt. Aus den referierten Untersuchungen ist deutlich geworden, daß hinter der Ausweitung von Betriebszeiten im verarbeitenden Gewerbe - besonders im Investitionsgütergewerbe - vor allem Wirtschaftlichkeitsüberlegungen und nicht mehr so sehr prozeßtechnische Erfordernisse stehen. In der Regel verringern sich durch eine Verlängerung der Betriebszeiten die Stückkosten. Die Unternehmen werden in die Lage versetzt, die Produktion auszuweiten, ohne unmittelbar die Investitionen und die Zahl der physisch vorhandenen Arbeitsplätze zu erhöhen.

Auch bei unveränderten Absatzerwartungen ist eine Betriebszeitausweitung für die Unternehmen vorteilhaft, da sich die Investitionsproduktivität erhöht.

Eine Verlängerung der Betriebszeit (definitionsgemäß auf Jahresbasis) führt also

- zu höherer Investitionsproduktivität (geringeren Investitionen in Relation zum Output);

- zu sinkender Investitionsintensität (Investitionen in Relation zu Stunden und Beschäftigten, wenn deren individuelle Arbeitszeit nicht steigt);

- zu höherem Abschreibungspotential und damit zu der Möglichkeit einer rascheren Modernisierung des Produktionsapparates;

- zu einer Ausweitung der Beschäftigung (bei konstanten oder rückläufigen individuellen Arbeitszeiten).

Die Betriebszeit bzw. die Dauer der Nutzungszeit der Anlagen ist also ein zusätzlicher Bestimmungsfaktor für das Investitionsverhalten. Längere Nutzungszeiten können z. B. Investitionen, deren Anschaffung mit besonders hohen finanziellen Aufwendungen verbunden ist, rentabel machen. Bei schneller technischer Veralterung der Maschinen und sich schnell ändernden Marktbedingungen erlauben längere Betriebszeiten eine raschere Reaktion der Unternehmen. Eine Betriebszeitausweitung kann mit einer Erhöhung der Marktanteile einhergehen. Wichtig ist aber, daß auch für Unternehmen ohne steigende Absatzerwartungen eine Entkoppelung von Arbeits- und Betriebszeiten, d.h. eine Ausweitung der Betriebszeiten und/oder eine Reduzierung der Beschäftigung, eine rentabilitätssteigernde Strategie ist. Gesamtwirtschaftlich ist bei gegebenem Kapitalstock eine Ausweitung der Betriebszeiten - und der Beschäftigung, wenn die individuellen Arbeitszeiten nicht verlängert werden - nur dann möglich, wenn der erhöhte Output auch absetzbar ist.

Bei konstantem Output bedeutet aber eine Betriebszeitausweitung, daß ein Teil des Kapitalstocks entbehrlich wird, und zwar der ältere, weniger effiziente Teil des Kapitalstocks. Eine solche selektive Desinvestition hat die Folge, daß der Modernitätsgrad und die Effizienz des Kapitalstocks steigt. Dies dürfte in der Regel die Arbeitsproduktivität positiv beeinflussen, so daß von dieser Seite her mit sinkender Beschäftigung zu rechnen ist - eine unveränderte individuelle Arbeitszeit einmal unterstellt. In eine Gesamteinschätzung sind dann aber auch die positiven Beschäftigungseffekte aufgrund einer verbesserten Wettbewerbssituation - auch auf den internationalen Märkten - und die Rückwirkungen eines aufgrund längerer Betriebszeiten veränderten Investitionsverhaltens auf die Beschäftigung einzubeziehen. Per Saldo dürften hier Abschätzungen der Beschäftigungseffekte für einzelne Wirtschaftszweige oder die Gesamtwirtschaft sehr schwer sein.

Man stößt also schnell auf ähnliche Probleme wie bei einer gesamtwirtschaftlichen oder sektoralen Evaluierung der Beschäftigungseffekte aufgrund der technischen Entwicklung. Häufig geht es um eine Differenzierung und nicht um eine Ausweitung der Betriebszeiten. Die technischen Entwicklungen ermöglichen häufig erst eine solche betriebszeitliche Differenzierung. Hierdurch wird vor allem der Personaleinsatz rationalisiert. In welchem Umfang die damit realisierten Produktivitätsgewinne die Beschäftigung beeinflussen, hängt von vielen Faktoren ab. Zu berücksichtigen ist, daß die Beschäftigungseffekte einer Differenzierung der Betriebszeiten nicht allein das jeweilige Unternehmen betreffen: Beispielsweise ist das Ziel einer just-in-time Produktion u.a., die Lagerhaltung und die Anzahl der dort Beschäftigten zu vermindern. Auf der anderen Seite wird aber die Beschäftigung in der "Logistik" (Beratung einschließlich Arbeitszeitberatung, Wartung, Planung, Zulieferung) erhöht - also i. d. R. nicht nur innerhalb des betrachteten Unternehmens oder Wirtschaftszweiges.

5   Arbeitsformen und Tätigkeiten mit schwächerer Bindung
        an den Investitionsprozeß

5.1   Vorbemerkungen

Aus den bisherigen Ausführungen wurde deutlich, daß schon im Produktionsbereich
des Unternehmenssektors ein enger Zusammenhang von Investitionstätigkeit und
Beschäftigungsentwicklung nur teilweise nachzuvollziehen ist. Dabei ist schon auf
die Bedeutung von Änderungen in der wirtschaftlichen Arbeitsteilung hingewiesen
worden, soweit sie sich in sektoralen Strukturveränderungen auswirkt (Verschiebung
der Investitionsaktivität vom verarbeitenden Gewerbe zu den übrigen Dienstleistungen). Daneben spielen aber auch Tertiarisierungsprozesse innerhalb des Produk-
tionsbereichs eine Rolle, die in produktionstheoretischen Ansätzen nur unvollkom-
men berücksichtigt werden können. Die Zunahme dispositiver Funktionen ebenso
wie der Bedeutung von Vertrieb und Marketing u.a. sind zwar auf den Produktionsprozeß bezogen, ihre Ausdehnung hängt aber nicht im selben Maß von Anlageinvestitionen ab wie die engere Warenproduktion. Auch andere Sachverhalte müssen in
diesem Zusammenhang weiterverfolgt werden. Dazu gehören neben den erwähnten
Änderungen in der Tätigkeitsstruktur auch solche in der Struktur der Erwerbstätigkeit (Selbständige, abhängig Beschäftigte und Auszubildende). Dies ist Gegenstand
des Abschnitts 5.2. Im Abschnitt 5.3 soll die Bedeutung des Tertiarisierungsprozesses innerhalb der Warenproduktion nicht nur anhand von Verschiebungen in der
Tätigkeitsstruktur der Beschäftigten, sondern auch in dem Aktivitätsspektrum der
Wirtschaftszweige (Zunahme tertiärer Funktionen) beschrieben und in Hinblick auf
den Investitions- und Beschäftigungszusammenhang diskutiert werden.

Neben den bereits angesprochenen Veränderungen in den Arbeits- und Betriebszeiten sind weiterhin auch die Arbeitsformen am Rande der formellen Wirtschaft
bedeutsam, da sie sowohl in einer komplementären als auch in einer substitutiven
Beziehung zur Beschäftigungsentwicklung in der offiziellen Wirtschaft stehen
können (Abschnitt 5.4). Für alle diese Sachverhalte steht die Frage im Vordergrund,
inwieweit der traditionell vermutete Zusammenhang zwischen Investitionen und
Beschäftigung weiterhin seine Gültigkeit behält bzw. ob hier Investitionsprozesse
zu beobachten sind, die anders als die bisher beschriebenen in bezug auf ihre
Beschäftigungswirkungen sind.

5.2 Selbständige, abhängig Beschäftigte und Auszubildende

Die Veränderungen in der sektoralen Beschäftigungs- und Arbeitsplatzstruktur gehen einher mit solchen der beruflichen und sozialen Stellung der Erwerbstätigen. Dies hat auch erhebliche Auswirkungen auf die Entwicklung der Erwerbstätigenzahlen und ihre Bindung an den Investitionsprozeß. So dürfte die Mitwirkung von Familienangehörigen hier ganz anders einzuordnen sein als die von "festen" Angestellten oder Arbeitern. Intensität und Umfang der Mitwirkung von Familienangehörigen sind nicht nur von ökonomischen Gegebenheiten (z.B. saisonaler Arbeitsanfall), sondern auch von anderen Zielen geprägt. Traditionell spielen sie vor allem in der Landwirtschaft, im Handel und im Handwerk eine Rolle. Ein wesentliches Unterscheidungsmerkmal ist der Grad der Selbständigkeit im Wirtschaftsprozeß. Selbständigkeit als elementares Ziel des freien Bürgers wird statistisch aber nur als formal-rechtliche Kategorie erfaßt. Der "fliegende" Eisverkäufer und der Kleingewerbetreibende sind damit genauso selbständig wie Ärzte und Unternehmer. Besonders deutlich wird die Unschärfe der Abgrenzung bei den sogenannten Neuen Selbständigen, die ähnlich wie abhängig Beschäftigte eingesetzt werden, aber - bei besserer Bezahlung - selbst für Krankheit, Erwerbsunfähigkeit und Alter vorsorgen müssen. Beispielhaft seien hier die selbständig betriebenen Stände in Supermärkten aufgeführt.

Bei vielen Selbständigen im kleingewerblichen Bereich stehen sicherlich andere Überlegungen bei Investitionsentscheidungen im Vordergrund als bei Unternehmen, die industrielle Produktionsprozesse planen, in denen eine - beim jeweiligen Stand der Technik - optimale Faktorkombination angestrebt wird. Unterschiede ergeben sich schon bei den Finanzierungsmodalitäten: Bei Neugründungen in technisch anspruchsvollen Bereichen ist das Verhältnis von erforderlichem Risikokapital zu Anlageinvestitionen anders als bei einem Handwerker, der sich selbständig macht. Auch wenn er seinen Betrieb vergrößert, wird er für eine Neueinstellung nur in begrenztem Umfang zusätzlich investieren müssen. Er wird bei gleicher Geschäftsausstattung in der Regel die Rolle des Vorarbeiters übernehmen.

Ein weiteres Beispiel für die Schwierigkeiten, Investitionen und Beschäftigtenentwicklung in Beziehung zu bringen, ist die wachsende Zahl der Unternehmen, die in Warenhäusern und Supermärkten in eigener Regie Stände betreiben, die das Sortiment abrunden und damit seine Attraktivität erhöhen. Dazu gehören beispiels-

174

weise Brot- und Frischfleischstände, aber auch Juweliere und Antiquitätenhändler. In diesen Fällen investiert der Selbständige weit weniger als wenn er ein eigenes Geschäft aufmachen würde. Hier und bei den bekannten Fällen des "franchising" sind sicherlich ebenfalls Investitionen erforderlich, deren Höhe, Struktur und Zurechenbarkeit sich mit herkömmlichen Investitionskalkülen kaum einfangen läßt.

Auch bei anderen "Ausgründungen" aus dem industriellen Bereich (Angestellte machen sich - teilweise mit Förderung der Firma - selbständig) sind die erforderlichen Anlageinvestitionen minimal im Vergleich zu den durchschnittlichen Kosten eines Arbeitsplatzes in der alten Firma. Auch hier spielt die Möglichkeit des Mietens eine oftmals noch größere Rolle als im industriellen Bereich.

Eine Implikation statistischer Konventionen ist, daß der ambulante Kleinhändler als selbständig, dagegen der Vorstandsvorsitzende eines Weltkonzerns als unselbständig Beschäftigter eingestuft wird. Damit werden auch innerhalb der Kategorie der unselbständig Beschäftigten viele für unser Thema ganz unterschiedliche Tatbestände zusammengefaßt: Die das ganze Jahr beschäftigte Vollzeitfachkraft an der Schaltstelle eines Produktionsbetriebes, mit einer zumeist weit überdurchschnittlichen Arbeitszeit, ist mit ganz anderen Investitionsprozessen in Zusammenhang zu bringen als der wenig qualifizierte Kurzzeit-Beschäftigte, für den noch nicht einmal Sozialabgaben zu entrichten sind. Die in den Statistiken ausgewiesenen Erwerbstätigenzahlen sind reine "Kopf"-Zahlen, die solche Unterschiede nicht berücksichtigen. Eine Umrechnung in "Vollzeit-äquivalente" Erwerbstätige existiert in den deutschen Statistiken nicht, wenn man von den "Arbeitskräfte-Einheiten" in den Landwirtschaftsstatistiken absieht. Die Rechnungen in Arbeitsstunden erlauben zwar - wie in Abschnitt 4 dargelegt - eine Berücksichtigung von Arbeitszeitentwicklungen in der Summe, lassen aber die personelle Zuordnung weitgehend offen.

In den Zahlen der abhängig Beschäftigten sind schließlich die Auszubildenden enthalten. Zwar werden sie in einigen Wirtschaftszweigen nach einer Anlernzeit tendenziell ähnlich wie andere abhängig Beschäftigte eingesetzt, dennoch bestehen auch hier grundsätzlich andere Anbindungen an den Produktions- und Investitionsprozeß.

Die volkswirtschaftlichen Gesamtrechnungen unterscheiden in tiefer sektoraler Gliederung nur nach abhängig Beschäftigten und Selbständigen einschließlich der mithelfenden Familienangehörigen. Aus Tabelle 5.2/1 geht hervor, daß die Zunahme der Zahl der Erwerbstätigen von 1960 bis 1973 um rd. 800 000 sich zusammengesetzt hat aus einer Zunahme der abhängig Beschäftigten um 2,8 Mill. und einem Rückgang der Selbständigen bzw. mithelfenden Familienangehörigen um knapp 2 Millionen. Auch in der Periode von 1973 bis 1980 ging die Zahl der Selbständigen nochmals um 700 000 Personen zurück, während die Zahl der abhängig Beschäftigten 1980 um mehr als 100 000 höher lag als 1973. Der Beschäftigungsrückgang in diesem Zeitraum betraf also ausschließlich die Selbständigen bzw. die mithelfenden Familienangehörigen. Davon war allein der Landwirtschaftssektor mit knapp 500 000 Personen betroffen, die z.T. in anderen Wirtschaftszweigen als unselbständig Beschäftigte eine neue Existenz aufbauen mußten. Auch in den meisten anderen Wirtschaftszweigen ging von 1973 bis 1980 die Zahl der Selbständigen bzw. der Mithelfenden - wenn oft auch nur geringfügig - zurück. Bei den übrigen Dienstleistungen war dagegen eine Zunahme der Zahl der Selbständigen um 15 000 zu beobachten.

Von 1980 bis 1986 verbirgt sich hinter der Abnahme der Zahl der Erwerbstätigen um 570 000 eine andere Entwicklung: Die Zahl der Selbständigen und mithelfenden Familienangehörigen ist fast unverändert geblieben, obwohl sie in der Landwirtschaft nochmals um 100 000 abgenommen hat. Dagegen hat sie im Bereich der sonstigen Dienstleistungen - hier vor allem im Gesundheitswesen und bei den übrigen Dienstleistungen - um 75 000 zugenommen. Auch im Einzelhandel hat die Zahl der Selbständigen in diesem Zeitraum um 11 000 zugenommen. Dagegen hat sich von 1980 bis 1986 die Zahl der abhängig Beschäftigten um mehr als 500 000 verringert. Auch hier war dies der Saldo eines größeren Rückgangs im verarbeitenden Gewerbe, im Baugewerbe, im Handel und im Verkehrsbereich und einer positiven Beschäftigtenentwicklung bei den sonstigen Dienstleistungen und beim Staat sowie den Organisationen ohne Erwerbszweck.

Über die sektorale Bedeutung der Auszubildenden informiert Tabelle 5.2/2. 1986 übertrifft ihr Anteil an den sozialversicherungspflichtig Beschäftigten 20 vH im Bereich der Reparatur von Straßenfahrzeugen, der Reinigung und Körperpflege, der Land-, Forstwirtschaft und Fischerei sowie im Ausbaugewerbe, und 15 vH in der Rechts- und Wirtschaftsberatung sowie im Ernährungsgewerbe. Im Durchschnitt aller Wirtschaftszweige beträgt der Anteil der Auszubildenden 9 vH. Gegenüber 1980 hat sich ihre Zahl um 10 vH erhöht; in einigen Wirtschaftszweigen hat sie sich

176

Erwerbstätige

1000 Personen

	insgesamt				Jahresdurch- schnittliche Ver- änderungen in vH			unselbständig Beschäftigte				Selbständige und mit- helfende Familien- angehörige			
	1960	1973	1980	1986	73/60	80/73	86/80	1960	1973	1980	1986	1960	1973	1980	1986
Land- und Forstwirtschaft,Fischerei	3581	1924	1437	1344	-4,7	-4,1	-1,1	491	250	244	249	3090	1674	1193	1095
Energiewirtschaft und Bergbau	747	515	501	489	-2,8	-0,4	-0,4	746	514	501	489	1	1	0	0
Energie- und Wasserversorgung	195	256	267	277	2,1	0,6	0,6	194	255	267	277	1	1	0	0
Kohlenbergbau	497	237	217	196	-5,5	-1,3	-1,7	497	237	217	196	0	0	0	0
Übriger Bergbau	55	22	17	16	-6,8	-3,6	-1,0	55	22	17	16	0	0	0	0
Verarbeitendes Gewerbe	9624	9861	8995	8265	0,2	-1,3	-1,4	8855	9366	8574	7859	769	495	421	406
Chem. Ind., Spalt-, Brutstoffe	534	638	620	613	1,4	-0,4	-0,2	529	633	616	609	5	5	4	4
Mineralölverarbeitung	43	52	39	32	1,5	-4,0	-3,2	43	52	39	32	0	0	0	0
Kunststoffwaren	99	207	229	251	5,8	1,5	1,5	97	201	223	244	2	6	6	7
Gummiwaren	119	139	121	111	1,2	-2,0	-1,4	117	138	120	110	2	1	1	1
Steine, Erden	319	290	238	188	-0,7	-2,8	-3,9	301	273	225	176	18	17	13	12
Feinkeramik	84	68	60	50	-1,6	-1,8	-3,0	83	67	59	49	1	1	1	1
Glasgewerbe	94	99	86	72	0,4	-2,0	-2,9	91	97	84	70	3	2	2	2
Eisenschaffende Industrie	478	350	309	228	-2,4	-1,8	-4,9	478	350	309	228	0	0	0	0
NE-Metallerzeugung und -bearb.	90	92	77	72	0,2	-2,5	-1,1	90	92	77	72	0	0	0	0
Gießereien	178	143	125	107	-1,7	-1,9	-2,6	176	141	124	106	2	2	1	1
Ziehereien und Kaltwalzwerke	316	304	288	274	-0,3	-0,8	-0,8	262	265	252	236	54	39	36	38
Stahl- und Leichtmetallbau	240	202	189	159	-1,3	-0,9	-2,8	232	196	183	154	8	6	6	5
Maschinenbau	1043	1200	1106	1074	1,1	-1,2	-0,5	1025	1181	1092	1060	18	19	14	14
Büromaschinen, ADV	62	106	77	97	4,2	-4,5	3,9	61	105	76	96	1	1	1	1
Straßenfahrzeugbau	578	899	969	975	3,5	1,1	0,1	535	858	930	939	43	41	39	36
Schiffbau	95	71	58	43	-2,2	-2,8	-4,9	94	71	58	43	1	0	0	0
Luft- und Raumfahrzeugbau	18	40	55	62	6,3	4,7	2,0	18	40	55	62	0	0	0	0
Elektrotechnik	948	1227	1122	1108	2,0	-1,3	-0,2	939	1210	1105	1091	9	17	17	17
Feinmechanik, Optik	184	216	241	215	1,2	1,6	-2,1	168	201	225	197	16	15	16	18
EBM-Waren	405	402	347	334	-0,1	-2,1	-0,6	391	389	336	323	14	13	11	11
Musikinstrumente, Spielwaren	104	98	96	87	-0,5	-0,3	-1,6	93	90	87	78	11	8	9	9
Holzbearbeitung	94	75	61	50	-1,7	-2,8	-3,3	87	68	55	44	7	7	6	6
Holzverarbeitung	502	401	374	297	-1,7	-1,0	-3,8	381	343	329	256	121	58	45	41
Zellstoff- und Papiererzeugung	87	67	55	44	-2,0	-2,8	-0,3	86	67	55	44	1	0	0	0
Papierverarbeitung	142	159	132	115	0,9	-2,6	-2,3	136	154	128	112	6	5	4	3
Druckerei	245	269	218	199	0,7	-3,0	-1,5	231	255	205	185	14	14	13	14
Ledergewerbe	267	163	124	87	-3,7	-3,8	-5,7	210	139	108	73	57	24	16	14
Textilgewerbe	721	484	341	257	-3,0	-4,9	-4,6	706	474	334	250	15	10	7	7
Bekleidungsgewerbe	548	444	325	248	-1,6	-4,4	-4,4	442	398	294	221	106	46	31	27
Ernährungsgewerbe	755	772	765	685	0,2	-0,1	-1,8	532	639	646	571	223	133	119	114
Getränkenerstellung	152	150	122	101	-0,1	-2,9	-3,1	141	145	119	98	11	5	3	3
Tabakverarbeitung	80	34	26	20	-6,4	-3,8	-4,3	80	34	26	20	0	0	0	0
Baugewerbe	2126	2347	2090	1754	0,8	-1,6	-2,9	1908	2126	1891	1573	218	221	199	181
Bauhauptgewerbe	1535	1621	1311	1042	0,4	-3,0	-3,8	1452	1547	1251	992	83	74	60	50
Ausbaugewerbe	591	726	779	712	1,6	1,0	-1,5	456	579	640	581	135	147	139	131
Handel	3299	3492	3505	3326	0,4	0,1	-0,9	2254	2737	2847	2658	1045	755	658	668
Großhandel, Handelsvermittlung	1339	1415	1364	1319	0,4	-0,5	-0,6	1009	1204	1160	1116	330	211	204	203
Einzelhandel	1960	2077	2141	2007	0,4	0,4	-1,1	1245	1533	1687	1542	715	544	454	465
Verkehr und Nachrichten	1460	1523	1469	1451	0,3	-0,5	-0,2	1361	1430	1375	1359	99	93	94	92
Eisenbahnen	519	438	354	299	-1,3	-3,0	-2,8	519	438	354	299	0	0	0	0
Schiffahrt, Häfen	115	90	74	62	-1,9	-2,8	-2,9	106	84	69	57	9	6	5	5
Übriger Verkehr	432	504	547	576	1,2	1,2	0,9	342	417	458	489	90	87	89	87
Deutsche Bundespost	394	491	494	514	1,7	0,1	0,7	394	491	494	514	0	0	0	0
Kreditinst. und Versicherungen	383	678	740	802	4,5	1,3	1,4	382	677	739	801	1	1	1	1
Kreditinstitute	266	474	534	593	4,5	1,7	1,8	265	473	533	592	1	1	1	1
Versicherungsunternehmen	117	204	206	209	4,4	0,1	0,2	117	204	206	209	0	0	0	0
Sonstige Dienstleistungen	1933	2389	2786	3117	1,6	2,2	1,9	1167	1614	2034	2290	766	775	752	827
Gastgewerbe, Heime	600	690	776	822	1,1	1,7	1,0	301	350	474	510	299	340	302	312
Bildung, Wissensch., Kultur	232	219	241	268	-0,4	1,4	1,8	172	181	203	223	60	38	38	45
Gesundheits- und Veterinärw.	223	352	500	462	3,6	5,1	2,6	108	248	397	462	115	104	103	122
Übrige Dienstleistungen	878	1128	1269	1443	1,9	1,7	2,2	586	835	960	1095	292	293	309	348
Unternehmen o. Wohnungsvermietung	23153	22729	21523	20548	-0,1	-0,8	-0,8	17164	18714	18205	17278	5989	4015	3318	3270
Wohnungsvermietung	48	56	56	55	1,2	0,0	-0,3	47	55	55	54	1	1	1	1
Unternehmen insgesamt	23201	22785	21579	20603	-0,1	-0,8	-0,8	17211	18769	18260	17332	5990	4016	3319	3271
Staat	2098	3367	3903	4138	3,7	2,1	1,0	2098	3367	3903	4138	0	0	0	0
Gebietskörperschaften	1950	3169	3678	3889	3,8	2,2	0,9	1950	3169	3678	3889	0	0	0	0
Sozialversicherung	148	198	225	249	2,3	1,8	1,7	148	198	225	249	0	0	0	0
Priv. Hh., Org. o. Erwerb.	764	697	796	961	-0,7	1,9	3,2	764	697	796	961	0	0	0	0
Private Haushalte	381	100	79	68	-9,8	-3,3	-2,5	381	100	79	68	0	0	0	0
Organisationen o. Erwerbschar.	383	597	717	893	3,5	2,7	3,7	383	597	717	893	0	0	0	0
Alle Wirtschaftszweige darunter:	26063	26849	26278	25702	0,2	-0,3	-0,4	20073	22833	22959	22431	5990	4016	3319	3271
Produktionsunternehmen	22770	22051	20783	19746	-0,2	-0,8	-0,8	16782	18037	17466	16477	5988	4014	3317	3269

Quellen. Statistisches Bundesamt, eigene Berechnungen, 1986 geschätzt.

Tabelle 5.2/2

Beschäftigte 1) nach Wirtschaftszweigen 1986

	- in 1000 -				Struktur in vH2)			Entwicklung 1986/80 Index 1980=100			
	Insgesamt	Vollbeschäftigte	Teilzeitbeschäft.	Auszubildende	Vollbeschäftigte	Teilzeitbeschäft.	Auszubildende	Insgesamt	Vollbeschäftigte	Teilzeitbeschäft.	Auszubildende
Land-u.Forstw.Fischerei	231	176	8	47	76.0	3.6	20.4	105	102	125	114
Energie-u.Wasserversorgung	245	221	9	15	90.3	3.6	6.1	104	102	113	126
Bergbau	227	208	1	18	91.9	0.4	7.8	93	95	10	120
Kohlenbergbau	185	169	1	16	91.2	0.3	8.6	90	91	6	134
übriger Bergbau	42	39	0	2	93.0	0.9	4.2	111	117	40	61
Verarbeitendes Gewerbe	8012	7089	306	616	88.5	3.8	7.7	94	93	101	105
Chem.Ind.,Spalt-,Brutstoffe	585	533	22	31	91.1	3.7	5.2	100	98	115	132
Mineralölverarbeitung	26	24	1	1	93.2	1.9	4.9	82	80	90	129
Kunststoffwaren	249	227	11	10	91.5	4.4	4.1	105	104	100	133
Gummiwaren	107	101	3	4	94.2	2.4	3.4	95	94	91	127
Steine, Erden	179	167	4	8	93.1	2.4	4.5	80	79	105	108
Feinkeramik	65	58	4	3	89.4	5.9	4.7	84	83	95	95
Glasgewerbe	69	64	2	3	92.8	2.8	4.4	86	84	100	117
Eisenschaffende Industrie	204	189	2	13	93.1	0.8	6.1	75	74	62	91
NE-Metallerzeugung u. -bearb.	61	57	1	3	92.5	2.2	5.4	91	89	102	121
Giessereien	109	102	2	5	93.3	1.8	4.9	89	89	94	101
Zieherei und Kaltwalzwerke	277	245	8	24	88.4	2.9	8.7	101	100	117	112
Stahl-u.Leichtmetallbau	185	167	3	15	90.2	1.7	8.1	91	90	98	108
Maschinenbau	1005	899	25	81	89.5	2.4	8.1	99	98	105	107
Büromaschinen, ADV	82	74	3	4	90.3	4.0	5.5	107	104	139	142
Strassenfahrzeugbau	700	664	7	29	94.9	1.0	4.1	103	103	116	117
Rep.v.Strassenfahrzeugen	287	206	7	73	71.9	2.6	25.5	99	101	127	92
Schiffbau	45	41	0	4	90.7	0.8	8.5	76	75	71	82
Luft-u.Raumfahrzeugbau	56	52	1	3	93.1	2.3	4.6	108	107	121	134
Elektrotechnik	1049	946	46	57	90.2	4.4	5.4	101	100	111	109
Feinmechanik,Optik	216	183	12	21	84.9	5.5	9.6	101	100	107	101
EBM-Waren	378	345	14	19	91.3	3.7	5.0	95	94	96	108
Musikinstrumente, Spielwaren	52	44	4	4	84.4	8.1	7.5	90	89	93	96
Holzbearbeitung	59	54	1	3	92.1	2.5	5.4	83	82	93	93
Holzverarbeitung	326	275	11	40	84.3	3.4	12.4	84	83	97	91
Zellstoff-u.Papiererzeug.	60	56	1	3	93.4	2.4	4.3	96	95	102	138
Papier-u.Pappeverarbeitg.	100	91	5	4	91.1	5.2	3.7	92	92	91	116
Druckerei,Vervielfältig.	215	182	19	13	84.8	9.1	6.1	96	94	108	112
Ledergewerbe	84	73	6	4	87.7	7.3	5.0	80	79	83	91
Textilgewerbe	254	225	18	11	88.4	7.3	4.4	77	76	82	98
Bekleidungsgewerbe	231	185	24	21	80.3	10.6	9.1	76	76	75	78
Ernährungsgewerbe	581	450	33	99	77.4	5.6	17.0	99	95	112	113
Getränkeherstellung	100	92	4	4	92.3	3.8	3.9	85	83	97	114
Tabakverarbeitung	17	15	1	0	92.9	4.8	2.3	80	79	87	177
Baugewerbe	1585	1370	31	183	86.5	2.0	11.5	86	84	122	94
Bauhauptgewerbe	1012	933	15	64	92.2	1.5	6.3	81	80	113	90
Ausbaugewerbe	573	438	16	119	76.4	2.8	20.7	96	95	131	97
Handel	2743	2044	439	260	74.5	16.0	9.5	94	92	109	91
Großhandel,Handelsverm.	1109	954	86	69	86.1	7.7	6.2	93	93	102	92
Einzelhandel	1634	1090	353	191	66.7	21.6	11.7	95	91	111	90
Verkehr	783	714	29	40	91.2	3.8	5.0	99	97	128	122
Eisenbahnen	131	116	2	13	88.6	1.6	9.8	82	79	86	125
Schiffahrt, Häfen	58	55	1	2	94.8	1.9	3.3	83	82	99	113
übriger Verkehr	594	543	26	25	91.4	4.4	4.2	106	105	133	121
Bundespost	212	111	76	24	52.6	35.9	11.5	101	92	101	190
Kredit und Versicherungen	823	666	85	72	81.0	10.3	8.7	108	105	117	126
Kreditinstitute	596	472	66	59	79.1	11.0	9.9	111	108	118	128
Versicherungsunternehm.	226	194	19	13	85.8	8.3	5.7	101	99	115	121
Sonstige Dienstleistungen	2479	1887	283	309	76.1	11.4	12.5	114	109	142	122
Gastgewerbe,Heime	480	386	32	63	80.3	6.6	13.1	112	105	189	141
Bildung, Wissensch., Kultur	268	210	43	15	78.6	15.9	5.5	77	71	111	147
Gesundheits- u. Veterinärw.	447	309	60	78	69.2	13.4	17.4	120	116	153	115
übrige Dienstleistungen	1284	982	149	154	76.4	11.6	12.0	125	123	142	118
Reinigung,Körperpflege	213	133	14	66	62.4	6.7	30.9	71	68	36	99
Rechts-u.Wirtsch.Beratung	260	181	32	46	69.7	12.4	17.9	122	119	141	123
Architektur-u.Ingenieurb.	220	193	14	13	87.5	6.6	5.9	107	107	129	91
Sonst.Dienstleist. für Unt.	212	192	14	6	90.5	6.5	3.0	476	495	408	261
Org.a.Erwerb f.Untern.tät.	91	69	12	10	75.6	13.6	10.8	117	106	125	359
übrige Dienste	289	214	62	13	74.3	21.4	4.4	152	131	338	172
Staat	2403	1791	462	150	74.5	19.2	6.3	107	102	119	141
Organisationen o.Erwerbszweck	948	628	213	108	66.2	22.5	11.3	124	114	150	149
Private Haushalte	39	26	8	5	67.2	20.2	12.6	87	77	127	100
Wirtschaftszweige insgesamt	20730	16933	1951	1846	81.7	9.4	8.9	99	96	117	110

1) Sozialversicherungspflichtig Beschäftigte am 30.6.   2) Bezogen auf Beschäftigte insgesamt

Quelle: Bundesanstalt für Arbeit und Berechnungen des DIW.

vervielfacht (Organisationen ohne Erwerbszweck für Unternehmen tätig, Bundes-post, sonstige Dienstleistungen für Unternehmen) bzw. um 50 vH und mehr zugenommen (übrige Dienste, Organisationen ohne Erwerbszweck, Tabakverarbei-tung).

Zahl und Struktur der Erwerbstätigen werden auch durch Maßnahmen im Rahmen der Arbeitsmarkt- und Sozialpolitik in erheblichem Maße beeinflußt. Hierbei sei auf der einen Seite an die verschiedenen Maßnahmen einer Reduzierung des Arbeitsangebots sowohl für ältere Arbeitnehmer als auch im Rahmen der Auslän-derpolitik erinnert. In diesem Zusammenhang ist ebenfalls die Qualifizierungsoffen-sive der achtziger Jahre von Interesse, die auf drei Problembereiche abzielt: die bessere Abstimmung des Ausbildungssystems auf vor allem technologisch geprägte Berufsanforderungen; - eine ständige betriebliche Weiterbildung, um neuen Qualifi-kationsanforderungen zu begegnen; - eine Verminderung des Arbeitslosigkeitsrisikos bzw. eine Verbesserung der Wiedereingliederungschancen von (unqualifizierten) Arbeitslosen.

Die von der Arbeitsmarktpolitik geförderten Fortbildungs- und Umschulungsmaß-nahmen haben sich in den letzten Jahren erheblich erhöht; dadurch wird de facto ein Teil der Erwerbstätigen dem Produktionsprozeß vorübergehend entzogen, ohne daß dies in der Zahl der Erwerbstätigen berücksichtigt würde. Auch die allgemeinen Maßnahmen zur Arbeitsbeschaffung haben in den Jahren von 1983 bis 1987 eine stark steigende Zahl von geförderten Arbeitnehmern erreicht; der Anteil der geförderten Arbeitnehmer in diesem Zeitraum hat sich von 0,2 vH auf 0,4 vH der Erwerbstätigen erhöht (vgl. IAB 1987, S. 269). Im Prinzip ist durch diese Entwick-lung die Zahl der Erwerbstätigen stärker angestiegen als es tatsächlich bei der gegebenen Produktionsentwicklung erforderlich gewesen wäre.

Ähnliche Wirkungen haben die erweiterten Bestimmungen des Erziehungsurlaubs: In dem Umfang wie Mütter und Väter von dem Erziehungsurlaub nach der Geburt eines Kindes Gebrauch machen und weiterhin in der Erwerbstätigenstatistik gezählt werden, ist die Zahl der Erwerbstätigen überhöht. Hierzu sind die Informationen allerdings so spärlich, daß man allenfalls grobe Schätzungen vornehmen kann.

Das Institut für Arbeitsmarkt- und Berufsforschung schätzt, daß wegen dieser Sonderfaktoren - verstärkte Inanspruchnahme von Erziehungsurlaub, Zunahme der

Zahl geförderter Arbeitnehmer in ABM, Mehrauszubildende - die Zunahme der Zahl der Erwerbstätigen in den Jahren von 1984 bis 1987 um rund 200 000 überhöht ist. Dies würde bedeuten, daß von den 570 000 zusätzlichen Erwerbstätigen in den Produktionsprozeß nur etwa 370 000 integriert worden sind (vgl. IAB 1987, S. 270).

Differenziert man bei den Erwerbstätigen nach diesen Personengruppen, so hat dies auch Auswirkungen auf die Produktivitätsentwicklung. Dabei ergibt sich allerdings die methodische Schwierigkeit, daß bei einer Differenzierung des Arbeitseinsatzes auch das Produktionsvolumen entsprechend modifiziert werden müßte. In der Tendenz dürfte die Berücksichtigung dieses Sachverhalts zu einer günstigeren Produktivitätsentwicklung führen als in einer Rechnung, bei der die Bruttowertschöpfung auf die Gesamtzahl der Erwerbstätigen bezogen wird. Das IAB beziffert diese Differenz auf etwa 0,2 Prozentpunkte der jährlichen Zuwachsrate im Zeitraum 1984 bis 1987 (IAB 1987, S. 270).

5.3   Beschäftigungswirkungen des Tertiarisierungsprozesses in den Wirtschaftszweigen des Unternehmensbereichs

Die Art und Weise, wie Güter produziert und vertrieben werden, unterliegt einem steten Wandel. Die zunehmende Automation, wie etwa der verstärkte Einsatz computergesteuerter Anlagen, bewirkt, daß vor allem für die direkt mit der Herstellung der Güter verbundenen Tätigkeiten in geringerem Maße Arbeitskräfte benötigt werden. Auf der anderen Seite erfordern die immer komplexer werdenden Produktionsanlagen einen größeren Wartungsaufwand. Zur Wartung und Kontrolle der Anlagen werden qualifizierte Arbeitnehmer benötigt, während durch die veränderte Produktionsweise eher unqualifizierte Arbeitskräfte eingespart werden.

Mit dem Wandel der Produktionsformen geht eine Verschiebung zugunsten höherwertiger Güter einher. Insbesondere für die Investitionsgüterproduzenten wird es damit notwendig, ihren Beratungsfunktionen im Zuge ihrer Verkaufstätigkeiten einen größeren Stellenwert einzuräumen. Hierzu gehört auch die Ausweitung der von Unternehmen angebotenen Serviceleistungen. Diese schließen beispielsweise auch das Bereithalten von Zubehör bzw. anderer quasi-komplementärer Produkte als Ergänzung des eigenen Warensortiments ein. Solche Verkaufsaktivitäten der Unternehmen sind personalintensiv, erfordern auf der anderen Seite aber kaum

Sachinvestitionen. Ähnlich ist es im Bereich der Werbung. Um der in- und ausländischen Konkurrenz zu begegnen, sind die Anstrengungen im Werbebereich und die Anforderungen an das Marketing gestiegen. Je nach Größe der Unternehmen wird ein ganzer Stab von Mitarbeitern eingesetzt, um Absatzmärkte für die Produkte zu halten bzw. zu erschließen. Zu berücksichtigen ist auch, daß komplexere Produktionsprozesse tendenziell einen vermehrten Verwaltungsaufwand erfordern. Dies betrifft insbesondere die dispositiven Tätigkeiten.

Aus solchen Strukturverschiebungen lassen sich allerdings kaum mehr als qualitative Rückschlüsse auf den Kapitalbedarf dieser Arbeitsplätze ziehen. Hinzu kommt, daß es in diesem Zusammenhang nicht nur auf diesen Einfluß ankommt, sondern auch auf die Beziehungen zwischen einer zunehmenden Tertiarisierung in den warenproduzierenden Wirtschaftszweigen und der Wettbewerbsfähigkeit der Unternehmen dieser Branchen. Wenn hier eine positive Korrelation zum Beispiel zu der Zunahme dispositiver Tätigkeiten besteht, sind auch positive Einflüsse eines Strukturwandels in dieser Richtung auf das Investitionswachstum zu vermuten.

Dieser Frage ist hier im Zusammenhang mit den folgenden Ausprägungen des Tertiarisierungsprozesses nachgegangen worden:
- die Zunahme von Dienstleistungen innerhalb des Unternehmenssektors,
- die Zunahme dispositiver Tätigkeiten,
- die verstärkte Bedeutung von Handelsfunktionen.

Einen Hinweis auf Verschiebungen in der Tätigkeitsstruktur der im Unternehmen Beschäftigten gibt ein Vergleich der Mikrozensusdaten 1982 und 1985. In der Tabelle 5.3/1 sind die Erwerbstätigen in den Wirtschaftszweigen nach bestimmten Tätigkeitsmerkmalen klassifiziert worden. Schon in diesem kurzen Zeitraum wird erkennbar, daß die mit der Herstellung von Gütern und Dienstleistungen befaßten Tätigkeiten in vielen Bereichen an Gewicht verloren haben. Relativ starke Anteilsverluste haben die Herstellungstätigkeiten im Textilgewerbe und in der eisenschaffenden Industrie, NE-Metalle zu verbuchen. Zugenommen haben hingegen anteilsmäßig die Wartungs- und dispositiven Tätigkeiten. In bezug auf die Handelstätigkeiten sind die Tendenzen uneinheitlich. Angesichts des kurzen Betrachtungszeitraumes darf jedoch das Niveau der Anteilsverschiebung nicht überinterpretiert werden. Aussagekräftiger sind hier die Entwicklungstendenzen.

Wandel der Tätigkeitsstruktur und Beschäftigung

	Erwerbstätige			Wandel der Tätigkeitsstruktur 1985/82 Anteilsveränderung in Prozentpunkten						
	1000 Personen		Differenz in vH	Herstellen	Warten	Reparieren	Handel treiben	Planen, Forschen	Leiten	Sonstige Dienste 2)
	1982	1985	1985/82							
Land- und Forstwirtschaft,Fischerei	1 346	1 262	-6,2	-1,6	-0,0	0,4	0,2	0,2	0,0	0,8
Energiewirtschaft und Bergbau	552	512	-7,3	-2,1	3,5	-1,4	0,7	1,1	1,1	-2,9
Energie- und Wasserversorgung	273	265	-2,8	-0,8	3,4	-2,7	1,0	0,9	1,2	-3,0
Kohlenbergbau	243	212	-13,0	-1,0	3,7	-0,3	-0,0	0,1	0,7	-3,1
Übriger Bergbau	36	35	-3,0	-3,3	3,0	-0,5	1,5	6,8	1,3	-8,4
Verarbeitendes Gewerbe	9 090	8 697	-4,3	-3,5	5,1	-0,5	-0,1	0,7	0,5	-2,1
Chem. Ind., Spalt-, Brutstoffe	641	669	4,4	-1,8	4,2	-0,0	0,2	-0,3	1,2	-3,4
Mineralölverarbeitung	45	32	-29,7	2,2	0,7	0,1	0,6	1,2	-4,5	-0,0
Kunststoff- und Gummiwaren	295	267	-9,5	-3,4	5,3	-0,6	0,1	-0,3	1,3	-2,4
Steine, Erden	220	199	-9,2	-1,8	2,9	0,2	0,1	-0,1	1,3	-2,6
Feinkeramik und Glas	170	154	-9,6	1,2	3,5	-0,9	0,3	-1,3	0,0	-2,8
Eisenschaff. Ind., NE-Metalle	473	435	-8,0	-6,4	7,1	-0,1	0,4	0,6	0,8	-2,4
Gießereien	77	84	9,0	-2,3	2,6	1,3	0,2	0,7	0,9	-3,3
Ziehereien und Kaltwalzwerke	600	388	-35,3	-4,9	7,4	0,1	0,2	0,0	-0,2	-2,7
Stahl-, Maschinen- und Fahrzeugbau	2 473	2 450	-0,9	-4,7	6,6	-1,7	0,4	1,1	0,3	-2,0
ADV	85	72	-14,8	4,4	3,1	0,1	-0,2	-1,9	-2,0	-3,2
Elektrotechnik, Feinmechanik, Optik und EBM-Waren	1 319	1 490	13,0	-3,2	4,5	-0,2	0,2	-0,1	0,2	-1,4
Musikinstrumente, Spielwaren	72	57	-20,6	-0,6	2,3	-1,1	0,4	-1,0	0,2	-0,3
Holzbe- und -verarbeitung	515	470	-8,7	-0,5	2,7	-0,7	-0,6	0,2	0,5	-1,5
Papiererzeugung und -verarbeitung	171	173	1,2	-2,8	7,5	-1,2	0,5	-0,1	0,3	-4,0
Druckerei	239	259	8,1	-4,1	3,6	0,0	-0,5	0,3	0,8	-0,1
Ledergewerbe	123	107	-12,5	-0,4	2,9	0,3	-0,7	0,3	0,1	-2,7
Textilgewerbe	384	324	-15,4	-6,6	6,1	0,6	-0,2	0,4	0,0	-0,4
Bekleidungsgewerbe	298	288	-3,1	-3,2	4,6	-0,2	-0,0	1,1	0,0	-2,1
Ernährungsgewerbe	740	653	-11,7	2,1	1,3	0,5	-1,2	0,7	0,2	-3,7
Getränkeherstellung	131	103	-21,5	-1,9	3,6	-0,1	0,6	1,4	0,7	-4,4
Tabakverarbeitung	21	21	-0,5	-2,2	11,3	-2,3	-1,8	1,4	1,9	-8,3
Baugewerbe	2 082	1 886	-9,4	-2,8	1,2	1,9	0,3	0,8	0,2	-1,6
Bauhauptgewerbe	1 279	1 185	-7,3	-3,8	1,2	1,9	0,2	1,4	0,1	-1,0
Ausbaugewerbe	803	701	-12,7	-1,7	1,0	2,6	0,6	-0,3	0,3	-2,6
Handel	3 211	3 268	1,8	0,3	1,0	-0,1	-0,5	0,5	0,3	-1,4
Großhandel, Handelsvermittlung	923	931	0,8	0,6	1,6	-0,4	1,7	0,3	0,2	-3,9
Einzelhandel	2 288	2 337	2,2	0,2	0,8	-0,0	-1,5	0,5	0,3	-0,3
Verkehr und Nachrichten	1 517	1 512	-0,3	0,3	0,8	-0,9	-0,3	0,6	2,0	-2,3
Eisenbahnen	364	294	-19,0	-0,3	3,4	-1,3	0,2	0,7	2,1	-4,8
Schiffahrt, Häfen	69	71	2,9	-0,0	4,5	4,0	-0,2	-0,5	1,3	-8,9
Übriger Verkehr	593	626	5,6	0,2	0,1	-0,4	-0,0	0,3	2,3	-2,5
Deutsche Bundespost	492	520	5,9	1,1	0,7	-0,8	-1,2	0,9	1,6	-2,5
Kreditinst. und Versicherungen	899	951	5,7	0,3	0,1	0,0	0,7	0,6	1,7	-3,5
Kreditinstitute	597	628	5,2	0,2	-0,0	-0,1	0,4	0,7	1,8	-3,0
Versicherungsunternehmen	302	323	6,8	0,5	0,5	0,1	1,2	0,6	1,4	-4,4
Sonstige Dienstleistungen	4 764	5 404	13,4	0,8	0,7	0,3	0,4	-0,6	0,5	-2,2
Gastgewerbe, Heime	794	963	21,2	1,5	0,7	0,3	1,7	0,1	0,1	-4,5
Bildung, Wissensch., Kultur	1 368	1 493	9,1	0,4	0,3	0,3	0,1	-0,7	-0,2	-0,2
Gesundheits- und Veterinärw.	1 274	1 410	10,6	0,5	0,3	0,0	-0,3	-0,3	0,3	-0,5
Übrige Dienstleistungen	1 196	1 324	10,7	0,3	1,5	-0,0	0,5	-0,9	1,6	-2,9
Grundstücks-, Wohnungswesen und Vermögensverwaltung	132	214	62,9	2,1	0,3	4,3	-2,0	0,4	-0,4	-4,7
Unternehmen insgesamt	23 461	23 492	0,1	-2,7	2,1	-0,3	0,2	0,4	0,6	-0,2
Staat	2 769	2 669	-3,6	-0,3	-0,0	0,0	-0,0	0,6	1,6	-1,9
Gebietskörperschaften	2 621	2 484	-5,2	-0,3	-0,1	0,0	-0,1	0,6	1,5	-1,7
Sozialversicherung	147	185	25,5	0,9	0,6	0,5	0,5	1,0	2,0	-5,8
Priv. Hh., Org. o. Erwerb.	545	466	-14,5	-0,4	0,5	-0,1	-0,0	-1,1	1,2	-0,2
Private Haushalte	80	78	-3,0	1,1	0,5	0,0	-0,4	0,0	0,0	-1,3
Organisationen o. Erwerbschar.	465	388	-16,5	-0,8	0,5	-0,0	0,1	-1,3	1,6	-0,1
Alle Wirtschaftszweige 1)	26 774	26 626	-0,6	-2,3	1,9	-0,3	0,2	0,4	0,7	-0,6

1) Einschließlich der Erwerbstätigen ohne Angabe des Wirtschaftszweigs. -2) Einschließlich der Erwerbstätigen ohne Angabe der Tätigkeit.

Quellen: Statistisches Bundesamt, Mikrozensus 1982, 1985; eigene Berechnungen.

Eine Analyse der Beschäftigungsentwicklung über einen etwas längeren Zeitraum ist mit Hilfe der Beschäftigtenstatistik möglich. Während der Mikrozensus eine Stichprobenerhebung der Erwerbstätigen ist, enthält die Beschäftigtenstatistik alle Fälle sozialversicherungspflichtiger Beschäftigung. Nachteilig für die hier anstehende Fragestellung ist, daß in der Beschäftigtenstatistik zwar der Beruf und die Qualifikation, aber keine Tätigkeitsmerkmale erfaßt werden. Diesem Nachteil steht jedoch die größere Aktualität und die Vergleichbarkeit über einen längeren Zeitraum gegenüber.

Im allgemeinen ist die Ausweitung von Dienstleistungsfunktionen in Unternehmen auch mit einer entsprechenden Verschiebung in der Qualifikations- und Berufsstruktur der Beschäftigten verbunden. Als Hilfsgröße für den Anteil der von Unternehmen ausgeübten Dienstleistungsfunktionen kann daher der Anteil der Dienstleistungsberufe sowie der Einsatz hochqualifizierter Beschäftigter herangezogen werden. Zu diesem Zweck sind die sozialversicherungspflichtig Beschäftigten nach ihrem Beruf und der Ausbildung in zwei Gruppen zusammengefaßt worden. Als "produktionsnahe" Berufe werden die Fertigungsberufe, die Bergbauberufe und die Verkehrs- und Lagerberufe sowie die landwirtschaftlichen und technischen Berufe ohne Beschäftigte mit Fachschul- bzw. Hochschulabschluß angesehen. Die Gruppe der "produktionsfernen" Berufe umfaßt neben den Dienstleistungsberufen auch die Akademiker der landwirtschaftlichen und technischen Berufe. Die Ergebnisse zeigen, daß der Anteil der Beschäftigten in produktionsnahen Berufen deutlich zurückgegangen ist: 1986 waren es 50,6 vH, 1980 lag die Quote noch bei 53,2 vH (Tabelle 5.3/2).

Betrachtet man die Niveaus, so überwiegen im warenproduzierenden Gewerbe, der Land- und Forstwirtschaft und im Bereich Verkehr und Nachrichtenübermittlung erwartungsgemäß die produktionsnahen Berufe mit ihrer engen Bindung an den Investitionsprozeß. Demgegenüber dominieren in den Dienstleistungsbereichen die produktionsfernen Berufe. Abgesehen von diesem globalen Trend ist die Aufteilung zwischen produktionsnahen und -fernen Berufen in den einzelnen Wirtschaftssektoren recht unterschiedlich. Innerhalb des verarbeitenden Gewerbes übertrifft der Anteil der produktionsfernen Berufe in den Bereichen Büromaschinen, ADV, Ernährungsgewerbe sowie Luft- und Raumfahrzeugbau mit jeweils über 40 vH weit den Durchschnitt.

Tabelle 5.3/2

Wandel der Berufsstruktur und Beschäftigung 1)

Wirtschaftszweige	Beschäftigte			Berufsstruktur			
	1000 Personen		Differenz in vH	Anteile in vH 1986		Anteilsveränderungen in Prozentpunkten 1986/80	
	1980	1986	1986/80	Produktionsnahe Berufe	Produktionsferne Berufe	Produktionsnahe Berufe	Produktionsferne Berufe
Land- und Forstwirtschaft, Fischerei	219	231	5.4	88.1	11.9	0.5	-0.5
Energiewirtschaft und Bergbau	468	470	0.6	74.9	25.1	-1.2	1.2
Energie- und Wasserversorgung	233	244	4.8	64.5	35.5	-1.0	1.0
Kohlenbergbau	199	185	-7.2	87.5	12.5	-0.2	0.2
Übriger Bergbau	36	42	15.6	80.2	19.8	-0.7	0.7
Verarbeitendes Gewerbe	8428	7980	-5.3	76.3	23.7	-0.7	0.7
Chem. Ind., Spalt-, Brutstoffe	582	582	0.1	66.2	33.8	-0.9	0.9
Mineralölverarbeitung	32	26	-18.3	62.8	37.2	-2.1	2.1
Kunststoffwaren	237	248	4.8	81.3	18.7	-0.0	0.0
Gummiwaren	112	107	-4.7	80.7	19.3	-0.0	0.0
Steine, Erden	222	179	-19.2	80.2	19.8	-1.8	1.8
Feinkeramik	76	64	-15.8	83.2	16.8	-1.2	1.2
Glasgewerbe	80	89	-14.0	82.2	17.8	0.1	-0.1
Eisenschaffende Industrie	268	203	-24.5	79.9	20.1	-0.4	0.4
NE-Metallerzeugung und -bearb.	67	61	-9.2	78.6	21.4	-1.2	1.2
Gießereien	122	109	-10.7	87.5	12.5	1.2	-1.2
Ziehereien und Kaltwalzwerke	273	277	1.8	84.9	15.1	0.3	-0.3
Stahl- und Leichtmetallbau	203	185	-8.7	82.5	17.5	-0.2	0.2
Maschinenbau	1012	1002	-1.0	77.5	22.5	0.0	-0.0
Büromaschinen, ADV	75	80	6.5	54.5	45.5	-1.0	1.0
Straßenfahrzeugbau	857	878	2.4	80.3	19.7	-0.2	0.2
Schiffbau	59	45	-23.1	84.8	15.2	-0.2	0.2
Luft- und Raumfahrzeugbau	51	55	8.1	58.6	41.4	-1.6	1.6
Elektrotechnik	1024	1038	1.3	73.6	26.4	-1.3	1.3
Feinmechanik, Optik	213	215	1.0	79.3	20.7	-0.4	0.4
EBM-Waren	398	377	-5.1	81.2	18.8	0.1	-0.1
Musikinstrumente, Spielwaren	57	52	-9.8	79.3	20.7	0.3	-0.3
Holzbearbeitung	71	59	-16.9	83.9	16.1	-0.8	0.8
Holzverarbeitung	386	325	-15.6	85.1	14.9	-0.4	0.4
Zellstoff- und Papiererzeugung	63	60	-3.8	81.5	18.5	0.0	-0.0
Papierverarbeitung	108	100	-7.5	79.3	20.7	-0.2	0.2
Druckerei	222	215	-3.5	74.1	25.9	-0.4	0.4
Ledergewerbe	104	84	-19.7	83.2	16.8	-2.0	2.0
Textilgewerbe	327	254	-22.4	81.9	18.1	-0.2	0.2
Bekleidungsgewerbe	300	230	-23.4	79.8	20.2	-0.4	0.4
Ernährungsgewerbe	587	581	-1.0	58.5	41.5	-0.4	0.4
Getränkeherstellung	118	100	-15.0	63.2	36.8	-0.3	0.3
Tabakverarbeitung	21	17	-20.0	73.1	26.9	-1.1	1.1
Baugewerbe	1838	1583	-13.9	87.4	12.6	-1.0	1.0
Bauhauptgewerbe	1247	1010	-19.0	88.6	11.4	-1.0	1.0
Ausbaugewerbe	591	572	-3.2	85.2	14.8	-0.5	0.5
Handel	2875	2739	-4.7	27.5	72.5	-1.0	1.0
Großhandel, Handelsvermittlung	1175	1108	-5.7	37.2	62.8	-0.7	0.7
Einzelhandel	1700	1631	-4.1	21.0	79.0	-1.1	1.1
Verkehr und Nachrichten	993	993	-0.1	66.5	33.5	1.2	-1.2
Eisenbahnen	159	130	-18.6	79.8	20.2	1.8	-1.8
Schiffahrt, Häfen	69	57	-17.1	75.2	24.8	-0.5	0.5
Übriger Verkehr	555	594	6.9	75.2	24.8	1.0	-1.0
Deutsche Bundespost	209	212	1.2	31.4	68.6	3.1	-3.1
Kreditinst. und Versicherungen	756	823	8.9	2.1	97.9	-0.1	0.1
Kreditinstitute	533	596	11.8	2.2	97.8	-0.3	0.3
Versicherungsunternehmen	222	226	1.7	1.9	98.1	0.3	-0.3
Sonstige Dienstleistungen	2155	2477	14.9	15.3	84.7	-0.8	0.8
Gastgewerbe, Heime	425	480	12.9	5.5	94.5	-0.1	0.1
Bildung, Wissenschaft, Kultur	483	567	17.2	13.0	87.0	-1.6	1.6
Gesundheits- u. Veterinärwesen	365	447	22.3	4.0	96.0	-0.2	0.2
Übrige Dienstleistungen	1139	1301	14.2	20.9	79.1	-0.7	0.7
Staat	2248	2402	6.8	22.8	77.2	0.6	-0.6
Priv. Haushalte, Org. o. Erwerb.	806	986	22.4	8.6	91.4	1.1	-1.1
Organisationen ohne Erwerbschar.	781	948	24.5	8.7	91.3	1.1	-1.1
Private Haushalte	44	39	-12.6	6.1	93.9	-0.6	0.6
Wirtschaftszweige insgesamt	20797	20684	-0.5	50.6	49.4	-2.5	2.5

1) Sozialversicherungspflichtig Beschäftigte ;nicht enthalten sind die Beschäftigungsfälle, bei denen kein Beruf angegeben wurde
Quelle: Beschäftigtenstatistik, eigene Berechnungen

Betrachtet man die Entwicklung der Anteile, so zeigt sich, daß in diesen Sektoren, in denen die Beschäftigung im Zeitraum 1986/80 insgesamt zunahm, die Dienstleistungsberufe zudem stärker expandierten als in den übrigen Bereichen des warenproduzierenden Gewerbes (Tabelle 5.3/2). Hier ergab sich die anteilsmäßige Zunahme der Dienstleistungsberufe vornehmlich dadurch, daß der Rückgang der Beschäftigten in den Fertigungsberufen stärker ausfiel als bei den Dienstleistungsberufen. In den Dienstleistungssektoren konnte die Beschäftigung dagegen insgesamt gesteigert werden. Dabei fand jedoch - im Gegensatz zum warenproduzierenden Gewerbe - lediglich eine leichte Verschiebung zugunsten der Dienstleistungsberufe statt. Darüber hinaus haben auch in einigen Dienstleistungssektoren die Fertigungs- und technischen Berufe ein überdurchschnittliches Gewicht.

Zusammenfassend läßt sich sagen, daß in der Volkswirtschaft somit nicht nur die Tendenz zu einer Verlagerung der Beschäftigung vom sekundären zum tertiären Sektor besteht, sondern auch eine Verstärkung der Dienstleistungstätigkeiten innerhalb des produzierenden Gewerbes stattfindet.

Bezogen auf die Gesamtzahl der sozialversicherungspflichtig Beschäftigten waren 1986 knapp 82 vH Vollbeschäftigte, 9,4 vH Teilzeitbeschäftigte und 8,8 vH Auszubildende. Von den gesamten Vollbeschäftigten übten 45 vH Dienstleistungsberufe aus, von den Teilzeitbeschäftigten hatten 86 vH und von den Auszubildenden über 51 vH einen Dienstleistungsberuf. Damit ist die Teilzeitbeschäftigung vornehmlich auf die Dienstleistungsberufe konzentriert. Von den Beschäftigten mit produktionsfernen Berufen arbeiteten knapp 17 vH kürzer, als es der Normalarbeitszeit entsprechen würde, während von den Beschäftigten mit Fertigungsberufen lediglich 2,5 vH Teilzeitbeschäftigte waren.

In den Dienstleistungsberufen ist auch der Anteil der Auszubildenden größer als bei den Fertigungsberufen (9,1 vH gegenüber 8,4 vH 1986). Zusätzlich hat sich im Zeitraum 1986/80 das Gewicht der Ausbildung zugunsten der dienstleistungsorientierten Berufe verschoben. Hervorzuheben ist in diesem Zusammenhang die Verschiebung bei der Deutschen Bundespost. Hier stieg der Anteil der Auszubildenden in den produktionsfernen Berufen um über 30 vH-Punkte.

Der Strukturwandel zu einem stärker vom Investitionsprozeß losgelösten Einsatz von Arbeitskräften ist nicht nur durch die Zunahme der produktionsfernen Berufe auch in den warenproduzierenden Branchen bestimmt, sondern darüber hinaus durch die Zunahme höherwertiger Tätigkeiten. Die Zahl der Beschäftigten mit Fachhochschul- bzw. Hochschulabschluß stieg im Zeitraum 1986/80 um gut 200 000 Personen an. Relativ hoch ist der Anteil der Akademiker innerhalb des verarbeitenden Gewerbes in den Sektoren Luft- und Raumfahrzeugbau, Büromaschinen, ADV, Mineralölverarbeitung sowie der chemischen Industrie. In diesen Sektoren hat zudem die Bedeutung der Akademiker überproportional zugenommen: Während im verarbeitenden Gewerbe der Anteil der Akademiker an den sozialversicherungspflichtig Beschäftigten im Durchschnitt um 1 Prozentpunkt im Zeitraum 1986/80 zunahm, stieg der Anteil der Beschäftigten mit Fachhochschul- bzw. Hochschulabschluß im Straßenfahrzeug-, Luft- und Raumfahrzeugbau jeweils um 2,6 Prozentpunkte, in der chemischen Industrie um 1,5 und in der Mineralölverarbeitung um 1,2 Prozentpunkte (vgl. Tabelle 5.3/3). Inwieweit es sich hierbei um einen Verdrängungseffekt handelt, muß offen bleiben. Auch bei den Dienstleistungsunternehmen verschob sich die Beschäftigtenstruktur zugunsten der Akademiker.

Neben dem Anteil der Akademiker in den Wirtschaftszweigen deutet auch eine Zunahme von Berufen mit überwiegend dispositiven Tätigkeiten auf einen Anstieg höherwertiger Beschäftigung hin. Deshalb ist in Tabelle 5.3/3 aus den produktionsfernen Berufen auch die Gruppe derjenigen Berufe gesondert ausgewiesen worden, bei denen nach den Mikrozensus-Erhebungen der Anteil der Beschäftigten mit planenden und leitenden Tätigkeiten vergleichsweise hoch ist. Im verarbeitenden Gewerbe übten 1986 knapp 14 vH aller sozialversicherungspflichtig Beschäftigten Berufe mit überwiegend dispositiven Tätigkeiten aus.

Weit überdurchschnittlich ist der Anteil dispositiver Tätigkeiten mit ca. 30 vH der Beschäftigten (1986) im Luft- und Raumfahrzeugbau. Aber auch im Bereich Büromaschinen, ADV, in der Mineralölverarbeitung und der chemischen Industrie liegt der Anteil dispositiver Tätigkeiten über 20 vH. Außer bei der Mineralölverarbeitung hat zwischen 1980 und 1986 in diesen Sektoren die Zahl der Beschäftigten mit dispositiven Tätigkeiten zugenommen. Bei einer insgesamt rückläufigen Beschäftigtenzahl hat sich die Beschäftigtenstruktur in fast allen Sektoren des verarbeitenden Gewerbes zugunsten der dispositiven Tätigkeiten verschoben. Ausnahmen bilden lediglich die Gießereien, Ziehereien und das Ernährungsgewerbe.

Tabelle 5.3/3

Akademiker und
Berufe mit überwiegend dispositiver Tätigkeit

Wirtschaftszweige	Sozialversicherungspflichtige Beschäftigte 1000 Personen				Anteilsveränderungen in Prozentpunkten 1986/80		
	Insgesamt	Produktions-ferne Berufe 1)	Akademiker	Berufe mit überwiegend dispositiven Tätigkeiten 1)	Produktions-ferne Berufe 1)	Akademiker	Berufe mit überwiegend dispositiven Tätigkeiten 1)
Land- und Forstwirtschaft,Fischerei	231	28	4	10	-0.5	0.5	-0.1
Energiewirtschaft und Bergbau	471	118	28	78	1.2	0.9	0.8
Energie- und Wasserversorgung	245	87	17	52	1.0	0.9	0.8
Kohlenbergbau	185	23	9	17	0.2	0.8	0.2
Übriger Bergbau	42	8	3	6	0.7	0.8	0.1
Verarbeitendes Gewerbe	8012	1894	332	1091	0.7	1.0	0.6
Chem. Ind., Spalt-, Brutstoffe	585	197	47	119	0.9	1.5	0.5
Mineralölverarbeitung	28	10	3	6	2.1	1.2	0.7
Kunststoffwaren	249	46	5	30	0.0	0.6	0.2
Gummiwaren	107	21	3	13	0.0	0.9	0.1
Steine, Erden	179	35	5	24	1.6	0.6	1.2
Feinkeramik	65	11	1	7	1.2	0.5	0.8
Glasgewerbe	89	12	2	8	-0.1	0.6	0.4
Eisenschaffende Industrie	204	41	7	24	0.4	0.6	0.7
NE-Metallerzeugung und -bearb.	61	13	2	9	1.2	1.1	0.8
Gießereien	109	14	2	9	-1.2	0.2	-0.5
Ziehereien und Kaltwalzwerke	277	42	4	29	-0.3	0.2	-0.1
Stahl- und Leichtmetallbau	185	32	7	22	0.2	0.6	0.4
Maschinenbau	1005	226	52	158	-0.0	1.0	0.2
Büromaschinen, ADV	82	37	14	20	1.0	2.6	0.3
Straßenfahrzeugbau	986	193	31	114	0.2	1.0	0.3
Schiffbau	45	7	2	4	-1.0	0.6	0.2
Luft- und Raumfahrzeugbau	56	23	11	17	1.6	2.6	1.1
Elektrotechnik	1049	274	97	192	1.3	2.2	1.2
Feinmechanik, Optik	216	45	8	29	0.4	1.0	0.7
EBM Waren	378	71	7	44	-0.1	0.6	0.5
Musikinstrumente, Spielwaren	52	11	1	7	-0.3	0.3	0.4
Holzbearbeitung	59	10	1	6	0.8	0.2	0.6
Holzverarbeitung	326	49	3	32	0.4	0.2	0.5
Zellstoff- und Papiererzeugung	60	11	2	7	-0.0	0.5	0.0
Papierverarbeitung	100	21	2	13	0.2	0.4	0.4
Druckerei	215	56	3	33	0.4	0.3	0.6
Ledergewerbe	84	14	0	8	2.0	0.2	0.9
Textilgewerbe	254	46	4	26	0.2	0.3	0.3
Bekleidungsgewerbe	231	46	1	20	1.4	0.1	0.8
Ernährungsgewerbe	581	241	5	43	0.4	0.1	-0.5
Getränkeherstellung	100	37	2	16	0.3	0.4	0.3
Tabakverarbeitung	17	4	1	2	1.1	1.1	0.4
Baugewerbe	1585	200	31	148	1.0	0.3	0.9
Bauhauptgewerbe	1012	115	26	88	1.0	0.4	0.9
Ausbaugewerbe	573	84	5	60	0.5	0.2	0.7
Handel	2743	1984	57	536	1.0	0.5	-0.4
Großhandel, Handelsvermittlung	1109	696	34	342	0.7	0.8	0.0
Einzelhandel	1634	1288	22	193	1.1	0.3	-0.6
Verkehr und Nachrichten	995	333	11	147	-1.2	0.2	0.5
Eisenbahnen	131	26	0	6	-1.8	0.1	-0.2
Schiffahrt, Häfen	58	14	1	8	0.5	0.2	0.8
Übriger Verkehr	594	147	9	92	-1.0	0.3	-0.6
Deutsche Bundespost	212	145	1	41	-3.1	-0.2	2.4
Kreditinst. und Versicherungen	823	805	39	119	0.1	1.3	-2.0
Kreditinstitute	598	583	25	64	0.3	1.2	-1.4
Versicherungsunternehmen	226	222	14	55	-0.3	1.8	-2.4
Sonstige Dienstleistungen	2479	2098	159	584	0.8	0.8	0.1
Gastgewerbe, Heime	480	453	3	20	0.1	0.2	0.1
Bildung, Wissenschaft, Kultur	568	493	35	87	1.6	1.0	-0.8
Gesundheits u. Veterinärwesen	447	479	18	22	0.2	0.5	0.2
Übrige Dienstleistungen	1302	1028	112	466	0.7	0.8	0.5
Staat	2403	1854	241	745	-0.8	0.5	-0.7
Priv. Haushalte, Org. o. Erwerb.	987	901	122	142	-1.8	1.9	-0.7
Organisationen ohne Erwerbschar.	948	865	121	141	-1.1	1.9	-0.8
Private Haushalte	39	36	0	2	0.6	0.3	0.4
Wirtschaftszweige insgesamt	20730	10216	1024	3598	2.5	1.0	0.5

1) Nicht enthalten sind die Beschäftigungsfälle, bei denen kein Beruf angegeben wurde
Quelle: Beschäftigtenstatistik, eigene Berechnungen

Bei den finanziellen und sonstigen Dienstleistungen ist der Anteil der Beschäftigten mit dispositiven Tätigkeiten höher als bei den Produktionsunternehmen: Bei den Versicherungsunternehmen und den sonstigen Dienstleistungen liegt er bei rund 24 vH (1986). Von dieser Berufsstruktur heben sich einige Bereiche der sonstigen Dienstleistungen, in denen Personen mit überwiegend dispositiven Tätigkeiten die größte Beschäftigtengruppe bilden, deutlich ab (Rechts- und Wirtschaftsberatung, Organisationen des Wirtschaftslebens, Verlags- und Pressewesen, Architekturbüros, Grundstücks- und Vermögensverwaltung, Wirtschaftswerbung).

Während bei den Banken und Versicherungen die Beschäftigten mit dispositiven Tätigkeiten im Zeitraum 1986/80 abgenommen haben, konnten sie in den sonstigen Dienstleistungen insgesamt nur um rund 78 000 Personen gesteigert werden. Fast die Hälfte dieses Beschäftigtenanstiegs entfiel auf die Rechts- und Wirtschaftsberatung. Wie im Produktionsbereich verschob sich auch bei den sonstigen Dienstleistungen die Berufsstruktur zugunsten dispositiver Tätigkeiten.

Auf eine Lockerung der Beziehungen zwischen Investitionen und Beschäftigung deuten auch Veränderungen in der Umsatzstruktur der Unternehmen hin. Unternehmen erzielen ihren Umsatz nicht allein durch den Verkauf ihrer eigenen Erzeugnisse, sondern auch durch Dienstleistungen und den Verkauf von Handelsware. 1985 erzielten die Unternehmen des verarbeitenden Gewerbes fast 13 vH ihres Umsatzes aus dem Verkauf von Handelsware. Die Bedeutung dieser Handelstätigkeit nimmt zu: 1976 hatte der Umsatz aus Handelsware lediglich einen Anteil unter 10 vH am Gesamtumsatz des verarbeitenden Gewerbes. Überdurchschnittlich ist der Anteil des Umsatzes aus Handelsware am Gesamtumsatz in den Sektoren Mineralölverarbeitung, Gummiwaren, Straßenfahrzeugbau und chemische Industrie (Tab. 5.3/4).

Einen weiteren Hinweis auf die intrasektoralen Strukturverschiebungen geben die industriellen und handwerklichen Dienstleistungen. Der Umsatz aus diesem Bereich weist eine rasche Zunahme auf. Wenn auch das Gewicht der industriellen und handwerklichen Dienstleistungen relativ gering ist, so ist dennoch hervorzuheben, daß expansive Branchen diese Dienstleistungen überdurchschnittlich einsetzen. Beispiele dafür sind der Straßenfahrzeugbau, der Luft- und Raumfahrzeugbau und in einem etwas geringeren Maße die Chemie. Bedeutend ist diese Entwicklung auch für den Bereich Büromaschinen, ADV.

Tabelle 5.3/4

Veränderungen in der Umsatzstruktur des verarbeitenden Gewerbes

Wirtschaftszweige	Umsatz in Mrd. DM 1985	Anteile am Gesamtumsatz 1985				Anteilsveränderungen in Prozentpunkten 1985/76			
		eigene Erzeugnisse	Industrielle/ handwerkliche Dienstleistungen	Handelsware	Sonstige Tätigkeiten	eigene Erzeugnisse	Industrielle/ handwerkliche Dienstleistungen	Handelsware	Sonstige Tätigkeiten
Chem. Ind., Spalt- u.Brutstoffe	180.4	81.8	1.1	15.0	2.1	-2.9	0.2	2.5	0.2
Mineralölverarbeitung	119.7	63.1	4.4	31.7	0.8	-6.0	-1.2	7.8	-0.6
Kunststoffwaren	34.3	90.8	1.2	7.5	0.5	-0.6	0.6	0.1	-0.1
Gummiwaren	17.3	77.2	0.9	20.4	1.5	-6.9	-0.1	6.5	0.5
Steine, Erden	28.5	89.3	1.0	8.3	1.4	-1.1	0.1	0.8	0.1
Feinkeramik	4.2	91.1	0.1	7.3	1.5	-5.7	0.1	4.1	1.5
Glasgewerbe	10.3	90.0	0.5	8.5	1.0	-2.3	0.5	2.3	-0.6
Eisenschaffende Industrie	55.8	92.0	1.2	5.1	1.6	-2.1	-0.5	2.7	-0.1
NE-Metallerzeugung und -bearb.	25.9	83.7	4.3	11.2	0.8	1.3	-0.6	-1.0	0.2
Gießereien	13.3	92.9	0.8	5.7	0.5	-0.6	0.8	0.4	-0.5
Ziehereien und Kaltwalzwerke	24.8	84.8	8.4	6.3	0.5	-3.0	3.8	-0.7	-0.1
Stahl- und Leichtmetallbau	22.5	86.6	10.1	2.6	0.7	1.5	-1.3	-0.2	0.0
Maschinenbau	160.1	88.5	4.5	6.2	0.8	1.1	1.8	-2.7	-0.2
Büromaschinen, ADV	26.1	76.4	9.2	14.0	0.4	-11.4	6.2	5.8	-0.6
Straßenfahrzeugbau	184.7	80.2	3.2	15.8	0.7	-7.4	1.4	6.0	-0.1
Schiffbau	7.1	87.1	11.9	0.6	0.5	-3.3	3.7	-0.8	0.5
Luft- und Raumfahrzeugbau	8.9	89.0	8.1	2.7	0.2	4.6	1.9	-0.5	-6.0
Elektotechnik	152.8	79.1	5.1	14.3	1.5	-1.2	0.9	1.2	-0.9
Feinmechanik, Optik	17.1	81.5	2.9	14.5	1.1	2.3	-0.2	-2.1	0.0
EBM-Waren	41.4	90.2	1.3	7.4	1.0	0.7	-0.2	-0.7	0.2
Musikinstrumente, Spielwaren	6.5	88.6	1.4	9.4	0.6	-0.0	-0.9	0.3	0.6
Holzbearbeitung	7.0	87.7	1.0	10.8	0.6	1.2	-0.7	-1.1	0.6
Holzverarbeitung	26.0	92.4	0.7	6.5	0.4	-0.6	0.2	0.5	-0.1
Zellstoff- und Papiererzeugung	16.2	96.6	0.1	2.8	0.5	1.2	0.1	-1.8	0.5
Papierverarbeitung	18.7	89.9	1.2	8.4	0.5	0.6	0.3	-1.5	0.5
Druckerei	20.8	88.0	1.2	2.4	8.3	-3.1	-2.8	0.4	5.6
Ledergewerbe	8.1	84.8	1.6	12.7	0.8	-1.7	0.1	0.8	0.8
Textilgewerbe	36.4	86.1	5.9	7.5	0.6	-0.2	-0.9	1.3	-0.1
Bekleidungsgewerbe	21.8	84.3	6.8	8.3	0.5	-4.4	2.4	2.1	-0.0
Ernährungsgewerbe	126.7	86.7	0.3	12.5	0.5	-2.1	-0.1	2.2	-0.1
Getränkeherstellung	27.8	82.8	0.8	13.1	3.3	-3.3	0.4	1.9	1.0
Tabakverarbeitung	21.0	91.0	0.2	8.2	0.6	-6.7	0.2	6.7	-0.2
Verarbeitendes Gewerbe insgesamt	1472.3	83.1	3.1	12.6	1.2	-3.1	0.5	2.6	-0.1

Quelle: Statistisches Bundesamt, Kostenstrukturstatistik 1976 bis 1985; eigene Berechnungen.

189

5.4 Beschäftigungswirkungen von Aktivitäten am Rande der formellen Wirtschaft

Neben den bereits angesprochenen Veränderungen in den Arbeits- und Betriebszeiten sowie den Verschiebungen in der Tätigkeitsstruktur der Beschäftigten, sind auch neue Formen der Erwerbstätigkeit von Bedeutung für den Zusammenhang von Investitionen und Beschäftigung. Hierzu zählen neben dem Phänomen der "neuen Selbständigen" auch die Arbeitsformen am Rande der formellen Wirtschaft, die teilweise in einer komplementären, teilweise in einer substitutiven Beziehung zur Beschäftigungsentwicklung im offiziellen Sektor stehen.

In der Diskussion um schattenwirtschaftliche Tätigkeiten wird häufig die These vertreten, die Aktivitäten des informellen Sektors würden die Expansion der offiziellen Wirtschaft - insbesondere des Dienstleistungsbereichs - beeinträchtigen. Darüber hinaus stehe der Abschwächung der Wachstumsdynamik im offiziellen Sektor eine weiterhin expandierende Schattenwirtschaft gegenüber. Diese These geht von einem engen Begriff informeller Tätigkeiten aus. Sie bezieht sich vornehmlich auf Schwarzarbeit sowie Geschäfte ohne Rechnung. Hier bieten Arbeitnehmer und Selbständige Leistungen an, die in gleicher oder ähnlicher Weise von Unternehmen der offiziellen Wirtschaft angeboten werden. Solche Tätigkeiten stehen in einer Substitutionskonkurrenz zum Unternehmenssektor und können dort beschäftigungsmindernd wirken.

Umfang und Struktur dieser Aktivitäten sind allerdings nicht unabhängig von der Entwicklung der offiziellen Wirtschaft. Beispielsweise verstärkt die anhaltend schlechte Situation auf dem Arbeitsmarkt die Tendenz, nach alternativen Verdienstmöglichkeiten Ausschau zu halten. Mit zunehmender Freizeit sowie der Verkürzung der Lebensarbeitszeit verbessern sich ebenfalls die Möglichkeiten, wirtschaftliche Aktivitäten zu entfalten, die nur in Grenzen als "offizieller" Beitrag zum Sozialprodukt erfaßbar sind.

Die Aktivitäten am Rande der formellen Wirtschaft gehen jedoch über diesen engen Begriff hinaus. Sie umfassen neben der Schwarzarbeit und den Geschäften ohne Rechnung auch die Haushaltsproduktion sowie die sozialabgabenfreie, geringfügige Beschäftigung (Tabelle 5.4/1). Viele dieser Aktivitäten stehen in einer engen Wechselbeziehung zum Dienstleistungsangebot privater und staatlicher Einrichtun

Tabelle 5.4/1

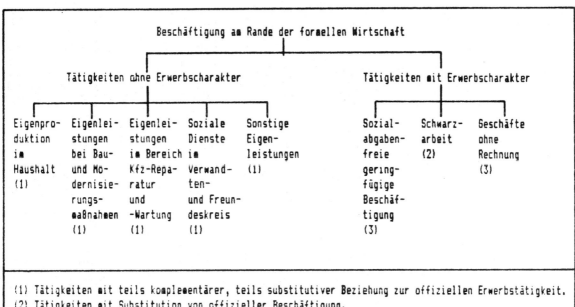

Beschäftigung am Rande der formellen Wirtschaft

Tätigkeiten ohne Erwerbscharakter

| Eigenproduktion im Haushalt (1) | Eigenleistungen bei Bau- und Modernisierungsmaßnahmen (1) | Eigenleistungen im Bereich Kfz-Reparatur und -Wartung (1) | Soziale Dienste im Verwandten- und Freundeskreis (1) | Sonstige Eigenleistungen (1) |

Tätigkeiten mit Erwerbscharakter

| Sozialabgabenfreie geringfügige Beschäftigung (3) | Schwarzarbeit (2) | Geschäfte ohne Rechnung (3) |

(1) Tätigkeiten mit teils komplementärer, teils substitutiver Beziehung zur offiziellen Erwerbstätigkeit.
(2) Tätigkeiten mit Substitution von offizieller Beschäftigung.
(3) Tätigkeiten mit Auswirkungen auf das Steuer- und Sozialsystem.

gen wie etwa Selbsthilfeorganisationen, Nachbarschaftshilfe oder Kinderläden. Andere wiederum stehen in einem Substitutionsverhältnis zum Angebot des Unternehmenssektors. Dazu zählen teilweise die Haushaltsproduktion und Do-It-Yourself-Maßnahmen. All diesen Aktivitäten ist gemeinsam, daß sie zumeist Dienstleistungscharakter besitzen. Solche Beschäftigungsformen sind kaum mit größeren Investitionen verbunden. Aktivitäten, die einen größeren Investitionsaufwand erfordern, sind nicht für schattenwirtschaftliche Aktivitäten geeignet, da bei ihnen die Kontrollmöglichkeiten und somit die Risiken zu groß sind.

Die Haushalte sind nicht nur als Nachfrager von Gütern und Dienstleistungen und als Anbieter von Arbeitskraft auf dem offiziellen Arbeitsmarkt von Bedeutung, sondern auch als Produzenten. Sie sind quasi das Bindeglied zwischen offizieller und inoffizieller Wirtschaft. Dabei lockern neue Beschäftigungsformen und Tätigkeiten die Grenzen zwischen diesen beiden Wirtschaftsfeldern. Neben der Eigenproduktion werden von den Haushalten Dienstleistungen vornehmlich im Baubereich, im Bereich der PKW-Wartung und Reparatur sowie im sozialen Bereich erbracht. Hinweise auf den Umfang dieser Haushaltsproduktion geben die für die Hausarbeit pro Woche aufgewendete Zeit sowie die Ausstattung mit langlebigen, die Hausarbeit erleichternden Gebrauchsgütern. Nach Keller (1984) wendete 1981 der Durchschnittshaushalt ca. 16 Stunden pro Woche für die Hausarbeit auf, wobei ein Großteil der Zeit auf die Nahrungszubereitung, Reinigung und Wäschepflege entfällt. Dabei werden die Möglichkeiten, durch Einsatz technischer Hilfsmittel die Hausarbeit zu erleichtern, nahezu in allen Haushalten genutzt. Bei Waschmaschinen, Kühlgeräten und Staubsaugern ist inzwischen nahezu eine Vollversorgung erreicht (Statistisches Bundesamt, 1987, S. 114 ff.). Die zunehmende Technisierung der Haushalte ist in den entsprechenden Zweigen des Unternehmensbereich nachfragewirksam. In dieser Beziehung ist die Haushaltsproduktion komplementär zum Güterangebot der Wirtschaft und somit beschäftigungsfördernd.

Die Eigenleistungen der Haushalte im Baubereich werden auf 20 bis 30 vH der Baumaßnahmen geschätzt (vgl. Ifo, 1986, S. 97 ff.). Der Anteil der Eigenleistungen an Bau-, Ausbau- bzw. Modernisierungsmaßnahmen ist vom Einkommen und von der Stellung im Beruf abhängig. Nach einer Berechnung des Ifo-Instituts erbringen etwa 40 vH der Angestelltenhaushalte und fast die Hälfte der Haushalte mit einem jährlichen Einkommen von 30 000 bis 45 000 DM Eigenleistungen. Der größte Anteil der Eigenleistungen wird im Bereich der Maler- und Tapezierarbeiten, der Fliesen-

und Teppichverlegung sowie bei den Außenarbeiten (Terasse, Garten) erbracht. Bemerkenswert ist auch der Anteil der Eigenleistungen beim Kellerbau (Mezler/ Kramer/Siebert, 1985, S. 157). Ebenso wie im Baubereich werden die Eigenleistungen bei der PKW-Wartung und -Reparatur oftmals mit fremder Hilfe erbracht. Die reinen Eigenleistungen beziehen sich vorwiegend auf die Wartung (Waschen, Polieren, Scheibenwischerwechsel), während größere Reparaturen lediglich zu ca. 6 vH selbst durchgeführt werden (Ifo, 1986, S. 107).

Auch diese Eigenleistungen stehen nur teilweise in einer substitutiven Beziehung zum Angebot des offziellen Sektors. Zum einen sollen die Eigenleistungen die Leistungen der Unternehmen ersetzen. Mit dem Einsatz der eigenen Arbeitskraft werden Ausgaben für entsprechende Unternehmensleistungen eingespart. In dieser Beziehung besteht somit eine Substitutionskonkurrenz, die die Nachfrage nach Leistungen des Unternehmenssektors verringert und beschäftigungsmindernd wirken kann. Auf der anderen Seite wären viele Haushalte mit niedrigerem Einkommen nicht in der Lage, Baumaßnahmen ohne größere Eigenleistungen zu finanzieren. Hinzu kommt, daß der Bezug von Vorleistungen für die inoffiziellen Tätigkeiten in einigen Bereichen, wie beispielsweise im Bereich des Heimwerkerbedarfs, zusätzliche Absatzchancen schafft. Auch der gestiegene Beratungsbedarf für solche Do-It-Yourself-Aktivitäten schafft zusätzliche Beschäftigungsmöglichkeiten im offiziellen Bereich.

Im Bereich der sozialen Dienste wird die Verflechtung zwischen privatem und institutionalisiertem Angebot ebenfalls deutlich. Im Zuge der Verkleinerung der Haushalte sowie der zunehmenden Erwerbstätigkeit der Frauen wurde die Pflege der Älteren und die Betreuung der Kinder aus dem häuslichen Bereich ausgegliedert. 1984 versorgten lediglich 9 vH der Haushalte Behinderte und Pflegebedürftige im eigenen Haushalt. Im Verwandtschaftskreis werden gut 11 vH der Kranken und Behinderten betreut (Statistisches Bundesamt, 1985, S. 458). Die Ausgliederung von Eigenleistungen im Sozialbereich hat im offiziellen Sektor beschäftigungssteigernd gewirkt. Insbesondere im Staatsbereich und bei den Organisationen ohne Erwerbszweck war eine Zunahme solcher Leistungen zu registrieren. Die Auslagerung solcher häuslicher Dienste scheint jedoch neuerdings an Grenzen zu stoßen. In einigen Bereichen ist sogar eine Tendenz zur Rückverlagerung in den häuslichen Bereich feststellbar.

Die Haushalte begrenzen ihre Aktivitäten im inoffiziellen Bereich jedoch nicht allein auf die Eigenproduktion bzw. die unentgeltliche Hilfe im Verwandtschafts- und Freundeskreis. Verschiedentlich bieten sie Arbeitsleistungen gegen Entgelt an, ohne auf diese Einkünfte Sozialabgaben oder Steuern zu zahlen. Schwarzarbeit und Geschäfte ohne Rechnung gehören zu solchen schattenwirtschaftlichen Aktivitäten. Schwarzarbeit in engerem Sinne steht in Konkurrenz zum Dienstleistungsangebot des Unternehmensbereichs. Zum einen üben die Schwarzarbeiter eine ihrem Beruf entsprechende Tätigkeit aus, zum anderen setzen sie ihre außerhalb der offiziellen Beschäftigung erworbenen - oftmals handwerklichen - Fähigkeiten ein. Während somit die Schwarzarbeiter prinzipiell aus allen Berufen kommen können, beschränken sich die in Schwarzarbeit ausgeübten Tätigkeiten auf wenige Bereiche. Diese schattenwirtschaftlichen Aktivitäten stehen vornehmlich in Konkurrenz zum Baugewerbe, dem Kfz-Reparaturbereich und einigen Dienstleistungssektoren. In diesen Bereichen könnte aufgrund der Schattenwirtschaft die Beschäftigungsentwicklung hinter der möglichen Beschäftigung zurückgeblieben sein.

Der Umfang von Schattenwirtschaftsaktivitäten kann angesichts fehlender statistischer Erfaßbarkeit nur grob abgeschätzt werden. Neben der Möglichkeit direkter Haushaltsbefragungen werden verschiedene indirekte Methoden, die primär auf der Makroebene ansetzen, zur Ermittlung der Schattenwirtschaft angewendet. Einmal wird über die Entwicklung der offiziellen Erwerbsquote auf Größe und Entwicklung der Schattenwirtschaft geschlossen. Demnach kann eine Verringerung der Erwerbsquote mit einer Beschäftigung im inoffiziellen Sektor einhergehen. Allerdings geben viele Schwarzarbeiter ihren Arbeitsplatz nicht auf. Unklar ist auch, ob sich die Arbeitsproduktivität im Schattensektor vom offiziellen Sektor unterscheidet. Langfeldt (1983) schätzt das Potential an Schwarzarbeitern mit Hilfe dieses Ansatzes auf 35 % des offiziellen Arbeitsangebots 1980.

Andere Ansätze gehen von der Diskrepanz zwischen tatsächlicher und normaler Bargeldhaltung zur Bestimmung der Schattenwirtschaft aus. Mit Hilfe des Bargeldnachfragekonzepts wurden Schätzungen für die Bundesrepublik Deutschland von Langfeldt (1983) und Kirchgässner (1983) durchgeführt. Für 1980 wird der Umfang der Schattenwirtschaft von Langfeldt auf 4 bis 13 vH und von Kirchgässner auf 8 bis 12 vH des offiziellen Bruttosozialprodukts geschätzt (Tabelle 5.4/2). Die Schätzspannen sind größtenteils auf unterschiedliche Annahmen über die Umlaufgeschwindigkeit zurückzuführen.

194

Tabelle 5.4/2

Zum Ausmaß der Schattenwirtschaft in der Bundesrepublik

Anteile am Bruttosozialprodukt in vH

Autor	1970	1975	1976	1980	1984
makroökonomische Ansätze					
Kirchgässner (1983)					
- Bargeldnach-frageansatz	1.7 bis 4.9	1.9 bis 6.5		5.9 bis 13.0	
Langfeldt (1983)					
- Bargeldnach-frageansatz			3.4 bis 12.1	3.7 bis 12.6	
- Transaktions-ansatz	16.0		17.5	27.5	
- Arbeitsmarkt-ansatz 1)	22.0		39.5	35.0	
Frey/Pommerehne (1984)					
- weiche Modellierung			8.3 (1978)		
mikroökonomische Ansätze					
Schwarze (1986)					
- Umfrage (n=1980)				1.0	
Wolff (1986)					
- Umfrage (n=7826)				0.6 bis 1.2	
Ifo (1986)					
- Angebot an Schwarz-arbeitskräften 1)				6.0 bis 7.0 (1982)	
Döhrn (1987)				2.5 bis 5.2	

1) Potential an Schwarzarbeitern in vH des offiziellen Arbeitsangebotes.

Die Abhängigkeit der Schätzergebnisse vom gewählten Schätzansatz wird deutlich, wenn man die Ergebnisse aufgrund des Bargeldnachfrageansatzes mit den Ergebnissen vergleicht, die auf dem Transaktionsansatz beruhen. Letzterer versucht den Umfang der Schattenwirtschaft durch Veränderungen im Verhältnis zwischen Transaktionen und Einkommen abzuschätzen. Ausgehend von der Annahme, daß zur Produktion von Gütern und Dienstleistungen eine bestimmte reale Geldmenge erforderlich ist, lassen Verschiebungen in dieser Relation auf eine nicht erfaßte Produktionsmenge (Schattenproduktion) schließen. Mit Hilfe dieses Ansatzes kommt Langfeldt beispielsweise auf einen Umfang der Schattenwirtschaft von 16 bis 24 vH des offiziellen Bruttosozialprodukts.

Zu einem weitaus geringeren Umfang der Schwarzarbeit gelangen die Studien auf Basis mikroökonomischer Ansätze. Wolff (1986) schätzt das Schwarzarbeitervolumen für 1984 auf maximal 1,2 vH des offiziellen Bruttosozialprodukts und Schwarze (1986) auf ca. 1 vH (Tabelle 5.4/2). Das Ifo-Institut (1986, S. 126 ff.) schätzt das Potential an Anbietern von Schwarzarbeit und Geschäften ohne Rechnung auf maximal 6 bis 7 vH der Erwerbstätigen. Döhrn (1987) versucht den Umfang der Schattenwirtschaft durch einen sektoralen Ansatz abzuschätzen. Ausgehend von den Untersuchungen von Niessen und Ollmann (1987), Mezler/Kramer/Siebert (1985) sowie Schwarze (1986), die die schattenwirtschaftlichen Tätigkeiten mit Hilfe von Umfragen quantifizieren, ordnet Döhrn die verschiedenen Schattenaktivitäten einzelnen Wirtschaftszweigen zu. Der überwiegende Teil der angegebenen Tätigkeiten entfällt nach seinen Recherchen auf elf Wirtschaftszweige mit zumeist verbrauchsnaher Produktion, die zudem wenig kapitalintensiv und kleinbetrieblich strukturiert sind. Schwerpunkte bilden Aktivitäten im landwirtschaftlichen Bereich, im Baugewerbe, Gaststätten- und Beherbergungsgewerbe, Bildung und Wissenschaft sowie im Bereich Private Haushalte (vgl. Döhrn, 1987, S. 379). Mit Hilfe sektorspezifischer Schattenwirtschaftsquoten errechnet Döhrn ein Potential der inoffiziellen Produktion von mindestens 2,5 vH bis höchstens 5,2 vH der ausgewiesenen Bruttowertschöpfung im Durchschnitt der Jahre 1980 bis 1985.

Während somit die makroökonomischen Ansätze der Schattenwirtschaft einen größeren Stellenwert zuweisen und ihren Umfang vermutlich teilweise über-schätzen, deuten die mikroökonomischen Ansätze darauf hin, daß Schwarzarbeit eher ein "Randphänomen" unserer Gesellschaft ist. Nach den makroökonomischen Ansätzen scheinen die schattenwirtschaftlichen Aktivitäten im Zeitablauf zugenommen zu haben. Mikroökonomische Längsschnittbetrachtungen liegen bislang nicht vor.

Zusammenfassend bleibt festzuhalten, daß Aktivitäten am Rande der formellen Wirtschaft überwiegend Dienstleistungscharakter haben. Die Beschäftigungsexpansion in solchen Tätigkeitsfeldern ist kaum an Investitionen gebunden. Im Bereich der häuslichen Pflege etwa wird dies besonders deutlich, aber auch bei den meisten Formen der Schwarzarbeit, wie beispielsweise Tapezier- und Malerarbeiten, sind keine Investitionen größeren Umfangs notwendig. Viele dieser Aktivitäten stehen in einer engen Wechselbeziehung zum offiziellen Sektor. Dennoch ist der Umfang der Haushaltsproduktion und der Schwarzarbeit nicht gleichzusetzen mit einem entsprechenden Nachfrageverlust bei den offiziellen Anbietern dieser Leistungen. Denn nur teilweise stehen die schattenwirtschaftlichen Aktivitäten in Substitutionskonkurrenz zum Unternehmenssektor. Vielfach besteht auch eine komplementäre Beziehung. Die verstärkte Nachfrage nach Heimwerkerbedarf und -beratung sei hier nur beispielhaft genannt.

6 Bereiche mit schwächerer Bindung der Beschäftigtenentwicklung an den Investitionsprozeß

Die bisherigen Überlegungen haben gezeigt, daß es schon im Unternehmenssektor Wirtschaftszweige gibt, deren Beschäftigtenentwicklung weniger eng an den Investitionsprozeß gebunden ist, als dies etwa für die Wirtschaftszweige des verarbeitenden Gewerbes gilt. Damit ist nicht gemeint, daß Arbeitsplätze in diesen Bereichen ohne spezifische Investitionsaufwendungen geschaffen werden können, sondern nur, daß in diesen Bereichen aus den getätigten Investitionen schwerer als anderswo auf die Entwicklung der Arbeitsplätze geschlossen werden kann. Eine Rolle spielt dabei sicherlich, daß in diesen Bereichen das Anmieten von Räumen und sonstigen Investitionsgütern von vergleichsweise größerer Bedeutung ist. Dies gilt für viele Dienstleistungszweige des Unternehmensbereichs.

Manchmal sind es aber auch sehr kapitalintensive Einrichtungen, in denen organisatorische Änderungen in größerem Umfang positive oder negative Wirkungen auf die Zahl der Arbeitsplätze haben, ohne daß es zu merklichen Veränderungen in der Höhe des eingesetzten Anlagevermögens kommen muß. Beispielhaft seien hier die zum Gesundheitswesen zählenden Krankenhäuser genannt, bei denen eine Veränderung des Pflegepersonals pro Krankenhausbett wohl kaum die Investitionen beeinflußt. In diesem Zusammenhang ist häufig auch der Wandel normativer Zielvorgaben auslösendes Moment für solche Prozesse. Für die Entwicklung der Beschäftigung in den staatlichen Aufgabenbereichen ebenso wie bei den Organisationen ohne Erwerbszweck sind solche Faktoren vermutlich von größerer Bedeutung, wenn nicht sogar letztendlich ausschlaggebend.

Aus diesen Gründen erscheint es gerechtfertigt, deren Investitions- und Beschäftigungsentwicklung auch gesondert zu betrachten. In Abschnitt 6.1 wird der Zusammenhang von Investitionen und Beschäftigung in den staatlichen Aufgabenbereichen untersucht. Anschließend wird für die Organisationen ohne Erwerbscharakter geprüft, ob sich hier - aufgrund ihrer in großen Teilen ähnlichen Funktionen, wie sie auch der Staat ausübt (Gesundheit, Soziales) - analoge Schlußfolgerungen ergeben.

6.1 Investitionen und Beschäftigung in den staatlichen Aufgabenbereichen

Viele Aktivitäten des Staates stehen im Zusammenhang mit seiner Funktion als Produzent von Dienstleistungen. Hier trifft der Staat Dispositionen, die formal denen im Unternehmensbereich ähnlich sind: Er investiert und stellt Beschäftigte ein, um die ihm übertragenen Aufgaben in den einzelnen Bereichen staatlicher Leistungserstellung zu erfüllen. Diese Leistungen stellt er unentgeltlich oder gegen Gebühren zur Verfügung, die in der Regel nicht kostendeckend sind. Die "Produktionstechnologien" dieser - häufig öffentlichen - Güter sind meist andere als die im industriellen Bereich; in einigen Bereichen ähneln sie denen privatwirtschaftlicher Leistungserstellung im Dienstleistungssektor (Gesundheit, Soziales, Bildung). Daher sind die Zusammenhänge zwischen der Investitionsentwicklung und der Beschäftigtenentwicklung im staatlichen Bereich sicherlich nicht so eng, wie es - aufgrund produktionstheoretischer Überlegungen - für den industriell organisierten privatwirtschaftlichen Sektor vermutet wird.

Noch mehr als die Produktionsseite unterscheidet sich die Finanzierungsseite des Staates von der Privatwirtschaft. Der Staat finanziert Investitionen und Beschäftigte wie die anderen Ausgaben aus Steuern, Abgaben und Krediten, deren Höhe und Entwicklung von der gesamtwirtschaftlichen Entwicklung und via Steuer- und Abgabenelastizität auch von dem sich manifestierenden gesellschaftspolitischen Konsens über die Grenzen staatlicher Aufgabenerfüllung abhängt. Der Kurs der Finanzpolitik war seit 1973/74 nicht sehr stetig; nach positiven Nachfrageimpulsen 1974 und 1975 überwogen in der Folgezeit - trotz der leicht positiven Impulse von 1978 bis 1980 (Zukunftsinvestitionsprogramm) - die restriktiven Einflüsse. Nach 1980 wurden vor allem die staatlichen Anlageinvestitionen von dieser restriktiven Ausgabenpolitik des Staates getroffen. Da auf die Gemeinden der überwiegende Teil der Investitionsausgaben fällt, sei an ihrem Beispiel aufgezeigt, wie sehr die Haushaltslage und nicht die Entwicklung der Arbeitsplätze in den staatlichen Aufgabenbereichen die Entwicklung der Investitionen beeinflußt hat.

Bis 1983 war dafür die verschlechterte Haushaltssituation der Gemeinden verantwortlich. Zum einen sind die (Netto-) Zuführungen vom Verwaltungshaushalt zum Vermögenshaushalt zurückgegangen, weil Personal- und Sachmitteleinsparungen nur in geringem Umfang möglich waren, aber Sozialhilfeleistungen und Zinsausgaben stiegen; zum anderen sind auch die Investitionszuschüsse von Bund und

Ländern reduziert worden. Angesichts der steigenden Zinslasten haben die Gemein den auch ihre Kreditaufnahme, die 1981 und 1982 ungeplant gestiegen war, ab 1983 reduziert und gleichzeitig die Tilgung erhöht. 1984 nutzten die Gemeinden den erhöhten Spielraum, der von den Zuführungen vom Verwaltungshaushalt her möglich gewesen wäre, nicht zu einer Steigerung der Investitionshaushalte; vielmehr reduzierten sie die Investitionen weiter. Bis 1986 erhöhten sich die Investitionsausgaben etwas, erreichten aber nicht einmal das Niveau von 1982.

Betrachtet man die gesamten staatlichen Anlageinvestitionen zu Preisen von 1980, so sind sie von rd. 50 Mrd. DM im Jahre 1980 auf rd. 40 Mrd. DM im Jahre 1986 zurückgegangen, immerhin ein Rückgang um 20 vH innerhalb von sechs Jahren. Jahresdurchschnittlich ist das Investitionsvolumen bei den Gemeinden um 5 vH, bei den Ländern aber nur um 0,3 vH zurückgegangen (vgl. Tabelle 6.1/1). Von 1973 bis 1980 hat sich dagegen bei den staatlichen Anlageinvestitionen insgesamt noch eine geringfügige Erhöhung ergeben, da die Einbrüche 1976 und 1977 in der Folgezeit wieder aufgeholt worden sind; aufgrund des Zukunftsinvestitionsprogramms haben sich vor allem bei den Gemeinden noch im Jahresdurchschnitt Zuwächse von knapp 1 vH ergeben.

Dies gilt aber nicht für alle Aufgabenbereiche. Im mit einem Drittel aller Investitionen größten Aufgabenbereich Verkehrswesen (Straßen, Wasserstraßen, Brücken) waren schon im Zeitraum 1973 bis 1980 geringfügige Rückgänge zu verzeichnen. Hier ist das Investitionsvolumen von 1980 bis 1986 um 20 vH zurückgegangen. Auch im (kommunalen) Bereich Gemeinschaftsdienste, Umweltschutz, dem nach dem Verkehrswesen zweitgrößten Investitionsbereich, ist von 1980 bis 1986 das Investitionsvolumen um 20 vH reduziert worden. Im Unterrichtswesen war der Rückgang am ausgeprägtesten. Der Anteil der staatlichen Investitionsausgaben für das Unterrichtswesen ist von knapp 26 vH im Jahr 1973 auf gut 12 vH im Jahr 1986 zurückgegangen. Nur im Gesundheitswesen und in dem kleinen Bereich Wohnungswesen, Stadt- und Landesplanung sind die Investitionsvolumina in den achtziger Jahren noch ausgeweitet worden.

Sowohl Berechnungen auf dem Aggregationsniveau der Aufgabenbereiche als auch ins Einzelne gehende Untersuchungen zeigen, daß diese starke Reduzierung des Investitionsvolumens - vor allem im kommunalen Bereich - kaum Ausdruck einer bedarfsorientierten Infrastrukturplanung war (vgl. Stille, Kirner 1985). Es hat sich

Tabelle 6.1/1

Bruttoanlageinvestitionen des Staates nach Aufgabenbereichen
- neue Anlagen -
(in Preisen von 1980)

	in Mill.DM				Anteile in vH				durchschnittliche jährliche Veränderungsraten		
	1960	1973	1980	1986	1960	1973	1980	1986	1960/73	1973/80	1980/86
allgem.staatl.Verwaltung 1)	1591	1790	2440	2330	6.4	3.6	4.8	5.8	0.9	4.5	-0.8
Sicherheit u.Ordnung	850	1330	2190	1850	3.4	2.7	4.4	4.6	3.5	7.4	-2.8
Unterrichtswesen	6024	12680	8560	4950	24.3	25.8	17.0	12.3	5.9	-5.5	-8.7
Gesundheitswesen	1838	3300	3990	4300	7.4	6.7	7.9	10.7	4.6	2.7	1.3
Wohnungsw.,Stadt-u.,Landespl	302	390	1010	1300	1.2	0.8	2.0	3.2	2.0	14.6	4.3
Soziale Sicherung	700	1390	1290	1190	2.8	2.8	2.6	3.0	5.4	-1.1	-1.3
Gemeinschaftsd.Umweltschutz	3533	7090	9490	7740	14.2	14.4	18.9	19.2	5.5	4.3	-3.3
Erholung und Kultur	1056	2830	3460	2450	4.3	5.8	6.9	6.1	7.9	2.9	-5.6
Verkehrswesen	8188	16980	16220	12890	33.0	34.5	32.2	32.0	5.8	-0.7	-3.8
übrige Bereiche 2)	759	1420	1680	1290	3.1	2.9	3.3	3.2	4.9	2.4	-4.3
Insgesamt	24841	49200	50330	40290	100.0	100.0	100.0	100.0	5.4	0.3	-3.6
davon: Tiefbau	14481	31480	29950	22980	58.3	64.0	59.5	55.5	6.2	-0.7	-4.7
Hochbau	8627	13360	14920	12370	34.7	27.2	29.6	30.7	3.4	1.6	-3.1
Ausrüstungen	1733	4360	5460	5940	7.0	8.9	10.8	13.8	7.4	3.3	0.2
davon: Bund	3920	6940	6440	5380	15.4	14.1	12.8	13.4	4.7	-1.1	-3.0
Länder	4570	9070	8890	8720	18.4	18.4	17.7	21.6	5.4	-0.3	-0.3
Gemeinden	15721	32430	34250	25140	53.3	65.9	68.1	62.4	5.7	0.8	-5.0
Soz.Vers.	730	760	750	1050	2.9	1.5	1.5	2.6	0.3	-0.2	5.8

1) einschl.Verwaltung der Verteidigung.
2) einschl. Land-und Forstwirtschaft.
Quellen: Stat. Bundesamt, Fachserie 18; Berechnungen des DIW.

201

ein akuter Rückstau vielfältiger kommunaler Investitionen ergeben (vgl. Reiden-bach 1986). Als Fazit ergibt sich, daß der Staat - vor allem die Kommunen - nach wie vor auf Einnahmeausfälle nicht anders als durch eine Reduktion der Manövrier-masse "Investitionen" und damit prozyklisch reagiert.

Betrachtet man demgegenüber die Zahl der zivilen Beschäftigten des Staates nach Aufgabenbereichen (vgl. Tabelle 6.1/2), so zeigt sich, daß der gesamte Personalein-satz beim Staat auch von 1973 bis 1980 mit jahresdurchschnittlich 2,4 vH und von 1980 bis 1986 mit 1,1 vH weiterhin ausgeweitet wurde. Im Zeitraum von 1973 bis 1986 hat sich die Zahl der zivilen Beschäftigten beim Staat um 750 000 erhöht - um 300 000 weniger als von 1960 bis 1973. In einigen Aufgabenbereichen ging die Zahl der Beschäftigten zurück (Verkehrswesen, Wohnungswesen, Stadt- und Landes-planung), während sie im Gesundheitswesen, bei den Gemeinschaftsdiensten, Umweltschutz sowie im Aufgabenbereich Erholung und Kultur überdurchschnittlich zunahm.

Es zeigt sich also, daß zwischen der Investitionsentwicklung des Staates und der Entwicklung der beim Staat Beschäftigten kaum ein erkennbarer Zusammenhang besteht. Dies heißt natürlich nicht, daß Investitionen in verschiedenen staatlichen Aufgabenbereichen mit einem jeweils unterschiedlich hohen Personaleinsatz verbunden sind (Straßenbau auf der einen, Schulen auf der anderen Seite). Die drastische Reduzierung der Investitionen hatte kaum einen Einfluß auf die Entwick-lung der Arbeitsplätze bei den öffentlichen Haushalten. Auch die erkennbare Abschwächung im Tempo der Ausweitung der staatlichen Arbeitsplätze nach 1980 hat im Grunde nichts mit dem Rückgang der Investitionstätigkeit zu tun, sondern ist eine Folge unterschiedlicher Rigiditäten der Konsolidierungspolitik bei Perso-nalausgaben und Investitionsausgaben. Mit der Kapitalausstattung von Arbeits-plätzen hat dies alles nichts zu tun.

Insofern liefert auch die Entwicklung der Anlagevermögensbestände in den staat-lichen Aufgabenbereichen nur wenig Anhaltspunkte für Trends bei der für einen Arbeitsplatz erforderlichen Ausstattung mit Anlagevermögen. In der staatlichen Anlagevermögensrechnung werden nach der perpetual-inventory-method die In-vestitionen der Vergangenheit als Zugänge zum Anlagevermögen addiert und um die ermittelten Abgänge bzw. Abschreibungen vermindert. Die Nutzungsdauer ist für die verschiedenen Investitionsarten (Hoch-, Tiefbau, Ausrüstungen) unterschiedlich.

Tabelle 6.1/2

Zivile Beschäftigte des Staates nach Aufgabenbereichen

	in 1000 Pers.				Anteile in vH				durchschnittliche jährliche Veränderungsraten		
	1960	1973	1980	1986*	1960	1973	1980	1986*	1960/73	1973/80	1980/86*
Allgem.staatl.Verwaltung 1)	435.8	621.9	667.5	735.7	24.1	21.8	19.8	20.4	2.8	1.0	1.6
öffentl.Sicherh.u.Ordnung	275.1	369.5	440.8	468.5	15.2	12.9	13.1	13.0	2.3	2.6	1.0
Unterrichtswesen	341.3	723.0	947.1	1019.1	18.9	25.3	28.1	28.2	5.9	3.9	1.2
Gesundheitswesen	240.6	451.9	531.2	609.5	13.3	15.8	15.8	16.9	5.0	2.3	2.3
Soziale Sicherung	197.4	243.1	278.4	289.8	10.9	8.5	8.3	8.0	1.6	2.0	0.7
Wohnungsw.,Stadt-u.Landespl	61.3	101.0	129.1	88.4	3.4	3.5	3.8	2.5	3.9	3.6	-6.1
Gemeinschaftsd.,Umweltsch.	59.7	82.4	102.3	110.5	3.3	2.9	3.0	3.1	2.5	3.1	1.3
Erholung und Kultur	63.0	90.4	113.7	127.0	3.5	3.2	3.4	3.5	2.8	3.3	1.9
Verkehrswesen	91.1	122.3	108.3	107.1	5.0	4.3	3.2	3.0	2.3	-1.7	-0.2
übrige Bereiche 2)	39.7	50.5	53.6	53.3	2.2	1.8	1.6	1.5	1.9	0.9	-0.1
i n s g e s a m t	1805.0	2856.0	3372.0	3609.0	100.0	100.0	100.0	100.0	3.6	2.4	1.1
davon: Gebietskörpersch.	1657.0	2658.0	3147.0	3360.0	91.8	93.1	93.3	93.1	3.7	2.4	1.1
Sozialversicherung	148.0	198.0	225.0	249.0	8.2	6.9	6.7	6.9	2.3	1.8	1.7
davon: Beamte	683.0	1018.9	1244.0	1332.3	37.8	35.7	36.9	36.9	3.1	2.9	1.1
Angestellte	691.9	1219.0	1464.2	1587.6	38.3	42.7	43.4	44.0	4.5	2.7	1.4
Arbeiter	430.1	618.1	663.8	689.1	23.8	21.6	19.7	19.1	2.8	1.0	0.6

*) geschätzt
1) einschl. Verwaltung der Verteidigung.
2) einschl. Land- und Forstwirtschaft.
Quellen: Stat. Bundesamt, Fachserien 14 und 18; Berechnungen und Schätzungen des DIW.

203

Hier wird - abweichend von den Konventionen der VGR - von einer endlichen Nutzungsdauer für Tiefbauten (85 Jahre) ausgegangen; bei Hochbauten werden Nutzungsdauern von 60 Jahren und für Ausrüstungen von 18 Jahren unterstellt. Im Bruttoanlagevermögen (vgl. Tabelle 6.1/3) verbleiben die Investitionen bis zu ihrem Ausscheiden in voller Höhe. Werden dagegen die Leistungsabgaben der jeweiligen Investitionsjahrgänge entsprechend ihrer Nutzungsdauer in Form von Abschreibungen zeitlich verteilt, so erhält man das Nettoanlagevermögen (vgl. Tabelle 6.1/4). Setzt man das Nettoanlagevermögen in Beziehung zum Bruttoanlagevermögen, so erhält man einen Indikator für den Modernitätsgrad der Infrastruktur. Tabelle 6.1/5 zeigt, daß der Modernitätsgrad insgesamt gesunken ist, d. h. die Veralterung der Infrastruktur zugenommen hat. Dies wird in einigen Aufgabenbereichen besonders deutlich (z. B. Bildung). Bei der starken Veralterung aufgrund unterlassener Instandsetzungen kann man sogar vermuten, daß mehr Personal eingesetzt werden muß, um das Angebot bestimmter staatlicher Leistungen aufrechtzuerhalten als bei einem moderneren Kapitalstock. Ein Beispiel ist der Straßenbau: Je schlechter der Zustand der Straßen, um so größer müssen die kommunalen Bautrupps sein. Auch in veralteten Krankenhäusern ist es denkbar, daß mehr Personal erforderlich ist, um ähnliche Leistungen zu erbringen wie in einem modernen Krankenhaus.

Trotz seit 1980 rückläufiger staatlicher Anlageinvestitionen nimmt das staatliche Bruttoanlagevermögen insgesamt weiter zu, aber langsamer als zuvor. Im Anlagenbestand hat das Verkehrswesen mit über einem Drittel das weitaus höchste Gewicht, gefolgt vom Unterrichtswesen mit einem Fünftel des gesamten Anlagenbestandes, obwohl hier die jahresdurchschnittlichen Veränderungsraten des Bruttoanlagevermögens seit 1980 am niedrigsten von allen staatlichen Aufgabenbereichen sind.

Bezieht man den Kapitaleinsatz auf die Beschäftigung, so erhält man Kapitalintensitäten (vgl. Tabelle 6.1/6 und Schaubild 6.1/1). Für alle staatlichen Aufgabenbereiche zusammen ergibt sich, daß die Kapitalintensität insgesamt, wenn auch abgeschwächt, weiter zugenommen hat. Dieses Resultat ähnelt formal dem Sachverhalt im privatwirtschaftlichen Bereich. In den staatlichen Aufgabenbereichen sind aber die Unterschiede in der Kapitalintensität zwischen einzelnen Aufgabenbereichen weitaus größer als in der Privatwirtschaft zwischen den Wirtschaftszweigen. Im Verkehrswesen ist die Kapitalintensität vierzig mal so hoch wie in der allgemeinen staatlichen Verwaltung. Überdies sind in einzelnen Aufgabenbereichen

Tabelle 6.1/3

Bruttoanlagevermögen des Staates nach Aufgabenbereichen in Preisen von 1980

	in Mill.DM				Anteile in vH				durchschnittliche jährliche Veränderungsraten		
	1960	1973	1980	1986	1960	1973	1980	1986	1960/73	1973/80	1980/86
allgem.staatl.Verwaltung 1)	41267	57442	65803	74597	9.5	6.3	5.4	5.2	2.6	2.0	2.1
Sicherheit u.Ordnung	21158	30851	40466	48201	4.9	3.4	3.3	3.4	2.9	4.0	3.0
Unterrichtswesen	80894	197462	265891	291676	18.6	21.7	21.8	20.5	7.1	4.3	1.6
Gesundheitswesen	42418	72151	92288	110643	9.8	7.9	7.6	7.8	4.2	3.6	3.1
Soziale Sicherung	16868	26116	33428	38731	3.9	2.9	2.7	2.7	3.4	3.6	2.5
Wohnungsw.,Stadt-u.Landespl	8350	12076	14937	20047	1.9	1.3	1.2	1.4	2.9	3.1	5.0
Gemeinschaftsd.Umweltschutz	63814	132998	183777	225219	14.7	14.6	15.1	15.8	5.8	4.7	3.4
Erholung und Kultur	15553	36274	55989	70870	3.6	4.0	4.6	5.0	6.7	6.4	4.0
Verkehrswesen	132271	319633	430207	502213	30.5	35.1	35.3	35.2	7.0	4.3	2.6
übrige Bereiche	11436	26628	35932	43018	2.6	2.9	2.9	3.0	6.7	4.4	3.0
insgesamt	434029	911631	1218718	1425215	100.0	100.0	100.0	100.0	5.9	4.2	2.6
davon: Tiefbau	245442	560144	760153	890672	56.5	61.4	62.4	62.5	6.6	4.5	2.7
Hochbau	171259	311122	398401	461594	39.5	34.1	32.7	32.4	4.7	3.6	2.5
Ausrüstungen	17328	40365	60164	72949	4.0	4.4	4.9	5.1	6.7	5.9	3.3

1) einschl. Verwaltung der Verteidigung.
Quelle: staatl. Anlagevermögensrechnung des DIW.

Tabelle 6.1/4

Nettoanlagevermögen des Staates nach Aufgabenbereichen in Preisen von 1980

	in Mill.DM				Anteile in vH				durchschnittliche jährliche Veränderungsraten		
	1960	1973	1980	1986	1960	1973	1980	1986	1960/73	1973/80	1980/86
allgem.staatl.Verwaltung 1)	26357	36049	40415	45123	9.0	5.3	4.5	4.4	2.4	1.6	1.9
Sicherheit u.Ordnung	13535	19683	26594	30939	4.6	2.9	3.0	3.0	2.9	4.4	2.6
Unterrichtswesen	56304	150316	194628	197433	19.2	22.0	21.6	19.5	7.8	3.8	0.2
Gesundheitswesen	26786	49052	62514	73945	9.1	7.2	6.9	7.3	4.8	3.5	2.8
Soziale Sicherung	10679	17344	22466	25428	3.6	2.5	2.5	2.5	3.8	3.8	2.1
Wohnungsw.,Stadt-u.Landespl	5301	7764	9771	13842	1.8	1.1	1.1	1.4	3.0	3.3	6.0
Gemeinschaftsd.Umweltschutz	42519	100390	139674	167790	14.5	14.7	15.5	16.5	6.8	4.8	3.1
Erholung und Kultur	10782	27945	43811	53902	3.7	4.1	4.9	5.3	7.6	6.6	3.5
Verkehrswesen	92992	252895	334273	374868	31.7	37.1	37.1	36.9	8.0	4.1	1.9
übrige Bereiche	8011	20624	27307	31312	2.7	3.0	3.0	3.1	7.5	4.1	2.3
insgesamt	293266	682062	901453	1014582	100.0	100.0	100.0	100.0	6.7	4.1	2.0
davon: Tiefbau	170797	438170	588353	664315	58.2	64.2	65.3	65.5	7.5	4.3	2.0
Hochbau	111536	218541	276043	308194	38.0	32.0	30.6	30.4	5.3	3.4	1.9
Ausrüstungen	10933	25351	37057	42073	3.7	3.7	4.1	4.1	6.7	5.6	2.1

1) einschl. Verwaltung der Verteidigung.
Quelle: staatl. Anlagevermögensrechnung des DIW.

Tabelle 6.1/5

Modernitätsgrad 1) der Infrastruktur
in den staatlichen Aufgabenbereichen
in vH

	1960	1973	1980	1986
allgem.staatl.Verwaltung 2)	63.9	62.8	61.4	60.5
Sicherheit u.Ordnung	64.0	63.8	65.7	64.2
Unterrichtswesen	69.6	76.1	73.2	67.7
Gesundheitswesen	63.1	68.0	67.7	66.8
Soziale Sicherung	63.3	66.4	67.2	65.7
Wohnungsw.,Stadt-u.Landespl	63.5	64.3	65.4	69.0
Gemeinschaftsd.Umweltschutz	66.6	75.5	76.0	74.5
Erholung und Kultur	69.3	77.0	78.2	76.1
Verkehrswesen	70.3	79.1	77.7	74.6
übrige Bereiche	70.1	77.5	76.0	72.8
insgesamt	67.6	74.8	74.0	71.2

1) Netto- zu Bruttoanlagevermögen
2) einschl. Verwaltung der Verteidigung
Quelle: staatl. Anlagevermögensrechnung des DIW.

Tabelle 6.1/6

Kapitalintensität in den staatlichen
Aufgabenbereichen

	in 1000 DM				durchschnittliche jährliche Veränderungsraten		
	1960	1973	1980	1986	1960/73	1973/80	1980/86
allgem.staatl.Verwaltung 1)	94.7	92.4	98.6	101.4	-0.2	0.9	0.5
Sicherheit und Ordnung	76.9	83.5	91.8	102.9	0.6	1.4	1.9
Unterrichtswesen	237.0	273.1	280.7	286.2	1.1	0.4	0.3
Gesundheitswesen	176.3	159.7	173.7	181.5	-0.8	1.2	0.7
Soziale Sicherung	85.5	107.4	120.1	133.6	1.8	1.6	1.8
Wohnungsw.,Stadt-u.Landespl	136.2	119.6	115.7	226.7	-1.0	-0.5	11.9
Gemeinschaftsd.,Umweltsch.	1068.9	1614.1	1796.5	2037.6	3.2	1.5	2.1
Erholung und Kultur	246.9	401.3	492.4	558.2	3.8	3.0	2.1
Verkehrswesen	1451.9	2613.5	3972.4	4689.9	4.6	6.2	2.8
übrige Bereiche 2)	288.1	527.3	670.4	806.5	4.8	3.5	3.1
insgesamt	240.5	319.2	361.4	394.9	2.2	1.8	1.5

1) einschl.Verwaltung der Verteidigung.
2) einschl. Land- und Forstwirtschaft.
Quellen: Stat. Bundesamt, Fachserien 14 und 18; staatl. Anlagevermögensrechnung des DIW.

Schaubild 6.1/1

Bruttoanlageinvestitionen
in Preisen von 1980

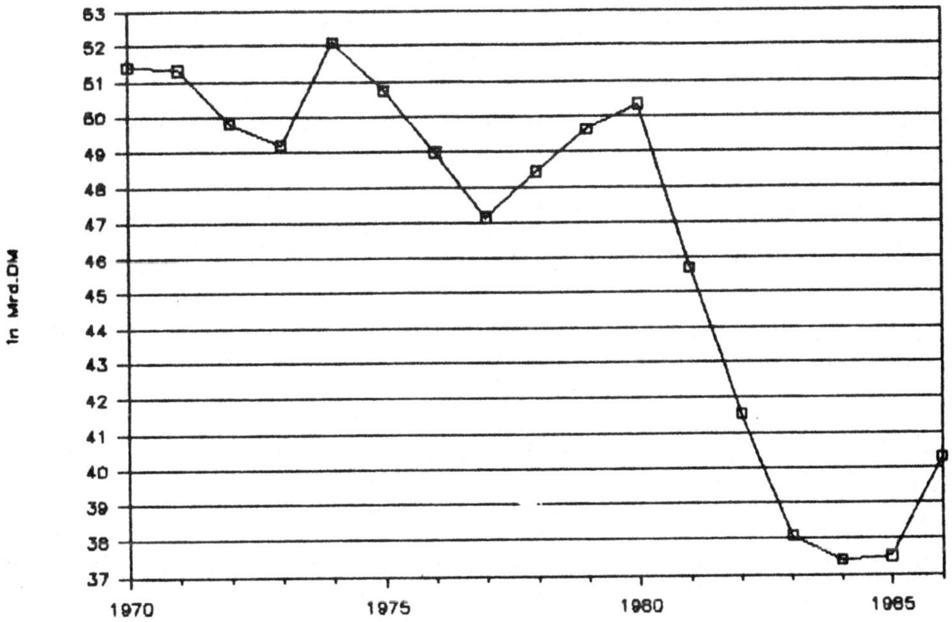

Kapitalintensität
in Preisen von 1980

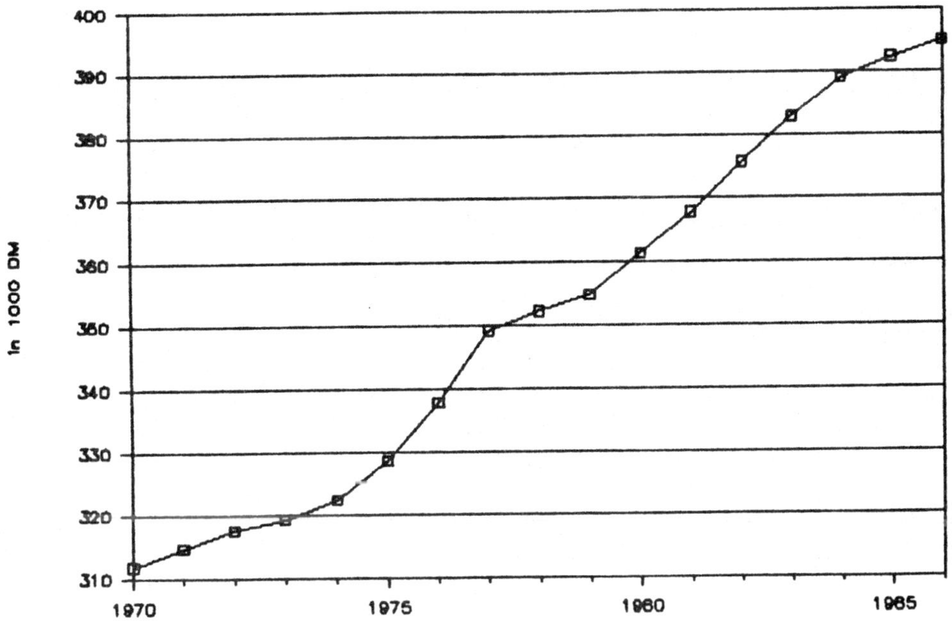

Quellen: Stat. Bundesamt; Staatl. Anlagevermögensrechnung
des DIW; Berechnungen des DIW.

die Unterschiede in der Entwicklung der Kapitalintensität in den Teilperioden auffällig (staatl. Verwaltung, Gesundheitswesen, Stadt- und Landesplanung).

Während also im staatlichen Bereich zwischen Investitionsentwicklung und Beschäftigungsentwicklung kaum ein erkennbarer Zusammenhang besteht, ist die Entwicklung der Kapitalintensitäten in vielen Aufgabenbereichen relativ stabil. Dennoch ist eine einfache Aussage über die Beschäftigtenentwicklung auch aus der Entwicklung des Kapitalstocks nicht ableitbar. Für einige Aufgabenbereiche läßt sich zeigen, daß demographische Entwicklungen zusammen mit Änderungen in "Betreuungsstandards" den Personaleinsatz und die physische Infrastrukturausstattung bestimmt haben (Bildung, Gesundheit). Normative Faktoren sind hier für die Personalentwicklung jedenfalls entscheidender als die Investitionsentwicklung, wenngleich auch diese von ihnen beeinflußt wird. Im schulischen Bereich konnten neue Bildungsziele (Weiter- und Erwachsenenbildung) zu zusätzlicher Beschäftigung führen, ohne daß viel in physische Bildungseinrichtungen investiert werden mußte.

Staatliche Investitions- und Beschäftigungsentwicklung sind aber auch im Zusammenhang mit anderen Ausgabearten des Staates zu sehen. Neben der eigenen Leistungserstellung kann der Staat durch finanzielle Zuwendungen oder durch Steuererleichterungen dazu beitragen, daß bestimmte Zielsetzungen (Umweltschutz) verfolgt bzw. bestimmte Leistungen angeboten werden. Die Beschäftigtenentwicklung im öffentlichen Bereich ist nicht unabhängig von der in staatlich beeinflußten, aber privatwirtschaftlich organisierten Aktivitätsfeldern. Dazu gehören insbesondere die Entwicklungen im Humanbereich (Gesundheit, Bildung, Soziales), wo private Unternehmen, der Staat und die Organisationen ohne Erwerbszweck tätig sind. Hier hat sich eine historisch gewachsene funktionale Arbeitsteilung ergeben, die sich seit geraumer Zeit zugunsten der privaten Unternehmen und vor allem der Organisationen ohne Erwerbszweck verschiebt. Diese sind zum Teil aufgrund ihrer Finanzierungsstruktur und der Aufsicht des Staates als quasi-öffentlicher Bereich anzusehen. Während beim Staat die Beschäftigtenzuwächse kleiner werden, haben sie sich bei solchen Organisationen ohne Erwerbszweck noch erhöht. Funktional gesehen, müßten beide Entwicklungen zusammengefaßt werden. Aufgrund der institutionellen Trennung werden bestimmte gesellschaftlich notwendige Leistungen nicht mehr als unmittelbare Leistungen des Staates erfaßt. Dies ist auch vor dem Hintergrund einer Diskussion zu sehen, die relativ undifferenziert die globale Staatsquote als Indikator der Aufgabenteilung zwischen Staat und Markt heranzieht.

Aber auch in anderen Bereichen wie Umweltschutz, Stadterneuerung, öffentlicher Personenverkehr und Energieversorgung lassen sich ähnliche Entwicklungen feststellen. Insofern ist eine Betrachtung der staatlichen Investitions- und Beschäftigungsentwicklung nur ein Ausschnitt aus einem größeren Zusammenhang wechselseitiger Abhängigkeiten und Beeinflussungen von privatwirtschaftlichen und staatlichen Dispositionen, die im folgenden Abschnitt nur für die Organisationen ohne Erwerbscharakter diskutiert werden sollen.

6.2 Investitionen und Beschäftigung in den Organisationen ohne Erwerbszweck

Die Organisationen ohne Erwerbszweck stehen zwischen dem privatwirtschaftlich organisierten Unternehmensbereich und den Aktivitäten des Staates. Sie bieten wie Dienstleistungsunternehmen vorwiegend Leistungen im Gesundheits-, Sozial- und Bildungsbereich an. Im Gegensatz zu diesen Unternehmen ist ihr Angebot jedoch nicht marktwirtschaftlich orientiert. Ein Teil der Organisationen ohne Erwerbscharakter übernimmt Aufgaben, die anderenfalls möglicherweise durch ein staatliches Angebot abgedeckt werden müßten. Dies gilt insbesondere für Leistungen im Sozialbereich. So bieten beispielsweise kirchliche Träger Leistungen im Gesundheits-, Sozial- und Bildungsbereich an. Kirchliche Einrichtungen für die Alten- und Krankenpflege oder etwa Kinderheime sind weit verbreitet. Aber auch für die anderen gemeinnützigen Einrichtungen gilt, daß sich ihr Leistungsangebot an Kriterien orientiert, die eher der staatlichen Dienstleistungserstellung als der von privatwirtschaftlichen Unternehmen entspricht. Die Leistungen dieser Organisationen ohne Erwerbszweck werden teilweise unentgeltlich, teilweise gegen ein höchstens kostendeckendes Entgelt zur Verfügung gestellt. Die Finanzierung dieser Leistungen erfolgt durch Beiträge, Spenden und Zuwendungen staatlicher Stellen, im Kirchenbereich zusätzlich durch Steuern.

Auch in diesem Bereich der Volkswirtschaft ist der Zusammenhang zwischen der Investitionstätigkeit und der Beschäftigungsentwicklung lockerer als bei den Produktionsunternehmen. Ein zusätzlicher Bedarf etwa im Bereich der Kranken- und Altenpflege ist zwar oftmals mit einer Beschäftigtenzunahme verbunden. Der Zusatzbedarf führt jedoch nicht zwangsläufig zu Investitionen. Denkt man beispielsweise an die häusliche Krankenpflege, dann sind zur Befriedigung dieser

Nachfrage keine Investitionen erforderlich. Auch in den anderen Bereichen ist eine Steigerung des Angebots zumeist personengebunden und somit beschäftigungswirksam, es bindet aber kaum zusätzliches Sachkapital.

Die Loslösung der Beschäftigungsentwicklung von der Investitionstätigkeit der Organisationen ohne Erwerbszweck läßt sich auch aus der Tabelle 6.2/1 erkennen. Während sich die Anlageinvestitionen zu Preisen von 1980 nach 1973 stetig verringerten, wurde die Beschäftigung über den gesamten Beobachtungszeitraum kräftig gesteigert. Bezieht man die Anlageinvestitionen auf die Zahl der Erwerbstätigen, so erhält man die Investitionsintensität. Angesichts der rückläufigen Investitionstätigkeit bei steigender Beschäftigtenanzahl ist auch dieser Indikator negativ. Die Verringerung der Investitionsintensität schreitet im letzten Zeitraum schneller voran als in den davor liegenden Jahren. Sie erreicht in den letzten sechs Jahren durchschnittlich eine Rate von knapp -5 vH. In diesem Zeitraum ist auch die Kapitalintensität, also das Bruttoanlagevermögen zu konstanten Preisen bezogen auf die Erwerbstätigenanzahl, rückläufig. Beide Indikatoren, die Investitionsintensität und Kapitalintensität, deuten darauf hin, daß die Beschäftigungsentwicklung in diesem Bereich von den Investitionen weitgehend losgelöst ist.

Die Ausweitung der Beschäftigung in den Organisationen ohne Erwerbszweck kommt nicht allen Beschäftigtengruppen gleichermaßen zugute. Da in diesem Bereich vornehmlich Dienstleistungen im Gesundheits-, Sozial- und Bildungsbereich angeboten werden, profitieren Personen mit einer entsprechenden Ausbildung stärker von dieser Beschäftigungsexpansion. Unterschiede in der Beschäftigungsentwicklung ergeben sich jedoch auch zwischen den einzelnen Bereichen der Organisationen ohne Erwerbszweck. Die unterschiedliche Entwicklung im Niveau und in der Struktur der Beschäftigung wird aus einer Auswertung der Beschäftigtenstatistik für 1980 und 1986 deutlich. In dieser Statistik werden die Beschäftigungsfälle erfaßt. Deshalb liegt die Gesamtzahl der sozialversicherungspflichtig Beschäftigten in beiden Zeitpunkten höher als die in der VGR ausgewiesene Zahl der abhängig Beschäftigten. Die Differenz besteht zum größten Teil aus Personen mit mehreren Beschäftigungsverhältnissen. Zumeist sind solche Personen Teilzeitbeschäftigte.

Über 90 vH der in diesem Bereich Beschäftigten übten 1986 einen Dienstleistungsberuf aus. Beschäftigungsschwerpunkte bildeten die Gesundheitsdienstberufe in den

Tabelle 6.2/1

Investitionen und Beschäftigung
der Organisationen ohne Erwerbszweck

zu Preisen von 1980

	Mill. DM				Jahresdurchschnittliche Veränderungen in vH		
	1960	1973	1980	1986	1973/60	1980/73	1986/80
Anlageinvestitionen	3 470	5 200	5 180	4 810	3,2	-0,1	-1,2
Ausrüstungen	560	1 240	1 090	1 090	6,3	-1,8	0,0
Bauten	2 910	3 960	4 090	3 720	2,4	0,5	-1,6
Bruttoanlagevermögen	41 820	99 920	129 880	153 120	6,9	3,8	2,8
Ausrüstungen	4 850	13 550	17 250	18 330	8,2	3,5	1,0
Bauten	36 970	86 370	112 630	134 790	6,7	3,9	3,0
Nettoanlagevermögen	28 170	75 130	94 650	107 790	7,8	3,4	2,7
Ausrüstungen	2 950	8 230	9 420	9 130	8,2	1,9	-0,5
Bauten	25 220	66 900	85 230	98 660	7,8	3,5	2,5
Erwerbstätige 1)	383	597	717	893	3,5	2,7	3,7
Investitionsintensität 2)	9 060	8 710	7 220	5 390	-0,3	-2,6	-4,8
Kapitalintensität 3)	109	167	181	171	3,3	1,1	-0,9
Modernitätsgrad 4)	67,4	75,2	72,9	70,4	0,8	-0,4	-0,6

1) 1000 Personen.- 2) Anlageinvestitionen je Erwerbstätigen in DM.- 3) Bruttoanlagevermögen je Erwerbstätigen in 1000 DM.- 4) Nettoanlagevermögen in vH des Bruttoanlagevermögens.

Quellen: Statistisches Bundesamt, eigene Berechnungen, 1986 geschätzt.

Krankenhäusern mit 17,3 vH der gesamten Beschäftigten der Organisationen ohne Erwerbscharakter, gefolgt von den Sozialpflegern, Seelsorgern in Erziehungs- anstalten und Kindergärten (7,2 vH) sowie in Heimen (5,3 vH) (vgl. Tabelle 6.2/2). Die Verschiebung der volkswirtschaftlichen Produktionsstruktur zugunsten der Dienstleistungen wird auch hier deutlich. Von 1980 bis 1986 stieg die Beschäftigung um rund 180 000 Personen. Dies entspricht einem Zuwachs von 24 vH, während im Dienstleistungssektor insgesamt die Beschäftigung lediglich um 12 vH zunahm. Die größte Beschäftigungszunahme konnten die politischen Parteien und Verbände mit 57,3 Tausend Personen, gefolgt von den Krankenhäusern (31,8 Tausend Personen) und Heimen (30,7 Tausend Personen) verzeichnen. Profitiert von der Beschäfti- gungszunahme haben hauptsächlich die Sozialpfleger und Gesundheitsdienstberufe, aber auch die Bürofach- und -hilfskräfte sowie die Fertigungs- und technischen Berufe. Die Beschäftigung in den letztgenannten Berufen konnte bei den politischen Parteien und Verbänden sowie bei den berufsbildenden Schulen und den sonstigen Unterrichtsanstalten überdurchschnittlich gesteigert werden. Dieser Anstieg ist vermutlich auch auf die verstärkten Ausbildungsaktivitäten für arbeitslose Jugend- liche zurückzuführen, während die Beschäftigungszunahme der Gesundheitsdienst- berufe in den Krankenhäusern und Heimen auf die relative Zunahme älterer Menschen und auf die verstärkte Ausgliederung von sozialen Diensten aus den privaten Haushalten hindeutet.

Von der positiven Beschäftigungsentwicklung konnten jedoch nicht alle Bereiche profitieren. Insgesamt schwach war der Anstieg der Körperpflege- und Reinigungs- berufe. In einigen Wirtschaftsbereichen - wie etwa den Krankenhäusern - waren diese Berufe sogar rückläufig. Auch die Gäste- und Hausbetreuungs- sowie die übrigen Dienstleistungsberufe wurden insbesondere im Krankenhausbereich weniger nachgefragt.

Von den Beschäftigten der Organisationen ohne Erwerbscharakter hatten 1986 27,4 vH keinen Berufsabschluß, 56 vH einen Berufsabschluß unterhalb des Fach- hochschul- bzw. Hochschulabschlusses und 12,8 vH einen Fachhochschul- bzw. Hochschulabschluß (Tabelle 6.2/3). Der Anteil der Akademiker ist im Schulbereich, aber auch bei den politischen Parteien, Verbänden und Kirchen überdurchschnitt- lich. Die Akademiker haben darüber hinaus im Zeitraum 1986/80 in fast allen Bereichen an Bedeutung gewonnen. Obwohl die Anzahl der Beschäftigten ohne Berufsabschluß im Zeitraum 1986/80 absolut gestiegen ist, ist ihr Anteil mit

Tabelle 6.2/2

Berufsstruktur der sozialversicherungspflichtig Beschäftigten in den Organisationen ohne Erwerbszweck

1000 Personen

	Fertigungs- und technische Berufe 1)	Gesundheits- dienst- berufe	Sozial- pfleger, Seelsorger	Lehrer, Geistes- u. Naturwissen- schaftler	Gäste- und Haus- betreuung	Körperpfl.- und Reinigungs- berufe	Bürofach- und Hilfs- kräfte	übrige Dienst- leistungs- berufe	Insgesamt
1980									
Heime	4.8	25.7	35.8	1.9	27.6	15.8	5.2	6.6	123.4
Wiss. Hochschulen	20.9	1.3	0.2	6.8	0.7	1.4	7.6	5.7	44.6
Schulen, Sonst. Unterrichtsanstalten	3.8	4.2	7.2	12.9	5.4	4.3	5.0	3.9	46.7
Erziehungsanstalten, Kindergärten	2.0	0.8	58.7	0.7	2.2	5.1	1.0	1.6	72.2
Krankenhäuser	9.3	137.3	13.0	2.1	23.0	21.5	13.2	11.2	230.6
übrige Dienstleistungen	0.3	0.3	2.6	0.2	5.6	1.2	0.6	1.7	12.5
Pol. Parteien u. sonst. Org. o. Erw.	10.3	20.7	26.2	7.1	8.7	5.1	32.2	23.5	133.7
Christl. Kirchen, Orden u.ä.	3.3	4.8	38.8	5.4	5.1	6.8	25.0	12.1	101.2
Insgesamt	54.7	195.2	182.4	37.1	78.2	61.2	89.9	66.2	765.0
1986									
Heime	6.3	34.1	50.7	2.6	30.6	16.1	6.5	7.2	154.1
Wiss. Hochschulen	23.0	1.4	0.2	9.1	0.7	1.3	8.6	6.3	50.7
Schulen, Sonst. Unterrichtsanstalten	10.9	5.0	8.9	18.0	7.0	4.6	8.8	5.9	69.1
Erziehungsanstalten, Kindergärten	2.3	1.1	67.9	0.9	2.1	6.2	1.2	1.4	83.0
Krankenhäuser	10.4	164.5	17.4	3.1	22.2	18.0	15.8	11.0	262.4
übrige Dienstleistungen	0.4	0.5	2.9	0.3	5.6	1.1	0.7	1.7	13.2
Pol. Parteien u. sonst. Org. o. Erw.	21.1	29.4	42.1	12.4	11.8	5.8	41.1	27.3	191.0
Christl. Kirchen, Orden u.ä.	5.0	5.9	49.1	7.5	5.8	8.5	28.9	14.2	125.0
Insgesamt	79.4	241.9	239.3	53.9	85.7	61.5	111.7	75.1	948.5
Veränderungen in vH 1986/80									
Heime	31.9	32.5	41.9	37.8	10.7	1.8	24.9	9.0	24.9
Wiss. Hochschulen	9.8	10.1	-4.0	33.9	6.7	-6.6	12.5	11.6	13.5
Schulen, Sonst. Unterrichtsanstalten	184.7	19.4	23.4	39.5	30.6	5.7	74.6	52.5	47.8
Erziehungsanstalten, Kindergärten	13.4	37.5	15.7	22.1	-6.7	20.8	20.3	-16.0	15.0
Krankenhäuser	11.8	19.8	33.7	46.9	-3.1	-16.4	19.7	-1.5	13.8
übrige Dienstleistungen	24.1	47.8	12.1	43.1	-0.4	-8.3	15.0	0.9	4.9
Pol. Parteien u. sonst. Org. o. Erw.	105.4	42.4	61.0	73.7	35.3	14.0	27.9	16.1	42.9
Christl. Kirchen, Orden u.ä.	52.7	21.2	26.7	39.6	14.2	25.9	15.6	17.9	23.5
Insgesamt	45.0	23.9	31.2	45.1	9.7	0.6	24.2	13.3	24.0

1) Fertigungsberufe einschließlich Landwirte, Bergleute und Bauberufe

Quelle: Beschäftigtenstatistik, eigene Berechnungen

Tabelle 6.2/3

Beschäftigungsformen und Ausbildungsniveau
in den Organisationen ohne Erwerbszweck

1000 Personen

	Beschäftigte insgesamt	davon: Voll-beschäftigte	davon: Teilzeit-beschäftigte	davon: Auszu-bildende	darunter: Akademiker
		1980			
Heime	123.4	88.9	24.1	10.4	4.6
Wiss. Hochschulen	44.6	37.5	5.7	1.4	15.6
Schulen, Sonst. Unterrichtsanstalten	46.7	30.6	11.1	5.1	10.2
Erziehungsanstalten, Kindergärten	72.2	45.5	14.9	11.8	3.2
Krankenhäuser	230.6	169.5	33.1	28.0	18.1
übrige Dienstleistungen	12.5	9.6	2.0	0.9	0.4
Pol. Parteien u. sonst. Org. o. Erw.	133.7	102.9	22.0	8.8	17.8
Christl. Kirchen, Orden u.ä.	101.2	66.1	29.5	5.6	13.5
Insgesamt	765.0	550.5	142.4	72.1	83.4
		1986			
Heime	154.1	105.4	33.9	14.9	7.3
Wiss. Hochschulen	50.7	39.2	9.1	2.3	19.1
Schulen, Sonst. Unterrichtsanstalten	69.1	37.8	16.1	15.2	15.2
Erziehungsanstalten, Kindergärten	83.0	48.5	22.3	12.2	4.2
Krankenhäuser	262.4	183.3	46.3	32.9	24.5
übrige Dienstleistungen	13.2	9.5	2.7	0.9	0.7
Pol. Parteien u. sonst. Org. o. Erw.	191.0	130.7	37.6	22.7	29.6
Christl. Kirchen, Orden u.ä.	125.0	73.5	44.9	6.6	20.7
Insgesamt	948.5	627.9	213.0	107.6	121.3
		Veränderungen in vH 1986/80			
Heime	24.9	18.5	40.6	42.7	59.4
Wiss. Hochschulen	13.5	4.5	60.2	66.5	22.6
Schulen, Sonst. Unterrichtsanstalten	47.8	23.4	45.7	200.0	48.7
Erziehungsanstalten, Kindergärten	15.0	6.7	49.6	3.1	29.5
Krankenhäuser	13.8	8.2	39.7	17.3	35.4
übrige Dienstleistungen	4.9	-1.3	39.1	-2.2	52.4
Pol. Parteien u. sonst. Org. o. Erw.	42.9	27.1	71.1	156.3	66.6
Christl. Kirchen, Orden u.ä.	23.5	11.2	52.0	17.6	53.8
Insgesamt	24.0	14.1	49.6	49.2	45.4

Quelle: Beschäftigtenstatistik, eigene Berechnungen

Ausnahme der berufsbildenden Schulen und sonstigen Unterrichtsanstalten sowie der politischen Parteien rückläufig.

Eine Strukturverschiebung der Beschäftigten wird auch in anderer Hinsicht deutlich: In allen Bereichen der Organisationen ohne Erwerbscharakter ist der Anteil der Vollbeschäftigten rückläufig. Besonders stark ausgeprägt ist diese Tendenz in den berufsbildenden Schulen mit einem Anteilsverlust von über 15 Prozentpunkten während des Zeitraumes 1986/80 und den sonstigen Unterrichtsanstalten (rd. 12 Prozentpunkte). Die Strukturverschiebung in diesen Bereichen ist fast ausschließlich auf die weit überdurchschnittliche Zunahme der Auszubildenden zurückzuführen. In den anderen Bereichen hat demgegenüber auch die Bedeutung der Teilzeitbeschäftigten zugenommen. Angesichts der insgesamt steigenden Beschäftigtenanzahl ist der Anteilsverlust der Vollbeschäftigten aber lediglich im Bereich der Verpflegungseinrichtungen mit einer Abnahme dieser Beschäftigtengruppe um 200 Personen verbunden.

Zusammenfassend bleibt festzuhalten, daß - analog zum Staatsbereich - auch bei den dienstleistungsorientierten Organisationen ohne Erwerbszweck die Beschäftigungsentwicklung weitgehend losgelöst vom Investitionsprozeß ist. In den letzten 13 Jahren wurde bei einer rückläufigen Investitionsneigung die Beschäftigung vornehmlich im Sozial- und Gesundheitsbereich ausgeweitet. Die Beschäftigtenstruktur verschob sich zugunsten der Teilzeitarbeitskräfte sowie der Akademiker.

7   Die Produktivitäts- und Beschäftigungsentwicklung der USA im Vergleich

Die Beschäftigungsentwicklung in den USA ist in der jüngeren Vergangenheit immer wieder als Vergleichsmaßstab zur deutschen Erfahrung herangezogen worden; dabei dienten die USA häufig als Leitbild für die Bundesrepublik: Flexibilität, eine größere Lohndifferenzierung, Mobilität, weniger starre staatliche Vorschriften, eine raschere Expansion der Dienstleistungen sowie eine größere Dynamik von kleinen und mittleren Unternehmen wurden dabei als Ursachen der vergleichsweise günstigen Arbeitsmarktentwicklung in den USA hervorgehoben (vgl. auch Gundlach, Schmidt 1985). Viele dieser manchmal plakativ getroffenen Aussagen sind im Rahmen einer breiten Diskussion relativiert oder durch andere, nicht minder wichtige Aspekte ergänzt worden (vgl. auch Bundesanstalt für Arbeit 1986):

- Wenn Flexibilität mit hoher Fluktuation gleichgesetzt wird, dann ist bei einem Vergleich der US-amerikanischen und deutschen Entwicklung zu berücksichtigen, daß die hohe Fluktuation amerikanischer Jugendlicher auch darauf zurückzuführen ist, daß in den USA nichts dem deutschen dualen Ausbildungssystem Vergleichbares existiert (vgl. Warnken 1984).

- Die höhere regionale Mobilität ist ebenso wie die pauschale Beurteilung der Regulierung mit Fragezeichen versehen worden (vgl. Sengenberger 1984).

- Die Unterschiede in der Investitions-, Produktivitäts- und Beschäftigungsentwicklung lassen sich - zumindest seit 1973 - auch kaum auf Unterschiede in der Reallohnentwicklung zurückführen (vgl. Müller 1984; Brasche u.a. 1984). Hierbei sind die Tarifabschlüsse, die Inflationsraten und die Geldpolitik in die Beurteilung einzubeziehen. Eine stärkere Lohndifferenzierung in den USA könnte aber besonders die Beschäftigungsexpansion im Dienstleistungssektor positiv beeinflußt haben (Warnken 1984, S. 229 ff.). Dabei sind auch die Unterschiede in der Berufsstruktur und der Qualifikation, im System der Tarifvereinbarungen (Mindestlohn) u.a. einzubeziehen.

- Unterschiede sind auch aus einer anderen Entwicklung von Niveau und Struktur der Bevölkerung und der Erwerbsbeteiligung abzuleiten.

- Schließlich sind die gesamtwirtschaftliche Dynamik und die gesamtwirtschaftlichen Rahmenbedingungen einschließlich der Unterschiede in der Wirtschaftspolitik der USA als ein wesentlicher Bestimmungsgrund für die Beschäftigungsentwicklung zu berücksichtigen.

Angesichts der breit aufgefächerten, kontrovers geführten Diskussion ist eine Beschränkung an dieser Stelle unerläßlich, da ein Eingehen auf viele der oben genannten Themen den hier gesteckten Rahmen bei weitem sprengen würde. Insbesondere sollte nicht erwartet werden, daß hier die Gründe für die Produktivitäts- und Beschäftigungsentwicklung in den beiden Volkswirtschaften herausgearbeitet werden. Vielmehr ist das Ziel, komparative empirische Informationen über die Bevölkerungsentwicklung und Erwerbsbeteiligung, die gesamtwirtschaftliche und sektorale Beschäftigung sowie die Produktion und Arbeitsproduktivität in den USA und in der Bundesrepublik zu liefern und sie, so weit wie möglich, in Zusammenhang mit Entwicklungen der Investitionen und des Anlagevermögens zu diskutieren.

7.1   Bevölkerung und Erwerbsbeteiligung

Im Unterschied zur Bundesrepublik nimmt die Bevölkerung der USA weiterhin rasch zu, zwischen 1973 und 1985 allein um knapp 30 Mill. bzw. um knapp 13 vH (vgl. Tabelle 7.1/1). Der Bevölkerungsanstieg in den USA relativiert viele der häufig in absoluten Zahlen angeführten Vergleiche zwischen den USA und der Bundesrepublik. Obwohl in der ökonomischen Wachstumsanalyse die Bevölkerungsentwicklung immer einen zentralen Stellenwert hatte, gerät dies bei Ländervergleichen häufig in Vergessenheit. Beurteilungsmaßstab muß die Veränderungsrate des realen Sozialprodukts pro Kopf der Bevölkerung sein. Denn bei Bevölkerungswachstum entwickeln sich Angebot und Nachfrage auf den meisten Teilmärkten anders als bei stagnierender Bevölkerung. So hat sich von 1973 bis 1985 das (reale) Bruttoinlandsprodukt der USA von 2,7 Billionen auf 3,5 Billionen Dollar erhöht, d.h. um gut 26 vH. Pro Kopf gerechnet beträgt dieser Zuwachs 16 vH. In der Bundesrepublik betrug der Pro-Kopf-Zuwachs dagegen 27 vH und zwar aufgrund des Bevölkerungsrückgangs etwas mehr als die Zunahme der (realen) Bruttowertschöpfung (25 vH).

Für die Beurteilung des möglichen Niveaus des Sozialprodukts ist die Entwicklung der Erwerbspersonenzahl von besonderem Interesse. Aus Tabelle 7.1/1 wird ersichtlich, daß in den USA die Zahl der Erwerbspersonen noch schneller gestiegen ist als die gesamte Bevölkerung bzw. die Bevölkerung im erwerbsfähigen Alter, und zwar um knapp 26 Millionen Personen von 92 auf 118 Mill. von 1973 bis 1985. In den USA hat sich also die Zahl der Erwerbspersonen in diesem Zeitraum in einem Umfang

Tabelle 7.1/1

Bevölkerung - USA -

	in Mio. Personen *)				Struktur in vH				Jahresdurchschnittliche Veränderungen in vH		
	1965	1973	1980	1985	1965	1973	1980	1985	1965/73	1973/80	1980/85
Insgesamt	194.3	211.9	227.8	239.3	100.1	100.0	100.0	100.0	1.1	1.0	1.0
unter 15 Jahren	59.3	56.2	51.3	52.0	30.5	26.5	22.5	21.7	-0.7	-1.3	0.3
15 bis 64 Jahre	116.6	134.2	150.8	158.8	60.0	63.3	66.2	66.4	1.8	1.7	1.0
65 Jahre u. alter	18.5	21.5	25.7	28.5	9.5	10.1	11.3	11.9	1.9	2.6	2.1
Frauen											
15 bis 64 Jahre	59.2	68.2	73.3	80.3	30.5	32.2	32.2	33.6	1.8	1.0	1.8
Verheiratete	42.4	51.2	54.9	56.2	21.8	24.2	24.1	23.5	2.4	1.0	0.5
Erwerbspersonen											
insgesamt	77.2	91.8	109.0	117.7	39.7	43.3	47.8	49.2	2.2	2.5	1.5
dar.: Frauen	26.2	39.9	45.7	51.3	33.9	43.5	41.9	43.6	5.4	2.0	2.3
Verheiratete	14.7	20.2	25.0	27.9	19.0	22.0	22.9	23.7	4.1	3.1	2.2
Zivile Erwerbspersonen	74.5	89.4	106.9	115.5	38.3	42.2	46.9	48.3	2.3	2.6	1.6
dar.: Frauen	26.2	34.8	45.5	51.1	35.2	38.9	42.6	44.2	3.6	3.9	2.3
Arbeitslose	3.4	4.4	7.6	8.3	1.7	2.1	3.3	3.5	3.3	8.1	1.8
dar.: Frauen	1.5	2.1	3.4	3.8	44.1	47.7	44.7	45.8	4.3	7.1	2.2
Zivile Erwerbstätige	71.1	85.1	99.3	107.2	36.6	40.2	43.6	44.8	2.3	2.2	1.5
dar.: Frauen	24.7	32.7	42.1	47.3	34.7	38.4	42.4	44.1	3.6	3.7	2.4
Verheiratete	14.0	19.2	23.5	26.3	19.7	22.6	23.7	24.5	4.0	2.9	2.3

*) Jahresdurchschnitte

Quelle: OECD; Berechnungen des DIW.

Tabelle 7.2/1

Erwerbstätige - USA -

	in 1000 Pers.				durchschnittliche jährliche Veränderungsraten			Anteile in vH			
	1965	1973	1980	1985	1965/73	1973/80	1980/85	1965	1973	1980	1985
Land-u.Forstw.	4476	3572	3529	3338	-2.8	-0.2	-1.1	6.3	4.2	3.6	3.1
Energie	899	967	1179	1243	0.9	2.9	1.1	1.3	1.1	1.2	1.2
Bergbau	534	642	979	939	2.3	6.2	-0.8	0.8	0.8	1.0	0.9
verarb.Gewerbe	19194	21054	21942	20879	1.2	0.6	-1.0	27.0	24.8	22.1	19.5
Baugewerbe	4584	5562	6215	6987	2.4	1.6	2.4	6.4	6.5	6.3	6.5
Handel,Hotels,Rest	-	17929	21339	23747	-	2.5	2.2	-	21.1	21.5	22.2
Verkehr,Nachricht.	-	4933	5619	6062	-	1.9	1.5	-	5.8	5.7	5.7
Fin.,Vers.,Grundst	-	-	-	-	-	-	-	-	-	-	-
Dienstleistungen	-	-	-	-	-	-	-	-	-	-	-
Staat	-	-	-	-	-	-	-	-	-	-	-
insgesamt	71088	85064	99303	107150	2.3	2.2	1.5	100.0	100.0	100.0	100.0
davon:											
Abhäng.Beschäft.	61418	76847	89950	97406	2.8	2.3	1.6	86.40	90.34	90.58	90.91
Selbständige	8394	7255	8643	9269	-1.8	2.5	1.4	11.81	8.53	8.70	8.65
Mithelfende	1276	962	711	474	-3.5	-4.2	-7.8	1.79	1.13	0.72	0.44
darunter:											
außerhalb d.LaFoFi	66612	81422	95774	103812	2.5	2.3	1.6	93.70	95.72	96.45	96.88
Abhäng.Beschäft.	59948	75501	88406	95753	2.9	2.3	1.6	90.00	92.73	92.31	92.24
Selbständige	6065	5451	6956	7771	-1.3	3.5	2.2	9.10	6.69	7.26	7.49
Mithelfende	599	539	412	288	-1.3	-3.8	-6.9	0.90	0.66	0.43	0.28

Quelle: OECD; Berechnungen des DIW.

erhöht, der in der Bundesrepublik etwa dem gesamten Erwerbspersonenpotential entspricht. Auch eine Gegenüberstellung der Zunahme der Beschäftigtenzahl in den USA um 22 Mill. in diesem Zeitraum und der Abnahme um mehr als 1 Mill. in der Bundesrepublik ist ohne Erwähnung der Unterschiede im Arbeitsangebot irreführend. Ebenso irreführend wäre die Aussage, daß in den USA die Zahl der Arbeitslosen um knapp 4 Millionen zugenommen hat, in der Bundesrepublik "nur" um knapp 2 Millionen. Tatsache ist, daß sich in der Bundesrepublik die Arbeitsmarktbilanz gegenüber der der USA seit 1973 erheblich verschlechtert hat, da in den USA 1973 schon hohe Arbeitslosigkeit herrschte und inzwischen die Arbeitslosenquote in der Bundesrepublik höher als in den USA ist.

Die in den USA 1985 höhere Erwerbsbeteiligung (Altersgruppen von 15 bis 65 Jahren) geht teilweise auf einen seit 1973 schwächeren Rückgang der Männererwerbsbeteiligung und einen stärkeren Anstieg der Frauenerwerbsbeteiligung zurück. Während 1985 bei den Männern in den USA die Erwerbsbeteiligung knapp 85 vH betrug, lag sie in der Bundesrepublik bei 82 vH; bei den Frauen beträgt dieses Verhältnis 64 vH gegenüber knapp 53 vH. Dabei ist die Erwerbsquote verheirateter Frauen in den USA höher als die unverheirateter Frauen; in der Bundesrepublik ist dies umgekehrt. Parallel zu der höheren Erwerbsbeteiligung der Frauen ist auch der Anteil der Teilzeitbeschäftigten in den USA erheblich höher als in der Bundesrepublik (17 vH gegenüber 12 vH).

7.2   Beschäftigung

Zwischen 1973 und 1985 hat die Zahl der Erwerbspersonen (ohne Militär) in den USA um 26,1 Mill. zugenommen - und zwar die Zahl der Erwerbstätigen um 22,1 Mill. und die der Arbeitslosen um 4 Mill. Dabei hat sich die Zahl der abhängig Beschäftigten und der Selbständigen überdurchschnittlich erhöht, während sich die Zahl der mithelfenden Familienangehörigen mehr als halbiert hat.

Betrachtet man die sektoralen Entwicklungen (vgl. Tabelle 7.2/1), so ist im Vergleich zur Bundesrepublik der Beschäftigungsrückgang in der Landwirtschaft der USA im Zeitraum von 1973 bis 1980 wesentlich kleiner ausgefallen; von 1980 bis 1986 ergeben sich allerdings identische relative Beschäftigungsrückgänge. Im Bereich der Energie- und Wasserversorgung sind in beiden Volkswirtschaften positi-

ve Beschäftigungsentwicklungen zu verzeichnen; dagegen stehen den Beschäfti-
gungsrückgängen im deutschen Bergbau deutliche Zunahmen in den USA gegenüber.

Im verarbeitenden Gewerbe hat sich die Zahl der Erwerbstätigen in den USA von
1973 bis 1985 nur geringfügig verringert, wogegen sie in der Bundesrepublik um 1,7
Millionen abgenommen hat. Die Beschäftigung im Baugewerbe der USA verzeich-
nete nach 1980 noch überdurchschnittliche Zuwachsraten, während in der Bundesrepublik das Baugewerbe die schlechteste Beschäftigungsentwicklung unter allen
großen Wirtschaftsbereichen hatte. Auch im Handel wurde die Zahl der Erwerbstätigen in den USA überdurchschnittlich ausgeweitet, wogegen in der Bundesrepublik
mittlerweile überdurchschnittliche Rückgänge zu verzeichnen sind.

Auch in der Zahl der abhängig Beschäftigten zeigen sich diese Unterschiede der
Beschäftigtenentwicklung deutlich (vgl. Tabelle 7.2/2). Hier sei deshalb nur auf die
Entwicklung der vieldiskutierten Beschäftigung im tertiären Sektor eingegangen. In
den USA waren, abgesehen vom Verkehrsbereich und dem Staat, in allen tertiären
Bereichen die Zuwachsraten der Beschäftigung überdurchschnittlich; am höchsten
waren sie bei den unternehmensorientierten Dienstleistungen - hier vor allem bei
den Leiharbeitsunternehmen und den EDV-Dienstleistungen -, in Hotels und
Restaurants, in der Rechtsberatung, in Architekturbüros und im Finanzierungsbereich (vgl. Tabelle 7.2/3). Trotz aller Abgrenzungsunterschiede zeigen sich ähnliche
Entwicklungen wie in der Bundesrepublik.

Der Eindruck aber, daß in den USA die Beschäftigung im tertiären Sektor in
Relation zur Gesamtwirtschaft schneller expandierte als in der Bundesrepublik, ist
falsch. Insgesamt entfiel in den USA der Zuwachs in der Zahl der Arbeitnehmer von
1973 bis 1986 um 23 Millionen ausschließlich auf den tertiären Sektor. In der
Bundesrepublik ging von 1973 bis 1986 die Zahl der unselbständig Beschäftigten um
400 000 zurück; im tertiären Sektor nahm sie dagegen um 1,6 Mill. zu. Setzt man
die Entwicklung der Beschäftigung im tertiären Sektor von 1973 bis 1986 in
Beziehung zur gesamtwirtschaftlichen Beschäftigungsentwicklung, so erhält man
als Relativindex (1973 = 100) für die USA 112, für die Bundesrepublik 118.
Unzweifelhaft war also die relative Beschäftigungsexpansion im tertiären Sektor
der Bundesrepublik schneller als in den USA. Dies ist auch plausibel, wenn man
bedenkt, daß in den USA der Tertiarisierungsprozeß weiter vorangeschritten ist und
der tertiäre Sektor ein höheres Gewicht in der Struktur der abhängig Beschäftigten

Tabelle 7.2/2

Abhängig Beschäftigte, USA und Bundesrepublik

USA										
	in 1 000 Personen				Anteile in vH				jahresdurchschnittliche Ver-änderungsraten in vH	
	1961	1973	1980	1986	1961	1973	1980	1986	1961/73 1973/80 1980/86		
Land- u. Forstwirtschaft*	2 236	1 666	1 770	1 700	4,0	2,1	1,9	1,7	-2,4	0,9	-0,7
Energie- u. Wasserversorgung	600	729	827	924	1,1	0,9	0,9	0,9	1,6	1,8	1,9
Bergbau	672	642	1 027	783	1,2	0,8	1,1	0,8	-0,4	6,9	-4,4
verarbeitendes Gewerbe	16 326	20 154	20 285	18 994	29,0	25,7	22,0	18,8	1,8	0,1	-1,1
Baugewerbe	2 859	4 097	4 346	4 904	5,1	5,2	4,7	4,8	3,0	0,9	2,0
Handel	11 337	16 606	20 310	23 580	20,2	21,2	22,0	23,3	3,2	2,9	2,5
Verkehr, Nachrichten	3 303	3 927	4 319	4 320	5,9	5,0	4,7	4,3	1,5	1,4	0,0
Fin., Vers., Grundst.makler	2 668	4 046	5 160	6 297	4,8	5,2	5,6	6,2	3,5	3,5	3,4
sonstige Dienstleistungen[1]	7 620	12 857	17 890	23 099	13,6	16,4	19,4	22,8	4,5	4,8	4,4
Staat[2]	8 594	13 732	16 241	16 711	15,3	17,5	17,6	16,5	4,0	2,4	0,5
insgesamt	56 215	78 456	92 175	101 312	100,0	100,0	100,0	100,0	2,8	2,3	1,6

*) Z.T. geschätzt. - 1) Einschl. Reparaturgewerbe; einschl. priv. HH, Org.o.E. - 2) Einschl. staatl. Unternehmen (Post, Energie, Verkehr).

Quelle: US-Department of Commerce (BEA); Berechnungen des DIW.

Bundesrepublik										
	in 1 000 Personen				Anteile in vH				jahresdurchschnittliche Ver-änderungsraten in vH	
	1961	1973	1980	1986	1961	1973	1980	1986	1961/73 1973/80 1980/86		
Land- u. Forstwirtschaft	491	250	244	249	2,4	1,1	1,1	1,1	-5,1	-0,3	0,3
Energie- u. Wasserversorgung	194	255	267	277	1,0	1,1	1,2	1,2	2,1	5,3	+0,6
Bergbau	552	259	234	212	2,8	1,1	1,0	1,0	-5,7	-1,4	-1,6
verarbeitendes Gewerbe	8 855	9 366	8 574	7 859	44,1	41,0	37,3	35,0	0,4	-1,3	-1,4
Baugewerbe	1 908	2 126	1 891	1 573	9,5	9,3	8,2	7,0	0,8	-1,7	-3,0
Handel	2 254	2 737	2 847	2 658	11,2	12,0	12,4	11,8	1,5	0,6	-1,1
Verkehr, Nachrichten	1 361	1 430	1 375	1 359	6,8	6,3	6,0	6,1	0,4	-0,6	-0,2
Kreditinst., Versicherungen	382	677	739	801	1,9	3,0	3,2	3,6	4,5	1,3	1,4
sonstige Dienstleistungen[1]	1 167	1 614	2 034	2 290	5,8	7,1	8,9	10,2	2,5	3,4	2,0
Staat	2 098	3 367	3 903	4 138	10,5	14,7	17,0	18,4	3,7	2,1	1,0
priv. Haushalte, Org.o.E	764	697	796	961	3,8	3,1	3,5	4,3	-0,7	1,9	3,2
alle Wirtschaftszweige[2]	20 073	22 833	22 959	22 431	100	100	100	100	1,0	0,1	-0,4

1) Ohne Wohnungsvermietung. - 2) Einschl. Wohnungsvermietung.

Quelle: Statistisches Bundesamt; Berechnungen des DIW.

Tabelle 7.2/3

Abhängig Beschäftigte im tertiären Sektor
- USA und Bundesrepublik -

USA				Jahresdurchschn.	
	in 1000 Personen			Veränderung in vH	
	1972	1979	1986	1972/79	1986/79
Verkehr und Nachrichten	3830	4330	4320	1,8	-0,0
Handel	15948	20193	23580	3,4	2,2
Großhandel	4113	5204	5735	3,4	1,4
Einzelhandel	11835	14989	17845	3,4	2,5
Kreditinstitute und Versicherungen	3131	3998	5097	3,6	3,5
Grundstückswesen	776	977	1200	3,3	3,0
Sonstige Dienstleistungen	12117	16766	22531	4,8	4,3
darunter:					
Hotels, Beherbergung	813	1060	1401	3,9	4,1
Persönliche Dienstleistungen	912	904	1104	-0,1	2,9
Dienstleistungen für Unternehmen	1790	2906	4781	7,2	7,4
darunter:					
Werbeagenturen	121	146	202	2,7	4,7
Wohnungs- u. Hausverwaltung	336	487	681	5,4	4,9
Arbeitnehmerüberlassung	221	527	1017	13,2	9,8
EDV-Dienstleistungen	107	271	591	14,2	11,8
Forschung, Management, Beratung	-	-	788	-	-
Reparaturgewerbe	598	857	1082	5,3	3,4
Filmwirtschaft	205	226	227	1,5	-0,1
Unterhaltungs- u. Freizeitgewerbe	504	712	915	5,1	3,6
Gesundheitswesen	3412	4993	6551	5,6	4,0
Rechtsberatung	271	460	748	7,9	7,2
Erziehung	956	1090	1426	1,9	3,9
Soziale Dienstleistungen	-	1963	1552	-	-3,3
Museen u. a.	-	195	263	-	4,4
Organisationen o. Erwerbscharakter	-	582	620	-	0,9
Architektur- u. Ingenieursbüros	339	515	678	6,2	4,0
Rechnungswesen, Wirtschaftsprüfung	-	316	456	-	5,4
Staat	13333	15947	16711	2,6	0,7
Tertiärer Sektor insgesamt	49135	62213	73439	3,4	2,4

Bundesrepublik				Jahresdurchschn.	
	in 1000 Personen			Veränderung in vH	
	1972	1979	1986	1972/79	1986/79
Verkehr und Nachrichten	1400	1360	1359	-0,4	-0,0
Handel	2692	2789	2658	0,5	-0,7
Kreditinstitute und Versicherungen	660	719	801	1,2	1,6
Sonstige Dienstleistungen	1632	2008	2290	3,0	1,9
darunter:					
Gastgewerbe, Heime	348	464	510	4,2	1,4
Bildung, Wissenschaft, Kultur	177	196	223	1,5	1,9
Gesundheits- u. Veterinärwesen	226	378	462	7,6	2,9
übrige Dienstleistungen	881	970	1095	1,4	1,7
Staat	3259	3844	4138	2,4	1,1
Organisationen o. Erwerbscharakter	575	686	893	2,6	3,8
Tertiärer Sektor insgesamt	10218	11406	12139	1,6	0,9

Quelle: U.S. Department of Labor; Statistisches Bundesamt; Berechnungen des DIW.

hat als in der Bundesrepublik (1986: 73 vH in den USA gegenüber 55 vH in der
Bundesrepublik; 1972 betrug dieser Anteil in den USA knapp 66 vH und 1973 in der
Bundesrepublik 46 vH).

7.3   Produktion und Produktivität

Die Veränderungsraten des Bruttoinlandsprodukts waren von 1973 bis 1986 für die
Landwirtschaft, den Bergbau und das Baugewerbe unterdurchschnittlich bzw. z.T.
negativ; dagegen weisen - bis auf den Verkehrsbereich und den Staat - alle
Wirtschaftsbereiche des tertiären Sektors überdurchschnittliche Wachstumsraten
auf (vgl. Tabelle 7.3/1).

In der Bundesrepublik war die Entwicklung im Bergbau deutlich schlechter als in
den USA. Dies gilt auch für das Baugewerbe. Das verarbeitende Gewerbe ist in der
Bundesrepublik von 1973 bis 1980 schneller expandiert als in den USA; in beiden
Volkswirtschaften war die Expansion bis 1980 aber unterdurchschnittlich. Während
in der Zeit von 1980 bis 1986 in der Bundesrepublik die Wachstumsraten des
verarbeitenden Gewerbes jahresdurchschnittlich niedriger waren als zuvor, lagen
sie in den USA wesentlich höher als vor 1980 und ebenfalls höher als im
gesamtwirtschaftlichen Durchschnitt. Dennoch ist das Gewicht des verarbeitenden
Gewerbes in der deutschen Produktionsstruktur nach wie vor deutlich höher als in
den USA. Die Ursache hierfür könnte darin liegen, daß die DM lange unterbewertet
war und sich die Produktionsstruktur zu stark auf den Export ausgerichtet hat. Bei
einem Vergleich der Exportquoten beider Volkswirtschaften müßte die Größe des
Binnenmarktes der USA berücksichtigt werden; d.h. ein Teil der deutschen Exporte
in die Nachbarländer müßte als Äquivalent der amerikanischen Binnenlieferungen
veranschlagt werden.

Die Zuwachsraten des Groß- und Einzelhandels der USA liegen über dem Durch-
schnitt, während sie in der Bundesrepublik unterdurchschnittlich waren. In der
Produktionsstruktur hat der Handel in den USA ein viel höheres Gewicht als in der
Bundesrepublik. Dabei denkt man zum einen an den größeren Binnenmarkt der USA;
andererseits könnte auch die Arbeitsteilung weiter vorangeschritten und mehr
Handelsfunktionen aus dem sekundären Sektor ausgelagert sein. Die sonstigen
Dienstleistungen - der größte und wichtigste Bereich des tertiären Sektors - expan-

Tabelle 7.3/1

Wertschöpfung, USA und Bundesrepublik

USA
Bruttoinlandsprodukt zu Preisen von 1982

	in Mrd. US-$				Anteile in vH				jahresdurchschnittliche Veränderungsraten		
	1961	1973	1980	1986	1961	1973	1980	1986	1961/73	1973/80	1980/86
Land- u. Forstwirtschaft	67,5	70,3	76,2	89,7	4,0	2,6	2,4	2,5	0,3	1,2	2,8
Energie- u. Wasserversorgung	41,3	81,8	92,7	108,1	2,4	3,0	3,0	3,0	5,9	1,8	2,6
Bergbau	95,6	133,4	135,6	118,1	5,6	4,9	4,3	3,2	2,8	0,2	-2,3
verarbeitendes Gewerbe	339,4	621,3	665,4	802,6	20,0	22,9	21,2	22,0	5,2	1,0	3,2
Baugewerbe	165,1	170,4	161,6	166,0	9,7	6,3	5,2	4,6	0,3	-0,8	0,4
Handel	257,7	437,0	500,4	633,3	15,2	16,1	16,0	17,4	4,5	2,0	4,0
Verkehr, Nachrichten	88,7	161,2	200,7	215,8	5,2	5,9	6,4	5,9	5,1	3,2	1,2
Fin., Vers., Grundst.makler	215,0	367,7	464,3	535,7	12,7	13,6	14,8	14,7	4,6	3,4	2,4
sonstige Dienstleistungen[1]	197,7	340,2	442,6	562,3	11,7	12,5	14,1	15,4	4,6	3,8	4,1
Staat[2]	249,2	343,4	382,7	405,8	14,7	12,7	12,2	11,1	2,7	1,6	1,0
insgesamt	1 696,6	2 711,9	3 131,6	3 642,4	101,2*	100,5*	99,7*	99,9*	4,0	2,1	2,6
insgesamt zu lfd. Preisen	533,8	1 359,3	2 732,0	4 206,1					8,1	10,5	7,5
Preisindex des BIP (1982=100)	31,5	50,1	87,2	115,5					4,0	8,2	4,8

*) Differenzen aufgrund statistischer Diskrepanzen in den US-Zahlen. - 1) Einschl. Reparaturgewerbe; einschl. priv. HH, Org.o.E. - 2) Einschl. staatl. Unternehmen (Post, Energie, Verkehr).

Quelle: Dep't of Commerce, Survey of Current Business April 1986; Berechnungen und Schätzungen des DIW.

Bundesrepublik Deutschland
Bruttowertschöpfung zu Preisen von 1980

	in Mrd. DM				Anteile in vH				jahresdurchschnittliche Veränderungsraten		
	1961	1973	1980	1986	1961	1973	1980	1986	1961/73	1973/80	1980/86
Land- u. Forstwirtschaft	25,0	29,4	30,4	36,4	3,6	2,4	2,1	2,3	1,3	0,5	3,1
Energie- u. Wasserversorgung	10,0	26,8	36,3	35,6	1,4	2,2	2,6	2,3	7,9	4,5	-0,3
Bergbau	22,2	16,9	13,9	11,7	3,3	1,4	0,9	0,7	-2,2	-2,8	-2,8
verarbeitendes Gewerbe	226,4	435,5	482,8	511,3	32,7	35,8	33,9	32,7	5,2	1,5	1,0
Baugewerbe	64,7	101,6	99,2	89,7	9,3	8,4	7,0	5,7	3,5	-0,3	-1,7
Handel	67,7	122,8	140,0	153,4	9,8	10,1	9,8	9,8	4,7	1,9	1,5
Verkehr, Nachrichten	37,6	64,5	85,7	99,1	5,4	5,3	6,0	6,3	4,2	4,1	2,5
Kreditinst., Versicherungen	16,5	48,9	66,4	79,8	2,4	4,0	4,7	5,1	8,7	4,5	3,1
sonstige Dienstleistungen[1]	80,6	136,3	182,2	225,5	11,7	11,2	12,8	14,4	4,1	4,2	3,6
Staat	80,8	143,3	172,4	185,8	11,7	11,8	12,1	11,9	4,5	2,7	1,3
priv. Haushalte, Org.o.E.	20,0	23,1	27,2	33,1	2,9	1,9	1,9	2,1	1,1	2,4	3,3
alle Wirtschaftszweige[2]	691,9	1 215,1	1 422,9	1 564,8	100	100	100	100	4,4	2,3	1,6

1) Ohne Wohnungsvermietung. - 2) Einschl. Wohnungsvermietung.

Quelle: Statistisches Bundesamt; Berechnungen des DIW.

dierten in beiden Volkswirtschaften überdurchschnittlich; in der Bundesrepublik ist allerdings der absolute und relative Abstand zum gesamtwirtschaftlichen Wachstum höher als in den USA. Der Staat hat in den USA an Wertschöpfungsanteilen verloren, während sie in der Bundesrepublik relativ konstant sind.

Setzt man die sektoralen Wertschöpfungsvolumina in Beziehung zu den beschäftigten Arbeitnehmern bzw. zu den geleisteten Arbeitsstunden, so erhält man Indikatoren für die Arbeitsproduktivität. Produktivitätsmessungen sind schon innerhalb der verschiedenen Sektoren einer Volkswirtschaft mit schwierigen methodischen Problemen behaftet, wenn Aussagen vergleichbar sein sollen. Dies gilt um so mehr für internationale Vergleiche.

Dabei muß daran erinnert werden, daß Arbeitsproduktivitäten partielle Produktivitätsmaße sind, in denen sich viele Faktoren niederschlagen können. Das Interesse an Produktivitätsuntersuchungen hat seinen Ursprung in zwei zentralen ökonomischen Problemstellungen: Der ökonomischen Effizienz und der ökonomischen Wohlfahrt einer Volkswirtschaft. Beide sind eng miteinander verknüpft. Effizienz ist eine wesentliche Voraussetzung für die ökonomische Wohlfahrt, die aber auch von anderen Faktoren abhängt (Ressourcen einer Volkswirtschaft, Terms of Trade - Entwicklungen u.a.). Arbeitsproduktivität ist für sich allein nicht das angemessene Meßkonzept für Effizienz; in bezug auf die Wohlfahrt einer Volkswirtschaft stellt Arbeitsproduktivität dennoch einen wichtigen Indikator dar.

Sowohl bezogen auf die beschäftigten Arbeitnehmer als auch auf die geleisteten Arbeitsstunden verlief die Produktivitätsentwicklung in den USA deutlich langsamer als in der Bundesrepublik. Dies ist ein Hinweis darauf, daß sich das Wohlstandsgefälle zwischen beiden Ländern weiter verringert hat. Daraus läßt sich - mit aller Vorsicht - auch folgern, daß die Arbeitseffizienz in der Bundesrepublik schneller gesteigert werden konnte als in den USA. Dies gilt vor allem für die siebziger Jahre, als in den USA im gesamtwirtschaftlichen Durchschnitt das Produktionsergebnis je Arbeitnehmer sogar zurückging (vgl. Tabelle 7.3/2).

In sektoraler Hinsicht sind erhebliche Differenzen zu berücksichtigen - sowohl innerhalb der Wirtschaft der USA als auch im Vergleich zur Bundesrepublik:
- Im verarbeitenden Gewerbe sind in den USA und in der Bundesrepublik die Produktivitätsfortschritte höher als im gesamtwirtschaftlichen Durchschnitt. In

Tabelle 7.3/2

Arbeitsproduktivität, USA und Bundesrepublik

USA Bruttoinlandsprodukt je beschäftigten Arbeitnehmer							
	in 1 000 US-$ zu Preisen von 1982				Jahresdurchschnittliche Veränderungsraten in vH		
	1961	1973	1980	1986	1973/61	1980/73	1986/80
Land- u. Forstwirtschaft*	30,2	42,2	43,1	52,8	2,8	0,3	3,5
Energie- u. Wasserversorgung	68,8	112,2	112,1	117,0	4,2	-0,0	0,7
Bergbau	142,3	207,8	132,0	150,8	3,2	-6,3	2,2
verarbeitendes Gewerbe	20,8	30,8	32,8	42,3	3,3	0,9	4,3
Baugewerbe	57,7	41,6	37,2	33,8	-2,7	-1,6	-1,6
Handel	22,7	26,3	24,6	26,9	1,2	-0,9	1,5
Verkehr, Nachrichten	26,9	41,0	46,5	50,0	3,6	1,8	1,2
Fin., Vers., Grundst.makler	80,6	90,9	90,0	85,1	1,0	-0,1	-0,9
sonstige Dienstleistungen[1]	25,9	26,5	24,7	24,3	0,2	-1,0	-0,3
Unternehmen insgesamt	30,8	36,8	36,1	38,2	1,5	-0,3	1,0

*) Z.T. geschätzt. - 1) Einschl. Reparaturgewerbe; einschl. priv. HH, Org.o.E.

Quelle: US-Department of Commerce (BEA); Berechnungen und Schätzungen des DIW.

Bundesrepublik Deutschland Bruttowertschöpfung je beschäftigten Arbeitnehmer							
	in 1 000 DM zu Preisen von 1980				Jahresdurchschnittliche Veränderungsraten in vH		
	1960	1973	1980	1986	1973/60	1980/73	1986/80
Land- u. Forstwirtschaft	50,9	117,6	124,5	146,1	6,7	0,8	2,7
Energie- u. Wasserversorgung	51,6	105,0	136,1	128,8	5,6	3,8	-0,9
Bergbau	146,5	214,3	165,9	172,6	3,0	-3,6	0,7
verarbeitendes Gewerbe	25,6	46,5	56,3	65,1	4,7	2,8	2,4
Baugewerbe	33,9	47,8	52,5	57,0	2,7	1,3	1,4
Handel	30,1	44,8	49,2	57,7	3,1	1,3	2,7
Verkehr, Nachrichten	27,6	45,1	62,3	72,9	3,8	4,7	2,7
Kreditinst., Versicherungen	43,1	72,3	89,9	99,6	4,1	3,2	1,7
sonstige Dienstleistungen[1]	69,1	84,4	89,6	98,4	1,6	0,8	1,6
Unternehmen ohne Wohnungsverm.	32,1	52,6	62,4	71,9	3,9	2,5	2,4

1) Ohne Wohnungsvermietung.

Quelle: Statistisches Bundesamt; Berechnungen des DIW; 1986 geschätzt.

den USA hat sich der Produktivitätsanstieg im verarbeitenden Gewerbe im Durchschnitt der Jahre 1980 bis 1986 erheblich gegenüber der Vorperiode (1973 bis 1980) beschleunigt und ist wesentlich höher als in der Bundesrepublik gewesen;

- die Produktivitätsunterschiede zwischen den beiden Volkswirtschaften waren in den letzten Jahren teilweise nicht mehr so hoch wie in den siebziger Jahren.

Auf der Grundlage eines vom Bureau of Labor Statistics durchgeführten internationalen Vergleichs zeigt sich (vgl. Schaubild 7.3/1), daß die Produktionsentwicklung des verarbeitenden Gewerbes der USA und der Bundesrepublik von 1973 bis 1983 - abgesehen von zyklischen Unterschieden - recht ähnlich war und danach die Wachstumsraten in den USA bis 1985 höher waren als in der Bundesrepublik. Das eingesetzte Arbeitsvolumen ist in den USA aber weniger stark zurückgegangen als in der Bundesrepublik, so daß die Stundenproduktivität in der Bundesrepublik insgesamt deutlich schneller zugenommen hat als in den USA. Gleichzeitig sind in den USA die Lohnstückkosten - mit Ausnahme der Jahre 1983 und 1984 - schneller gestiegen als in der Bundesrepublik.

In der Tabelle 7.3/3 werden die Unterschiede in den sektoralen Entwicklungen zusammengefaßt; dabei wird die Entwicklung einmal als Absolut-Index, dann aber auch als Relativ-Index auf der Basis 1973 ausgewiesen, um die - hier nicht weiter diskutierten - gesamtwirtschaftlichen Unterschiede zwischen den USA und der Bundesrepublik zu berücksichtigen.

In der Landwirtschaft waren die absoluten Produktivitätsfortschritte in den USA und der Bundesrepublik gleich groß, so daß bei etwa gleichem Wachstum auch die Beschäftigtenentwicklung gleich hoch war. Relativ waren aber die Produktivitätsfortschritte in den USA höher und entsprechend die relative Beschäftigtenentwicklung schlechter.

Im Energiebereich war zwar in der Bundesrepublik absolut die Produktivitätsentwicklung wesentlich höher als in den USA, wo besonders im Zeitraum 1973 bis 1980 die gestiegenen Energiepreise zu einer Unterauslastung der Kapazitäten geführt haben. Relativ schneidet aber die Energieversorgung der USA bei der Produktivitätsentwicklung besser ab als in der Bundesrepublik. Ähnliches gilt auch für den Bergbau; er weist in der Bundesrepublik absolut und relativ die schwächste

Schaubild 7.3/1

Verarbeitendes Gewerbe, USA und Bundesrepublik

- Indizes (1977 = 100) -

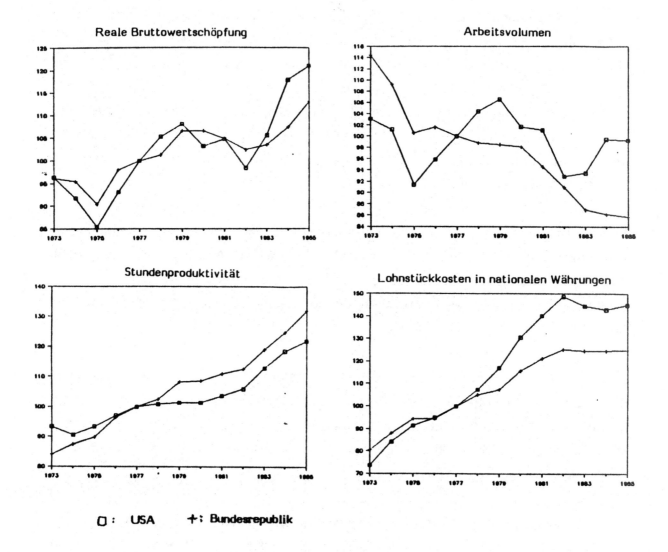

Quelle: Bureau of Labor Statistics, Annual Indexes of productivity and related
           measures; Monthly Review, Jan. 1987.

Tabelle 7.3/3

Produktion, Produktivität und Beschäftigung in den USA und der Bundesrepublik Deutschland, 1973–1986
Indices (1973 = 100)

	USA		Bundesrepublik Deutschland	
	Absolut-Index	Relativ-Index[1]	Absolut-Index	Relativ-Index[1]
Produktion				
Landwirtschaft	128	96	124	96
Energie	132	99	133	103
Bergbau	89	66	68	53
Verarbeitendes Gewerbe	129	96	117	91
Baugewerbe	97	72	88	68
Handel	145	108	125	97
Verkehr, Nachrichten	134	100	154	119
Sonstige Dienstleistungen	165	123	165	128
Unternehmen insgesamt	134	100	129	100
Abhängig Beschäftigte				
Landwirtschaft	102	79	100	102
Energie	127	98	109	111
Bergbau	122	95	82	84
Verarbeitendes Gewerbe	94	73	84	86
Baugewerbe	120	93	74	76
Handel	142	110	97	99
Verkehr, Nachrichten	110	85	95	97
Sonstige Dienstleistungen	180	140	141	144
Unternehmen insgesamt	129	100	98	100
Produktivität				
Landwirtschaft	125	120	124	95
Energie	104	100	123	94
Bergbau	73	70	83	63
Verarbeitendes Gewerbe	137	132	141	108
Baugewerbe	81	78	119	91
Handel	102	98	129	98
Verkehr, Nachrichten	122	117	162	124
Sonstige Dienstleistungen	92	88	117	89
Unternehmen insgesamt	104	100	131	100

1) Bezogen auf den Unternehmensdurchschnitt.

Produktivitätsentwicklung auf, die aber absolut immer noch die der USA übertrifft. Für die USA wird vermutet, daß die Energiepreisschübe höhere Aufwendungen für die Erschließung unergiebigerer Lagerstätten erforderlich gemacht haben.

Im Baugewerbe war die Produktivitätsentwicklung von 1973 bis 1986 in den USA absolut und relativ niedriger als in der Bundesrepublik. Dies gilt absolut auch für den Handel, hier wohl vor allem aufgrund der stärkeren Zunahme von Teilzeitarbeit und Aushilfskräften. Die durchschnittliche wöchentliche Arbeitszeit im Handel der USA lag 1985 bei weniger als 30 Wochenstunden. Im Bereich Verkehr und Nachrichten lagen sowohl in den USA als auch in der Bundesrepublik die Produktivitätsfortschritte durchweg über dem gesamtwirtschaftlichen Durchschnitt, dabei waren sie aber in der Bundesrepublik absolut und relativ höher als in den USA. Bei den sonstigen Dienstleistungen hat sich in der Bundesrepublik der Produktivitätsabstand zum gesamtwirtschaftlichen Durchschnitt, aber auch zum verarbeitenden Gewerbe verringert, während er sich in den USA vergrößert hat.

Relativ war die Produktivitätsentwicklung im verarbeitenden Gewerbe der USA höher als in der Bundesrepublik; in den USA ist trotz einer Ausweitung der Produktion um 30 vH im gesamtwirtschaftlichen Durchschnitt der Arbeitseinsatz relativ stärker reduziert worden als in der Bundesrepublik. Anders: Die um 12 Indexpunkte höhere Produktion hat nur zu einer 10 Indexpunkte höheren Beschäftigung im verarbeitenden Gewerbe der USA geführt.

Gleich hoch war die relative Produktivitätsentwicklung in den sonstigen Dienstleistungen und im Handel. Bei den sonstigen Dienstleistungen hat demzufolge bei einer etwas niedrigeren relativen Ausweitung der Produktion die Beschäftigung in den USA relativ etwas weniger zugenommen als in der Bundesrepublik. Dagegen hat das absolut und relativ stärkere Wachstum des Handels in den USA auch zu einer absolut und relativ größeren Beschäftigungszunahme geführt. Die rasche Bevölkerungszunahme hat hier sicherlich zu dem schnelleren Produktionswachstum beigetragen.

Die Produktivitätsentwicklung in den USA ist auch unter dem Aspekt der veränderten Zusammensetzung der Erwerbsbevölkerung diskutiert worden. Die Integration von (verheirateten) Frauen in die Beschäftigung ist z.B. mit einem Anstieg der Teilzeitarbeit verbunden gewesen (Beispiel Handel) und verzerrt die Pro-Kopf-

Rechnungen der Arbeitsproduktivität. Die Zunahme der Frauenbeschäftigung war - auch in den USA - eng mit der wachsenden Bedeutung der privat und öffentlich organisierten Humandienstleistungen (Gesundheit, Bildung und Soziales) verknüpft; vor allem in diesem Bereich sind sowohl qualifizierte als auch unqualifizierte Frauen eingestellt worden (vgl. hierzu Rein 1985). Vor allem hat aber die erstmalige Beschäftigungsaufnahme von Jugendlichen, die oft keine Berufsausbildung haben, zu der schwachen Produktivitätsentwicklung beitragen. Die OECD schreibt: "Zusätzlich zu den zwei Ölpreisschocks mußte sich die US-Wirtschaft an einen anderen "Angebotsschock" anpassen - den großen Strom von Jobsuchenden aufgrund des Baby-Booms" (OECD 1986, S. 79). Die Integration dieses Teils des neu auf den Markt tretenden Arbeitskräfteangebots geschah z.T. zu relativ niedrigen Kosten (niedrige Bezahlung und geringe soziale Absicherung). Für Jugendliche werden häufig wesentlich niedrigere Löhne als sonst üblich gezahlt. Neben Jugendlichen ging auch von den Immigranten ein erhebliches Neuangebot - mit einer erheblichen Verschärfung der Minoritätenprobleme - auf dem Arbeitsmarkt aus. Ein bedeutender Teil der Beschäftigungsexpansion im Handel, im Hotel- und Gaststättenbereich, bei persönlichen Dienstleistungen und z.T. im Gesundheitswesen der USA hat sich damit auch zu relativ niedrigen Löhnen vollzogen.

Lawrence (1985) hat als wichtigsten Grund für das abnehmende Gewicht mittlerer Einkommen zwischen 1969 und 1983 und die Bipolarisierung zugunsten höherer und niedriger Einkommen vor allem demographische Faktoren - insbesondere die veränderte Altersstruktur der Erwerbsbevölkerung - und damit einen Kohorteneffekt angeführt; er sei weit wichtiger als der sektorale Strukturwandel weg von den "Schornsteinindustrien" hin zu den Dienstleistungen. In einer neueren Untersuchung (vgl. McMahon/Tschetter 1986), die neben einer Einkommensbetrachtung auch berufliche Differenzierungen berücksichtigt, wird für den Zeitraum 1973 bis 1982 eine Veränderung der Einkommensverteilung nach unten festgestellt, d.h. eine Zunahme der Beschäftigten mit mittleren oder niedrigen Einkommen, wobei aber die Verläufe für die einzelnen Berufsgruppen unterschiedlich sind. Auch hier wird ein möglicher Grund darin gesehen, daß die Erwerbsbevölkerung im Jahr 1982 mehr jüngere Personen und mehr Frauen umfaßte als 1973 und daß die damit verbundene geringere Ausbildung oder Berufserfahrung zur vergleichsweise geringeren Entlohnung beigetragen hat.

Diese demographische Entwicklung hat darüber hinaus auch mittelbaren Einfluß auf die Entlohnung gehabt. Während beispielsweise im Baugewerbe früher vor allem hochqualifizierte, gewerkschaftlich organisierte Arbeiter beschäftigt wurden, hat sich die Beschäftigtenstruktur immer mehr zu nichtorganisierten und wenig qualifizierten Beschäftigten verschoben (vgl. Baily 1981, S. 45). Der gewerkschaftliche Organisationsgrad ist insgesamt in den USA drastisch zurückgegangen. Dies hat zu einer Zunahme von Lohnzugeständnissen geführt (vgl. OECD 1986). In der anhand der (realen) Wertschöpfung gemessenen Produktivität kommt der vergleichsweise niedrige Realeinkommensanstieg in den USA zum Ausdruck. Der Lebensstandard vieler Amerikaner ist sogar gesunken (vgl. Bluestone, Harrison 1986).

Für die insgesamt niedrigere Produktivitätsentwicklung war - neben Bergbau und Baugewerbe - vor allem die im Dienstleistungssektor rückläufige Produktivitätsentwicklung ausschlaggebend; im Vergleich zur Bundesrepublik wirkt sich dies auf den gesamtwirtschaftlichen Produktivitätsfortschritt um so deutlicher aufgrund des in den USA höheren Gewichtes des Dienstleistungssektors in der Produktions- und Beschäftigungsstruktur aus. 1986 liegt - auf der Basis 1973 - bei einer um 5 Index-Punkte höheren Produktion in den USA die Beschäftigung um 31 Indexpunkte über der der Bundesrepublik - zu Lasten des Anstiegs der Arbeitseffizienz. Sicherlich hat damit - bei einer vergleichsweise schlechten Beschäftigungsentwicklung - die Bundesrepublik im Lebensstandard weiter zu den USA aufgeschlossen.

Die Gründe für diese schwache US-amerikanische Produktivitätsentwicklung - insbesondere in den siebziger Jahren - sind auch in den USA immer wieder analysiert worden. Dabei sind neben gesamtwirtschaftlichen Determinanten einschließlich der Lohnabschlüsse der Tarifpartner, der Geld- und Finanzpolitik sowie der Ölpreisschübe, auch andere Einflußfaktoren einbezogen worden wie die relativ nachlassenden Aufwendungen für Forschung und Entwicklung, die zunehmenden Aufwendungen für Umweltschutz und Gesundheit, die Kapitalintensität und energiesparende Umstellungen in den Produktionsprozessen, der Strukturwandel zu den Dienstleistungen, die schlechte Produktivitätsentwicklung von Angestellten u.a.. Eindeutige Schlußfolgerungen haben sich bisher nicht ergeben. Man spricht - besonders in Hinblick auf den Zeitraum 1973 bis 1980 - von einem Produktivitätsrätsel. Sachs (1983) diskutiert die unterschiedliche Reallohnentwicklung in OECD-Ländern und Implikationen für die in einigen Ländern zu restriktive Wirtschaftspolitik. Lindbek (1983) bringt den abgebremsten Produktivitätsfortschritt in Zusammenhang mit der seit 1973 niedrigeren Auslastung der Kapazitäten, dem langsameren Nachfragewachstum, niedrigeren Gewinnen und höheren relativen Preisen von wichtigen Vorleistungsgütern infolge der Ölpreisanstiege. Weisskopf, Bowles, Gordon (1983) weisen darauf hin, daß eine allein technikorientierte Betrachtung zu einer Fehleinschätzung von Produktivitätspfaden führe; dadurch werde die Bildungsbeteiligung und die Veränderungen im Erwerbsverhalten von Männern und Frauen unterschätzt und die Kapazitätsauslastungs- sowie die Kapitalintensitätsentwicklung überschätzt. Nach ihrer Meinung werden in vielen Ansätzen gesellschaftliche Momente wie rückläufige Leistungsintensität und Innovation zu sehr vernachlässigt. Baily und Chakravati (1985) untermauern die Vermutung, daß eine Abschwächung bei den Innovationen die Produktivitätsfortschritte verlangsamt haben könnte.

7.4 Investitionen, Anlagevermögen und Kapitalintensität

Kendrick (1984) hat in einem internationalen Vergleich die Ursachen für die Verlangsamung der Produktivitätsfortschritte untersucht; er mißt der Kapitalintensitätsentwicklung einen Erklärungswert auch nach 1973 bei, obwohl hier andere Faktoren die Entwicklung stärker beeinflußt haben als zuvor (S. 113). Dabei spielen aber auch Unterschiede im Sparverhalten sowie in den Investitionsquoten eine Rolle.

Beide Quoten sind in der Bundesrepublik höher als in den USA. Dies zeigt auch ein Blick auf Tabelle 7.4/1. Im privaten Unternehmensbereich (ohne Wohnungsvermietung) haben die Bruttoanlageinvestitionen in den USA einen - zyklisch stark schwankenden - Anteil am BSP, der in der Nähe von 10 vH liegt. Im privaten Unternehmensbereich (ohne Wohnungsvermietung) haben die Bruttoanlageinvestitionen zu konstanten Preisen im Zeitraum 1961 bis 1973 deutlich schneller expandiert als das BSP; danach sind - parallel zu den niedrigeren gesamtwirtschaftlichen Wachstumsraten - auch die Bruttoanlageinvestitionen in den USA langsamer expandiert, bis 1980 aber immer noch etwas schneller als das BSP.

Hinter dieser Entwicklung verbergen sich folgende sektorale Unterschiede (vgl. Tabelle 7.4/2): Unterdurchschnittliche Veränderungsraten zeigen sich in der Energie- und Wasserversorgung, im Bergbau und im Verkehr, während sie im Dienst-

Tabelle 7.4/1

Investitionsquoten - USA -

	1961	1973	1980	1986	1961	1973	1980	1986	1961/73	1973/80	1980/86
		in Mrd.	US-$			Anteile in vH		Jahresdurchschnittliche Veränderungsraten in vH			
Untern.o.Wohnungsvermiet.	46,3	145,9	322,8	436,9	9,0	10,7	11,8	10,3	9,7	12,0	5,2
Wohnungsvermietung	26,4	73,3	102,9	218,3	4,9	5,4	3,8	5,2	8,9	5,0	13,4
BSP	533,8	1359,3	2731,0	4235,0	100,0	100,0	100,0	100,0	8,1	10,5	7,6
	in Mrd.US-$ von 1982										
Untern.o.Wohnungsvermiet.	158,2	317,3	379,2	443,8	9,3	11,6	11,9	12,0	6,0	2,6	2,7
Wohnungsvermietung	93,6	163,4	137,0	196,4	5,5	6,0	4,3	5,3	4,8	-2,5	6,2
BSP	1708,7	2744,1	3187,1	3713,3	100,0	100,0	100,0	100,0	4,0	2,2	2,6
Preisindices 1982=100											
BSP	38,4	53,1	86,1	115,1					2,7	7,1	5,0
Inv.o.Wohnungsvermiet.	66	66,6	86,1	103,2					0,1	3,7	3,1
Wohnungsvermietung	30,2	45,1	89,4	110,9					3,4	10,3	3,7

Quelle: Department of Commerce (BEA); Berechnungen des DIW.

Tabelle 7.4/2

Bruttoanlageinvestitionen - USA -

	1961	1973	1980	1986	1961	1973	1980	1986	1973/61	1980/73	1986/80
	in Mrd.US-$				Anteile in vH				Jahresdurchschnittliche Veränderungsraten in vH		
Energie- u.Wasserversorgung	5,2	18,0	37,7	46,4	13,6	15,0	13,3	12,2	10,9	11,1	3,5
Bauten	13,4	10,4	22,7	-	35,0	8,7	8,0	-	-2,1	11,8	-
Ausrüstungen	24,9	7,6	15,0	-	65,0	6,3	5,3	-	-9,4	10,2	-
Bergbau	1,3	3,3	16,0	11,2	3,4	2,8	5,7	3,0	8,1	25,3	-5,8
Bauten	0,4	1,6	9,0	-	1,0	1,3	3,2	-	12,2	28,0	-
Ausrüstungen	0,9	1,7	7,0	-	2,3	1,4	2,5	-	5,4	22,4	-
Verarbeitendes Gewerbe	15,5	42,4	112,3	142,7	40,5	35,3	39,7	37,6	8,7	14,9	4,1
Bauten	4,8	12,0	31,0	-	12,5	10,0	11,0	-	7,9	14,5	-
Ausrüstungen	10,7	30,4	81,3	-	27,9	25,3	28,7	-	9,1	15,1	-
Verkehr	3,1	8,0	16,6	18,8	8,1	6,7	5,9	5,0	8,2	11,0	2,1
Bauten	0,7	2,1	5,1	-	1,8	1,8	1,8	-	9,6	13,5	-
Ausrüstungen	2,4	5,9	11,5	-	6,3	4,9	4,1	-	7,8	10,0	-
Groß-u.Einzelhandel,kredit-institute, Versicherungen, Baugewerbe, Sonst.Dienst-leistungen, Nachrichten	13,2	48,4	100,1	160,4	34,5	40,3	35,4	42,3	11,4	10,9	8,2
Bauten	4,3	16,8	28,3	-	11,2	14,0	10,0	-	12,0	7,7	-
Ausrüstungen	8,9	31,6	71,9	-	23,2	26,3	25,4	-	11,1	12,5	-
Insgesamt 2)	38,3	120,0	282,8	379,5	100,0	100,0	100,0	100,0	10,0	13,0	5,0
Bauten	13,4	42,9	96,1	-	35,0	35,8	34,0	-	10,2	12,2	-
Ausrüstungen	24,9	77,1	186,7	-	65,0	64,3	66,0	-	9,9	13,5	-
	in Mrd.US-$ von 1982										
Energie- u.Wasserversorgung	16,1	39,2	43,3	43,3	14,4	16,1	13,5	11,3	7,7	1,4	-0,0
Bauten	11,0	23,7	25,9	-	9,9	9,7	8,1	-	6,6	1,3	-
Ausrüstungen	5,2	15,5	17,6	-	4,7	6,4	5,5	-	9,5	1,8	-
Bergbau	7,0	12,0	22,4	13,5	6,3	4,9	7,0	3,5	4,6	9,4	-8,1
Bauten	3,1	7,7	13,3	-	2,8	3,2	4,2	-	7,9	8,2	-
Ausrüstungen	3,4	4,6	9,2	-	3,1	1,9	2,9	-	2,4	10,4	-
Verarbeitendes Gewerbe	48,5	90,6	126,7	147,0	43,7	37,3	40,2	38,5	5,3	5,1	2,2
Bauten	23,8	34,8	39,2	-	21,4	14,3	12,2	-	3,2	1,7	-
Ausrüstungen	28,1	59,3	90,4	-	25,3	24,4	28,2	-	6,4	6,2	-
Verkehr	9,0	16,5	18,0	17,1	8,1	6,8	5,6	4,5	5,2	1,3	-0,9
Bauten	2,5	4,5	5,4	-	2,2	1,9	1,7	-	5,1	2,6	-
Ausrüstungen	6,5	11,9	12,5	-	5,8	4,9	3,9	-	5,2	0,7	-
Groß- u.Einzelhandel, Kredi institute, Versicherungen, Baugewerbe, Sonst.Dienst-leistungen, Nachrichten	32,3	83,4	109,4	161,4	29,1	34,3	34,1	42,2	8,2	4,0	6,7
Bauten	16,0	35,4	30,9	-	14,4	14,6	9,6	-	6,8	-1,9	-
Ausrüstungen	18,1	51,1	78,4	-	16,3	21,0	24,5	-	9,0	6,3	-
Insgesamt 2)	112,9	241,7	321,9	382,3	100,0	100,0	100,0	100,0	6,7	4,0	3,0
Bauten	56,4	106,1	114,7	-	50,7	44,4	35,2	-	5,6	0,6	-
Ausrüstungen	61,4	142,3	208,1	-	53,8	58,2	64,6	-	7,4	5,6	-

1)Neue Bauten und Ausrüstungen im Unternehmensbereich (ohne Wohnungsvermietung)
2)ohne professional services; membership organizations and social services; forestry, fisheries, and agricultural services.

Quelle: U.S. Department of Commerce (BEA): Business Statistics 1984; Survey of Current Business 9/87; Berechnungen des DIW.

leistungsbereich (einschließlich Baugewerbe) weit überdurchschnittlich und im verarbeitenden Gewerbe leicht überdurchschnittlich waren. Die Struktur der Anlageinvestitionen hat sich dabei immer mehr zugunsten der Ausrüstungsinvestitionen verschoben. 1980 entfielen im verarbeitenden Gewerbe von den neuen Anlagen 70 vH auf neue Ausrüstungen, in den Dienstleistungsbereichen noch etwas mehr.

Die für die Bundesrepublik durchgeführten Analysen auf der Grundlage von Anlagevermögensrechnungen lassen sich für die USA nicht im einzelnen, sondern nur ansatzweise nachvollziehen. So wird hier vor allem die Kapitalintensität herausgegriffen. Auch für die USA wird zwar übereinstimmend festgestellt, daß Kapitalintensitäten nur begrenzt den mittelfristigen Trend der Arbeitsproduktivität erklären können (Baily 1981, S. 16). Baily (1982) hat aber gezeigt, daß innerhalb des verarbeitenden Gewerbes der USA gerade die kapitalintensiven Wirtschaftszweige die größte Abflachung in den Produktivitätsfortschritten zu verzeichnen hatten. Dennoch ergeben sich bedeutsame Unterschiede zwischen verarbeitendem Gewerbe und Dienstleistungsbereich. Im privaten Unternehmensbereich der USA sind die Zuwachsraten der Kapitalintensität - brutto und netto - im Laufe der Zeit geringer geworden; im Gegensatz dazu sind sie aber im verarbeitenden Gewerbe noch weiter gestiegen (vgl. Tabelle 7.4/3 und Schaubild 7.4/1). Die raschere Zunahme der Kapitalintensität im verarbeitenden Gewerbe korreliert mit der überdurchschnittlichen Entwicklung der Arbeitsproduktivität in diesem Wirtschaftsbereich, die neuerdings auch im internationalen Maßstab überdurchschnittlich ist. Im Gegensatz dazu ist die Kapitalintensität im Dienstleistungsbereich nur langsam gestiegen. Dies korrespondiert mit der schwachen Produktivitätsentwicklung in diesem großen, aber inhomogenen Teil der amerikanischen Volkswirtschaft.

Tabelle 7.4/3

Kapitalintensitäten - USA -
- jahresdurchschnittliche Veränderungsraten in vH -

	1957 - 68	1968 - 73	1973 - 79
Unternehmen insgesamt			
netto	3,28	2,87	1,32
brutto	2,70	2,83	1,80
Verarbeitendes Gewerbe			
netto	1,43	2,24	3,27
brutto	1,29	2,49	3,20
Unternehmen (außerhalb Landw. u. verarb. Gewerbe)			
netto	3,51	2,56	0,18
brutto	2,38	1,92	0,93

Quelle: Dep't of labor, Dep't of Commerce; entnommen
aus: Baily (1981), S. 7.

Schaubild 7.4/1

Nettoanlagevermögen und Beschäftigung - USA -

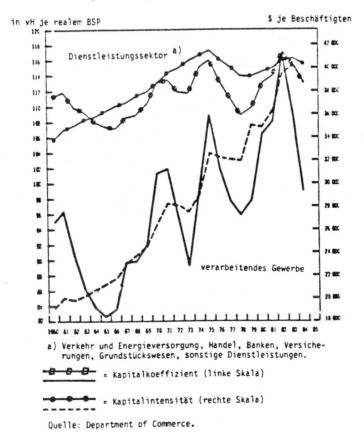

a) Verkehr und Energieversorgung, Handel, Banken, Versicherungen, Grundstückswesen, sonstige Dienstleistungen.

—B—B—B— = Kapitalkoeffizient (linke Skala)

—●—●—●— = Kapitalintensität (rechte Skala)
- - - - - -

Quelle: Department of Commerce.

ANHANG

Das capital-vintage-Modell zur Beschreibung des Investitionsverhaltens
der Unternehmen

1   Die Faktornachfragefunktionen

Unternehmen kalkulieren ihre jeweiligen Investitionsbeträge im allgemeinen so, daß die Summe der über die geplante Nutzungsdauer der Investitionen zu erwartenden abdiskontierten Erträge maximiert werden. Die Erträge ergeben sich aus den Produktionserlösen nach Abzug der produktionsbedingten Kosten mit Ausnahme der Kapitalkosten. Für den Fall, daß die variablen Kosten ausschließlich aus Lohnkosten bestehen, sind die jährlichen Erträge der Investition IZ durch

$$E = XZ - w \cdot LZ$$

gegeben. Dabei beschreibt XZ die Produktionserlöse, w den jeweiligen Lohnsatz und LZ den Arbeitseinsatz. Nach den in der betriebswirtschaftlichen Finanzierungsrechnung üblichen Verfahren folgt bei unveränderten Preisen, daß das Investitionsvolumen gleich ist der Summe der über die Nutzungsdauer der Investitionen mit der Rate r abdiskontierten Erträge.

Es wird weiterhin eine ex-post limitationale Produktionsfunktion angenommen. Einmal installiert wird mit der Anlage IZ über ihre gesamte Nutzungsdauer M eine unveränderte Produktion XZ mit einem festen Arbeitseinsatz LZ erstellt. Die Anlage wird verschrottet, wenn die erzielbaren Erlöse nicht mehr ausreichen, die laufenden Produktionskosten zu decken. Nimmt man an, daß die Unternehmen mit einer Anstiegsrate b für den Lohnsatz w kalkulieren, dann lassen sich die Annahmen über das Unternehmensverhalten in einem beliebigen Jahr j für die Investitionen IZ der Nutzungsdauer M durch die folgenden Gleichungen beschreiben:

Investitionsbedingung:

$$IZ_j = \sum_{i=1}^{M} \left[XZ_j - w_j \cdot LZ_j \cdot e^{b \cdot i} \right] e^{-r \cdot i}$$

Verschrottungsbedingung:

$$LZ_j = \left[XZ_j \cdot e^{-b \cdot M} \right] / w_j$$

Die Diskontierungsrate r und die Lohnanstiegsrate b sind Erwartungsgrößen der Unternehmen. Im Modell wird von einer adaptiven Erwartungshaltung der Unternehmen ausgegangen, d.h. die Unternehmen orientieren sich in ihren Erwartungen an den Erfahrungen der Vergangenheit.

Die soweit beschriebenen ökonomischen Faktoren allein können in der Regel die Entwicklung der Zugänge zum Produktionspotential in Abhängigkeit von den Investitionen nicht hinreichend beschreiben. Andere Faktoren, wie technischer Fortschritt und organisatorische Veränderungen, überlagern oft den Einfluß der Faktorpreise. Hinzu kommt, daß die tatsächlich den Entscheidungen der Unternehmen zugrunde liegenden Erwartungen von den hier verwendeten Indikatoren sowohl in der Höhe als auch in der Entwicklung abweichen können. Es wurde daher angenommen, daß die Entwicklung der Investitionsproduktivität auch von einem Trendfaktor beeinflußt wird. Aus dem gleichen Grunde ist auch ein Niveauparameter zur Korrektur eingefügt worden.

Aus den oben genannten Gleichungen lassen sich unter Verwendung der Summenformel die Faktornachfragefunktionen

$$IZ = XZ \cdot \left[\frac{1-e^{-r \cdot M}}{1-e^{-r}} - \frac{1-e^{-(r-b) \cdot M}}{1-e^{-(r-b)}} \cdot e^{-b \cdot M} \right] \lambda_0 \cdot e^{\lambda_1 \cdot t}$$

$$LZ_j = \left[XZ_j \cdot e^{-b \cdot M} \right] / w$$

ableiten. Faktoreinsatz und Faktoreinsatzrelationen werden in diesen Funktionen durch die kalkulatorische Rendite r, das Niveau w und den Anstieg b des kalkulatorischen Lohnsatzes sowie die kalkulatorische Nutzungsdauer M und einen Zeittrend λ_1, der für den technischen Wandel steht, gesteuert.

Im allgemeinen wendet der Unternehmer ein solches Investitionskalkül an, um das Investitionsvolumen zu bestimmen, das seinen Vorstellungen über die notwendige Aufstockung des Produktionspotentials entspricht. Das geplante Produktionspotential ist also die bekannte, das Investitionsvolumen die unbekannte Größe. Diese Beziehung läßt sich hier umkehren: Da das Investitionsvolumen der Nutzungsdauer M eines Investitionsjahrgangs bekannt ist, lassen sich das mit diesen Investitionen verbundene Produktionspotential und auch die erforderlichen Arbeitsplätze ermitteln. Zu schätzen sind der Niveauparameter λ_0 sowie der Trendparameter λ_1 . Die Umkehrung der Faktornachfragefunktionen zur Schätzung von Produktionspotential und Arbeitsplätzen impliziert auch, daß mit dem vintage-Ansatz in der vorliegenden Form nicht die Investitionshöhe erklärt werden kann. Diese wird als gegeben angesehen. Erklärt wird lediglich der Zusammenhang zwischen Investitionen, den damit geschaffenen Arbeitsplätzen und dem Produktionspotential, womit zugleich auch die potentielle Arbeitsplatzproduktivität erklärt wird.

2   Die Entscheidung über Stillegungen von Anlagen

Unternehmen entscheiden bei der Kapazitätsplanung nicht allein über die Installation neuer Anlagen. Vielfach unmittelbar verbunden mit der Investitionsentscheidung stellt sich auch die Frage nach der Stillegung vorhandener Anlagen. Auch für diesen Prozeß ist im Rahmen des capital-vintage-Modells angenommen worden, daß ökonomische Faktoren die Entscheidung beeinflussen. Anlagen werden stillgelegt, wenn die variablen Produktionskosten die Erträge der Anlagen übersteigen. Vom Vergleich dieser Größen hängen im Investitionskalkül die kalkulierte Kapitalproduktivität und die Faktoreinsatzrelationen eines Investitionsgutes mit gegebener Nutzungsdauer ab. Unabhängig von der ursprünglich kalkulierten Nutzungsdauer muß jedoch auch bei der konkreten Entscheidung über die Abgänge so vorgegangen werden.

Da jeder Anlage zum Investitionszeitpunkt eine feste Produktionskapazität und eine bestimmte Zahl von Arbeitsplätzen zugeordnet wurde, stehen mit der Entscheidung über die Stillegung von Anlagen auch die entsprechenden Abgänge aus dem Produktionspotential und bei den Arbeitsplätzen fest. Weicht die tatsächliche Entwicklung im Kostenbereich von derjenigen ab, die die Unternehmen ihrer Investitionsplanung zugrunde gelegt haben, so müssen die Unternehmen ihre ursprünglichen Planungen revidieren. Steigen beispielsweise die Lohnkosten stärker als erwartet, so können Anlagenteile schon vor Ablauf der geplanten Nutzungsdauer unrentabel werden. Sie werden vorzeitig verschrottet. Umgekehrt können Anlagen länger als ursprünglich geplant rentabel betrieben werden, wenn die Lohnkosten schwächer steigen als ursprünglich angenommen wurde.

Aus den Investitionsentscheidungen und den Verschrottungsentscheidungen der Unternehmen ergeben sich die Nettozugänge von Anlagen, Produktionspotential und Arbeitsplätzen. Ausgehend von den Bestandswerten des Vorjahres von Anlagevermögen KJA, Produktionspotential XJA und Arbeitsplätzen LJA, erhält man durch Addition die Bestandswerte für den Jahresanfang des folgenden Jahres.

$$KJA_{t+1} = KJA_t + IZ_t - IA_t$$
$$XJA_{t+1} = XJA_t + XZ_t - XA_t$$
$$LJA_{t+1} = LJA_t + LZ_t - LA_t$$

Um das Produktionspotential und die Zahl der Arbeitsplätze vergleichen zu können mit der Produktion und den Erwerbstätigen, werden die jahresdurchschnittlichen Werte für das Produktionspotential und die Zahl der Arbeitsplätze als arithmetisches Mittel zwei aufeinanderfolgender Jahresanfangswerte berechnet.

3 Datenbasis des Modells

3.1 Anlagevermögen

Da die Ausrüstungsinvestitionen eher als limitierender Faktor zur Ausweitung des Produktionspotentials und der Arbeitsplätze angesehen werden können, als die gesamten Anlageinvestitionen einer Branche, ist angenommen worden, daß die Unternehmen dieses Investitionskalkül nur auf die Ausrüstungsinvestitionen (zu Preisen von 1980) anwenden. Voraussetzung zur Produktion ist zwar auch die Bereitstellung der entsprechenden Betriebsbauten, da die Bauinvestitionen jedoch in der Regel eine längere Nutzungsdauer haben, können sie häufig flexibler genutzt werden und stehen nicht in einem so engen Zusammenhang zu der Entwicklung der Arbeitsplätze. Die empirischen Befunde zeigen auch, daß es vergleichsweise konstante Relationen zwar nicht für das Verhältnis von Bauinvestitionen zu Ausrüstungsinvestitionen gibt, wohl aber für das Verhältnis der entsprechenden Anlagevermögensbestände. Aus diesen Bestandsrelationen ist auch die Entwicklung der Bauinvestitionen ableitbar.

Das Statistische Bundesamt publiziert seit der letzten Revision auch Angaben für das Ausrüstungsvermögen zu Preisen von 1980 in tiefer Branchengliederung, die auf der Grundlage der perpetual-inventory Methode ermittelt werden (Statistisches

Bundesamt 1986). Grundlage dieser Berechnungen sind Abgangsverteilungen für jeden Investitionsjahrgang, die angeben, welcher Teil des Investitionsjahrgangs nach wievielen Jahren aus dem Anlagevermögen ausscheidet. Dabei differenziert das Statistische Bundesamt nach über 200 Güterarten mit jeweils unterschiedlichen Abgangsverteilungen, die sich zudem im Zeitverlauf ändern. Zur Ermittlung des Anlagevermögens auf Branchenebene werden entsprechend der Güterstruktur der Investitionen des jeweiligen Wirtschaftszweiges die gütermäßigen Abgangsverteilungen mit unterschiedlichen Gewichten aggregiert. Die so gewonnenen Abgangsverteilungen sind dem DIW für die Zwecke der Strukturberichterstattung als Zeitreihen von 1970 an zur Verfügung gestellt worden. Bei der Berechnung des Produktionspotentials wurde angenommen, daß die Abgangsverteilung eines Investitionsjahrgangs die Gewichte der jeweiligen Teile des Investitionsgüterbündels angibt, die mit unterschiedlicher Nutzungsdauer kalkuliert sind.

Um nach der perpetual-inventory Methode Anlagevermögensbestände, Produktionspotential und Arbeitsplätze ermitteln zu können, sind Zeitreihen für die Investitionen und deren Abgangsverteilungen für einen Zeitraum erforderlich, der mindestens der maximalen Nutzungsdauer der Investitionen entspricht. In tiefer Branchengliederung standen dem DIW die Abgangsverteilungen allerdings erst für die Jahre seit 1970 zur Verfügung. Zusätzlich wurden in gleicher Branchengliederung auch die Abgangsverteilungen aus der Summe aller Investitionen vor 1970 bzw. 1960 für die Jahre nach 1970 bereitgestellt. Aus diesen Angaben wurde durch Interpolation eine Zeitreihe von Abgangsverteilungen für die Jahre 1960 bis 1970 geschätzt. Die Investitionen für diesen Zeitraum werden vom Statistischen Bundesamt publiziert, so daß nach der Anpassung an die ebenfalls publizierten Ergebnisse für höher aggregierte Wirtschaftsabteilungen, nach der Nutzungsdauer differenzierte Zeitreihen ab 1960 zur Verfügung standen.

3.2   Arbeitseinsatz, Kosten und Preise

Um in weiterführenden Untersuchungen zu einem späteren Zeitpunkt auch den Einfluß flexibler Arbeitszeitregelungen auf das Produktionspotential und die Arbeitsplätze berücksichtigen zu können, wurde angenommen, daß der Arbeitseinsatz, der mit den Investitionen verbunden ist, von den Unternehmen in Stunden kalkuliert wird. Kalkulationsgrundlage der Unternehmen sind damit die Arbeitskosten je Stunde. Arbeitsvolumina in Stunden werden vom IAB für die Zwecke der Strukturberichterstattung zur Verfügung gestellt. Das Arbeitsvolumen umfaßt sowohl die von den beschäftigten Arbeitnehmern geleisteten Arbeitsstunden als auch die der Selbständigen und mithelfenden Familienangehörigen.

Wird angenommen, daß die Unternehmen den geplanten Arbeitseinsatz zur Nutzung der Investitionen in Stunden kalkulieren, müssen zusätzliche Annahmen getroffen werden, um das mit der Investition verbundene Arbeitsstundenpotential in Arbeitsplätze umsetzen zu können. Ursprünglich war geplant, hier zusätzliche Informationen über das Verhältnis von personenbezogenen Arbeitszeiten und betrieblichen Nutzungszeiten zu verwerten, um der zunehmenden Flexibilisierung des Arbeitseinsatzes besser Rechnung tragen zu können, als in einem Ansatz, der von vornherein auf Arbeitsplätze abstellt. Dies hat sich leider nicht verwirklichen lassen, so daß als Indikator für die Umrechnung der Arbeitsstundenpotentiale auf Arbeitsplätze nur die jahresdurchschnittliche Arbeitszeit je Erwerbstätigen zur Verfügung stand. Dieser Indikator wurde sowohl für die Berechnung der Zugänge als auch der Abgänge an Arbeitsplätzen verwendet.

Darüber hinaus mußte berücksichtigt werden, daß auch das im Bestand verkörperte Arbeitsvolumen, in Arbeitsplätzen gemessen, von Veränderungen der jahresdurchschnittlichen Arbeitszeit betroffen wird. Bei Arbeitszeitverkürzungen war es daher notwendig, das sich aus den kumulierten Nettozugängen ergebende Arbeitsvolumen in Stunden auf mehr Arbeitsplätze zu verteilen. Im Ergebnis fallen die Abgänge an Arbeitsplätzen damit geringer aus, als bei unveränderter jahresdurchschnittlicher Arbeitszeit.

Von den Kosten für den Arbeitseinsatz sind nur die Bruttoeinkommen aus unselbständiger Arbeit bekannt. Das kalkulatorische Arbeitsentgelt für die Arbeitsleistungen der Selbständigen und der mithelfenden Familienangehörigen dagegen ist in den Bruttoeinkommen aus Unternehmertätigkeit und Vermögen enthalten. Für die Planung der Faktoreinsatzrelationen muß dieser Unternehmerlohn als Entgelt für die Arbeitsleistungen der Unternehmer bzw. der mithelfenden Familienangehörigen den Arbeitskosten zugerechnet werden, um die Faktorkosten richtig zu erfassen.

Empirische Hinweise darüber, welcher kalkulatorische Stundenlohn hier der Richtige ist, gibt es nicht. Einiges spricht dafür, den Stundenlohn der Arbeitnehmer der entsprechenden Branche anzusetzen. Andererseits gibt es auch Vorschläge, einen einheitlichen Stundenlohn für alle Selbständigen unabhängig von der Branche zu verwenden und zusätzlich einen geringeren einheitlichen Stundenlohn für die mithelfenden Familienangehörigen. Hier ist angenommen worden, daß der kalkulatorische Stundenlohn der Selbständigen und mithelfenden Familienangehörigen einer Branche im wesentlichen dem entsprechenden Stundenlohn der Arbeitnehmer entspricht.

Die für die Unternehmen relevanten Arbeitskosten je Stunde errechnen sich also aus dem Bruttoeinkommen aus unselbständiger Arbeit zuzüglich eines geschätzten kalkulatorischen Unternehmerlohns, bezogen auf das gesamte Arbeitsvolumen. Aus diesem Nominallohnsatz sind die realen Lohnbelastungssätze durch Division mit dem für die Unternehmen relevanten Preisindex für die Produktion ermittelt worden.

Im Rahmen des Potentialmodells war es nicht möglich, die gesonderte Renditerechnung des DIW voll zu integrieren. Es wurde hier daher zu einem vereinfachten Verfahren gegriffen, das die Rendite aus Größen berechnet, die ohnehin weitgehend im Rahmen des Modells Verwendung finden. Als Renditeindikator wurde der Quotient aus den in der VGR ausgewiesenen Bruttoeinkommen aus Unternehmertätigkeit und Vermögen nach Abzug des Unternehmerlohns und dem Bruttoanlagevermögen zu Wiederbeschaffungspreisen gewählt. Dieses vereinfachte Verfahren reicht aus, um den Einfluß der auslastungsbedingten Schwankungen der Rendite zu erfassen.

Für die Erwartungen der Unternehmer über die Entwicklung der preisbereinigten Raten für die Lohnsätze und die Renditen wurde angenommen, daß sie sich an der aktuellen Entwicklung orientieren. Nun ist allerdings wenig wahrscheinlich, daß die Unternehmen kurzfristige Bewegungen von Löhnen und Renditen in die Zukunft extrapolieren. Daher wurde zunächst der Durchschnittswert für den Anstieg der Reallöhne und für die Realrendite in den Jahren seit 1960 ermittelt. Ausgehend von diesem Durchschnittswert wurde ein gewogener Durchschnitt gebildet, in dem der Durchschnittwert mit dem Gewicht g einging und der aktuelle Wert mit dem Gewicht 1. Ursprünglich war geplant, das Gewicht g zu schätzen. Dabei gab es allerdings methodische Probleme. Für g wurde daher mit dem Wert 26 die Länge des Schätzzeitraumes gewählt.

In den Faktornachfragefunktionen läßt sich die Preisentwicklung auf der Erlösseite dadurch berücksichtigen, daß die Lohnsteigerungsraten auf der Kostenseite mit dem Preisanstieg der Wertschöpfung korrigiert werden. Die Wertschöpfungspreise sind jedoch nur dann der richtige Indikator für die Preisbereinigung von Lohnkosten und Renditen, wenn sich die Wertschöpfung lediglich aus den Löhnen und Gewinnen zusammensetzt. In der Wertschöpfung sind jedoch auch die in ihrer Höhe von den Unternehmen in der Regel nicht beeinflußbaren Produktionssteuern (nach Abzug der Subventionen) als weitere Kostengröße enthalten. Aus diesem Grunde muß für die Berechnung der Realrenditen und des Reallohns ein branchenspezifischer Preisindex ermittelt werden, bei dem berücksichtigt wird, daß aus der Wertschöpfung der Unternehmen neben den Lohnkosten auch die Produktionssteuern nach Abzug der Subventionen bezahlt werden müssen. Verändert sich die Steuerbelastung, so hat dies Konsequenzen entweder für die Erlössituation der Unternehmen oder für die Preisentwicklung. Der Preisindex für die Produktion P wurde daher berechnet aus dem Quotienten der Wertschöpfung zu jeweiligen Preisen Y nach Abzug des Saldos von Produktionssteuern und Subventionen T und der Wertschöpfung zu Preisen von 1980 X.

$$P = \frac{Y-T}{X}$$

Wird die reale Wertschöpfung eines Jahres mit diesem Preisindex multipliziert, so erhält man die Wertschöpfung zu Faktorkosten, die nach Abzug der Arbeitskosten zu den für die Investitionsentscheidung der Unternehmen relevanten Erlösen führt. Dieser Preisindex weicht vor allem in jenen Branchen vom Preisindex der Wertschöpfung ab, in denen der Anteil der Produktionssteuern oder Subventionen von großem Gewicht ist.

4   Schätzung der Parameter

Bei der Bestimmung von Potentialwerten ist man mit dem grundsätzlichen Problem konfrontiert, daß es sich hier um die Entwicklung einer empirisch nicht beobachtbaren Größe handelt. Es gibt weder statistische Erhebungen über die Zugänge zum Produktionspotential noch Zeitreihen für das gesamte Produktionspotential. Als Hilfsgröße für die Berechnung des Produktionspotentials eines Wirtschaftszweiges wurde daher - wie in anderen Potentialrechnungen auch - die tatsächliche Produktion, d. h. die Bruttowertschöpfung zu Preisen von 1980 verwendet. Entsprechend diente das Arbeitsvolumen der Erwerbstätigen als Hilfsgröße für das Arbeitsvolumenpotential.

Die Parameter wurden dann in einem iterativen Verfahren ermittelt. Ausgehend von einem Satz von Startwerten wurden diese Parameter so lange verändert, bis die errechneten Potentialwerte eine möglichst gute Umhüllungskurve der jeweiligen Zeitreihe für die Bruttowertschöpfung ergaben. Als Kriterium für die Qualität der Umhüllungskurve wurde festgelegt, daß

- die Summe der Abweichungsquadrate zwischen Produktionspotential und Bruttowertschöpfung ein Minimum hat und zugleich

- die Potentialwerte nicht kleiner sind als die Werte der Bruttowertschöpfung.

Das Minimum der summierten Abweichungsquadrate zu den realisierten Werten der Produktion ist als Kriterium für die Entwicklung des Produktionspotentials nicht unproblematisch, da zugleich ein Erkenntnisziel in der Ermittlung von Auslastungsziffern liegt, die sich als Abweichungen der Potentialwerte von den realisierten Größen ergeben. Wie die Vorarbeiten mit einem etwas anspruchsvoller formulierten capital-vintage-Modell zeigen, kann dies leicht dazu führen, daß bestimmte Parameter des Modells so gesetzt werden, daß eine hohe Variabilität und damit Anpassungsfähigkeit der Potentialwerte herauskommt. Dies geschieht in jedem Fall dann, wenn man von vornherein die Nutzungsdauer mit in den Schätzansatz aufnimmt. Bei den hier gewählten Ansätzen ist diese Gefahr allerdings gering, da die Nutzungsdauer im ersten Schritt als Parameter der Vermögensrechnung vorgegeben ist.

Das im Anlagevermögen verkörperte Produktionspotential bezieht sich jeweils auf die Jahresanfangswerte des Anlagevermögens. Um die Potentialwerte zu den Jahreswerten der Bruttowertschöpfung in Beziehung setzen zu können, wurde daher jeweils das arithmetische Mittel aus zwei aufeinanderfolgenden Potentialwerten gebildet. Entsprechend wurde bei den Arbeitsplätzen vorgegangen.

LITERATUR

Bach, Reyher 1985: H.-U. Bach, L. Reyher, Arbeitskräfte-Gesamtrechnung, BeitrAB 100, Ausgabe 1/1985, Nürnberg 1985.

Baily 1981: M.N. Baily, Productivity and the Services of Capital and Labor, Brookings Papers on Economic Acitivity 1: 1981, S. 1-50.

Baily 1985: M.N. Baily, A.K. Chakrabarti, Innovation and Productivity in U.S. Industry, Brookings Papers on Economic Activity 2, 1985.

Baily 1982: M.N. Baily, The Productivity Growth Slowdown by Industry, Brookings Papers on Economic Acitivity 2: 1982, S. 423-54.

Blazejczak 1987: J. Blazejczak, Simulation gesamtwirtschaftlicher Perspektiven mit einem ökonometrischen Modell für die Bundesrepublik Deutschland, in: Beiträge des DIW zur Strukturforschung, Heft 100, Berlin 1987.

Bosch (1987): G. Bosch, Entkoppelung von Arbeits- und Betriebszeiten - Zwischenbilanz -, in: WSI-Mitteilungen 12/1987, S. 713-726.

Brasche u.a. 1984: Ulrich Brasche, Manfred Teschner, Dieter Vesper, Sind die Unterschiede der Beschäftigungsentwicklung in den USA und in der Bundesrepublik Deutschland in der Reallohnentwicklung begründet?, in: DIW-Wochenbericht 33/84, S. 405-413.

Brinkmann u.a. 1986: C. Brinkmann, J. Gürtler, H. Kohler, L. Reyher, R. Rudat, E. Spitznagel, B. Teriet, Überstunden, BeitrAB 98, Nürnberg, 1986.

Bundesanstalt für Arbeit 1986: Bundesanstalt für Arbeit (Hrsg.), Wirtschafts- und Arbeitsmarktentwicklung in den USA und in der Bundesrepublik Deutschland, BeitrAB 96, Nürnberg, 1986.

Buttler 1987: G. Buttler, Zur mittleren Dauer der Arbeitslosigkeit, MittAB 2/87, S. 213-219.

Cramer u.a. 1986: K. Cramer, W. Karr, H. Rudolph, Über den richtigen Umgang mit der Arbeitslosen-Statistik, in: MittAB 3/86, S. 409-421.

Denison 1979: E.F. Denison, Accounting for Slower Economic Growth: The United States in the 1970s, Washington D.C., 1979.

Deutsche Bundesbank 1981: Neuberechnung des Produktionspotentials für die Bundesrepublik Deutschland, in: Monatsberichte der Deutschen Bundesbank, 33. Jahrgang Nr. 10, Oktober 1981, S. 32-38.

Deutsche Bundesbank 1983: Zahlenübersicht und methodische Erläuterungen zur gesamtwirtschaftlichen Finanzierungsrechnung der Deutschen Bundesbank, Sonderdruck Nr. 4, Frankfurt 1983.

DIW 1984: Ulrich Brasche, Christoph F. Büchtemann, Wolfgang Jeschek, Werner Müller, Auswirkungen des Strukturwandels auf den Arbeitsmarkt, Anforderungen des Strukturwandels an das Beschäftigungssystem. Beiträge zur Strukturforschung, Heft 80/1984, Berlin, 1984.

DIW 1984a: Erhöhter Handlungsbedarf im Strukturwandel. Analyse der strukturellen Entwicklung der deutschen Wirtschaft. Strukturberichterstattung 1983, in: Beiträge zur Strukturforschung, Heft 79, Berlin 1984.

DIW 1986: Frank Stille, Renate Filip-Köhn, Heiner Flassbeck, Bernd Görzig, Erika Schulz, Reiner Stäglin, Strukturverschiebungen zwischen sekundärem und tertiärem Sektor. Empirischer Befund unter Berücksichtigung neuerer Formen der Finanzierung von Unternehmenskooperation (Leasing, Factoring, Gründung von Holding-Gesellschaften u.a.), Bestimmungsgründe, Folgerungen für ausgewählte Politikbereiche, Berlin 1986.

Döhrn 1987: R. Döhrn, Wie groß ist die Schattenwirtschaft? RWI-Mitteilungen, 37/38. Jg. (1986/87), Heft 3, S. 365 - 385.

Erber 1986: G. Erber, The General Framework of a New Disaggregate Econometric Model for the Federal Republic of Germany, in: Vierteljahrshefte zur Wirtschaftsforschung, Heft 3/1986, S. 108 ff.

Friedrich, Röthlingshöfer 1980: W. Friedrich, K. Ch. Röthlingshöfer, Schichtarbeit in der Industrie. Ifo-Studien zur Industriewirtschaft 21, München 1980

Görzig 1973: B. Görzig, Die Schätzung des gesamtwirtschaftlichen Produktionspotentials, in: Neuere Methoden der Produktivitätsmessung, Sonderhefte zum Allgemeinen Statistischen Archiv, Hrsg.: R. Krengel, Heft 4, S. 53-68, Göttingen 1973.

Görzig 1976: B. Görzig, Results of a Vintage-Capital Model for the Federal Republic of Germany. Revised version of a paper presented at the Oslo-Meeting of the Econometric Society, in: Empirical Economics, Wien 1976.

Görzig 1981: B. Görzig, Der Einfluß verkürzter Abschreibungsperioden auf Gewinne und Renditen, in: Vierteljahrshefte zur Wirtschaftsforschung, Heft 1/1981, Berlin 1981.

Görzig 1982: B. Görzig, Das Sachvermögen in den Wirtschaftsbereichen der Bundesrepublik Deutschland, DIW-Beitrage zur Strukturforschung, Heft 71, Berlin 1982.

Görzig 1985: B. Görzig, Die Berechnung des Produktionspotentials auf der Grundlage eines capital-vintag-Modells, in: Vierteljahrshefte zur Wirtschaftsforschung, Heft 4, 1985, Berlin 1986, S. 375 ff.

Görzig 1986: B. Görzig, Zur Rentabilitätsentwicklung in der deutschen Wirtschaft, - Meßkonzepte und -probleme, Entwicklungstendenzen, in: Beihefte zum Statistischen Archiv, Nr. 24, Wiesbaden 1986.

Görzig, Schulz 1987: B. Görzig, E. Schulz, Die Auswirkungen veränderter Unternehmensorganisationen auf Kapital und Beteiligungen, in: Vierteljahrshefte zur Wirtschaftsforschung, Heft 4/1986, Berlin 1987, S. 264 ff.

Groß u.a. 1987: H. Groß, U. Pekruhl, C. Thoben, Arbeitsstrukturen im Wandel. Ergebnisse einer aktuellen Repräsentativumfrage zu den Arbeitszeitstrukturen in der Bundesrepublik Deutschland, in: Der Minister für Arbeit, Gesundheit und Soziales des Landes NRW: Arbeitszeit '87, Düsseldorf, Dezember 1987.

Gundlach, Schmidt 1985: E. Gundlach, K.-D. Schmidt, Das amerikanische Beschäftigungswunder: Was sich daraus lernen läßt, Kieler Diskussionsbeiträge 109, Juli 1985.

Hansen 1983: G. Hansen, Faktorsubstitution in den Wirtschaftssektoren der Bundesrepublik, in: Vierteljahrshefte des DIW, Nr. 2/3 1983, S. 169-183.

Henninges 1981: H. v. Henninges, Arbeitsplätze mit belastenden Arbeitsanforderungen, MittAB Heft 4/1981, S. 362 - 383.

IAB 1987: Autorengemeinschaft: Zur Arbeitsmarktentwicklung 1987/88: Entwicklungstendenzen und Strukturen, in: Mitteilungen aus der Arbeitsmarkt- und Berufsforschung, 20. Jg. 1987, Heft 3.

Ifo 1984: W. Gerstenberger, J. Heinze, K. Vogler-Ludwig, Investitionen und Anlagevermögen der Wirtschaftszweige nach Eigentümer- und Benutzerkonzept, in: ifo-Studien zur Strukturforschung, Heft 6, München 1984.

Ifo 1986: J. Heinze, H. Schedl, K. Vogler-Ludwig, Wachstumsfelder am Rande der offiziellen Wirtschaft. Schwerpunktthema im Rahmen der Strukturberichterstattung des Ifo-Instituts, München 1986.

Ifo 1987: Ifo-Institut für Wirtschaftsforschung, Analyse der strukturellen Entwicklung der deutschen Wirtschaft, Strukturberichterstattung 1987, Kernbericht.

IW 1987: F.J. Link, Engpaß Produktionspotential, Beiträge zur Wirtschafts- und Sozialpolitik, Institut der deutschen Wirtschaft, Heft 154, Köln 1987.

Keller 1984: B. Keller, Die Zeit als ökonomisches Gut, Tübingen 1984.

Kendrick 1984: J.W. Kendrick, International Comparisons of Recent Producitivity Trends, in: Measuring Productivity, Trends and Comparisons from the First International Productivity Symposium, New York, 1984, S. 95-140.

Kirchgässner 1983: G. Kirchgässner, Size and Development of the West German Shadow Economy, 1955 - 1980. Zeitschrift für die gesamte Staatswissenschaft, 139. Jg. (1983), S. 197 - 214.

Langfeldt 1983: E. Langfeldt, Ursachen der "Schattenwirtschaft" und ihre Konsequenzen für die Wirtschafts-, Finanz- und Gesellschaftspolitik, Kiel 1983.

Lawrence 1985: R. Z. Lawrence, Sectoral Shifts and the Size of the Middle Class, Brookings Review, Fall 1985, S. 3-10.

Lindbeck 1983: A. Lindbeck, The Recent Slowdown of Productivity Growth, The Economic Journal 93 (March 1983), S. 13-34.

McMahon/Tschetter 1986: P. J. McMahon, J. H. Tschetter, The Declining Class: A Further Analysis, Monthly Labor Review 9/1986, S. 22-27.

Mezler u.a. 1985: J. Mezler, P. Kramer, A. Siebert, Auswirkungen der Selbsthilfe im Eigenheimbau auf die Bauwirtschaft, Schriftenreihe 0.4 des BMBau, Heft 04.111, Bonn 1985.

Müller 1984: G. Müller, Das "Beschäftigungswunder" in den USA, WSI-Mitteilungen 9/1984, S. 401-508.

Münstermann, Preiser 1978: J. Münstermann, K. Preiser, Schichtarbeit in der Bundesrepublik Deutschland. Der Bundesminister für Arbeit und Sozialordnung (Hg.), Bonn 1978.

Nadiri, Rosen 1973: M.I. Nadiri, S. Rosen, A Disequilibrium Model of Demand for Factors of Production, New York 1983.

Niessen, Ollmann 1987: H.-J. Niessen, R. Ollmann, Schattenwirtschaft in der Bundesrepublik, Opladen 1987.

OECD 1986: United States, OECD Economic Surveys, November 1986.

Reidenbach 1986: M. Reidenbach, Verfällt die öffentliche Infrastruktur?, Deutsches Institut für Urbanistik, Berlin, 1986.

Rein 1985: M. Rein, Women in the Social Welfare Labor Market, IIMV Arbeitsmarktpolitik, Wissenschaftszentrum Berlin, Dezember 1985.

Reyher u.a. 1985: L. Reyher, E. Spitznagel, W.R. Streck, B. Teriet, K. Vogler-Ludwig, Zu den Beschäftigungspotentialen einer Entkoppelung von Arbeits- und Betriebszeiten, MittAB 1/85, S. 30-40.

Sachs (1983): J.D. Sachs, Real Wages and Unemployment in the OECD Countries, in: Brookings Papers on Economic Activity, Heft 1, 1983.

Schwarze 1986: J. Schwarze, Umfang des schattenwirtschaftlichen Arbeitsangebots in der Nebenerwerbsfähigkeit. Arbeitspapier Nr. 235 des Sonderforschungsbereichs 3 der Universitäten Frankfurt und Mannheim, Dezember 1986.

Sengenberger 1984: W. Sengenberger, Das amerikanische Beschäftigungssystem - dem deutschen überlegen?, Wirtschaftsdienst 1984/VIII, S. 400-406.

Statistisches Bundesamt 1983: D. Schäfer, L. Schmidt, Abschreibungen nach verschiedenen Bewertungs- und Berechnungsmethoden, in: Wirtschaft und Statistik, Heft 12, Wiesbaden 1983.

Statistisches Bundesamt 1985: Datenreport 1985. Zahlen und Fakten über die Bundesrepublik Deutschland. Statistisches Bundesamt in Zusammenarbeit mit dem Sonderforschungsbereich 3 der Universitäten Frankfurt und Mannheim. Schriftenreihe der Bundeszentrale für politische Bildung, Bd. 226, Stuttgart 1985.

Statistisches Bundesamt 1986: L. Schmidt, Reproduzierbares Anlagevermögen in erweiterter Bereichsgliederung, in: Wirtschaft und Statistik, Heft 7, Wiesbaden 1987.

Statistisches Bundesamt 1987: Datenreport 1987. Zahlen und Fakten über die Bundesrepublik Deutschland. Statistisches Bundesamt in Zusammenarbeit mit dem Sonderforschungsbereich 3 der Universitäten Frankfurt und Mannheim. Schriftenreihe der Bundeszentrale für politische Bildung, Bd. 257, Stuttgart 1987.

Statistisches Bundesamt 1987 (Hrsg.): Fachserie 18, Volkswirtschaftliche Gesamtrechnungen, Reihe 1. Konten und Standardtabellen 1987, Stuttgart und Mainz.

Stille, Kirner 1985: F. Stille, W. Kirner, Deutliche Veralterung der Infrastruktur, in: DIW-Wochenbericht 11/1985, S. 141 ff.

Stille, Zwiener 1987: F. Stille, R. Zwiener, Beschäftigungswirkungen der Arbeitszeitverkürzung von 1985 in der Metallindustrie, in: DIW-Wochenbericht 20/87.

Streich 1986: W. Streich, Bilanz der Schichtarbeitsforschung im Programm Humanisierung des Arbeitslebens, in: Bundesanstalt für Arbeitsschutz, Schriftenreihe Forschung Fb Nr. 458, Dortmund 1986.

SVR 1986: Sachverständigenrat zur Begutachtung der gesamtwirtschaftlichen Entwicklung: Weiter auf Wachstumskurs - Jahresgutachten 1986/87. Verlag W. Kohlhammer GmbH, Stuttgart und Mainz 1986.

Vogler-Ludwig 1986: K. Vogler-Ludwig, Arbeitszeitverkürzung - Betriebszeitverlängerung, Zu den Entkoppelungsmöglichkeiten von Arbeits- und Betriebszeitsystemen, in: Flexibilisierung der Arbeitszeit, K. Furmanick, U. Weike (Hg.), München, 1986, S. 215-232.

Warnken 1984: J. Warnken, Zur unterschiedlichen Dynamik der Arbeitsmärkte in den USA und der Bundesrepublik - Ein Erklärungsversuch, Mitteilungen des RWI, 7935 (1984), S. 213-237.

Weidinger, Hoff 1987: M. Weidinger, A. Hoff, Tendenzen der Betriebszeit- und Arbeitszeitentwicklung, in: D. Henckel (Hrsg.): Arbeitszeit, Betriebszeit, Freizeit. Schriften des Deutschen Instituts für Urbanistik, Bd. 80, Stuttgart u.a., 1988.

Weisskopf u.a. 1983: T.E. Weisskopf, S. Bowles, D.M. Gordon, Hearts and Minds: A Social Model of U.S. Productivity Growth, Brookings Papers on Economic Acivity 2, 1983, S. 381-441.

Wolff 1986: K. Wolff, Das Potential an Schwarzarbeitern in der Bundesrepublik Deutschland. Arbeitspapier Nr. 233 des Sonderforschungsbereichs 3 der Universitäten Frankfurt und Mannheim, Dezember 1986.

Wolff 1987: K. Wolff, Schattenwirtschaft - mikro- und makroökonomische Ergebnisse für die Bundesrepublik Deutschland. Arbeitspapier Nr 234 des Sonderforschungsbereichs 3 der Universitäten Frankfurt und Mannheim, Januar 1987.

REGISTER